애쓰지 않기 위해 노력하기

TRYING NOT TO TRY
Copyright ⓒ 2014 by EDWARD SLINGERLAND
All rights reserved.
Translation copyright ⓒ 2018 by GOBAN Publisher

이 책의 한국어판 저작권은 Brokman, Inc.를 통해 저자와 독점 계약한 출판사 고반이 소유합니다.
저작권법에 의해 한국 내에서 보호를 받는 저작물이므로 무단 전재 및 복제를 금합니다.

## 애쓰지 않기 위해 노력하기

| | |
|---|---|
| 제1판 제2쇄 발행 | 2019년 12월 9일 |
| 제1판 제1쇄 발행 | 2018년 9월 17일 |
| 지은이 | 에드워드 슬링거랜드(Edward Slingerland) |
| 옮긴이 | 김동환 |
| 펴낸이 | 허재식 |
| 펴낸곳 | 고반 |
| 주소 | 10859, 경기도 파주시 탄현면 헤이리마을길 82-91, B동 301호 |
| 전화 | 031-944-8166 |
| 전송 | 031-944-8167 |
| 전자우편 | gb@gobanbooks.com |
| 홈페이지 | www.gobanbooks.com |
| 블로그 | gobanbooks.blog.me |
| 출판신고 | 제406-2009-000053호(2009년 7월 27일) |
| ISBN | 978-89-97169-40-3  03150 |

값은 뒤표지에 있습니다.

이 도서의 국립중앙도서관 출판예정도서목록(CIP)은 서지정보유통지원시스템 홈페이지(http://seoji.nl.go.kr)와
국가자료공동목록시스템(http://www.nl.go.kr/kolisnet)에서 이용하실 수 있습니다. (CIP제어번호 : CIP2018026758)

〈고반(考槃)〉은 『시경(詩經)』「국풍(國風), 위풍(衛風)」에 실린 시로 은자(隱者)의 즐거움을 읊은 시입니다.
은자는 단지 숨어사는 사람이 아니라 현실과 끊임없이 싸우면서 자유로운 정신 세계를 지켜낸 지식인입니다.
출판사 〈고반〉은 은자의 지식과 지혜가 모인 거처입니다.

# 애쓰지 않기 위해
# 노력하기

고대 중국·현대 과학·자발성의 힘

에드워드 슬링거랜드 지음 | 김동환 옮김

## 에드워드 슬링거랜드(Edward Slingerland) _지은이

미국 스탠포드대학 졸업 후 UC 버클리에서 석사학위, 스탠포드대학에서 종교학으로 박사학위를 받았다. 지금은 캐나다의 브리티시컬럼비아대학교(University of British Columbia) 아시아학과의 교수로 재직 중이며, 전국시대(기원전 5~3세기)의 중국 사상과 종교학 연구뿐 아니라 개념적 혼성 이론과 개념적 은유 이론을 중심으로 한 인지언어학, 윤리학, 진화심리학, 인문학과 자연과학의 통섭에 관심을 두고 연구하고 있다.

저서로는 《Confucius Analects: With Selections from Traditional Commentaries》(2003), 《Effortless Action: Wu-wei as Conceptual Metaphor and Spiritual Ideal in Early China》(2007), 《What Science Offers the Humanities: Integrating Body and Culture》(2008), 《Trying Not to Try: Ancient China, Modern Science and the Power of Spontaneity》(2014), 《Mind and Body in Early China: Embodied Cognition, Orientalism and the Myth of Holism》(2018)이 있으며, 마크 콜라드 박사와 함께 《Creating Consilience: Integrating the Sciences and the Humanities》(2012)도 엮었다.

## 김동환 _옮긴이

경북대학교에서 영어학 박사학위를 받았고, 현재는 해군사관학교 영어과 교수로 재직 중이다. 그는 인지언어학, 특히 개념적 은유/환유 이론과 개념적 혼성 이론에 관심을 갖고, 인지과학 및 인지심리학, 그리고 인지언어학의 최신 도서를 번역하여 인문학의 대중화에 기여하고 있다. 특히 학제간 통섭을 이루어내려는 다양한 국외 도서를 발굴하여 국내에 소개하는 일에 관심을 갖고 있다.

저서로는 『개념적 혼성 이론: 인지언어학과 의미구성』(2004년 대한민국학술원 우수학술도서), 『인지언어학과 의미』(2005년 문화관광부 우수도서), 『인지언어학과 개념적 혼성 이론』, 『환유와 인지』(2019년 세종도서 학술부문)이 있다.

역서로는 『인지언어학 개론』(1999년 문화관광부 우수도서, 공역), 『우리는 어떻게 생각하는가: 개념적 혼성과 상상력의 수수께끼』(2010년 대한민국학술원 우수학술도서, 공역), 『인지언어학 옥스퍼드 핸드북』, 『몸의 의미: 인간 이해의 미학』, 『이야기의 언어』(공역), 『과학과 인문학: 몸과 문화의 통합』, 『비판적 담화분석과 인지과학』(공역), 『담화, 문법, 이데올로기』(공역), 『생각의 기원』 외 다수가 있다.

## 옮긴이의 말

어느 한 순간도 어깨에 힘을 뺀 채, 긴장을 푼 채 살아갈 수 없는 세상이다. 오늘날 우리 모두는 각자의 자리에서 "최선의 노력"을 다한다. 좋은 결과가 있을 것이라는 희망과 함께. 사실 노력은 지겹지만 끊을 수 없는 나쁜 습관과 같다. 모두가 느끼듯이 상황과 조건은 항상 내 편이 아니고, 노력에 대한 결과가 항상 정비례하는 것은 아니다. 성공적인 결과, 내가 원하는 결과를 얻기 위해 가지각색으로 노력하지만, '인생이란 원래 그런거야'라는 교훈에 위로 받을 뿐, 우리는 다시 '노력'이라는 방황의 길에 들어선다. 끝이 좋을 것이란 기대와 함께. 이 책은 이런 오늘을 살아가는 우리 모두에게 허황된 노력의 쳇바퀴에서 벗어날 수 있는 달콤한 사탕과 같은 것이다.

이 책은 에드워드 슬링거랜드Edward Slingerland의 《*Trying Not to Try: Ancient China, Modern Science and the Power of Spontaneity*》(Crown Publishers, 2014)를 한국어로 옮긴 것이다. 에드워드 슬링거랜드는 캐나다의 브리티시 컬럼비아대학교(University of British Columbia) 아시아학과의 교수로 재직 중이며, 전국시대(기원전 5~3세기)의 중국 사상과 종교학 연구뿐 아니라 개념적 혼성 이론과 개념적 은유 이론을 중심으로 한 인지언어학, 윤리학, 진화심리학, 인문학과 자연과학의 통섭에 관심을 두고 연구하고 있다. 그는 이 책에서 중국 종교에서 독특한 개념인 무위無爲를 설명하고 분석한다. 이 용어는 대개 노자의 도가道家에서 사용하는 것이지만, 많은 중국철학 학파에서도 폭넓게 논의된다. 무위는 흔히 '비행동'이나 '하지 않기'로 번역되지만, 아무 것도 하지 않는다는 것을 뜻하는 것이 아니라 '자발적이고 자연스럽게 무언가 하는 것'을 뜻한다. 즉, 외부로부터 강하게 부여되거나 계획적인 의도나 의지 없이 행동한다면, 무위의 자연스러운 흐름에 매우 가까이 있다고 할 수 있다. 유교儒敎와 도가를 포함해 중국철학은 자연스러운 자발성自發性을 달성하려는 지속적인 노력과 함께 어떻게 의미 있는 행복한 삶을 살 것인가라는 질문에 집중한다. 그러나 자발성의 이상은 서양철학뿐만 아니라 중국철학에서도 완전하게 설명되지 않았다. 슬링거랜드 교수는 이 책을 통해 중국철학과 인지과학을 폭넓게 이해하면서 무위라는 고대 중국의 지혜를 어떻게 정의하고 설명하며 장려할 수 있는지를 일관성 있게 그려 준다.

이 책에서는 공자-순자의 무위(제3, 4장), 맹자의 무위(제5장), 노자의 무위(제4장), 장자의 무위(제1, 2, 6장)와 같은 다양한 유형의 무위를 탐구하고, 더 나아가 '고상한 야만인'의 무위, 즉흥연주의 무위, 무술에서의 무위, 휴양과 안녕에서의 무위, 군사 전략에서의 무위처럼 오늘날 실생활에서 발견되는 무위도 논의한다. 그는 손자병법의 기만적 전략이나 유명인을 동경하여 행동이나 복장을 그들처럼 하는 사람들의 사회적 술책과 같은 무위의 부정적인 도구적 형태와 개인의 자발성이 도덕성과 미덕을 실현하려는 진지한 철학적 노력을 명확히 구분한다. 중국철학에 친숙하지 않은 독자들에게는 이 무위라는 개념이 혼돈스러울 수 있다. 저자는 처음 두 개의 장에서 무위의 개념을 행동의 자발성과 효율성으로 정의한다. 이 두 개념을 교대로 사용하다보니 무위가 단지 효율적인 행동이나 매력적인 외양을 위한 것이라는 그릇된 인상을 낳게 할 수는 있다. 하지만 저자가 설명하듯이, 무위는 심오하고 넓지만 마음의 신체화되고 정서적인 민감성과 활동을 통해 다양한 형태들을 하나로 통합시킨 것이다.

무위는 개인적인 것일 뿐만 아니라 사회적인 것이기도 하다. 개인 스스로 자발성의 인도를 받는 유의미한 삶을 살고자 한다. 그리고 사회적으로 우리는 자연스럽게 행동하고 자신의 진정한 의도와 느낌을 숨기지 않는 사람을 신뢰한다. 저자가 제안하듯이, 무위는 개인의 특별한 행동을 넘어 공동체를 포함하는 심오한 것이다. 마음의 숨은 동기와 편견을 깨끗이 하는 장자가 제안한 '마음 단식'과 제의와 문화적 활동을 통해 덕을 자연스럽게 형성하는 '자기 수양'을 제안한 공자는 각각 무위의 개인적 차원과 사회적 차원으로 이해될 수 있다.

저자는 무위가 중국철학의 철학적 원리일 뿐만 아니라 인지과학의 관점에서 인지의 특별한 형태이기도 하다고 주장한다. 무위는 빠르고, 직관적이며, 정서적이고 신체화된 인지 과정의 독특한 형태인 뜨거운 인지(hot cognition)에서 나온 것이다. 덜 계획적이고 자발적인 뜨거운 인지 과정은 종종 대인관계와 사회적 상호작용에서 사람들의 의사결정 방식에 영향을 미친다. 자발성이라는 모호한 중국철학의 개념은 슬링거랜드 교수의 손에서 중국철학과 인지과학의 최근 발달 모두를 이해할 수 있는 강력한 도구가 된다는 것이 이 책에 스며있는 독창성이라 할 수 있다.

무위의 한 가지 성가신 점은 그것을 규정하고 달성하기 힘들다는 것이다. 무위에 의도적으로 집중한다면 그것을 쉽게 달성하지 못한다. 무위는 무지개 같다. 무지개는 잡으려고 가까이 다가가면 눈에서 사라져 버린다. 이것이 무위의 역설(paradox of wu-wei)이다. 즉, 무위를 얻고자 열심히 노력하면 절대 무위를 얻지 못한다. 무위는 무위에 사로잡히지 않을 때, 무위를 얻고자 하는 생각에 몰두하지 않을 때만 우리에게 온다. 이러한 무위의 역설은 철학적 난제일 뿐만 아니라 실용적 난제이기도 하다. 많은 사람들은 자연스럽게 숙련되고, 사회적으로 매력적이며, 신뢰받을 수 있기를 바라지만, 대부분은 덕을 갖는 자연스런 방법을 알지 못한다. 많은 사람들에게 있어서 목적을 가지고 자연스럽게 되는 것은 실질적으로 불가능하고, 자발적 미덕(spontaneous virtue)이나 미덕의 자발성(virtuous spontaneit)은 모순어법이다. 그리하여 무위의 역설인 것이다.

저자는 이 책을 무위의 역설로 시작해서 유교, 도가, 인지과학이라는 세 가지 각도에서 논의한다. 기본적으로 무위를 연마하는 세 가지 방법이 있다. 먼저, 유교의 무위는 종교적 제의, 음악, 고전 텍스트와 같은 사회적이고 문화적 공동체 활동에서 자연스럽게 길러진 근면함과 신중함과 같은 기질을 자극할 수 있는 이상적 자아의 육성에 따른 결과이다. 어떤 점에서 이상적인 유교의 덕은 아름다운 재즈 즉흥연주와 비교할 수 있다. 즉, 항상 적절하고 자연스럽고 효과적이고 다른 것들과 조화를 이루는 자아의 자발적이지만 정제된 표현인 것이다. 반면 도가의 무위는 근면성의 결과물이 아니라 개인이 우주와 조화를 이루고 삶의 균형을 찾는 과정에서 연마된다. 따라서 도가의 목표는 힘든 수련을 통한 정제되고 세련된 자발성이 아니라 힘들이지 않고 자아를 우주적 흐름에 맞추는 것을 통한 효과적이고 균형 잡힌 자발성이다. 마지막으로 인지과학의 관점에서 무위의 자발성은 뜨거운 인지의 관점에서 이해된다. 무위는 빠르고 직관적이며 정서적인 마음 상태와 정서적 과정으로 구성된 뜨거운 인지이다. 따라서 차가운 인지를 줄이고 뜨거운 인지를 마음에 품는 것은 무위의 힘을 발달시키고 향상시키는 방법이다. 우리의 선택과는 상관없이 무위는 행복하고 의미 있는 삶을 살기 위한 특유한 심리적·철학적 접근법을 제시한다. 즉, 행복이나 의미 있는 삶은 애쓰지 않고자 노력하는 과정으로 이룰 수 있다.

슬링거랜드 교수의 이 책은 두 가지 메시지를 담고 있다. 첫째, 그는 무위의 관점에서 고대 중국철학을 탐구하고 해석한다. 심오하고 진심에서 우러난 자발성은 고대 중국철학을 이해하는 좋은 방법이고 어쩌면 최고의 방법이다. 중국철학의 유교와 도가가 인간의 선과 사회적 질서에 대해 서로 다른 이상을 발전시키지만, 저자에 따르면 그들의 견해는 깊이 스며든 자발성의 기질에 기초하는 도덕성(morality)과 미덕(virtue)이라는 동일한 목적지로 가는 다른 접근법들이다. 따라서 무위는 고대 중국철학을 꿰뚫는 실이고 그것을 한눈에 들여다볼 수 있는 웅대한 지점이다. 무위는 원래 이상적인 인간 미덕과 도덕적 참여라는 도가의 개념이기 때문에, 무위를 통해 중국철학을 웅대하게 해석하는 저자의 입장은 다소 야심찬 듯하다. 하지만 그는 유교의 무위와 도가의 무위 간의 차이를 의식하고 있고, 그 둘의 변별적인 방위와 공통된 목표를 설명한다.

하지만 무위에 대한 다양한 접근법들의 합체점은 어떻게 선하고 의미 있는 삶을 살 것인가라는 인간 존재에 대한 영원한 질문이다. 그래서 무위는 기본적으로 이 질문에 답하는 중국식 방법이다. 즉, 차가운 합리적 추론과 의도적 통제는 우리의 의식적인 지적 삶에서 중요한 부분이지만 이상적으로 선한 삶에 대한 충분한 답은 아니다. 이런 것들이 지속적으로 변화하는 환경에서 우리가 생존하도록 돕지만 불신과 혼동, 두려움을 만들어내기도 한다. 따라서 초기 유교와 도가의 철학자들은 차가운 효율성과 대인적 카리스마, 사회적 신뢰를 촉진하는 구체적인 기반을 둔 정서적인 인지의 형태에 집중해야 한다고 제안한다. 즉, 높은 덕으로(노력하기) 자발적(애쓰지 않기)이어야 할 필요가 있다. 저자는 유교이든 도가이든 중국철학은 심오하게 개인적이고 변화시킬 힘이 있는 자발성의 힘을 강조한다고 믿는다. 따라서 무위는 우리에게 중국철학의 통일된 모습을 제공하는 슬링거랜드 교수의 웅대한 관찰지점인 것이다.

슬링거랜드 교수의 두 번째 메시지는 무위의 인지적 해석에 관한 것이다. 무위가 어떻게 작동하고 왜 무위가 도가뿐만 아니라 유교에도 중요한 개념인지 설명하기 위해 그는 인지과학의 최근 연구를 논의한다. 그에 따르면 무위는 뜨거운 인지이다. 무위는 진화적으로 본원적이지만 구체적으로 신체화되고 강력하게 정서적이며 직접 동기를 유발하고 매우 효율적인 대뇌 변연계邊緣系(limbic system)에서 발생하는 인지 과정으로 구성되어 있다. 이와 대조적으로, 차가운 인지는 완전히 의식적이고 계획적이며 합리적인 마음의 기능을 포함하며, 이런 기능은 전전두엽피질前前頭葉皮質(prefrontal cortex)이라는 뇌의 넓은 부위의 기능에 의해 작동하는 것들이다.

차가운 인지는 인지과학의 형식적 접근법의 지배적인 모형이었다. 계산적 접근법에 따르면 인지는 형식적인 상징 조작이라는 점에서 계산적이고 계획적인 추론은 사고의 대표적인 예이다. 이 접근법에서 마음과 마음의 기능을 연구하는 최선의 방법은 디지털컴퓨터와 같은 연산장치에서 정보처리의 형식적 과정을 연구하는 것이다. 뇌는 컴퓨터의 하드웨어에 비유할 수 있고, 생각은 소프트웨어로 수행하는 정보처리라 할 수 있다. 하지만 최근에 인지과학자들은 형식적인 순차적 계산의 고전 모형에서 벗어나서 엄격하게 형식적이거나 순차적인 알고리즘이 아닌 정보처리의 대안적 모형을 개발하기 시작했다. 즉, 그들은 비디지털적이거나 양식성에 특유한 매체와 표상을 가진 물리적 체계의 상호작용적인 동적 과정의 관점에서 지각, 기억, 의사결정, 추론 등의 인지를 연구하기 시작했다. 예컨대, 지각과 사회적 인지, 도덕적 인지에서의 많은 인지적 기능은 디지털 연산 과정으로는 쉽게 설명되지 않는 병렬적이고 상호작용적이며 정서적인 과정에 의해 운영된다.

슬링거랜드 교수는 인지 과정의 이러한 대안적 형태를 통해 무위의 진정한 힘을 설명한다. 무위는 인지의 매우 특별한 형태이다. 무위는 교묘하고 환각적인 마음의 상태이거나 단순히 숙련된 행동이 아니라 정서적이고 신체화되며, 자체 변형적인 마음에서 발견할 수 있는 뜨거운 인지이다. 이러한 뜨거운 인지는 빠르고, 직관적이며, 무의식적이고, 정서적이며, 신체화된 인지의 과정이다. 이런 독특하며 능동적인 인지 패턴은 뜨거운 인지로 인식되고 계획적이고 통제된 차가운 인지 패턴과는 대조된다. 슬링거랜드 교수는 무위의 인지적 본질을 뜨거운 인지 과정의 한 스타일로 식별한다.

무위의 인지과학적 해석은 교화적이고 경외심을 자아내며, 무위의 심리적 본질을 매우 명확히 설명하고, 동시에 겉으로 보기에 대조되는 듯한 초기 중국철학의 유교와 도가의 관점에서 무위의 통일된 메시지를 이해하도록 도움을 준다. 실용적인 측면에서 저자는 무위를 얻고 유의미한 삶을 살 수 있는 열쇠가 서양철학과 과학에서는 완벽하게 탐구되거나 분석되지 않은 마음속의 숨겨진 이러한 잠재력을 자극시키는 방법을 찾는 것이라고 주장한다. 확실히 중국철학의 지혜와 인지과학, 의미 있는 삶을 살 수 있는 자발적인 방법 이 모두를 연결하는 것은 매력적이고 고무적인 것이다.

이 책은 출간과 동시에 인문학계의 커다란 호평을 받고 있는데, 이를 소개하면 다음과 같다.

"에드워드 슬링거랜드는 전 세계에서 주도적인 비교철학자이자 인지과학과 인문학 간의 큰 간격을 메우려는 세계 일류 주창자이다. 그는 《*Trying Not to Try*》에서 철학이 진정한 삶의 방식이고, 고대 중국철학이 인간의 번성에 대한 깊은 통찰력을 제공하며, 이런 고전적인 중국의 지혜는 최고의 현대

인지과학이 무엇을 가르쳐줄지 설득력 있는 방법으로 예언한다. 이 책은 지표가 될 만한 책이다. 명쾌하고 재기가 넘쳐 흐르며 친절하다."

오언 플래너건Owen Flanagan, 듀크대학교의 제임스 B. 듀크 철학 교수.
『보살의 뇌The Bodhisattva's Brain』의 저자


"이 책은 매력적인 읽을거리이다. 슬링거랜드는 최첨단 과학과 흥미로운 이야기로 동양과 서양의 행복과 웰빙을 이루기 위한 핵심 통찰력을 제공한다."
사이언 베일락Sian Beilock, 시카고대학교의 심리학 교수. 『부동의 심리학Choke』의 저자


"《Trying Not to Try》는 자연과학과 고대 철학을 결합하여, 벽을 부수고 고통스러운 승리를 으깨어 만들어내는 것과 같은 삶에 대한 나의 평범한 접근법이 자랑할 만한 것은 아니라는 것을 나에게 설득시켰다. 때때로 열심히 노력하는 것은 과대평가 받았다. 슬링거랜드는 우리 모두에게 우리의 삶을 향상시키도록 도와줄 수 있는 매력적이고 지적으로 정밀한 책을 집필했다."

조너선 갓셜Jonathan Gottschall, 『스토리텔링 애니멀The Storytelling Animal』의 저자


"슬링거랜드의 책은 설명하려는 원리들을 잘 구현한다. 물론 자료들이 복잡하긴 하지만 우리는 고전의 지혜와 현대 과학의 매우 독창적인 통합을 통해 어떻게 인생에서 행동 방침을 정하고 이와 동시에 자발적으로 살아갈 수 있는지에 대한 심오한 이해 쪽으로 힘들이지 않고 미끄러지듯 나아간다."
조너선 스쿨러Jonathan Schooler, 산타바버라 캘리포니아대학교의 심리학과 뇌과학 교수


"이 훌륭한 책은 우리에게 어떻게 더욱 만족스러운 삶을 살아가는지 보여

줄 뿐만 아니라, 왜 사회적 삶이 가능한지 설명하는 데도 도움을 준다. 슬링거랜드가 주장하듯이, 자발성은 신뢰와 궁극적으로 협력의 진화에 대한 열쇠이다. 이 책은 진지하게 생각을 하게 하는 진정으로 재능 있는 작가의 책이다."

하비 화이트하우스Harvey Whitehouse, 옥스퍼드대학 인지인류학 연구소장

"나는 이 책을 읽지 않으려고 부단히 노력했다. 할 일이 너무 많은 책이다. 그러나 나는 통제를 잃고, 이 책을 대충 읽다가, 왜 몰두가 조작보다 흔히 더 성공적인지에 대한 타당한 진화적 이유와 함께 유교와 도가 간의 대조와 그것이 우리의 현대 삶에 어떻게 적절한지를 기술하는 겉으로 보기에 힘들이지 않은 산문에 정신없이 빠져들었다. 이것은 완벽한 애서가愛書家들의 책이다."

랜돌프 네시Randolph Nesse, 아리조나주립대학의 진화·의학·공중보건 연구소.<br>『왜 인간은 병에 걸리는가Why We Get Sick』의 저자

"이 책은 고대 중국철학자들이 어떻게 현대의 뇌과학을 예상했고, 또한 그것을 초월했는지를 보여 주고, 어떻게 흘러가는 삶을 살아야 하는지를 슬기롭게 충고하는 놀랄 만한 시간 여행을 하는 종합서이다. 우리는 공자와 노자, 첫 번째 서사, 6세기 히피족, 다른 고대 동양 교육자들을 만난다. 이들의 생각은 결코 우리의 시대에 더 적절한 것으로 표현된 적이 없었다."

제시 프린츠Jesse Prinz, 뉴욕시립대학교의 특별철학 교수·학제간 과학학 위원장

이상의 내용과 서평에서 보듯이, 이 책은 초기 중국철학의 도가의 무위

개념뿐만 아니라, 무위라는 개념으로 다른 중국철학을 하나로 통합하려고 시도하며, 더 나아가서 오늘날 인지과학의 관점에서 초기 중국철학의 개념을 입증하고, 마지막으로 우리 현대인의 삶의 방식에서 이 무위가 어떤 작용을 하는지를 보여 주고자 한다. 즉, 이 책은 고대 중국의 사상과 현대의 실용적인 삶을 연결하는 데 무위가 중심적인 역할을 한다는 것을 입증한다.

이 책을 한국어로 옮기는 과정에서 나 스스로의 삶의 방식에 대해 생각해볼 기회를 얻게 되어 매순간 감동의 전율을 느낄 수 있어서 행복했다. 이 책의 출간제안서를 보고 흔쾌히 출판을 결심하신 고반출판사 허재식 대표님께 깊은 감사를 드린다. 사실 국내 출판계가 많이 어렵다. 그런 상황에서 출판을 결심하기란 쉽지 않은 일이다. 그래서 본인은 대표님과 연락을 주고받으면서 출판사에 도움이 되지 못하더라도 해는 되지 않아야겠다는 생각으로 번역 작업을 하였다. 편집과 교열 과정 동안 대표님과의 만남과 서신 교환을 통해 이 원고에 대한 대표님의 진심어린 애정과 행복감을 느낄 수 있었다. 부족했던 초고를 지금의 모습으로 완성시켜주신 대표님께 다시 한 번 감사드린다. 또 감사를 드릴 분들이 있다. 초고를 만들고 그 초고를 다듬는 작업을 해야 하는 상황에서 이 작업을 기쁘게 맡아준 서강대학교에서 고전문학을 전공한 조현일 선생님께 이루 말할 수 없는 감사를 드린다. 원본과 꼼꼼히 대조해 오류는 물론 한국 독자를 위해 더 나은 표현을 골라주는 그의 섬세한 안내와 노력, 그리고 일반 독자를 위해 한문 원문을 달자는 제안과 함께 그 작업을 맡아주기까지 한 그의 성실함이 아니었다면 이 책은 세상에 나오지 못했을 것이고, 세상에 나왔다 하더라도 초라한 모습으로 나왔을 것이다. 그의 노력에 다시 한 번 고개 숙여 감사드린다. 또한 이 원고를 정독하면서 일반 독자가 읽기 편하게 교열 작업을 맡아준 이승주 선생님께도 감사드린다. 선생님은 특히 지난해 7월에 슬링거랜드 교수를 캐나다에서 직접 만나 마인드볼 게임을 체험한 이야기를 나누고 그때 찍은 마인드볼 게임 사진을 제공해 주었다. 이 자리를 빌어 다시 한 번 감사드린다. 그리고 새롭고 난해한 관용어와 비유 표현에 대해 친절히 자문해 준 해군사관학교 마이클 스미스Michael Smith 교수에게 감사드린다. 밤낮 가리지 않고 주중과 주말을 가리지 않고 본인의 질문에 친절히 답변해 준 마이클 스미스 교수의 영어 직관은 이 책이 영어와 한국어 간의 간극을 메우는 데 큰 역할을 해 주었다. 마지막으로, 본인에게 직접 연락해 이 책의 번역을 요청하고 맡겨 준 에드워드 슬링거랜드 교수에게 감사드린다. 슬링거랜드 교수와의 인연은 그의 저서 『과학과 인문학 : 몸과 문화의 통합What Science Offers the Humanities: Integrating Body and Culture』을 출간하면서 시작되었다. 인문학과 자연과학의 통합을 주장하면서 개념적 혼성 이론으로 고대 중국의 철학 논쟁을 분석하는 부분에 매료되어 그 책을 한국어로 옮겼다. 그 이후에 중국철학과 인지과학을 일반 독자들도 읽을 수 있도록 구성한 지금의 이 책을 슬링거랜드 교수가 2014년에 출간하고 몇 년이 흐른 지금에서야 이렇게 우리말로 옮기게 되었다. 이렇듯 책 한 권의 번역에 많은 분들의 도움이 있었다. 이 책을 볼 때마다 이 분들과의 우정을 생각할 것이며, 이 책을 읽는 독자가 책에서 무언가를 얻을 수 있기를 간절히 희망해 본다.

2018년 9월 1일
김동환

## 한국어판 서문

나는 캐나다 밴쿠버에 있는 브리티시컬럼비아대학교의 교수로서 매 가을 학기 많은 학생이 수강하는 고대에서 전국시대말까지의 중국 사상에 대한 개론 수업을 맡고 있다. 내 수업을 듣는 학생들 중 80~90%가 최근 이민 온 동아시아 민족인 것은 보기 드문 일이 아니다. 학생들에게 왜 이 강의에 관심이 있는지 질문했을 때 동아시아 문화를 "외국인"에게서 배우는 것이 어떤 것인지 알고 싶다는 것이 자주 듣는 대답이었다.

나는 전국시대 중국 사상에 대한 나의 접근법은 그들이 고등학교에서 경험했거나 부모들에게서 들은 것과는 다소 다를 것이라고 확신한다. 하지만 나의 목표는 학기말에 그들이 다녔던 고등학교와 부모들도 초기 중국의 철학적 세계와 종교적 세계에 관해서는 "외국인"이라는 것을 학생들이 알게 하는 것이다. 대부분의 동시대 한국인들은 적어도 공자와 노자의 기본적인 생각뿐만 아니라 그들의 텍스트에서 나오는 이야기들에 어느 정도 익숙해 있다. 하지만 원래의 고대 중국어(한문)로 쓴 이런 텍스트를 읽을 수 있는 능력은 일반적으로 사라졌고, (심지어 학계에서도) 이런 텍스트들은 계속해서 자신의 이데올로기를 부여하는 후기 신유교 주석자들의 시각을 통해 읽힌다. 더욱이 급변하고 있고 점점 더 개인주의적인 현대 한국 사회는 아마 틀림없이 공자나 노자의 이상에서 다소 멀어져 있을 것이다. 따라서 고대 동아시아의 사상에 접근하는 것에 관해서는 현대 사회에 살고 있는 거주자로서 우리 모두 똑같이 외국인이다.

게다가, 서양 외국인이기에 얻을 수 있는 한 가지 장점은 초기 중국 사상의 주된 논쟁과 주제가 어떻게 서양철학 전통에서 발견되는 비슷한 긴장들에 필적하는지, 그리고 많은 점에서 어떻게 초기 중국 전통이 고대 서양의 딜레마에 더욱 만족스러운 답을 제공하는지를 볼 수 있는 능력이다. 최근의 서양 사상은 자립적 개인의 모형과 비신체화된 합리주의의 이상을 중심으로 구축되었다. 이것은 주류 서양철학이 자발성과 직관의 중요성을 보지 못하게 하고, 신체화된 마음의 힘을 과소평가하게 했다. 고대 중국 사상과 무위 또는 힘들이지 않은 행동의 이상에 다시 관심을 갖는 것은 현대의 세계관을 특징짓는 초합리성과 극단적 이기주의에 대한 중요하고 절실히 필요했던 개선책을 제공한다. 무위의 이상은 또한 우리가 현재 인간 마음의 구조와 작용에 대해 알고 있는 것과 많이 일치한다. 무위와 덕("카리스마적 힘")에 내재해 있는 사회적 본질은 본질적으로 공동체적이고 역할에 기반한 자아감의 본질을 부각하기도 한다. 이것들은 한국인이든 중국인이든 서양인이든 어떤 현대인에게도 유익한 통찰력이다.

나는 인상적인 번역을 해 준 김동환 박사와 이 책에 대한 관심과 한국 독자들이 이 책에 접근할 수 있도록 큰 역할을 해 준 고반출판사考槃出版社에 깊이 감사드린다. 한국 독자들이 이 책에서 가치 있는 무언가를 찾고, 한국의 철학적 전통과 종교적 전통을 새로운 관점에서 보게 되기를 희망한다.

2017년 11월 6일
캐나다 브리티시컬럼비아 밴쿠버
에드워드 슬링거랜드

## ■ 차 례 ■

옮긴이의 말 _ 5 | 한국어판 서문 _ 16
일러두기 _ 20

서론 _ 21
    무위無爲와 덕德 _ 33
    고대 중국이 현대 과학을 만나다 _ 38
    고대 철학에서 나온 현대의 통찰력 _ 41
    자발성의 가치 재발견 _ 50

제1장   능숙한 백정과 품위 있는 군자 : 무위의 개념 _ 53
    뇌腦와 무위無爲 _ 64

제2장   하늘에 취하기 : 무위의 사회성과 영성 _ 85

제3장   애쓰지 않기 위해 열심히 노력하기 : 자아를 갈고닦기 _ 109
    뜨거운 것은 충분하지 않다 : 왜 우리는 의식과 문화를 가지고 있는가 _ 117
    차가운 것은 혼자 힘으로는 안 된다 : 차가움을 뜨거움 속에 넣기 _ 123
    애쓰지 않고자 노력하기 : 인공적 자연성 _ 128
    유교의 무위 : 문명에서의 편안함 _ 143
    마을의 젠체하는 사람을 조심하라 _ 145

제4장   애쓰기를 그만두기 : 통나무 끌어안기 _ 151
    뛰어난 인물과 메디슨 가 타도 : 사회적 지식과 쾌락의 쳇바퀴 _ 160
    붙잡고자 하면 잃게 될 것이다 _ 169
    집으로 되돌아가 통나무 끌어안기 _ 175
    어떻게 바라지 않도록 바랄 수 있는가? _ 183

**제5장 노력하라, 그러나 너무 열심히는 하지 말기**
　　　： 도덕적 싹 재배하기 _ 193
　　합리주의자들에 대한 반대 : 차가움만으로는 안 된다 _ 197
　　원시주의자에 반대하기 : 도덕적 정원 가꾸기 _ 210
　　박자에 몸 맡기기 : 맹자의 무위 _ 220
　　왜 "자연스러운" 것이 그렇게 힘든 일인가? _ 227

**제6장 잊어버리기 : 흐름 따르기** _ 233
　　잊어버리고, 가자 _ 240
　　자유롭고 쉽게 방랑하기 _ 259
　　왜 우리의 자아는 잃어야 하는 대상인가? _ 269

**제7장 무위의 역설 : 자발성과 신뢰** _ 277
　　땅에서 나온 진리 : 갑골과 죽간에 담긴 무위의 역설 _ 286
　　문신과 쉽볼렛 : 우리가 신뢰하는 몸에서 _ 299
　　그것은 실재적 역설이다 : 무위와 덕 _ 313

**제8장 무위로부터 배우기 : 역설과 함께 살기** _ 323
　　내성內省의 역설 _ 339
　　몸을 진지하게 여기기 _ 346

감사의 글 _ 351 ｜ 부록 _ 357
주석 _ 358 ｜ 참고문헌 _ 406 ｜ 찾아보기 _ 430

■일러두기■

1. 동양고전의 인용구는 〈동양고전종합 DB〉, 〈완원 교각본(阮元校刻本)〉『십삼경주소(十三經注疏)』, 『장자금주금역(莊子今註今譯)』(陳鼓應, 中華書局, 1991)을 참고하여 한문 원문을 달았다.
2. (  )는 다음과 같이 사용하였다.
    가. 원서의 괄호를 그대로 번역한 경우는 본래의 크기로 사용함.
    나. 본문의 내용을 요약하거나 설명이 필요한 한자의 경우 아래첨자로 표기.
    다. 옮긴이가 붙인 '역자주'는 고딕체 아래첨자로 표기.
    라. 고전 원전의 출전을 보충한 경우 고딕체 아래첨자로 표기.
    마. 인명, 지명, 도서명, 논문명, 매체명을 국문과 원문(한자, 영문 등)을 병기할 때 괄호를 사용하지 않고 아래첨자로 표기. 다만, 국문과 원문(한자, 영문 등)이 다를 경우 괄호를 사용하여 아래첨자로 표기.
3. 도서명, 신문 등 매체명은 『 』로, 논문명은 「 」로 표기하고, 영문 제목을 병기할 경우 이탤릭체로 하였다.
4. 작품명 가운데 영화 제목은 《 》으로, 곡목은 〈 〉로 표기하였다.
5. 본문 속의 삽화와 용어풀이 상자는 원서에는 없는 것으로 독자의 이해를 돕기 위해 삽입한 것이다.

# 서론

캐나다 밴쿠버에 있는 사이언스월드 박물관에는 마인드볼Mindball이라는 신기한 게임이 있다. 두 사람이 긴 탁자의 반대 끝에 앉아서 각자 전극 장치가 있는 머리띠를 착용한다. 이 머리띠는 뇌파의 일반적인 패턴을 수집하도록 설계되었다. 두 사람 사이에 금속 공이 있으며, 각자 정신을 사용해 이 공을 탁자 맞은편 끝으로 먼저 밀어내는 사람이 이긴다. 각 경기자의 뇌파는 탁자 아래의 자석을 통해 공으로 전달되며, 뇌의 긴장이 이완될 때 생성되는 알파파와 델타파의 결합으로 동력이 생긴다. 알파파와 델타파가 많이 나올수록 공에 더 큰 힘을 발휘한다. 본질적으로 마인드볼은 누구의 마음이 가장 안정적인지를 측정하는 게임이다. 이 게임을 보면 흥미롭다. 경기자들은 눈을 감고, 숨을 깊이 들이마시며, 어정쩡한 요가 자세를 취하면서 긴장을 풀기 위해 애쓰는 모습이 역력하다. 공이 자기 쪽으로 접근해 올 때 느

서론 **23**

끼는 돌연한 공포는 흔히 상대가 지나치게 열중하게 되면 호각互角을 이룬다. 그리고 두 경기자는 큰 금속 공이 앞뒤로 굴러갈 때마다 교대로 냉정을 잃는다. 노력하지 않고자 노력하는 것, 다시 말해 애쓰지 않고자 노력하는 것이 얼마나 어려운지를 보여 주는 이보다 더 좋고 간결한 예는 없을 것이다.

오늘날 문화에서 예술가들은 너무 열심히 애쓰지 않는 것, 즉 '흐름 따르기(going with the flow)'나 '완전한 몰입(being in the zone)'이 얼마나 도움이 되는지를 오랫동안 인식하고 있었다. 유명한 재즈 음악가 찰리 파커Charlie Parker(1920~1955)는 음악가 지망생들에게 "색소폰을 연주하지 말고 색소폰이 당신을 연주하도록 하라"[1]는 조언을 한 것으로 전해진다. 이와 동일한 개방성(openness)은 근본적으로 자발성과 애쓴 흔적이 없어 보이는 호응성에 의존하는 연기를 비롯한 다른 공연 예술에서도 결정적이다. 완전히 몰입하지 않는 스탠드업 코미디언(무대 위에서 혼자 만담하는 코미디언)은 웃기지 않고, 자신이 맡은 역할에 완전히 빠져들지 않은 배우는 어딘가 어색하고 가식적이라는 인상을 준다. 배우 마이클 케인Michael Caine은 어떻게 맡은 역할을 준비해야 하는지 설명하면서 그저 대본을 암기하고 착실히 실연實演하는 것은 아무런 효과가 없다고 조언한다. 대사를 확실하게 해내는 유일한 방법은 대사를 기억하려고 애쓰지 않는 것이다. "대사를 생각하지 않고 서 있을 수 있어야 합니다. 상대 배우의 얼굴에 호응하면서 자연스럽게 대사를 해야 합니다. 배우는 어쩌면 대화가 완전히 새로운 것인 양 그냥 스스로가 듣고 보면서 대화에 대해 생각했던 것처럼 그것에 새로운 의미를 부여해야

마인드볼(Mindball)
스웨덴의 Interactive Institute에서 개발한 게임으로, 두 사람이 탁자 위의 공을 놓고 상대방 쪽으로 먼저 보낸 사람이 이긴다. 뇌파를 측정함으로써 공을 움직이는데, 마음이 안정될수록 공은 상대방 쪽으로 움직인다.

하죠. 그렇지 않으면, 다음 대사를 듣지 않고는 마음껏 자연스럽게 호응하지 못하고 자발적으로 연기하지 못할 것입니다."[2]

완전한 몰입의 중요성은 프로스포츠에서 그 진가가 가장 잘 나타난다. 프로스포츠에서 완전한 몰입이 가져다주는 경쟁력은 신화 같은 것으로서, 일어나지만 어떻게 일어났는지 모르는 것과 같다. 『스포츠 일러스트레이티드 Sports Illustrated』의 2005년도 판에는 경기에 몰입하는 것이 어떤 느낌인지에 대한 프로농구 선수들의 인터뷰가 실렸다.[3]

어떻게 슈팅 몰입으로 들어가고 어떻게 스스로 준비하면 되는지 알려주는 책이 있지만, 그런 것은 예측할 수 있는 것이 아닙니다. 공은 매우 가볍게 느껴지고, 슛은 수월합니다. 심지어 겨냥할 필요도 없습니다. 그냥 공을 보내고, 공이 안으로 들어간다는 것을 알 수 있습니다. 그것은 멋집니다 … 그것은 깨고 싶지 않을 좋은 꿈을 꾸는 것과 같습니다.

_ 팻 개리티Pat Garrity, 올랜도 매직Orlando Magic 포워드

그것은 육체를 떠난 경험과 비슷하고, 우리의 영혼이 우리의 육체를 지켜보고 있는 것과 비슷합니다. 여러분은 거의 수비를 보지 못하는 것처럼 느끼고, 움직일 때마다 상대 수비가 느리다고 느낍니다. 여러분은 사람들 옆을 지나가고 있습니다. 일상의 소리는 둔탁하게 되고, 들리지 않습니다. 그 소리는 둔탁하게 됩니다. 여러분은 다음날 연습에서 "왜 난 매일 밤 그렇게 못하지?"라고 말합니다. 우리들은 그런 느낌을 오랫동안 담아 두고 싶어 했습니다.

_ 조 듀마스Joe Dumars, 전 NBA 올스타 가드

프로선수들은 그런 느낌이 너무 쉽게 사라지기에 오랫동안 담아 두고 싶어 한다. 개리티가 말하듯이, 슈팅 몰입 상태에 있는 프로농구 선수들은 깨고 싶지 않지만 종종 그 꿈에서 깨어난다. 시카고 불스의 전 가드였던 벤 고든Ben Gordon은 "그런 느낌이 사라지기 시작하면 끔찍합니다. 나는 스스로에게 '자, 넌 더 공격적이어야 해'라고 말합니다.

그것은 그런 느낌이 사라졌다는 것을 알 때는 더 이상 본능적이지 않습니다"라고 말했다.

몰입에서 이탈하는 것은 무서운 것이므로, 운동선수들은 어떤 희생을 치르더라도 그렇게 되지 않으려고 애쓴다. 스포츠의 역사는 유망한 운동선수들의 이야기들로 가득한데, 이들은 어느 정도 마법을 잃어버리고 초야에 묻히거나 더 나쁘게는 유명한 운동선수들 가운데 더 이상 자신의 능력을 발휘하지 못하는 경우도 있다.[4] 야구팬들은 1960년대와 1970년대에 피츠버그 파이어리츠Pittsburgh Pirates의 슈퍼스타 투수의 이름을 딴 '스티브 블래스 증후군(Steve Blass Disease)'을 잘 알고 있다. 블래스는 거의 10년 동안 세계 최고의 선수들을 힘들이지 않고 위협했지만 갑자기 경기력을 잃기 시작했다. 연습에서는 계속 좋았고, 부상도 입은 것이 아니었으며, 육체적 기량이 떨어진 것도 아니었다. 정말 중요할 때에 더 이상 던질 수가 없었던 것뿐이었다. 많은 스포츠 심리학자들이 그를 분석했고, 코치들은 격렬한 연습을 통해 그에게서 그것을 없애고자 했지만 아무런 효과가 없었다. 블래스는 결국 조기 은퇴했다.[5]

긴장을 풀면서 몰입하지 못하는 것은 예술 공연자들에게도 위험한 일이다. 한 유명한 예로 팝 가수 칼리 사이먼Carly Simon이 있다. 그녀는 항상 군중들 앞에 나서는 것이 두려웠고, 1981년도의 한 콘서트에서 긴장 때문에 자리에서 꼼짝도 못하게 되면서 그러한 무대 공포증은 정점에 이르렀다. 그녀가 나중에 기자에게 말했듯이, "노래를 두 곡 부른 후에도 여전히 떨렸고, 누군가가 무대 위로 올라와 준다면 좀 나아질 거라고 제안했어요. 50여 명의 사람들이 올라왔고, 그것은 마치 대면집단 같았어요. 그들은 내 팔과 다리를 문질렀고, '우리는 당신을 사랑해요'라고 말했으며, 첫 번째 쇼를 끝낼 수 있었죠. 하지만 1만 명의 사람들이 기다리고 있던 두 번째 쇼가 시작되기 전에 무너지고 말았어요." 무대에서 사이먼의 파국은 결국 세인의 이목에서 멀어졌다. 물론 블래스와 달리 그녀는 나중에 가수로 돌아왔다.[6]

어떻게 긴장을 풀게 하고, 어떻게 필요할 때 마음을 멈춰 세울 것인가와 같은 이런 긴장이 프로선수나 무대 위에 서는 사람들에게는 어려운 일이라는 인식이 널리 퍼져 있다. 엘리트의 경쟁 수준에서 활동하는 사람들에게 자발성은 기본적인 직무 요건이다. 그들의 생활은 확실하게 몰입할 수 있는 능력에 달려 있다. 그런데 이것이 우리 모두가 직면하는 도전이라는 것을 인식하는 사람은 거의 없다. 우리는 스티브 블래스나 칼리 사이먼과 동일한 대중 압박을 받지 않겠지만, 우리의 삶은 여러모로 거대한 마인드볼 게임으로 간주될 수 있다.

이런 문제의 만연성은 육체적 활동의 경우에 더욱 눈에 잘 띤다. 아마추어 선수나 배우들도 몰입에서 벗어나거나 몰입이 손이 미치지 않는 곳에 있는 고통을 잘 알고 있다. 당신이 지금까지 경기 중 최고의 경기를 하고 있고, 처음으로 대학 대항 테니스 스타 친구를 막 이기려는 찰나에 마지막 세트를 하고 있다고 상상해 보라. 승리를 점점 더 뚜렷하게 인식하면 경기에서 지게 된다. 당신은 긴장하고 지나치게 신중할 것이다. 그냥 스윙하는 것이 아니라 스윙에 대해 생각하기 시작하고, 당신 친구는 점수 차를 좁혀 올 것이다. 당신은 어떻게 해야 할지 잘 알고 있다. 그냥 긴장을 풀고 하던 대로 하면 된다. 물론 긴장 풀기에 대해 더 많이 생각할수록 더 긴장하게 되고, 당신의 리드가 사라지고 친구가 다시 한 번 득의양양 흡족해 하고 있을 때 어찌할 도리 없이 쳐다만 보게 될 것이다.

또는 살사 기초반 수업을 듣고 있다고 생각해 보라. 강사가 짜증스럽게 "자연스럽게 하세요"라고 계속 말하면 처음의 어색함은 악화된다. 배웠던 스텝이 꼬이고 파트너의 발을 밟지 않으려고 최선을 다하고 있을 때 강사는 "긴장을 푸세요! 즐기세요"라고 재잘거리듯이 말한다. 강사가 즐기라고 재촉할수록 더 긴장하게 된다. 적당한 양의 테킬라가 긴장을 푸는 데 도움이 되겠지만, 운동의 섬세한 조절능력을 뜻하는 운동협응능력*이 급격하게 줄어드는 것은 감수해야 한다. 능숙하면서도 동시에 즐거운 살사 댄스는 영원히 못할 것처럼 보인다.

마음을 멈춰 세우고 마음이 하던 일을 몸이 하도록 하는 것은 확실히 힘든 일이다. 더 큰 문제이자 자주 접하는 문제는 마음을 내려놓는 비결이다. 이것은 마인드볼에서 핵심적인 문제이다. 긴장을 풀어야만 게임에서 이길 수 있는데, 이는 이기려고 애쓰지 않아야만 이길 수 있다는 것을 뜻한다. 일상생활에서 이러한 긴장은 어쩌면 심한 불면증에서 가장 강하게 나타난다. 당신은 내일 중요한 미팅이 잡혀 있고, 가능

---

**운동협응능력(motor coordination)***
효율적인 동작 패턴을 위해 개별 운동 시스템을 통합하는 능력으로서, 신체와 사지 중추신경과 말초신경체계 간의 지속적인 상호작용을 통해 나타난다.

한 한 잘 해야 한다. 그래서 긴장을 풀려고 일찍 잠들고자 애쓰지만, 결국 끊임없는 생각들로 고통스럽고 무기력하게 시끄러운 원숭이 뇌˙에 시달린다. 양을 세는 것은 더 악화시킬 뿐이고, 어떤 자세도 편안하지 않다. 얼마나 피곤하지를 뼛속 깊이 느끼지만 뇌를 어떻게 멈춰 세우겠는가? '긴장을 풀어!'라고 마음속으로 생각해도 소용이 없다.

불면증은 아주 사소한 경우이지만, 이런 문제는 복잡한 사회적 상황에서도 발생하고, 그런 상황에서는 더 큰 영향을 미친다. 데이트를 생각해 보자. 오랫동안 혼자였던 사람에게 '가뭄 뒤에 단비'와 같은 경험을 할 때가 있다. 당신은 누군가를 만나고자 필사적으로 노력해도 운이 따르지 않아서 때로는 긴 시간을 비참할 정도로 혼자 지낼 때가 있다. 그러나 어떤 일이 일어나 만남이 이루어져, 밖으로 나가서 즐거운 시간을 갖고, 갑자기 여자나 남자들(그러고 싶다면 둘 다)이 비처럼 쏟아진다. 거리의 매력적인 잠재적 파트너들이 당신에게 미소를 짓고, 카페에서 당신과 대화를 나눈다. 비디오 가게 카운터에 앉아 있는 이전에는 다가갈 수조차 없었고, 무미건조한 시기에는 결코 당신과 눈도 마주치지 않을 미인이 갑자기 빔 벤더스Wim Wenders의 영화를 당신이 좋아하는지에 관심을 보이고, 당신이 금요일(특별한 금요일!)에

> 원숭이 뇌(monkey-brain)˙
> 원숭이가 숲 속에 살면서 이 나뭇가지에서 저 나뭇가지로 건너다니는 것처럼, 이 일에서 저 일로 한시도 쉬지 않고 건너 뛰어다니는 '분주한 마음'을 일컫는다. 아잔 브라흐마의 『시끄러운 원숭이 잠재우기』 참조.

《베를린 천사의 시 Wings of Desire》를 보며 포장판매용 인도 음식을 먹을 계획이 있음을 안다. (이 예는 결코 나의 이야기가 아니다.) 당신은 당신이 발산할 수도 있는 특별한 페로몬pheromone을 탐지하고자 옷 냄새를 맡지만, 생화학적인 그 현상을 탐지하기엔 감각이 너무 무디다. 목욕은 아무런 부정적인 영향도 미치지 않는 것처럼 보인다.

모든 사람은 이처럼 갑작스레 몰려드는 때를 즐기지만, 당신이 다시 무미건조한 시기에 빠지면, 그 패턴은 헛되고 근본적으로 불공평한 것처럼 보인다. 당신이 그 모두를 즐길 수 없을 때 너무 많은 잠재적인 데이트 상대들이 있고, 정말로 필요할 때는 아무도 없다. 건조기 동안 당신은 숙고할 시간이 많듯이, 진지한 숙고는 그런 패턴을 의식적으로 바꾸는 것이 얼마나 어려운지를 암시한다. 데이트를 할 수 있는 가장 좋은 방법은 데이트를 하고 싶어하지 않는 것이다. 문제는 이런 지식으로 무엇을 해야 할지 아는 것이 어렵다는 것이다. 당신은 어떻게 실제로 원하는 무언가를 원하지 않도록 하는가?

대체로, 이 책을 읽는 독자와 전 세계의 현대 산업사회에 살아가는 '우리'는 노력, 즉 일하기(working)와 애쓰기(striving), 노력하기(trying)의 중요성에 집착한다. 세 살짜리 아이들은 최고의 유치원 입학에서 우위에 서기 위해 반복연습 수업에 참여하고, 시험성적을 높이고 방과 후 활동의 잔인한 스케줄을 소화하기 위해 리탈린ritalin(중추신경을 자극해서 정신활동을 충실하게 하는 정신흥분제)을 복용하면서 과잉 경쟁하는 고등학생으로 성장한다. 우리의 개인적인 삶과 전문적인 삶은 갈수록 더욱 큰 효율성과 더욱 높은 생산성을 끈질기게 추구하는 것을 중심으로 돌아가서,

여가와 휴가, 체계화되지 않은 단순한 즐거움을 몰아낸다. 그 결과로 모든 연령층의 사람들이 스마트폰에 탯줄로 이어진 것처럼 묶인 채로 정신없는 나날을 보내고, 경쟁 시합, 이메일, 텍스트, 트위터, 딩동 소리, 땡 하는 소리, 찌르기의 끊임없는 흐름에 빠져들고, 너무 일찍 일어나고 너무 늦게까지 밤샘해서 결국은 작은 LCD 스크린의 밝은 빛에 비춰진 채로 일정치 않게 잠드는 나날을 보낸다.

현대 세계에서 의식적 사고의 힘이나 의지력과 자기통제가 가져다 주는 이익에 과도하게 집중하면 이른바 '몸 생각(body thinking)'의 중요성을 간과하게 된다. 몸 생각이란 의식적 개입 없이 무의식으로부터 흐르는 빠르고 무언의 반자동적 행동을 말한다. 그 결과 노력과 애씀이 실제로 완전한 역효과를 낳는 분야에서 우리는 너무 자주 더 세게 밀거나 더 빨리 움직이는 데 몰두한다. 이는 당황하여 숨막힘(chocking)이나 움직임의 얼어붙음(freezing up)의 문제가 스포츠나 예술 행위를 훨씬 넘어서 확장되기 때문이다. 연설 중에 진정으로 긴장을 풀지 않고 진실하지 않은 정치가는 태도가 뻣뻣하고 카리스마가 없을 것이다. 이것은 미국 대통령 후보 미트 롬니(Mitt Romney)를 괴롭혔던 문제이다. 같은 방식으로, 독서에 대한 진정한 사랑과 학습에 대한 진정성 있는 몰두, 세상에 대한 깊은 호기심은 강요할 수 없다. 현대의 목표들 중에서 가장 파악하기 어려운 행복처럼, 자발성도 농구에서 핫핸드(hot hand)(농구에서 비교적 짧은 시기에 평균보다 정확한 슛 실력을 선보이는 것)만큼 포착하고 유지하기에 힘든 것처럼 보인다. 의식적으로 잡으려고 애쓰면 그것은 사라지고 만다.

## 무위無爲와 덕德

이 책의 목표는 자발성*의 다양한 양상들뿐만 아니라 자발성이 제기하는 난제를 탐구하는 것이다. 우리의 안녕에 매우 중대한 자발성은 왜 그렇게 파악하기 어려운가? 실제로 오래전부터 어떻게 애쓰지 않고자 노력하는가라는 문제를 고민했고, 이 문제는 태초로부터 전 세계의 사상가들의 주의를 끌었다. 가장 중요하고 영향력이 있었던 몇몇 사상가들은 초기 중국인들이다. 내가 믿기로, 유교와 도가 학파[7]에서 쏟아져 나온 이런 사상가들은 오늘날의 우리에게도 여전히 매우 유용한 인간 조건에 대한 깊은 통찰력을 갖고 있었다. 이런 초기 중국의 시각으로 우리의 삶을 바라보기 위해서는 긴밀히 연결된 두 개의

---

**자발성(spontaneity)** *

어떤 상황이나 사건을 인식하는 것에 있어 자아를 의식하지 않고 힘들이지 않는 반응으로서, 하나의 순간에 하나의 방식으로만 대응하는 굉장히 집중된 상태이자 효율적인 상태이다. 이는 자연스러운 상태와 밀접한 관련이 있고 상황에 대한 주체의 반응이 자아에 의한 막힘이 없다는 것을 의미한다. 그리고 생각이나 행위의 흐름을 잠시 멈추고 의식적 사고로 계산을 하거나 강요된 사고에 이끌리는 것은 자발성을 성취하는 것에 방해가 될 뿐이다. 슬링거랜드는 자발성을 무위에 이르는 최고의 과정으로 보고, 이 과정이 순수하게 성취될 때 인간은 영적 안녕과 타인과의 원만한 사회적 관계를 유지할 수 있다고 주장한다. 자발성은 뜨거운 인지와 차가운 인지가 혼성되는 영적 자발성에서 시작해 상황에 맞게 조절되는 지적 자발성을 거쳐, 최종적으로 신체화된 자발성에 이른다. 신체화된 자발성은 마음과 신체가 하나가 된 상태로 무의식적이지만 상황에 가장 적절하게 반응하게 한다.

개념을 알아야 한다. 첫 번째는 무위無爲이고, 두 번째는 덕德이다.

무위는 글자 그대로 '애쓰지 않기'나 '행하지 않기'로 번역되지만, 활기 없는 비활동에 관한 것은 전혀 아니다. 실제로 무위는 최적으로 활동적이고 효과적인 사람의 동적이고, 힘들이지 않으며, 자기를 의식하지 않는 마음 상태를 가리킨다. 무위 상태에 있는 사람은 마치 아무 것도 하지 않는 것처럼 느끼지만, 이와 동시에 훌륭한 예술작품을 창작 중이거나 복잡한 사회적 상황을 부드럽게 잘 처리 중이거나 심지어 전 세계를 조화로운 질서로 가져가는 중일 수 있다. 무위 상태에 있는 사람에게는 몸이 노래의 유혹적인 리듬을 타듯이 적절하고 효과적인 행동은 자동적으로 뒤따라 나온다. 이런 조화의 상태는 복잡하지만 동시에 전체적인 것이기에 실제로 몸과 정서, 마음을 통합한다.[8] 다른 말로 한다면, 무위는 아마 '힘들이지 않는 행동(effortless action)'이나 '자발적 행동(spontaneous action)'이 가장 적당할 것이다. 무위 상태에 있다는 것은 긴장을 풀고 즐긴다는 것이지만, 그런 즐거움과 세속적인 즐거움을 구분해야 한다. 많은 면에서 무위는 심리학자 미하이 칙센트미하이Mihaly Csikszentmihalyi*의 '흐름(flow)'**이라는 잘 알려진 개념과 닮았다. 이것은 완전한 몰입에 대한 개념이지만, 중요하고 흥미로운 차이는 나중에 살펴볼 것이다.

무위 상태에 있는 사람들에게는 전형적으로 '미덕(virtu)'이나 '힘(power)', '카리스마적 힘(charismatic power)'으로 풀이되는 덕이 있다. 덕은 다른 사람들이 목격할 수 있는 광채이자 무위 상태에 있다는 가시적인 신호이다. 덕은 다양한 방식으로 쓸모가 있다. 지도자들이나 정계에 있는 사람들에게 덕은 주변 사람들에게 강력하고 언뜻 보기에 마법 같은 영향을 미쳐서 즉각적인 방식으로 정치 질서를 펼치도록 해준다. 사람들은 그저 그들에게 복종하고 싶어 하기 때문에 협박을 하거나 보상금을 걸 필요는 없다. 소규모에서 덕은 사람에게 완전히 효율적인 방식으로 일대일 상호작용에 참여하게 한다. 당신이 덕이 있다면, 사람들이 당신을 좋아하고, 신뢰하며, 당신 주변에서 편안해 한다. 사나운 동물도 당신 앞에서는 얌전해질 것이다. 덕이 제공하는 이득은 무위가 정말 바람직하다는 한 가지 이유이고, 초기 중국 사상

### 미하이 칙센트미하이*
긍정심리학(Positive Psychology) 분야의 선구적 학자이자 창조성과 행복의 관계에 대해 지속적으로 연구한 그는 창조적인 사람의 세 가지 요건으로 전문 지식과 창의적 사고, 몰입을 제시한다. 아르키메데스의 창조적 발견 저변에는 그의 물리 지식이 있었다는 사실에 주목해 창조 또한 지식이 기반이 되었을 때 가능하다고 말하고, 떨어지는 사과로 중력 개념을 이끌어낸 뉴턴처럼 같은 사물을 다르게 보는 창의적 사고를 강조한다. 그리고 이 모든 것을 아우르는 일에 대한 몰입이 창조를 완성시킨다고 역설한다. 그의 이런 확신은 창조가 선천적인 요인보다는 스스로의 의지에 많은 부분이 좌우된다는 믿음을 근거로 하고 있다. 자신이 창조적이라고 믿으면 창조성이 발휘되고, 그렇지 않다고 믿으면 창조성은 위축된다는 것이다.

### FLOW(흐름, 몰입)**
이 용어는 심리학에서는 '몰입' 또는 '몰입감'으로 번역하지만, 이 책에서는 무위의 특성인 자아를 의식하지 않음이라는 자발성의 뉘앙스와 잘 일치하는 '흐름'으로 번역한다. 이에 반해 '몰입'은 '깊이 파고들거나 빠짐'이라는 사전적 정의에서 볼 때 자아의 의식적 노력이 개입한다는 느낌이 든다.

가들이 어떻게 하면 덕을 얻을 수 있는지 이해하기 위해 많은 시간을 보낸 이유이다.

무위나 덕에 대한 적당한 상당어구가 다른 언어에 없다는 사실[9]은 시사하는 바가 매우 크고, 우리의 개념적 세계에서 상응하는 공백을 보여 준다. 영어 화자들에게 Schadenfreude(남의 불행에서 얻는 행복)라는 독일어 차용어가 존재는 하지만 다른 점에서는 간과되었던 정서적 삶에 주목하도록 해 주었던 것처럼, 단어 '무위'와 '덕'을 어휘목록에 추가하면 우리가 그동안 놓쳤던 정신적·사회적 세계의 양상에 대한 통찰력을 얻는 데 도움이 될 것으로 생각된다. 대학생 때 접한 이 두 개념은 나의 기본 어휘가 되었고, 식구들과 친구들, 지인들에게도 재빨리 퍼져나갔다. 잘 안 열리는 문이나 무조건 반대만 하는 정부 관료처럼 강요해서는 안 되는 것을 강요하고자 애쓰고 있을 때 아내는 "당신은 이것에 대해 매우 무위하지 않군요"라고 잔소리를 한다. 중요한 연구비 지원을 위한 정부 사업에 같이 신청할 사람으로 다른 누군가가 아닌 그 사람을 원한 이유를 설명하고자 할 때, 나는 그 동료에게 "저 사람에게는 덕이 없지만 당신에게는 덕이 있습니다"라고 말한다. 그리고 그 사람은 내가 무엇을 의도하는지 정확히 안다.

이 두 가지 개념을 이해하는 것은 초기 중국철학을 이해하는 데 필수적이다. 이 책에서는 중국의 '전국시대'(기원전 5~3세기)[10]에 살면서 가르쳤던 다섯 명의 사상가를 검토해서 초기 중국철학을 탐구할 것이다. 그 시대는 사회적 혼돈과 정치적 격변이 큰 시기였다. 강한 나라는 약한 나라를 집어 삼켰고, 패한 나라의 지도자는 대개 승자의 칼에 죽었다. 대규모의 군사로 영토를 휘저으며 농작물을 황폐화시키고 평민들의 삶을 비참하게 만들었다. 또한 믿어지지 않을 정도의 엄청난 철학적 창조성이 피어난 이 시기에 (우연히는 아니지만) 중국 사상의 모든 주요한 학파들이 자생적으로 생겨났다. 자연 대 양육, 학습 대 본능 등 다양한 쟁점들에서 이 시기의 사상가들은 많은 차이가 있었지만, 모두 자연성과 자발성의 가치를 중심으로 그들만의 종교 체계를 확립하고, 삶의 전반적인 성공이 완전히 편안할 때 발산되는 카리스마나 완전히 몰입할 때 보이는 효율성과 연결되어 있다고 느꼈다. 다시 말해, 그들은 모두 무위의 상태에 이르고 덕을 얻고자 했다.

그들은 또한 모두 자신들만의 마인드볼 도전에 용감하게 맞섰다. 어떻게 제자들에게 자기를 의식하지 않고 힘들이지 않는 자발성의 상태를 추구하도록 요구할 수 있었는가? 어떻게 애쓰지 않도록 노력하는가? 애쓰는 행동은 결과를 나쁘게 만들지 않는가? 이것은 내가 말하는 무위의 역설이다. 이 모든 사상가들은 이런 역설을 해결하고, 사람들에게 안전하게 무위의 상태에 들어가도록 할 수 있는 분명한 방법을 가지고 있을 뿐만 아니라, 경쟁자들이 그렇게 할 수 없었던 이유를 설명했다고 믿었다. 이것은 특히 절박한 문제로 간주되었는데, 그들에게 무위와 덕은 테니스 경기에서 이기거나 데이트를 하는 것에 관한 것일 뿐만 아니라 개인적·정치적·종교적 성공을 위한 열쇠였기 때문이다.

## 고대 중국이 현대 과학을 만나다

2천 년 이상 전의 중국 사상가들은 지금의 우리와는 매우 다른 사회적·종교적 세계에서 살았다. 그래서 나는 지난 몇 십 년 동안 자발성의 중요성에 대한 그들의 많은 통찰력이 현대 과학에서 재발견되었다는 것에 특히 흥미로웠다. 심리학과 신경과학의 많은 문헌에서는 이런 사상가들이 사람들의 실제 사고방식과 행동방식을 최근의 서양철학이나 종교 사상보다 훨씬 더 정확하게 묘사했고, 무위 달성에 대한 초기 중국 논쟁이 인간 뇌에 쌓인 실제 긴장을 반영한다고 말한다. 과학자들은 '빠르고 간소화된(fast and frugal)' 일상생활에서 무의식적 사고의 역할을 더욱 잘 인식하고 있고, 지금 왜 자발성과 효율성이 잘 들어맞는지를 더욱 명확히 이해한다.[11]

우리는 또한 지금 뇌의 어떤 부위가 비활성화되고, 어떤 부위가 완전히 활성화되는지에 대한 세부내용을 포함해, 무위에 관여하는 심리적 기제에 대해 알고 있다. 뇌로 들어가는 피의 흐름을 측정하여 신경 활동을 추적하는 기능적 자기공명영상(fMRI)*과 같은 기술을 통해 심지어 활동 중인 무위 상태에 있는 뇌의 생생한 영상도 볼 수 있다. 그렇다고 해서 뇌과학을 진리로 가는 마법과 같은 경로로 맹목적으로 숭배하는 것은 아니다. 대중적인 신문기사와 책을 장식하는 모양새 좋은 기능적 자기공명영상 그림[12]은 마음 자체를 찍은 스냅사진이 아니다. 그렇긴 하지만 이런 그림은 거의 확실히 이상적으로 뇌의 작동 방식에 대해 우리가 모르고 있던 무언가를 알려준다. 이런 그림은 유익한 퍼즐 조각이다. 더욱이 현대 신경과학은 신체화**된 마음(embodied mind)의 복잡성을 더 잘 인식시켜주기 때문에 유용하다. 예컨대, 우리가 의식적으로 유혹과 싸우고 있을 때, 야수 같은 몸의 고삐를 잡아당기는 비신체화된 영혼이 아니라 다른 뇌 부위들과 충돌하는 어떤 기능을 전담하는 뇌 부위가 관여한다. 따라서 신경과학은 여태 보았던 것보다 우리 스스로를 더 정확히 묘사해 준다.

자발성 퍼즐의 또 다른 중요한 조각은 진화심리학에서 나오는데, 이

---

**기능적 자기공명영상(fMRI; functional magnetic resonance imaging)**\*
뇌의 활성화 양상을 측정하는 방법으로서, 뇌가 활동할 때 혈류 안의 산소 수준을 반복 측정하여 기능적으로 활성화된 정도를 측정하는 방법이다. 뇌의 특정 부위에 활동이 많아져 신진대사가 증가하면 그 특정 조직의 모세혈관으로 혈류 공급이 증가하는데, 이때 혈류 속에 산소와 결합한 헤모글로빈의 비율이 과도하게 높아진다. 이 헤모글로빈은 산소를 빼앗긴 주변 조직의 헤모글로빈에 비해 높은 신호 강도를 가지며, 바로 이 차이를 탐지한 신호가 혈류 안의 산소 수준의 신호이다. 이를 이차원 영상으로 구성하고, 다시 삼차원 영상으로 재구성하여 원하는 뇌 부위의 활성화 양상을 측정한다.

**신체화(embodiment)**\*\*
요즈음 인지과학 내에서 많은 관심을 받는 주제로서, 사람의 몸, 그리고 몸과 세계의 상호작용인 '삶에서의 체험'이 사람의 마음과 행위의 원천이고, 개인적·문화적 정체성을 형성하는 방법이다. 신체화는 인간의 상징이 반복되는 신체적 경험의 패턴에 기초한다는 생각을 받아들이므로, 인지와 언어적 의미에 대한 이원론적이고 탈신체화된 전통적 견해를 거부한다. 또한, 철학적 관점에서 이성중심주의를 떠나 인간 경험을 중요시하는 체험주의 철학을 받아들인다. 이 신체화를 연구하고 이해하기 위해서는 사고와 언어가 뇌, 몸, 세계 간의 지속적이고 역동적인 상호작용에서 시작한다는 인식이 요구된다.

것은 왜 무위가 개인에게 정말 즐거운 것이고 다른 사람들에게 매력적인지에 대한 통찰력을 제공한다. 진화가 상황을 지지할 때, 상황은 즐거움을 주는 경향이 있다. 오르가즘이나 초콜릿을 생각해 보자. 많은 일들은 느린 의식적 마음에 의해서만 수행될 수 있는 것은 아니기 때문에 무위 상태에 있는 것은 좋은 느낌이 든다. 즉, 우리는 그 일을 해내기 위해 빠른 무의식적 과정의 힘을 풀어 놓을 필요가 있다. 더욱이 무위 상태의 사람에게 끌리는 것은 자동적이고 무의식적인 마음을 신뢰하기 때문이다. 인지과학의 연구에서 점차 입증되듯이,[13] 우리에게는 의식적인 언어적 마음이 종종 교활하고 설득력 있는 거짓말쟁이이지만, 자발적이고 자기를 의식하지 않는 몸짓이 다른 사람의 마음속에서 실제로 무슨 일이 일어나고 있는지를 믿음직하게 암시한다는 매우 강한 직관이 있다. 생리적으로, 자발성을 의식적으로 촉진하는 것은 어려우므로, 자발성은 사회적 삶에서 아주 높이 평가된다. 또한 자발적인 사람들이 매력적이고 신뢰가 간다고 생각되지만, 자발적인 편안함을 가장하려는 의식적인 시도는 완전히 실패하는 경향이 있다. '규칙(the Rules)'에서부터 '체계(the System)'에까지 이르는 상업적인 데이트 전략을 한번 생각해 보라.

그래서 초기 중국 사상가들이 어떻게 그리고 왜 덕이 다른 사람들에게 매력적인지에 대한 수많은 형이상학적 이론들을 갖고 있었지만, 그것은 자발적 행동은 조작하기가 어렵다는 매우 간단한 심리적 사실로 설명될 수 있다. 이는 자발적이고 자기를 의식하지 않는 사람들이 협잡꾼일 수 없다는 것을 의미한다. 우리는 또한 효율성에 매료되고, 무위 상태에 있는 사람들은 삶을 살아갈 때 사회적으로 유능하다. 종합해 보면, 이런 요소들은 무위와 덕을 우리의 삶을 이해하도록 돕는 개념으로 진지하게 여길 수 있는 실증적인 근거와 과학적 기초를 제공한다. 따라서 이 책에서는 왜 무위가 효과적이고, 왜 덕이 작동하며, 왜 자발성의 현대 개념들이 무위 경험의 중요한 양상을 놓치는지에 대한 심오한 진화적·신경과학적 이유를 탐구할 것이다.[14]

## 고대 철학에서 나온 현대의 통찰력

현대 과학이 무위에 대해 매우 많은 이야기를 할 수 있다면, 왜 우리는 이런 초기 중국 사상가들에게 그렇게 신경을 쓰는 것인가? '동양'을 마치 독점적이고 무한한 영적인 지혜의 근원인 것처럼 미화하는 사람들은, 초기 중국 사상의 역사가이자 우연히는 아니지만 뉴저지에서 자랐기에 영국표준규격을 거의 참지 못하는 뉴저지 사람인 내게 심신의 두통을 안긴다. 그럼에도 불구하고 뉴에이지\*와 같은 이국

---

**뉴에이지(New Age)**\*
무신론과 물질주의가 만연한 20세기 말엽, 영적 공허를 느낀 사람들은 종교적 인간(homo religious)에 대한 인식을 새롭게 하게 되면서, 현대 서구적 가치를 거부하고 영적 사상, 점성술 등에 기반하여 이를 탈피하려는 움직임을 보이는데, 이것이 뉴에이지라는 이름으로 전개된 운동이다. 현대사회에 새로운 신문화운동으로 대두되는 이 운동은 종교적 영역과도 밀접한 관계가 있다.

정서의 중심에는 일면 진실의 핵심이 잠복해 있다. 초기 중국 사상은 몇 가지 중요한 방식으로 오늘날의 철학적·정치적 콤플렉스를 극복하도록 도와주고, 우리의 생물학적·문화적 세계를 파악하도록 더 잘 준비시켜 준다.

'서양'을 후기계몽주의 유럽과 식민지에서 지배적인 사고방식을 가리키는 것으로 간주한다면, 서양이 합리적 사고를 인간 본성의 본질로 묘사하고,[15] 추론을 우리 주변의 물리적 세계의 소음과 흥분으로부터 완전히 단절된 정신적 영역에서 발생하는 어떤 것으로 묘사하는 경향이 있다고 할 수 있다. 이런 견해는 마음과 추상적인 합리성이 몸과 정서와 철저하게 구분되고 더 우위라는 점에서 강력하게 이원론적(dualistic)이다. 어떤 종류의 마음-몸 이원론은 인간의 심리적 보편소처럼 보이지만,[16] 플라톤부터 데카르트까지 추적할 수 있는 전통은 (마음을 소유하는) 사람과 (그렇지 않은) 사물 간의 구분에 대한 모호한 직관을 완전히 비가시적이고 비신체화된 마음과 우리의 물질계를 구성하는 물리적 원료 간의 기괴한 형이상학적 이분법으로 바꾸었다.

이와 같은 강력한 이원론적 견해는 우리 스스로를 혼돈스럽게 했을 뿐만 아니라 과학에 엄청나게 나쁜 영향을 미치기도 했다. 초기 (20세기 중반) 인지과학자들은 인간의 마음을 추상적인 정보처리를 수행하는 통 속의 뇌(brain in a vat)로 다루었고, 이로 인해 매우 비생산적인 길로 들어서게 되었다.[17] 다행히도 지난 몇 십 년 동안 인지과학은 이원론의 개념적 족쇄로부터 벗어나, 인간의 사고를 근본적으로

통 속의 뇌(brain in a vat)
사고실험에 사용되는 구성요소 중 하나로, 일반적인 회의론과 데카르트의 회의론을 설명하는 데에 주로 쓰이는 이론이다. 이에 대한 논의는 최근 몇 십 년간 철학자들 사이에서 이루어졌고, 특히 데카르트의 속임수를 잘 쓰는 악마 이론과 관련이 있다. 여러 공상과학 소설 속에서 이 이론을 다루고 있는데, 이는 한 과학자가 사람의 뇌를 사람의 몸에서 분리한 후 그것이 기능을 유지할 수 있게 하는 액체로 가득 찬 통에다 넣고, 뇌의 신경세포들을 전선들에 연결해서 뇌가 일반적으로 받아들이는 것과 동일한 전자 신호를 보내는 슈퍼컴퓨터에 연결한다는 생각에서 나오게 되었다. 이것에 대해 다루고 있는 공상과학 소설들은 슈퍼컴퓨터가 뇌에게 현실과 동일한 신호들을 보내면, 뇌만 존재하고 있는 그 사람은 실제로 존재하는 어떤 물체나 사건과 직접적으로 접촉하지 않고서도 그가 접촉한다고 느끼게 될 것이라고 말한다. 따라서 통 속에 담긴 뇌는 자신이 진짜 사람인지 통 속에 담긴 뇌인지 확신을 할 수 없고, 그가 외부세계에 대해 믿고 있는 모든 것들이 거짓일지 아닐지도 알 수가 없다. (《The Brain That Wouldn't Die》, 1962)

'신체화된' 것으로 다루기 시작했다.[18] 우리의 사고가 신체화되었다는 것은 인간 사고가 구체적인 경험에 근거를 두고, 매우 추상적인 개념처럼 보이는 것도 유추와 은유*를 통해 우리의 신체적 경험에 연결되어 있다는 것을 의미한다. 저울눈이나 고르게 분할된 물리적 사물의 이미지를 환기하지 않고서는 '정의正義'에 대해 생각하는 것은 어렵다. 우리는 삶에 대해 추론할 때 반드시 여행이나 아무도 가지 않은 길을 생각한다. 인지의 신체화된 견해[19]는 또한 사고가 본래 느낌에 연결되어 있는 것으로 간주하는데, 이는 합리성과 정서 간의 엄격한 구분을 의심하는 것이다. 더욱이 인지과학자들은 인간의 뇌가 추상적 정보를 표상하기 위한 것이 아니라 주로 행동을 안내하도록 설계되어 있다는 사실을 강조하기 시작했다. 물론 필요할 때는 추상적 정보를 표상할 수도 있다. 이러한 '신체화된 인지' 혁명은 적어도 부분적으로 무위에 대한 초기 및 후기 중국 불교의 설명 모두를 포함해서 아시아 종교 사상에서 시작된 통찰력에서 영감을 받았다. 이로써 이 책에서 인지과학과 중국 사상을 융합시키는 것은 특별한 의의가 있다.[20]

  비록 과학자들보다 출발이 조금 늦었지만, 서양철학자들도 실증적 지식과 그들 분야에서 대안적 전통의 중요성을 인식하고 있다. 적지만 점차 그 수가 증가하는 심리학에 맞추어진 철학자들은 지금 신체화된 자아 모형을 가진 초기 중국 전통이 의식적 사고와 합리성, 의지력에 집중하는 현대 서양철학의 경향에 중요한 개선책을 제시한다고 인식한다.[21] 예컨대, 최근 서양 사상은 로마가 이탈리아의 수도이고, $e = mc^2$이라는 사실과 같은 세상에 대한 정보인 추상적이고 표상적 지식의 중요성을 강조했지만, 초기 중국 사상은 노하우know-how[22]를 강조했다. 노하우란 무언가를 잘 할 수 있는 실용적이고 암묵적이며 종종은 형식화되지 않은 능력을 말한다. 우리는 자전거 타는 방법을 정확히 설명하지 못하더라도, 자전거를 탈 수는 있다. 사실 나중에 논의하겠지만, 자전거 타는 방법에 의식적으로 집중하거나 그 과정을 다른 사람에게 말로 설명하려는 노력은 실제로 자전거를 탈 수 있는 능력을 저해할 수 있다.

이 책에서 만나게 될 초기 중국 사상가들은 지식의 정점을 추상적

---

**유추와 은유**[*]

**유추(類推, analogy)_** 일반적으로는 'A는 b, c, d, e이다'와 'B는 b, c, d이다'에서 'B도 e이다'라는 형태의 추리이다. 가령, '지구에는 생물이 있다'와 '화성은 여러 점에서 지구와 유사하다'에서 '화성에도 생물이 있을 것이다'라는 추리가 유추이다. 유추는 증명이 아니라 개연성을 가질 뿐이다. 이 개연성을 강화하려면 몇 가지에 주의해야 한다. 본질적 특징에 기초하여 가능한 한 많은 공통의 성질을 비교하는 대상에 요구하는 것, 결론으로 된 성질과 비교되는 대상의 공통된 여러 성질 사이에 가장 큰 결합이 있을 수 있는 것, 일정한 관계에서만 비교되는 대상에서 같은 것이 얘기될 수 있을 뿐 모든 점에서 동일하지 않는 것 등에 주의해야 한다.

**은유(隱喩, metaphor)_** meta(=over) + phora(=carrying)라는 어원을 가진 은유는 '내 마음은 호수요'에서 고요한 내 마음을 잔잔한 호수에 빗대어 표현한 것과 같이 이해하기 어려운 추상적 개념이나 대상(내 마음)을 이해하기 쉬운 구체적 개념이나 대상(호수)의 특성에 간접적으로 빗대어 표현하는 비유법 중 하나이다. 은유의 형태는 A=B이지만, 은유의 의미는 A×B이다. 즉, 은유의 두 대상은 완전히 동일한 것이 아니라 부분적으로 유사하고, 그런 유사성도 처음부터 존재했던 것이 아니라 은유로 사용되면 창조되는 유사성이다.

인 원리를 이해하는 것보다는 무위 상태에 들어가는 것으로 이해했다. 완벽하게 자발적이지만 자연계와 인간계의 적절한 질서와 완전히 조화를 이루는 방식으로 물리적·사회적 세계에서 살아갈 수 있는 능력(道)을 획득하는 것이 그 목표이다. 이것이나 저것을 아는 것보다는 그 방법을 아는 것에 초점을 두기 때문에, 중국 전통은 지난 2천 년 동안 무위의 내적인 심리적 느낌을 탐구하고, 그 중심에 있는 역설에 대해 고민하며, 그 역설을 해결하기 위한 다양한 행동 기법을 개발하는 데 많은 에너지를 쏟았다. 초기 중국에서 이상적인 사람은 비용과 이득을 냉정하게 분석하는 사람이기보다는 훈련을 잘 받은 운동선수나 수양을 쌓은 예술가에 더 가깝다. 이것은 진정한 인간 우수성이 무엇인지에 대한 우리의 직관과 마음의 작동 방식에 대한 최고의 현대 과학적 이해와 더 잘 일치한다.[23]

무위와 덕이라는 중국 개념은 강력한 마음-몸 이원론을 넘어서도록 하는 것 외에도, 서양 사상의 또 다른 기본적 특징인 극단적 개인주의에 상당히 기초하는 현대 과학에서 누락된 자발성과 인간 협동의 중요한 측면을 드러낸다. 서양철학에서 이상적인 사람은 비신체화될 뿐만 아니라 근본적으로 혼자이다. 서양에서 지난 몇 백 년 동안 인간 본성에 대한 지배적인 견해는 우리 모두가 객관적인 보상과 처벌에만 반응하면서 사리사욕을 추구하는 개인적 행위자라는 것이었다. 이 견해에 따르면, 전형적으로 남성이고, 의심쩍게도 배우자나 아이, 나이 지긋한 부모, 아픈 친구들을 곁에 두지 않고 단신으로 움직이는 수렵-채집자들이 개간지에서 만나서, 살아갈 규칙을 협상하고, 악수를 하면서 협동하자고 동의할 때 인간 사회가 형성되었다. 경제학자들과 정치학자들이 최근에서야 인식했듯이, 이것은 지난 1, 2세기 동안 토지를 소유한 엘리트 남성들이 꾸며낸 동화이다. 이들은 철학자 아네트 바이어Annette Baier가 "성직자와 여성 차별주의자, 청교도 독신남의 집합체"[24]라고 냉혹하게 부른 집단이다.

실제로 우리는 자립적이고 자급자족하고 아주 합리적인 개인이 아니라, 삶의 모든 단계에서 다른 사람들에게 긴밀하게 의존하는 정서적이고 무리를 이루는 동물이다. 우리는 비용과 이익을 계산하는 데 능숙하기 때문이 아니라 직계 가족이나 친구들과 정서적으로 묶여 있고, 사회에서 다른 사람들과 자발적으로 협동하도록 하는 가치관을 채택하도록 교육을 받았기 때문에 사이좋게 지내는 것이다. 이런 공통된 가치관은 대규모의 인간 집단을 하나로 뭉친다. 이런 가치관의 핵심 자질은 맡은 일을 하기 위해 진실하고 자발적으로, 즉 무위의 방식으로 받아들일 필요가 있다는 것이다. 그래서 무위와 덕을 둘러싼 긴장은 특히 오늘날 우리가 머무는 경향이 있는 익명의 큰 공동체에서 인간 협동을 둘러싼 기본적인 퍼즐과 관련이 있다.

더욱이 처음의 초기 중국 상황에서 보면, 무위가 어떻게 근본적으로 영적이거나 종교적인 개념인지를 쉽게 알 수 있다. 무위 상태의 한 가지 핵심 자질은 전형적으로 도道라고 부르는 더 크고 귀중한 전체에 몰입한다는 느낌이다. 현대 독자들이 초기 중국의 종교적 세계관에 동의할 것 같지 않지만, 나는 오늘날의 우리에게도 도와 매우 비슷한 것이 진정한 무위 경험의 배경에서 작동한다는 것을 보여 줄 것이다. 그것은 아주 모호하거나 빈약하더라도 가치 체계에서 마음이 편하다는 느낌이다. 이것은 무위가 어떻게 "흐름(flow)"과 같은 현대의 심리학적 개념과 다른지를 명확히 하고, 결정적인 자발성의 사회적 차원을 발견하도록 해 줄 것이다.

무위와 덕을 처음의 중국 상황에서 검토하는 것에는 적어도 동아시아권 외의 독자들에게 한 가지 결정적인 장점이 있다. 중국 문화가 무위에 대한 초점을 완전히 잃은 것은 아니라는 것을 인식하는 것이 중요하다. 즉, 중국 문화는 초합리성과 극단적 개인주의라는 토끼굴로 여행 한 적이 전혀 없었다. 이 책에서 탐구하는 사상가들은 모두 현대 중국의 사고방식에서 여전히 건재하다. 중국어는 음성언어가 아니기 때문에, 구어 방언이 엄청난 변화를 겪었을 때도 글자는 본질적으로 몇 천 년 동안 그대로 남아 있다. 이 책에서 탐구할 텍스트들은 20세기 초까지 중국의 유일한 문어였던 이른바 '고대 중국어'로 대략 기원전 5세기부터 3세기까지 쓰여 졌다. 실제로 최근까지 고대 중국어는 동아시아 전역에서 학문의 링구아 프랑카lingua franca(모국어를 달리하는 사람들이 상호 이해를 위하여 습관적으로 사용하는 언어)이자 매개물이었다. 이 긴 역사 동안 중국 문화의 전 영역에서 교양 있는 모든 사람들은 이 책에서 논의할 텍스트들을 외웠다. 따라서 수만 가지고 이야기를 하자면, 공자의 『논어論語』는 성경보다 더 많은 사람들에게 영향을 미쳤다. 심지어 오늘날에도 동아시아 전역의 학생들은 이런 텍스트들의 많은 부분을 자기 것으로 받아들이고, 특별한 사고방식을 지니고 있는 이 고대어는 중국의 모든 구어 방언에 스며들어 있다.

그 결과는 중국 사상의 형성기와 특히 중국과 더 일반적으로는 동아시아 현대 문화 간의 대단히 높은 수준의 연속성이다. 예를 하나 들자면, 중국에서 처음 사업을 하는 서양인들은 현대 동아시아에서 개인적 관계關係(guanxi; 인맥)와 비공식적인 사업 네트워크를 강조하는 것을 부패와 족벌주의의 소굴로 여긴다. 분명히 그러한 면도 존재하지만 여기에는 이론적 근거가 있다. 즉, 옛 유교에서 엄격한 규칙을 준수하는 것보다는 인성 중심의 직관적 판단을 선호하는 것에 기반을 둔다는 것이다. 무위 행동이고 그것이 발산하는 덕의 특성이라고 할 수 있는 사람들의 자발적 표현과 무심코 한 말이 알아야 할 모든 것을 말해주기 때문에 서로 얼굴을 맞대고 사람들을 대한다. 계약을 따낼 수 있는 가장 좋은 방법은 전형적으로 며칠간의 저녁 식사에서 좋은 음식과 취할 정도의 술로 성사되는 강렬한 개인적 충성을 만들어내는 것이다. 고대 중국에서도 이런 개인적 네트워크가 오용되기 쉽다는 명확한 인식이 있었고, 많은 사람들은 이를 예방하는 유일한 방법이 자발적이고 신뢰에 기반한 사회적 유대를 사적인 것이 개입되지 않고 규정을 따르는 공적인 제도로 바꾸는 것이라고 주장했다.[25] 실제로 중국은 결국 그 둘을 섞어 놓은 것이 되었지만, 문화적인 측면에서 지배적인 사회적 규범은 계속해서 무위와 덕에 기반을 두었다. 이 점을 파악하지 않고는 현대 중국을 이해하지 못한다. 그래서 특히 이 책에서는 중국 사상의 본질에 대한 통찰력을 제공하고자 하는데, 이런 중국 사상은 실로 짧은 공백기 후에 중국이 주요한 세계 강국으로 다시 부상한 시대에 살고 있는 사람들에게 유용할 것이다.

## 자발성의 가치 재발견

매우 광범위하게 보면, 자발성에 대한 초기 중국의 이야기는 서양에서 최근 몇 세기 동안 간과했던 인간의 영적·사회적 삶의 양상을 들여다보는 특유한 창구이다. 더욱 구체적으로, 이 책이 무위를 달성하기 위한 100% 보장된 10단계 프로그램을 제시하는 것은 아니지만, 여러분은 결국 과거 사람들에게 통했던 전략에 대해 꽤 많은 것을 배우게 될 것이다. 어느 누구도 무위를 달성하기 위한 단 하나의 확실한 방법을 내놓은 적이 없었던 이유는 자발성에 대한 장벽이 사람마다 다르고 상황마다 다르기 때문이다. 이는 임의로 사용할 수 있는 혼재된 전략들이 매우 유용할 수 있다는 것을 의미한다. 중대한 회의 전날 밤에 수면을 도와주는 기법은 그날 오후 테니스 경기에 몰입하는 데는 쓸모가 없을 것이다. 내향적이고 느리게 움직이는 대학교수인 나에게 주일 첫날에 무위로 긴장을 풀도록 도와주는 것(침묵, 고독, 혼자 있는 것, 햇빛, 많은 커피)은 외향적이고 지극히 활동적인 배우에게 필요한 것(버번위스키 한 잔, 열정적인 집단 브레인스토밍 회의)과는 완전히 다를 수 있다. 나는 여러분이 이 책에서 증류하여 얻은 고대 전통사상의 지혜뿐만 아니라 현대 인지과학에서 나온 최고의 연구결과를 탐구하여 스스로의 삶에 적용할 수 있는 새로운 통찰력을 얻기를 바란다.

더욱이 무위와 덕을 우리의 어휘에 채택하기만 해도 인간의 행동과 관계에 대해 생각하는 방식이 근본적으로 달라질 것이다. 자발성은 칵테일파티에서 유익하거나 예술가나 운동선수들과 관계 있는 것쯤으로 여기는 경향이 있다. 하지만 자발성이 실제로 개인적 안녕과 인간 사회성의 초석이라는 초기 중국인들의 말이 맞았다는 증거가 계속 나오고 있다. 이는 무위의 역설이 우리가 인식하는 것보다 더 중요하고, 그런 역설을 극복하는 문제가 생각보다 더 시급하다는 것을 의미한다.

우리는 목표를 달성하는 최선의 방법이 그런 목표에 대해 신중하게 추론하고 그것에 도달하기 위해 의식적으로 애쓰는 것이라고 배웠다. 아쉽게도, 삶의 많은 분야에서 이것은 끔찍한 조언이다. 행복과 매력, 자발성과 같은 많은 바람직한 상태는 간접적으로 가장 잘 추구할 수 있고, 의식적 사고와 힘들인 애쓰기는 실제로 그런 상태를 달성하는 데 방해가 될 수 있다. 다음 장들에서는 우리의 삶에서 어떻게 자발성을 촉진하는지를 배우고, 자발성이 어떻게 다른 사람들과의 관계에 영향을 미치는지에 대한 통찰력을 얻게 될 것이다. 무위와 덕을 탐구한다고 해서 우리를 즉각적으로 평온한 선사禪師로 바꾸어줄 쉬운 해결책이나 오래된 '고대 중국 비밀'이 나오는 것은 아니다. 하지만 자발성의 힘과 문제를 인식하고 초기 중국 사상가와 인지과학자들과 함께 이런 이슈를 충분히 생각하면, 어떻게 세상을 살아가고 다른 사람들과 상호작용하는지를 더욱 깊이 이해하고, 더욱 효율적으로 그렇게 할 수 있을 것이다.

**제1장**

# 능숙한 백정과 품위 있는 군자
무위의 개념

포정庖丁이라는 백정의 이야기는 초기 중국 전통에서 무위에 대한 가장 유명하고 가장 생생한 묘사이다. 왕과 많은 군중들이 지켜보는 가운데 소를 제물로 삼는 전통적인 종교의식에서 이 백정에게 임무가 하나 부여되었다. 이 주요한 제의祭儀에서 백정 포정은 무대 중앙에 있다. 정확하지는 않지만, 어쩌면 새로 주조한 청동 종을 성화聖化하는 제의가 진행되고 있을 것이다. 이 제의에서는 주조장에서 막 가져와 채 식지 않은 종에 제물로 삼은 동물의 피를 뿌려 식힌다. 이는 정확한 타이밍과 완벽하고 원활한 진행을 요하는 절차이다.

포정은 그 임무를 감당할 수 있었기에 힘들이지 않고 우아하게 거대한 소를 해체한다. "그의 손이 소에 닿을 때, 어깨로 밀 때, 다리로 밟을 때, 무릎으로 누를 때마다 찌익! 씽씽! 하는 소리를 내거나 칼을 놀릴 때마다 쓱싹쓱싹하는 소리를 내었는데, 어느 것 하나 가락에 맞지 않는 것이 없었다. 한 순간은 상림의 무악과도 일치했고, 또 다른 때는 경수의 박자에도 들어맞았다."[1] 무악과 경수는 고대에 숭배한 예술 형식이었다. 포정의 몸과 칼날은 너무나 완벽하고 조화롭게 움직여서 언뜻 보기에 세속적인 일이 예술 공연으로 바뀐다. 문혜왕文惠王은 깜짝 놀라고 감동을 받고서 외친다. "아! 그것 참 훌륭하구나! 재주가 어떻게 이런 경지에까지 이를 수 있단 말인가?" 포정은 큰 칼을 내려놓고 대답했다. "신이 좋아하는 것은 도道로서, 이는 재주보다 앞서는 것입니다."(『장자』, 「양생주」, 제2장) 그런 다음 그는 완벽하고 손쉽게 수행하는 것이 어떤 느낌인지를 설명한다.

제가 처음 소를 잡기 시작할 때 제 눈에는 소만 보였는데, 3년이 지나자 더 이상 소는 보이지 않았습니다. 지금 저는 신기로서 소를 대할 뿐 눈으로 보지 않습니다. 감각과 의식적 자각이 멈추고, 영적 욕망이 나를 인도합니다. 살 속으로 나 있는 자연의 결(천리)을 따라 큰 틈 속으로 칼을 밀어 넣고, 뼈마디에 난 큰 구멍을 따라 칼을 당겨 본디 생겨난 길을 따라갑니다. 지맥과 경맥 그리고 경락과 근육이 미세하게 뒤얽혀 있는 부위조차 칼날로 끊어낸 적이 없으니, 큰 뼈는 말할 나위가 있겠습니까?[2]

그 결과는 포정이 소를 절단한다기보다는, 지극히 잘 드는 큰 칼의 날이 어떤 저항도 만나지 않고서 뼈와 힘줄 사이를 헤치며 지나도록 하면서 소의 부위들을 떼어놓는 것이다.

솜씨 있는 백정은 1년에 한 번 칼을 바꾸는데, 이는 살을 가르기 때문입니다. 보통의 백정은 한 달에 한 번 칼을 바꾸는데, 이는 뼈를 자르기 때문입니다. 수천 마리의 소를 잡은지 19년이 된 제 칼의 날은 방금 숫돌에 간 것과 같습니다. 소의 마디에는 틈이 있고 칼날은 두께가 없습니다. 두께가 없는 것을 그 틈 안으로 집어넣으니 넓고 넓어서 칼을 놀리기에 여유가 있습니다. 그래서 19년이 지났는데도 칼날은 마치 방금 숫돌에 간 것과 같습니다.³

칼날은 완전히 매끄럽게 나아가지는 않는다. 포정의 힘들이지 않은 춤은 이따금 장애물을 감지할 때 멈추는데, 그때마다 그의 의식적 마음이 약간 다시 관여하는 것처럼 보이지만, 포정은 여전히 온전히 긴장을 풀고 당면한 상황에 마음을 열어 두고 있다. "매번 근육과 뼈가 뒤얽힌 곳에 이르면 저는 그 어려움을 알고 바짝 긴장하며, 시선은 고정되고 행동은 굼뜨고 칼의 움직임은 예민해집니다. 소 잡는 일이 끝나면 마치 흙덩이가 땅에 떨어지듯이 철퍼덕하는 소리와 함께 뼈와 살이 떨어져 쌓입니다."⁴ 문혜왕은 이 이야기에서 그저 소 잡는 것을 훨씬 초월하는 무언가를 명확히 보고 이렇게 외친다. "훌륭하다. 나는 포정의 말을 듣고 어떻게 삶을 살아야 할지를 깨달았다!"(「장자」, 「양생주」, 제2장) 이 말은 소 이야기를 은유(metaphor)로 받아들여야 한다는 것을 암시한다. 우리 인간은 포정의 칼날이고, 소의 뼈와 힘줄은 인생에서 직면하는 장벽과 장애물이다. 뼈와 힘줄의 틈 사이를 헤치며 가는 포정의 칼날은 뼈나 힘줄을 전혀 건드리지 않기에 지극히 예리한 그대로 남은 것처럼, 인생의 열린 공간을 헤치며 지나는 무위의 사람 또한 정신을 상하게 하고 몸을 지치게 하는 어려움을 피한다. 이것은 전혀 힘을 잃지 않은 은유이다. 40여 년간의 쉽지 않은 삶을 산 나로서는 내 칼에 나 있는 조그마한 홈과 무뎌짐을 확인할 수 있다.

내가 좋아하는 무위에 대한 또 다른 묘사도 명인에 관한 것이다. 목수 경慶은 백정 포정의 제의에 사용할 청동 종을 놓을 거대한 목재 틀을 조각하라는 명령을 받았다. 게다가 이것은 왕이 직접 명령하고, 매력적인 금전적 보상과 공적인 표창이 약속된 중요한 국사이다. 포정과 같이 경 또한 거의 초자연적인 재주를 보여 준다. 그가 만든 종 틀은 너무 훌륭해서 사람들은 확실히 귀신의 솜씨라고 생각한다. 포정과 같이 그를 칭찬한 왕은 이렇게 외친다. "그대는 무슨 비법으로 이렇게 아름다운 종 틀을 만들었나?" 포정처럼 경도 자신이 만든 것이 아주 특별하다는 것을 부인하면서 반박을 한다. "당신의 신하인 저는 비천한 목수에 지나지 않는데, 무슨 대단한 비법이랄 것이 있겠습니까?" 하지만 몇 차례 질문을 받은 후에 자신의 성공에는 비밀이 있으며, 그 비밀은 자신이 그 일을 시작하도록 하는 정신적인 방법과 관련이 있다고 인정한다. "소인이 종 틀을 만들 때 결코 함부로 기氣(에너지)를 소모하지 않고, 반드시 재계하여 마음을 고요하게 합니다. 재계한 지 3일이 되면 상이나 벼슬, 녹봉 따위를 감히 마음에 품지 않습니다. 재계한 지 5일이 되면 비난이나 칭찬, 기술의 뛰어남이나 서투름 같은 것을 감히 마음에 품지 않습니다. 재계한 지 7일이 되면 온전히 평온하여 제가 사지와 육체를 가지고 있다는 사실을 홀연히 잊어버립니다." 사람의 사지나 몸에 대한 감각 없이 종 틀을 조각한다는 생각은 이상해 보이지만, 요점은 경의 집중이 모든 외적 요인을 떨어져나가게 했다는 것이다. 그는 "왕이나 왕실은 내게 없고, 오로지 자신의 기예에만 전념하며, 외부로부터의 방해가 사라집니다"(『장자』, 「달생」, 제11장)라고 설명한다. 그는 일하러 갈 준비를 한다.

> 그런 다음에야 숲으로 들어가 나무의 천성을 하나씩 하나씩 관찰합니다. 완벽한 모양과 생김새가 빼어난 나무를 우연히 발견하면, 이미 그 안에서 완성된 종 틀을 볼 수 있습니다. 내 손으로 일하기 시작하면 되고, 그러면 그것이 됩니다. 특별한 나무의 부름이 없으면 나는 그냥 갑니다. 이렇게 하면 나의 천성과 나무의 천성이 하나가 되는데, 작품이 귀신의 솜씨로 의심되는 것은 이 때문인가 봅니다!<sup>5</sup>

이 이야기가 전혀 다른 시대와 문화를 살았던 위대한 공공예술가 미켈란젤로Michelangelo(1475~1564)의 이야기와 비슷하다는 것은 매우 놀라운 일이다. 그는 외관상 초자연적인 것처럼 보이는 조각 재능에 대한 질문을 받았을 때, 일을 위탁받으면 대리석 덩어리에서 작품이 보일 때까지 그냥 기다린다고 대답한다. 그래서 해야 할 일이라곤 불필요한 부분을 떼어 내는 것이었다.<sup>6</sup> 여기에서 목수 경의 경우처럼 재료 자체가 예술 과정을 명령한다는 느낌이 있다. 그 예술가가 공헌하는 것은 최소한의 것으로 묘사되고, 그의 창조적 행위는 전혀 힘들이지 않는 것으로 느껴진다.

　백정 포정과 목수 경의 이야기는 모두 『장자莊子』에 나온 것으로, 이 책은 우리가 검토할 두 권의 도가道家 작품 중 하나이고, 무위 이야기가 가장 풍부한 전국시대 텍스트이다. 또 다른 초기 도가 텍스트 『노자老子』에 등장하는 무위의 특징은 이야기라기보다는 간결하고 신비한 시 형태를 하고 있다. 이 책의 많은 부분은 오늘날 부정확하게 재구성할 수밖에 없는 원래의 중국어 발음에 운을 맞추었다. '하늘의 도(天之道)'를 기술하는 『노자』의 불가사의한 한 구절은 올바르게 양성된 사람이 어떻게 세상을 살아가야 하는지에 대한 모형을 명확하게 제시하고자 한다.

　　하늘의 도는
　　다투지 않아도 능히 이기고
　　말을 하지 않고도 잘 답하며
　　부르지 않아도 저절로 오고
　　천연히 있으면서도 잘 도모한다.
　　만물을 덮는 하늘 그물은
　　엉성하지만 새지 않는다.[7]

　모든 것을 포획하는 '엉성한 그물'은 백정 포정이나 목수 경의 긴장을 푼 집중을 생각나게 한다. 편하지만 열려 있고, 환경에 완전히 익숙해져 있다는 것이다. 그러나 긴 시간 특별한 기술을 훈련한 후에야 경지에 도달하는 장자의 본보기들과는 달리 노자의 성인은 노력하지 않고, 그저 자연과의 먼저부터 있던 조화로 긴장을 풀어서 무위를 달성한다.

> 문 밖에 나가지 않고도 세상의 움직임을 알 수 있고
> 바라지문으로 밖을 내다보지 않아도 하늘의 도를 알 수 있다.
> 멀리 나갈수록 아는 것은 더욱더 적어지는 법.
> 그러므로 성인은
> 나돌아 다니지 않아도 세상을 알고
> 일일이 보지 않아도 훤하며
> 애써 이루려 하지 않아도 성취하게 된다.[8]

명백히 무위에 초점을 둔 이런 구절은 『장자』와 『노자』에 매우 흔하며, 그래서 무위는 도가의 특징을 잘 나타내는 개념이라 할 수 있다.

하지만 이런 도가를 특징짓는 힘들이지 않은 편안함(effortless ease)과 자기를 의식하지 않음(unselfconsciousness)이 초기 유교에서도 중심적인 역할을 했다는 것은 널리 인식되지 않았다.[9] 사람들이 이 말에 놀라는 이유는 유교가 전형적으로 완고한 전통주의나 고루한 예범가 연상되기 때문이다. 그리고 이 둘은 무위와 반대라는 인상을 준다. 유가들이 이런 명성을 얻기 위해 많은 노력을 했다는 것을 부인할 수는 없다. 초기 교육 단계에서, 향학심向學心에 불타는 유교 군자는 책장의 옛 문헌들을 모두 암기하고, 절하는 정확한 각도를 배우며, 방에 들

어갈 때의 보폭을 배워야 하고, 방석은 항상 가지런해야 한다. 하지만 이 모든 엄격함과 제약은 갈고닦은 것이지만 그래도 진심에서 우러난 자발성의 형식을 만들어 내는 것을 궁극적인 목표로 한다. 실제로 교육 과정은 개인이 사고나 노력의 필요성을 모두 넘어서야 완전한 것으로 간주된다.*

영적 자서전 역할을 하는 굉장히 간결한 한 구절에서 공자는 자신이 무위를 일생 동안 애쓴 목표로 묘사한다. "선생께서 말씀하셨다. '나는 열다섯에 학문에 뜻을 두었고, 서른 때 세상에 나갔으며, 마흔에 사물의 이치에 의심함이 없었고, 쉰에 하늘의 뜻을 알았고, 예순에 나의 귀는 조화를 이루었고, 일흔이 되어서는 마음이 하고자 하는 대로 하여도 법도에 벗어나지 않았다."[10] "나의 귀는 조화를 이루었다"는 글자 그대로 "나의 귀가 따라 흘렀다 / 흐름을 따라 갔다"를 의미하고, 공자가 선조의 가르침을 즉시 이해하고 그것에서 기쁨을 찾았다는 것을 암시한다. 일흔 살에 유교의 도를 내면화한 공자는 머릿

---

* 슬링거랜드 교수가 지적하는 유교에서의 무위는 유교 자체에 노자나 장자에게서 보이는 무위가 있다기보다는, 유교에서 지적하는 '노력'의 방법 중 하나로, 그 노력으로 이를 수 있는 도의 경지에 다다를 수 있는 가장 좋은 방법으로 무위를 제시한다. 다시 말해, 슬링거랜드 교수는 노자나 장자에게는 자발성이 근본적인 목적이었다면, 공자에게는 그가 추구했던 핵심이라기보다는 그 핵심에 이르기 위한 방법으로 간주한다. 사실 유교는 지속해서 노력하는 것에 가까운데, 슬링거랜드 교수는 그 지속적인 노력이 의식 안에서 이루어지는 것보다는 무의식에서 이뤄져야 정말 노력이 수행되고, 그런 무의식의 노력이 공자가 말하는 도에 이른다는 방식으로 설명한다.

속의 사고나 바람대로 행동해도 완벽히 도덕적이고 모범적인 방식으로 행동할 수 있었다. 최종 결과는 장자의 백정이나 노자의 성인처럼 힘들이지 않고 자기를 의식하지 않는 것처럼 보이지만, 실제로 그것은 전통적인 문화적 형식에서 평생의 교육 과정의 산물인 것이다.

공자의 무위 형식인 힘들이지 않고, 자기를 의식하지 않으며, 탁월하게 수양을 쌓은 자발성은 전국시대 두 추종자 맹자와 순자에게 이상으로 계승됐다. 물론 그들은 이 무위에 이르기 위해 무엇이 필요한지에 대해서는 서로 많이 달랐다. 맹자는 무위를 우리 본성을 교화하는 것의 자연적인 산물로 제시함으로써 도가와 공자 사이에서 절충안을 찾고자 했다. 맹자에게, 도덕적으로 적절한 무위는 싹이 땅을 뚫고 나오기를 기다리거나 몸이 기억하기 쉬운 장단으로 움직일 준비가 된 것과 같았다. 다른 한편으로, 순자는 도가에서 자연을 찬양하는 것에 감명을 받지 않고, 무위가 평생의 엄격한 교육의 결과라는 공자가 옹호하는 모형으로 되돌아갔다. 순자에게 있어서, '애쓰지 않기'는 쉬운 것도 아니고 즐거운 것도 아니었다. 그에게 있어서, 춤에서 무위의 이상적 표현을 발견하는 형태와 정서의 완벽함은 수년간의 힘든 교육과 교양 학습으로 힘들게 달성한 것이었다. 어쨌든, 무위를 촉진하는 방법에 대한 관심사는 좋은 삶에 이르는 방식을 둘러싼 초기 중국 논쟁의 중심에 있었다. 이것은 현대적 사고방식에서 도외시 된 자발성과 카리스마와 같은 개념을 다시 중심으로 가져가므로 주의를 기울일 가치가 있는 논쟁이다.

## 뇌腦와 무위無爲

무위에 대한 위의 이야기에는[11] 몇 가지 뚜렷한 특징이 있다. 첫째, 세상에는 백정 포정과 공자가 한 명뿐이지만, 이런 무위 본보기들은 스스로를 분열된 것으로 경험한다. 이런 본보기들은 "나"(의식과 개인적 정체성의 중심지)와 그들이 무위에 들어갈 때 이어받는 영적 욕망이나 마음의 욕망과 같은 다양한 힘 사이에서 공백을 느끼는 것처럼 보인다. 힘들이지 않음과 자기를 의식하지 않음에 대한 내적 감각이 무위의 특징이다. 물론 무위 상태에 있는 사람은 실제로 세상에서 매우 활동적일 수는 있다. 의식적 마음 외에 흔히 '우리'로 간주되는 다른 누군가나 다른 무언가가 그 일을 하고 있어야 한다. 둘째, 무위 상태에 있는 사람은 매우 효율적이다. 거대한 소는 몇 번의 칼질로 산산조각이 나고, 복잡한 사회적 상황은 능숙한 평정심으로 잘 해결된다. 우리는 힘들이지 않음과 효율성의 이러한 결합을 인생의 어떤 시점에서 경험했을 것이다. 고기나 야채를 잘게 자르고 기름에 튀기는 일에 완전히 몰입하는 동안, 복잡한 저녁 메뉴는 간단히 한눈에 들어온다. 완전히 긴장을 푼 채 어떻게 진행되고 있는지 유념하지 않고서도 중요한 취업 면접을 척척 해낸다. 자발성의 즐거움과 힘에 대한 경험은 왜 초기 중국 이야기들이 아주 매력적인지 설명해 주고, 또한 이런 사상가들이 중요한 무언가를 알고 있다는 것을 암시한다. 이제는 중국의 통찰력과 현대 과학을 결합하여 어떻게 실제로 그런 경지에 이를 수 있는지를 이해할 수 있다.

일상 영어에 "*I* couldn't make *myself* get out of bed this morning.(오늘 아침에 나는 침대에서 나올 수가 없었다.)", "*I* had to force *myself* to be calm.(나는 나에게 침착함을 강요했다.)", "*I* had to hold *my tongue*.(나는 입을 다물어야 했다.)"와 같이 인간 스스로를 마치 두 개로 분열된 존재로 표현하는 경우가 있다. 이런 표현은 영어에서 항상 사용되지만, 생각해 보면 이는 약간 이상하다. 누가 침대에서 나오고 싶어 하지 않는 자아이고, 나와 자아의 관계는 무엇인가? 내 혀는 정말로 의지를 가지고 있고, 어떻게 나는 내 혀를 붙잡을 수 있는가? (그리고 내 혀가 아니라면 나는 누구인가?) 우리는 항상 하나의 '나(me)'만을 알고 있기에 이러한 분열된 자아(split-self) 이야기는 명확히 문자적이라기보다는 은유적이다.[12] 동시에, 이런 종류의 언어에 자주 의존한다는 사실은 그 언어가 우리 경험의 중요한 무언가를 반영해야 한다는 것을 뜻한다. 그리고 분열된 자아 이야기는 확실히 영어에만 국한되는 것은 아니다. 이는 서술자 '나'가 다소 자립적인 자아와 마주하는 초기 중국에서 나온 많은 무위 이야기에서 볼 수 있다.

『장자』에 나오는 흥미로운 한 가지 예[13]는 기夔를 소개하면서 시작된다. 기는 느리고 고통스럽게 한 발로 뛰면서 돌아다니는 괴상하게 생긴 신화 속의 생명체이다. 작은 다리 수천 개를 빠르게 움직이며 선속력으로 질주하는 노래기를 부러운 듯이 흘긋하면서 기는 말한다. "나는 한 발로 껑충거리며 다니기 때문에 너를 따라가지 못하겠어. 나는 하나뿐인 다리도 잘 다루지 못하는데, 너는 수천 개의 다리를 혼자서 어떻게 다 다루는 거지?" 노래기가 답답해 하며 다음과 같

**기(夔)**
머리는 소와 비슷하고 뿔이 없으며 발이 하나밖에 없다고 전해지는 전설상의 동물. (『三才圖會』)

이 말한다. "너는 이해 못하겠지만, 나는 모든 다리를 부리지는 않아. 네가 갑자기 재채기하듯이 할 뿐이야. 사람이 재채기를 할 때 입에서 튀어나오는 것들을 보면 큰 것은 구슬 같고 작은 것은 안개 같은데, 그것들이 뒤섞여 떨어지는 숫자는 다 셀 수가 없지. 그 많은 물방울이 튀어나오는 걸 그 사람이 미리 계획하고 재채기를 하지 않듯이 나는 지금 나의 천기를 움직이기는 하지만 왜 그런지는 몰라."

『장자』의 저자만이 재채기를 '천기天機(Heavenly mechanism)'의 예로 사용할 만큼 불손한 것이다. 재채기에는 종종 도가의 낭만주의적 경향이나 신비주의적인 재주가 확실히 없다. 그러나 이것이 정확히 요점일 수 있다. 즉, 우리는 무위 상태에 있을 때, 그것은 어떤 특별한 느낌 없이 그냥 있다. 재채기는 의식적으로 통제하거나 말로 설명하는 데 우리가 애를 먹는, 우리의 몸이 어떻게 해야 하는지를 아는 무수히 많은 것들에 대한 한 가지 예일 뿐이다. 또 다른 좋은 예는 노래기의 수천 개의 다리 혹은 기처럼 한 다리가 아닌 두 다리로 걷는 것이다. 우리는 어떻게 걸어야 하는지 걱정하지 않고, 우리 스스로를 의식적으로 관찰하지 않은 채 그냥 걷는다. 사실, 걷는 것에 대해 생각하면서 걷는 것은 넘어지기에 딱 좋다. 이러한 의식적 관찰이 심신에 미치는 해로운 효과에 대해서는 나중에 좀 더 상세히 이야기하겠지만, 우선은 의식적 마음에서 나오는 아무런 정보 없이도 우리 몸은 어떻게 하는지를 아는 것들이 많이 있고, 우리가 이것을 깊이 생각할 때 의식적 '나'와 종종 그 자체의 마음을 가진 것처럼 보이는 무의식적 몸 사이의 분열을 잘 이해하게 된다는 것에만 주목해 보자.

최근 연구에서는 이런 생각에 어떤 바탕이 있다는 것을 암시한다. 나는 하나이지만, 중요한 기능적 의미에서 우리는 두 가지 존재로 나뉜다. 지금의 일반적인 견해는 인간의 사고가 두 가지 구분되는 체계로 특징지어진다는 것이다.[14] 첫 번째이자 가장 중요한 체계(암묵적인 뜨거운 인지, 즉 '체계 1')는 빠르고 자동적이고 힘들이지 않고 대체로 무의식적인 것으로, 이는 대략 우리가 '몸'으로 간주하고, 장자가 '천기'라고 부르는 것이다. 두 번째(명시적인 차가운 인지, 즉 '체계 2')는 느리고 계획적이고 노력이 필요하고 의식적인 것으로서, 이는 우리의 의식적이고 언어적 자아인 '마음'이다.

두 접시 째의 티라미수tiramisu에 손이 가지 않도록 나 스스로를 억제시켜야 한다고 말하는 것에는 은유적인 분투 이상의 것이 있다. 건강과 체중 증가와 같은 장기적인 이슈에 관여하는 나의 의식적인 차가운 체계는 더욱 본능적인 뜨거운 체계를 통제하고자 싸우고 있는데, 이런 뜨거운 체계는 티라미수를 정말로 좋아하고, 그 결과에 대한 차가운 체계의 염려를 공유하지 않는다. 이는 뜨거운 인지가 미래 결과를 고려하지 않기 때문이 아니다. 문제는 적절한 결과에 대한 뜨거운 체계의 개념이 진화적으로 말해 오래전에 고정되었고 매우 엄격하다는 것이다. "설탕과 지방은 좋은 것이다(Sugar and fat: *good*)"는 우리의 진화 과정에서 더불어 살아야 하는 좋은 원리였는데, 왜냐하면 충분한 영양 획득은 끊임없는 도전이었기 때문이다. 하지만 풍족하고 산업화된 세계에서 살만큼 충분히 운이 좋은 우리들에게, 설탕과 지방은 너무 폭넓고 자유롭게 이용할 수 있기 때문에 더 이상 완전무결한 물품을 의미하지 않는다. 오히려, 그것을 과도하게 탐닉하면 부정적인 결과가 다양하게 초래된다. 차가운 인지의 큰 장점은 새로운 정보를 고려해 우선권을 바꿀 수 있다는 것이다. 그래서 그 두 체계들이 어떻게 다른지를 생각하는 또 다른 방법은 뜨거운 인지가 진화적으로 더 오래되고 더 엄격한 데 반해, 차가운 인지는 진화적으로 더 최신의 것이고 더 유연하므로 새로운 행동 결과에 적응할 가능성이 더 높다는 것이다.

이 두 체계는 심지어 어느 정도 신경해부학적으로 구분된다. 즉, 뇌의 서로 다른 부위에서 실행된다는 것이다. 실제로, 이 두 체계가 존재했었다는 첫 번째 징후는 선택적 뇌 손상으로 인해 한 체계가 다른 체계 없이 기능할 수 있는 임상적 사례에서 나왔다. 《메멘토*Memento*》(2000)라는 영화를 본 사람은 누구든 전향성 기억상실(anterograde amnesia)이라는 병을 들어봤을 것이다. 이 병에 걸린 환자는 새롭고 분명한 단기기억을 형성하지 못하고, 스스로가 누구인지 그리고 더 먼 과거는 기억하지만, 적어도 의식적으로 현재를 영구적으로 망각한다. 흥미로운 것은 이런 환자들이 새로운 의식적 기억은 형성하진 못하지만, 잠재의식 층위에서는 새롭고 암시적인 기억은 형성할 수 있다는 것이다. 그들은 손바닥에 압핀을 숨기고 매일 아침 그들에게 악수를 하면서 인사하는 의사를 만났던 것을 의식에서는 기억하지 못하지만, 어떤 이유 때문인지는 몰라도 그 의사와 악수하는 것은 꺼렸다.[15] 다른 유형의 기술에서 비슷한 분열을 볼 수 있는데, 무의식인 '방법에 관한 지식(knowing how)'은 의식적인 '내용에 관한 지식(knowing that)'과는 구분되는 것처럼 보인다.[16] 정서적 기억*의 경우처럼, 이 두 가지 유형의 지식은 뇌의 서로 다른 부위에서 만들어지고 보존된다. 기억상실증 환자는 압핀 의사와 악수하지 않을 것을 '기억할' 뿐만 아니라 일정 기간의 교육 이후에 교육에 대한 의식적 기억이 없고 자신이 새로운 능력을 가진 방법과 이유를 완전히 설명 못하지만 새로운 신체적 기술을 익힐 수 있다.

그래서 '마음'과 '몸'에 대한 논의는 엄밀히 따져 아직 부정확하지만 두 체계 간의 중요한 기능적 차이를 파악하도록 해 준다. 느리고 차갑고 의식적인 마음과 빠르고 뜨겁고 무의식적인 신체적 본능, 육감, 기술이 그 둘의 차이이다. '우리'는 차갑고 느린 체계와 동일시되는 경향이 있는데, 왜냐하면 이 체계는 우리의 의식적 자각과 자아감의 자리이기 때문이다. 하지만 이런 의식적 자아 아래에는 우리가 직접 접근

---

**정서적 기억(emotional memory)***

정서적 기억은 콘스탄틴 스타니슬랍스키(Konstantin Stanislavskii)의 연기 이론에서 등장한 개념이다. 이 이론은 1920년대 초기 이론이 프랑스의 심리학자 테오뒬 아르망 리보(Théodule Armand Ribot)의 영향으로 감정적 기억(affective memory)을 지향한 데 비해 1930년대에 와서 변경되었다. 감정적 기억은 인간이 지난 과거의 사건들로 겪은 감정을 배우들이 연기할 때 다시 불러내어 사용하는 것을 의미했다. 그러나 스타니슬랍스키는 후기에 와서 배우가 무대에서 겪는 경험은 일상생활의 경험과는 다르다는 점을 새롭게 인식하게 된다. 그 이유는 무대의 감정이 실제 이유로 인해 일어나는 것이 아니기 때문이라 했다. 배우는 자신의 생활 속에서 유사한 감정을 경험했기 때문에 필요한 정서를 자기 내부에서 불러일으킬 수 있는데, 이 감정은 과거와 정확히 일치하는 것은 아니고 유사한 것이다.

하지 못하는 더 크고 더 강력한 다른 자아가 있다. 어떻게 재채기를 하고 어떻게 다리를 움직이는지 아는 것은 더욱 깊고 진화적으로 더 오래된 우리의 부분이다. 이것은 우리가 티라미수에 저항하고 중요한 미팅 때문에 침대에서 억지로 내려오려고 애쓰는 부분이기도 하다.

무위의 목표는 이 두 자아를 부드럽고 효과적으로 함께 작동하도록 하는 것이다. 무위 상태의 사람에게 마음은 신체화되고 몸은 마음에 새겨진다. 뜨거운 체계와 차가운 체계, 빠른 체계와 느린 체계라는 이 두 체계는 완전히 통합되어 그 결과는 환경과 완전히 부합한 지적 자발성(intelligent spontaneity)이다. 백정 포정의 칼이 소를 꿰뚫고 미끄러져 나아가는 유동성은 『장자』의 특징이고 이야기에서 번역가들에게는 골칫거리인 swish(휙), swoosh(쉭), whoosh(쉭)과 같은 의성어들로 암시된다. 그의 동작을 바라보는 사람들이 지각한 편안함은 포정 자신의 내적 경험을 반영하는데, 여기에서 그의 '영적 욕망'이 그를 데리고 가고, 소는 수월하게 다 토막난다. 이와 비슷하게, 목수 경은 자신의 예술적 과정을 그저 종 틀이 그에게 스스로 모습을 드러내는 것으로 기술한다. 그는 손으로 일을 시작만 하면, 마치 마술처럼 종 틀이 만들어진다.

이런 통합 과정의 작동 방식은 백정 포정의 이야기에서 암시된다. 백정이 왕에게 말하는 '보기(seeing)'의 세 가지 단계를 생각해 보자. "제가 처음 소를 잡기 시작할 때 제 눈에는 소만 보였는데, 3년이 지나자 더 이상 소는 보이지 않았습니다. 지금 저는 신기로서 소를 대할 뿐 눈으로 보지 않습니다." 이 행은 자아의 서로 다른 부분을 사용해서 '보는' 행동을 기술하는 것처럼 보인다. 백정 포정이 완전히 풋내기이고, 그가 '소 자체'만을 볼 수 있을 때는 조각조각 내야 하는 이 거대하고 벅찬 생명체를 응시하면서 눈으로만 보고 있을 것이다. 물론 오늘날 흔한 경험이 아니겠지만 소를 바로 가까이에서 본 적이 있는 사람은 누구든 풋내기 백정 포정의 곤경을 생생하게 상상할 수 있을 것이다. 손에 큰 칼을 든 그는 어디부터 시작할지 또는 첫 절단 이후 무엇을 해야 할지를 전혀 모른 채로 이 거대한 털과 살덩어리의 벽 앞에 서 있다. 나라면 다른 분야의 일을 찾을 것이다.

하지만 우리는 백정 포정이 더 많은 끈기를 보여 주었고, 3년간의 연습과 훈련을 마치고 나서 "더 이상 소의 전체 모양이 보이지 않는" 경지에 이르렀다고 믿어야 한다. 백정 포정은 이제 소를 꼼꼼히 살피고, 고기의 다양한 부위를 그려 놓은 푸줏간에 걸린 차트 같은 것을 볼 것이다. 그에게 소는 더 이상 말 못하고 생기 없는 방해물이 아니다. 백정 포정은 교육과 분석적 마음에 의존해서 이제는 잘라낼 수 있는 부위들이나 통과할 도전들로 소를 지각한다. 이런 관점에서 그는 체스 고수가 경기 중 체스판을 보는 방식으로 소를 본다. 우리는 체스 말들이 놓여 있는 나무로 된 체크무늬의 판만 보지만, 체스 고수는 역선과 위험 구역, 가능성의 경로를 본다.[17]

마지막으로, 백정 포정은 더 이상 눈으로 보지 않는 단계에 이른다. 그는 "감각과 의식적 자각이 멈추고, 영적 욕망이 나를 데리고 간다"라고 설명한다. 나는 항상 학생들에게 《스타워즈 star wars》 비유로 지각의 이 단계를 설명했다. 여러분이 어느 정도 나이가 든 사람이면

《스타워즈》 1편(1977)의 대미를 생생히 기억할 것이다. 루크 스카이워커Luke Skywalker는 거대하고 침투하기 어려운 죽음의 별을 파괴하기 위한 대담하고 무모한 임무를 감행한다. 루크 스카이워커가 죽음의 별의 방어를 피할 수 있는 유일한 방법은 표면에 있는 협소한 해자 아래를 비행하여 기갑부대의 약한 지점에 직접 요격하는 것이다. 루크는 다스 베이더Darth Vader와 부하들의 추격을 받고 있기 때문에 제대로 할 수 있는 가능성은 한 가지뿐이다. 그는 목적지에 도달하고 표적

**무위와 포스**
루크 스카이워커는 포스를 사용해 죽음의 별을 파괴한다. 정확한 지점에 요격하기 위해 컴퓨터를 끄고 눈을 감는 것은 무위 상태라 할 수 있다. 《Star Wars》, 1977)

용 컴퓨터를 활성화시킬 때 최근에 살해당한 오비완Obi-Wan의 목소리 (이상할 정도로 낭랑한 알렉 기네스의 목소리)를 마음속에서 듣는다. "포스The Force를 사용해, 루크 … 가자!" 반란군 기지에서 그를 추격하는 이들에게 당황스럽게도, 루크는 자기 컴퓨터를 끄고, 눈을 감고, 미사일을 투하할 적당한 시점을 느끼기 위해 포스를 이용한다. 물론 그의 정확한 요격에 죽음의 별은 파괴되며, 70년대 말 80년대 초 젊은 이들의 보편적인 욕망의 대상인 레아 공주와 영웅으로 재회한다. (나는 여전히 롤빵 헤어스타일이 엄청나게 에로틱하다고 생각한다.)

장자가 아직 살아 있고 법적 공방을 적절하게 준비한다면, 나는 그에게 이 영화의 저작권료를 받으라고 조언할 것이다. 왜냐하면 루크의 전략은 본질적으로 백정 포정의 전략이기 때문이다. "감각과 의식적 자각이 멈추고"(나는 표적용 컴퓨터를 껐다), "영적 욕망이 나를 데리고 간다"(포스가 나를 안내하도록 한다). 실제로 장자-스타워즈 연결은 역사적으로도 정확한 것이다. 조지 루카스George Lucas는 《스타워즈》 신화, 특히 제다이 기사단(Jedi Knights)과 요다Yoda 같은 인물을 개념화할 때 적어도 부분적으로 약간의 유교와 일본 선불교禪佛敎(Zen Buddism)를 완전히 결합한 일본 사무라이의 신비적인 무사도武士道 규칙으로부터 영감을 받았다. 그리고 일본 선불교는 중국 선불교禪佛敎 (Chan Buddism)로부터 유래되고,[18] (내가 불교철학 동료들을 속 태우고 싶을 때 말하곤 했듯이) 중국 선불교는 기본적으로 불교 복장을 한 장자일 뿐이다. 백정 포정에게 사무라이 복장으로 분장을 하고 그의 칼을 검으로 바꾸면, 그는 영화 《라스트 사무라이The Last Samurai》(2003)

와 어울릴 것이다. 그래서 『장자』에서 백정 포정의 이야기와 《스타워즈》에서 루크 스카이워커의 이야기 간에 지적 친족관계가 있다.[19] 루카스의 신화에서 포스에 "어두운 면"이 있다는 것은 기독교 개념에서 온 것이고, 이는 동아시아 종교 텍스트에서는 뜻이 통하지 않기에 조금 뒤죽박죽이다. 그러나 제다이 기사단이 포스에 의해서만 움직이는 이미지는 백정 포정이 소를 춤추듯 칼로 자를 때 눈을 감고 스스로가 '영적 욕망'의 안내를 받도록 하는 것과 매우 비슷하다.

조지 루카스가 공자의 『논어』 애호가라는 증거는 없지만, 모든 초기 중국의 본보기들에서 힘들이지 않음과 자기를 의식하지 않음의 동일한 결합을 볼 수 있다. 『논어』에는 공자가 덕의 본보기였던 옛 성군의 음악을 처음 들었을 때 그를 사로잡은 완전한 환희를 기술하는 멋진 구절이 있다. "그는 석 달 동안 고기 맛조차 잊고, '나는 음악이 그렇게 웅대할 수 있다는 것을 미처 생각하지 못했다'라고 말씀하셨다."[20] 공자를 물질적 풍요와 명성에 무관심하게 만들고, 그릇된 것은 무엇이든 하지 않고 모든 욕망에서 자유로울 수 있게 하는 것이 바로 이 기쁨이다. 목수 경의 이야기에도 비슷한 점이 있다. 여기에서 종틀을 담고 있는 나무를 단번에 볼 수 있는 그의 능력은 완전히 자기를 의식하지 않음의 상태에 이르는 것에 기초를 둔다. 더욱 구체적으로, 그는 돈과 명성, 명예, 육체적 자아감과 같은 모든 외적인 요인을 마음에서 떨쳐냈다.

현대의 관점에서 이를 어떻게 이해할 수 있는가? '영적 욕망'이나 포스와 같은 신비적인 실체 없이도 여기에서 기술하는 경험을 이해할 수 있는가? 나는 그렇게 할 수 있다고 생각하고, 이를 위해 노력(effort)과 의식(consciousness)이 내적으로 무엇처럼 느껴지는지를 명확히 이해할 필요가 있다.

작은 연습문제로 시작해 보자. 다음 단어들을 아래로 내려가면서 가능한 한 빨리 조용히 읽고 난 뒤 대문자는 'upper'로, 소문자는 'lower'라고 소리 내어 읽어 보라.

    UPPER

    lower

    lower

    upper

    LOWER

당신이 알파 센타우리에서 온 외계인 사이보그가 아니라면, 어쩌면 마지막 두 개에 도달할 때까지는 순조롭게 나아갈 것이다. 마지막 두 단어에서는 약간 주저하여 upper를 읽을 때 'lower'로, LOWER를 읽을 때는 'upper'라고 소리 내어 읽는 데 시간이 더 오래 걸렸을 것이다. 소리 내어 읽을 때 등장하는 약간의 끊김, 즉 스스로를 멈추고 그 단어를 읽지 않고 대신 모양에 집중할 필요가 있다는 느낌은 의식적 의지나 노력의 특징인 원기元氣(oomph)라는 것이다.[21] 이와 같이 단어의 의미와 물리적 모양 간의 불일치를 제시하는 과제는 '스트룹 과제'[*22]라고 한다. 이것은 1930년대에 처음에 (빨간색 잉크로 인쇄된 단어

green처럼) 일치하지 않은 색깔로 인쇄된 단어를 사용해서 그 효과에 관한 논문을 발표한 영국 심리학자의 이름을 딴 것이다. 스트룹 과제는 이른바 인지적 통제(cognitive control)나 실행 통제(executive control) 과제의 고전적 예이다. 이것은 차갑고 의식적인 마음(체계 2)이 개입해서 자동적이고 힘들이지 않은 과정(체계 1)을 무효화시키는 상황이다.

뇌영상 연구는 전두대상피질(ACC; anterior cingulate cortex)과 외측전전두엽피질(LPFC; Lateral prefrontal cortex)이라는 뇌의 두 부위가 인지적 통제에 관여한다고 제안한다. 우리는 이 두 부위를 함께 뇌의 '인지적 통제 부위'[23]라고 부를 것이다. 이 각각의 부위가 정확히 어떤 역할을 하는지는 논쟁의 여지가 있지만, 전두대상피질은 일종의 연기탐지기로, 외측전전두엽피질은 소방구조대로 타당하게 특징지을 수 있다. 연기탐지기처럼, 전두대상피질은 인지적 충돌의 위험을 탐지하기 위한 지속적인 모니터링 방식이다. 스트룹 과제의 경우에는 서로 충돌하는 두 가지 자동 과정이 있다. 하나는 서체나 색깔을 식별하는 것이고, 다른 하나는 (당신이 읽고 쓸 수 있고 그 언어가 모국어라고 가정하면서) 간단한 단어의 자동 처리이다. 이런 충돌은 전두대상피질에게 경

> **스트룹 과제(Stroop task)**\*
> 적절한 반응을 하기 위해서는 전형적이고 자동적인 반응을 억제하는 노력이 필요하기 때문에 주의통제가 요구된다. 최근 인지훈련 게임 가운데 '초록'이라는 글자가 빨간색으로 적혀 있는 경우 빨간색 버튼을 눌러야 하는 게임이 있다. 이것을 스트룹 검사라고 하는데 불일치 상황에서 자동적인 반사를 억제하기 위한 상당한 통제가 요구되는 과제이다.

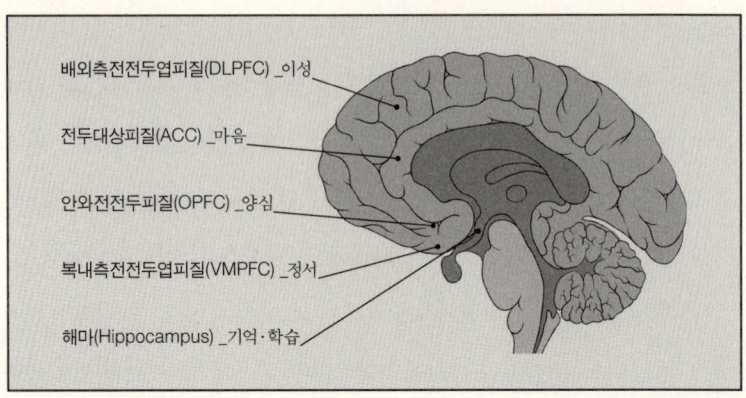

뇌 부위의 기능

고를 보내고, 이는 다시 외측전전두엽피질로 전해져 그 상황을 처리하도록 경보한다.

외측전전두엽피질은 의식적 지식과 무의식적 지식의 통합, 작동기억(명시적인 정보에 집중하게 하는 의식의 작은 스포트라이트), 의식적 계획과 같은 많은 고등 인지적 기능에 책임이 있다. 스트룹 과제의 경우에 외측전전두엽피질은 다른 네트워크를 희생하면서 과제에 적절한 네트워크의 활성화를 강화함으로써 뇌의 다른 부위를 통제하기도 한다. 외측전전두엽피질은 어떤 신경 경로를 약화시킴으로써 본질적으로 그 경로에게 지금 하는 것을 그만두라고 말하는데, 이는 소화용 거품과 같다.

위에서 제시한 스트룹 과제에서, 읽는 것은 글자 LOWER이지만 소리 내어 읽어야 하는 것은 단어 upper이다. 전두대상피질은 외측전전두엽피질에게 그 단어의 모양에 대한 지각과 그 의미에 대한 지식 간의 충돌을 알려 준다. 그런 다음 외측전전두엽피질은 그 단어 자체를 읽는 것이 아니라 그 모양을 소리 내어 읽어야 하듯이 그 과제가 요구하는 것을 이해하는 것에 의존해서, 'upper'라고 말하는 것이 우선해야 한다고 결정한다. 그런 다음에 모양을 탐지하는 시각계에 그 일을 계속하도록 신호를 보낸다. 시각계의 이런 강화는 단어 인식 체계가 닫히도록 촉진한다. 이 복잡한 절차 전체는 단어 lower가 실제로 소문자로 인쇄되었을 때는 일어나지 않는 약간의 지연과 노력의 느낌을 유발한다. 소문자의 경우에는 두 부위가 적절히 함께 작동하여, 전두대상피질 충돌 탐지기는 활성화되지 않고 외측전전두엽피질도 뒤죽박죽인 신경세포들 사이에서 심판하도록 요구되지 않는다.[24]

우리는 이제 이런 정보로 무장했기 때문에 오비완의 포스를 환기시키지 않고도 어떻게 무위에 대한 뇌가 기능할 수 있는지를 알 수 있다. 무위와 비슷한 상태에 대한 최근의 신경과학 연구 덕분에 그것에 대한 상당히 정확한 그림을 얻을 수도 있다. 어떤 유형의 활동을 연구하기 위해 뇌영상 기법을 사용하는 것에는 내재된 어려움이 있는데, 이는 그 기법이 전형적으로 불편하고 건강한 조직을 해치며 너무 커서 다루기가 거북하기 때문이다. 신경세포로 흘러기는 피의 흐름을 측정하는 기능적 자기공명영상은 뇌에서 활성화 부분과 그렇지 않은 부분을 명확히 보여 주고, 가장 뚜렷한 공간적 식별을 가능하게 한다. 이것이 불완전하긴 하지만 신경 활성화에 대한 적당한 대용물로 기능한다. 기능적 자기공명영상을 받는 실험대상자는 거대한 금속관 안에 가만히 누워 있어야 하는데, 이것은 특정 행동을 연구하기에 이상적인 공간은 아니다. 여러분은 백정 포정이나 목수 경의 기능적 자기공명영상의 더할 나위 없는 활동중인 영상은 결코 얻을 수 없다. 하지만 찰스 림Charles Limb과 알렌 브라운Allen Braun의 훌륭한 연구[25]는 연주 중인 전문 재즈 피아니스트를 보면서 이러한 한계를 극복할 수 있었다. 그들은 기본적으로 거대한 자석인 스캐너 안으로 가져갈 수 있는 특별한 비강자성 키보드를 고안하고, 실험대상자들이 키보드를 무릎 위에 놓고 앉아 있을 수 있도록 그들을 배치하였다. 그런 다음 이들에게 서로 다른 조건에서 연주하도록 했다. 첫 번째의 '음계' 조건에서 1옥타브 C음계를 반복해서 연주하도록 했다. '재즈 즉흥연주' 조건에서는 동일한 키이지만 이전에 암기한 곡에 기초한 멜로디를 즉흥적으로 연주해야 했다.

연구자들의 가장 인상적인 연구결과는 피아니스트가 즉흥연주 양식으로 전환했을 때의 활성화 패턴이었다. 외측전전두엽피질의 널리 퍼진 탈활성화와 적절한 감각운동계, 전두대상피질, 내측전전두엽피질(MPFC; medial prefrontal cortex)[26]로 알려진 부위에서의 증가한 활동이 그런 패턴이다. 우리가 보았듯이 전두대상피질은 충돌 감시를 책임지고, 일반적으로 외측전전두엽피질과 함께 작동하여 인지적 통제를 유지한다. 전두대상피질은 충돌을 탐지하고, 그런 다음 외측전전두엽피질에게 잘못된 상황을 처리하도록 요구한다. 그리고 전두대상피질과 외측전전두엽피질 활성화의 이러한 결합이 의식적이고 힘이 드는 활동에 대한 주관적 느낌을 생산하는 것처럼 보인다.

이 연구가 암시하는 바는 자발적이지만 재즈 즉흥연주와 같은 고숙련의 상황에서 외측전전두엽피질이 꺼져 있을 때에도 전두대상피질은 배경에서 방심하지 않고 있다는 것이다. 이 특별한 신경 배열은 복잡한 활동에 완전히 몰입할 때 우리가 들어가는, 긴장을 풀었지만 방심하지 않는 양식과 주관적으로 일치할 수 있다.[27] 전두대상피질은 백정 포정이 소에게 힘들이지 않고 칼날을 움직일 때 여전히 주의를 기울이면서 '어려운 지점'에 부닥치면 도움을 요청할 준비를 한다. 다시 말해, 적어도 무위의 어떤 형식은 배경 상황적 경계를 유지하는 동안 활동적인 의식적 자각과 통제를 정지시키는 것처럼 보인다. 우리의 의식적 마음이 멈출 때 몸이 이어받을 수 있다.

무위에 대한 초기 중국 이상은 이러한 힘들이지 않는 행동과 관련이 있고, 풀려진 몸은 보기에 인상적이다.[28] 스스로 포스의 안내를 받고자 하는 루크 스카이워커처럼, 초기 중국 텍스트의 무위 본보기들은 세상살이에서 거의 초자연적 효율성을 보여 준다. 더욱이 이 모두는 현대의 관점에서 매우 그럴듯하다. 의식적 마음이 책임지고 무엇을 할지를 가장 잘 안다는 자신감에도 불구하고, 몸은 실제 자력으로 잘 해내는 것처럼 보인다. 진화는 자동적이고 뜨거운 무의식적인 체계에 우리 일상의 의사결정과 판단 내리기의 많은 짐을 떠맡겼다.[29] 왜냐하면 대부분의 상황에서 그러한 무의식적 체계는 빠르고 연산적으로 경제적이며 신뢰할 만하기 때문이다. 사회심리학자 티모시 윌슨 Timothy Wilson은 적응 무의식*이라는 용어를 만들었으며, 이것은 우리에게 아주 적은 의식적 자각으로 세상을 효과적으로 다루게 하는 암시적 기술과 습관, 지각의 광범위한 목록을 가리킨다. 그리고 무의식적 사고의 힘에 대한 연구는 점차 증가하고 그 범위를 넓히고 있다.[30] '생각 없이 생각하기(thinking without thinking)'[31] 전략은 확실히 한계가 있지만, 실생활에서 신뢰할 만하고 빨랐으면 하는 행동이 신체화된 습관이나 무언의 기술로 바뀔 필요가 있다는 것이 점차 명확해지고 있다. 유명한 재즈 피아니스트 그렉 브루크Greg Burk가 말하듯이, 최고의 즉흥연주는 의식적 사고로부터 해방되어 몸으로부터 힘들이지 않고 흘러가는 것이며, 이 경우에 "음표의 선택, 휴지, 각 악절의 모양은 모두 통일되고 유기적인 전체를 표현한다."[32]

하지만 이러한 힘들이지 않고 자기를 의식하지 않는 몸이 사회적 진공상태에서 수행하고 있는 것은 아니라고 말하는 것은 가치가 있다. 재즈 피아니스트는 다른 사람들과 함께 연주하거나 적어도 그들을 위해 연주한다. 밀물과 썰물 같은 음악의 역동적 움직임에 완전히 몰입할 수 있는 능력은 또한 그것에 대해 실제로 마음을 쓰는 것에

---

**적응 무의식(adaptive unconscious)**

무의식적인 사고가 진화론적인 적응의 산물이라는 의미한다. 우리를 둘러싼 환경을 평가하고 그것들을 명확하게 밝히고 해석하며 그 결과에 따라 무의식적으로 신속히 행동을 개시하는 것은 생존에 이점을 주기 때문에 진화론적으로 선택되었다. 직관은 순식간에 일어나며 오랜 분석보다 훨씬 강한 힘을 갖고 있는데, 이처럼 단숨에 결론까지 도약하는 뇌의 영역을 적응 무의식이라고 한다. 눈 깜짝할 사이에 내린 순간적인 판단이 수개월에 걸친 이성적 분석만큼 가치가 있는 것이다. 즉, 오랫동안 연구하고 분석한 것보다 '블링크, 첫 2초의 결정'이라는 직관의 힘이 옳을 수 있다는 것이 이 적응 무의식의 기본 생각이다.

기초를 둔다. 혼자 하는 것이든 단체로 하는 것이든 간에 그 어떤 무위 활동에도 동일한 것이 적용된다. 사회적 상호작용과 공유된 가치관에 의존한다는 무위의 이런 양상은 일반적으로 자발성에 대한 현대 과학적 논의에서 간과되었는데, 그것은 대단히 중요한 누락이다. 다음 장에서 살펴볼 술 취한 사람이 수레를 얻어 타는 이야기에서 그 이유를 알 수 있다.

# 제2장

## 하늘에 취하기
### 무위의 사회성과 영성

『장자』에 나오는 이야기 가운데 밤새 술을 진탕 마신 후에 수레를 얻어 타고 집으로 돌아가는 취객 이야기는 초기 중국 사상 수업을 듣는 학생들 사이에 끊임없이 회자될 만큼 인기가 좋다. 장자는 "취객은 매우 빠른 수레에서 떨어져도 비록 아프기는 하지만 죽지는 않는다. 뼈마디와 힘줄은 다른 사람들과 같지만 그들만큼 다치지는 않는다"[1]라고 말한다. 나는 학생들에게 이를 따라하지 말라고 충고하지만, 개인적으로는 그 원리가 작동하는 것을 확인했다. 낮까지 안개가 가득한 어느 날 나는 한 친구가 처음에는 풀이 무성한 언덕에서 굴러 짧은 돌계단 아래로 굴러떨어졌지만 어떤 이유인지 거짓말같이 전혀 다치지 않고 콘크리트 바닥에서 일어나는 것을 목격했다. 너무 감명 받은 우리들은 따라해 봤고, 모두 세계 최상급의 체조선수처럼 두 발로 착지한 뒤 기숙사로 한가로이 걸어갔다.

현대 체조의 뛰어남은 상대적으로 간단히 설명할 수 있다. 취객은 육체적으로 (그리고 종종 도덕적으로) 더욱 느슨한데, 왜냐하면 앞에서 소개한 용어로 표현하자면 그의 인지적 통제 부위가 부분적으로 풀려 있기 때문이다. 신경과학에서는 "발현이 억제된다(downregulate)"고 한다. 그들은 주변의 일을 희미하게만 알기 때문에 마카레나* 춤을 기꺼이 추는 것처럼 감정 표현에 거리낌이 없고 나중의 결과를 덜 생각하게 된다. 부정적인 면에서, 이것은 때때로 다음날 술에서 깼지만 숙취에 시달리는 냉정한 의식적 자아가 후회하는 행동으로 이어진다. 긍정적인 면에서, 이것은 취객이 수레에서 땅에 떨어질 때 바닥에 부딪칠 것을 예측하여 몸에 힘을 주는 행위를 하지 않고 그냥 떨어져 구르므로 비교적 다치지 않는 것과 같다. 장자가 말하듯이, 수레를 탄 취객은 "수레를 타는 것도 몰랐고, 떨어지는 것도 똑같이 몰랐다. 죽는다는 생각이나 산다는 생각, 놀라거나 두려운 생각이 그 마음속에 들어오지 못했다. 이 때문에 수레에서 떨어지는 것을 두려워하지 않았던 것이다." 장자가 설명하듯이 이것은 "그의 영혼이 온전하기 때문이다."[2]

> 마카레나(Macarena)*
> 스페인 그룹 로스 델 리오의 곡으로 1990년대 중반에 전 세계를 강타한 히트곡이다. 무엇보다 노래 자체가 중독성이 강하고, 신기할 정도로 저절로 따라 부르게 되는 절묘한 박자와 리듬감이 일품인 노래이다. 한국에서 싸이의 〈강남스타일〉이 마카레나와 비교되기도 한다.

왜 장자는 우리의 인지적 통제 부위에 대한 부분적 마비를 찬양하는가? 왜냐하면 술 취함은 무위의 원래 형식과 얼추 비슷한 것을 유발하기 때문인데, 적극적 자기 감시가 일시적으로 중지하는 것이 그것이다. 이와 동시에 술 취한 사람의 은유는 그냥 은유일 뿐, 장자는 우리가 진실로 하늘을 마셔서 취하기를 바랐다. 장자는 이렇게 결론 내린다. "술로 온전해 진 사람도 이 정도인데, 하물며 하늘로 온전함을 얻는 것은 말할 필요가 있겠는가? 성인은 하늘에 몸을 맡겨두고 있으므로 아무도 그를 해할 수 없다."(『장자』, 「달생」, 제2장) 수레 타는 사람은 '하늘에 취하는 것'이 어떻게 평범한 세상으로부터 어느 정도의 독립성을 확보해 주는지를 보여 주고자 한 것이다. 대부분의 사람들이 다치는 것에 하늘에 취한 성인은 다치지 않는다.

여기에서 무위와 특정한 종교적 세계관 사이에 밀접한 관련성을 볼 수 있다. 앞 장에서는 적어도 무위의 어떤 양상에 대해 자연주의적 설명을 제시했다. 즉, 그것은 어떻게 행동이 힘들이지 않고 자기를 의식하지 않지만 그래도 완벽하게 효과적일 수 있는지에 대한 과학적 설명이다. 이와 동시에 우리는 전국시대 중국의 무위를 갑자기 현대 세계로 가져옴으로써 무위의 몇 가지 결정적 특징을 놓쳤다. 초기 중국 사람들에게, 무위 상태에 있다는 것은 어떻게 내면적으로 느끼는지 또는 어느 정도까지 의식적 뇌가 일을 맡는지에 대한 것이다. 결국 무위는 천지만물에 올바로 거하는 것에 관한 것이고 또한 현대 삶에 중요한 영향을 미친다.

초기 중국 사람들뿐만 아니라 모든 사람들은 백정 포정의 이야기를 좋아하고, 또한 육체적으로 능숙하고 효과적인 것이 대단한 것이라고 생각한다. 하지만 실제로 장자와 같은 사상가는 소를 칼질하고 종 틀을 조각하는 방법에는 관심이 없다. 사상가들이 관심을 갖는 것은 당신이 그들과 어떤 관련이 있는가 하는 것이다. 그래서 백정 포정은 이야기를 끝내면서 자신이 관심을 갖는 것은 솜씨 자체가 아니라 도道라고 말한다. 문혜왕은 포정의 동작을 본 이후에 봉건 군주이기를 포기하고 백정이 되고 싶어 하는 것이 아니라, 포정의 동작으로부터 삶을 살아가는 묘책을 배웠다고 말한다. 이는 그 이야기가 실제로 사회적 효율성에 관한 것이기 때문이다. 즉, 포정의 칼날이 소 안에서 쉽게 움직이듯 인간 세상에서 쉽게 살아갈 수 있는 능력을 말한다.

이러한 무위의 사회적 차원은 『논어』에서 아주 명확하다. 이 텍스트에서 공자는 항상 적절한 복장을 갖췄고, 방에 들어가는 올바른 방법을 알며, 가장 적절한 말을 하고, 가장 기지 있는 방식으로 다른 사람들을 대우하지만 결코 뻣뻣하거나 형식적이지는 않다. 그의 행동은 본성으로부터 자발적으로 흐르는 것처럼 보이는데, 이는 철학적 상대를 완전히 무력하게 하고, 성미 고약한 지도자를 온순하게 만들며, 게으른 문하생들에게 창피를 주어 새로운 노력으로 학문에 정진하게 한다. 여러분은 공자가 궁극의 우아함으로 공식 행사에 순조롭게 참여하거나 순간적인 주저함 없이 무례한 대화의 상대를 능숙하게 다룰 때 포정의 칼날이 내는 휙, 쉭 하는 소리를 실제로 들을 수 있다.

결국, 이런 종류의 사회적 효율성은 결정적으로 덕의 불가사의한 힘에 의존한다. 덕이란 무위 상태의 사람에게서 나오는 카리스마적 힘으로, 다른 사람들을 매료시키고 신뢰를 느끼게 한다. 『논어』에는 "덕으로 다스리는 사람은 그저 자기 자리에서 작은 무수한 별들의 존경을 받는 북극성과 같다"[3]라는 구절이 있다. 초기 중국 천문학에서 북극성은 밤하늘의 고정된 중심이고, 모든 천체들이 이를 중심으로 동심원을 그리며 움직이는 것으로 생각되었다. 진실로 고결한 유교 지도자는 궁궐에서 존재를 인정받을 수 있고, 그가 가진 덕의 중력은 모든 사람들을 그 주변으로 끌어당길 것이다. 『노자』에는 다치지 않고서 사나운 야생동물들 사이를 거닐고 불을 통과하는 텅 빈 마음과 아이의 심장을 가진 도가의 숨은 명인에 대한 이야기가 나온다. 노자가 말하는 지도자 또한 그의 덕을 통해 인간 세상에 질서를 부여한다. 물론 북극성처럼 하늘에서 높고 밝은 유교의 지도자와는 달리, 노자의 성인은 눈에 보이지 않고, 어두운 계곡에 거하며, 중력이 물을 아래쪽으로 끌어당기듯이 모든 세상 사람들을 질서로 끌어당긴다.[4] 마찬가지로 장자의 성인에게도 강력한 덕이 있는데, 이것은 다른 사람들에게 긴장을 푸는 데 도움을 주고 마음을 느긋하게 해 주며, 물리적 세계와 사회적 세계에서 상처받지 않고 살아가게 한다.

 초기 중국 사람들에게는 덕의 결정적 힘과 장자의 성인이 마시고 취하는 대상인 하늘 간에 근본적인 연결이 있었다. 하늘(天)은 오래된 개념으로서, 기원전 2천 년 전의 청동 그릇에 새겨진 비문에 나온다. 그것은 초기 주나라 왕들이 숭배한 높은 신을 가리키는데, 그런 신은 하늘에 거주하는 강한 사람으로 개념화된다. 천은 이런 존재와 물리적 하늘 둘 다를 가리킨다. 그래서 'Heaven(하늘)'은 표준 영어 번역이고, 어쩌면 가장 정확한 번역이다. 하지만 하늘을 장소 개념으로 인식하는 기독교와 달리, 질서를 세우고, 날씨를 통제하며, 전쟁의 승리를 결정하고, 신봉자를 보호하고 보답하는 신 같은 존재로 하늘을 인식한다는 것이 중요하다. 주나라 시대 이후부터, 하늘은 또한 가치와 선함의 근원으로 간주된다. 하늘이 원하는 것은 선 그 자체이다. 동일한 내재적인 선함은 '도道'를 특징짓는데, 이는 글자 그대로 경로나 길, 즉 물리적 길을 가리킨다. 더 나아가 도는 무언가를 할 수 있는 방법과 이와 관련해 올바른 방법도 의미한다. 초기 중국인들에게 도는 우주적 중요성으로 다가왔었다. 즉, 도는 완성된 인간 존재가 되거나 하늘의 의지를 충실히 수행하는 적절한 수단이다. 도는 하늘의 길로서, 세상에 있는 모든 선함이나 가치의 토대이다.

그래서 무위와 덕은 하늘과 근본적으로 연결되어 있다. 무위는 하늘의 길을 따르고 있다는 것을 의미하고, 도를 따르고 있는 사람은 누구든 덕의 힘을 얻기 때문에 무위가 작동한다. 이런 연결은 초기 중국인들이 매우 높이 평가했던 자발성을 이해하는 데 중요하다. 서양에서의 자발성은 전형적으로 개인성이 연상된다. 즉, 자신이 원하는 것은 무엇이든 그냥 한다는 개념이다. 이에 반해, 무위는 도가 나타내는 우주 질서와 같은 더 큰 것의 일부가 된다는 것을 뜻한다. 더 큰 무언가란 도가 나타내는 우주 질서를 말한다. 70세의 공자는 물론 도가 학파의 성인들은 무위를 우주와 '일치함'의 상태로 기술한다. 이와 비슷하게, 덕은 하늘이 인간과 동물, 심지어 자연계가 즉각적이고 의심의 여지없이 덕에 반응하도록 만들었기 때문에 강력하다. 덕을 지닌 성인은 사람들을 매료할 수 있고, 야생동물을 안정시킬 수 있으며, 풍성한 수확과 온화한 날씨를 보장할 수 있다. 무위로 다스리는 왕에게 이런 힘으로 보답함으로써, 하늘은 그 왕의 의지가 이루어지도록 보장한다. 덕은 무위 상태에 있는 사람을 둘러싸고 주위의 모든 사람들에게 신호를 보내는 후광과 같다. 마치 "하늘은 나를 좋아한다. 당신도 그래야 한다. 난 괜찮다"라고 하는 것처럼 말이다.

무위의 근본적인 종교적 본성을 파악하는 것이 중요하지만, 이는 역사적 정확성의 이유 때문만은 아니다. 우선, (소 도축과 같은) 육체적 솜씨에 정통하는 예는 유익한 유추이긴 하지만 원래의 문화적 문맥과 종교적 문맥으로부터 벗어난다면 오해를 일으키기 쉽다.[5] 문제는 누군가는 능숙한 백정이나 피아니스트, 테니스 선수이지만 여전히 그들도 형편없는 인간일 뿐이라는 것을 상상할 수 있다는 것이다. (확실히 당신은 이와 같은 사람을 한 두 명 정도 알 것이다.) 다른 한편으로, 무위는 다른 부분들이 에워싸기도 하는 더 큰 전체의 완성된 부분의 상태를 나타낸다. 무위를 특유한 것으로 만드는 것은 바로 이러한 전체적·사회적·종교적 특성이다.[6]

이 논점을 이해할 수 있는 가장 좋은 방법은 자발성을 이상으로 보는 가장 유명한 현대 설명을 고려하는 것인데, 그것은 심리학자 미하이 칙센트미하이가 개발한 '흐름(flow, 몰입)'의 개념이다.[7] 그가 약술한 흐름의 주된 특징에는 많은 유사성이 있다. 깊지만 힘들이지 않은 집중, 환경에 대한 반응성, 높은 수준의 효율성, 엄청난 기쁨, 자아감의 소실, 바뀐 시간관념이 그런 유사성들이다. 지난 몇 십 년 동안 칙센트미하이와 동료들은 흐름 경험이 범문화적으로 보편적이고, 다양한 활동을 하는 사람들이 이런 경험을 비슷한 방식으로 기술하는 것처럼 보인다는 것을 증명했다. 칙센트미하이의 견해에서, 이 모든 경험들을 하나로 묶어 주는 핵심 자질, 즉 흐름을 위한 결정적 조건은 도전과 기술의 정확한 조정이다. 너무 쉽고 너무 어려운 것 간의 '최적 지점(sweet spot)'에 도달할 때 흐름이 발생한다. 기술은 시간이 가면서 향상되기 때문에, 이는 흐름이 "사람들에게 전력을 다하고, 항상 능력을 향상시키는 또 다른 도전을 떠맡도록 강요하는" 계속해서 "상승하는 복잡성"에 노출을 요구한다는 것을 뜻한다.[8] 적어도 칙센트미하이가 정의한 흐름과 무위 간의 구분을 가장 잘 알도록 해 주는 것은 다름 아닌 도전과 복잡성에 대한 이러한 강조이다. 그것은 또한 서양의 개인주의가 어떻게 초기 중국인들이 강조하는 자발성의 어떤 중요한 양상을 모호하게 할 수 있는지 알려주기도 한다.

대학 시절에 처음 읽었던 『흐름: 최적 경험의 심리학*Flow: The Psychology of Optimal Experience*』(한국어판 제목 『몰입: 미치도록 행복한 나를 만나다』, 최인수 번역, 2004)에 나오는 이야기 가운데 갑자기 떠오른 한 가지 예가 있다. 그것은 익명이지만 추정컨대 유명하고 영향력 있는 유럽 여성인 "E"의 예이다.

국제적으로 명성 높은 학자이자 수천 명의 직원을 둔 회사의 설립자인 그녀는 한 세대 동안 그 분야의 최선두에 있었다. E는 정치적·사업상·전문적 만남을 위해 꾸준히 여행하고, 세계 도처에 있는 거주지를 왕래한다. 자신이 머물고 있는 마을에서 콘서트가 있다면, E는 어쩌면 관객 속에 있을 것이고, 첫 자유 시간에는 박물관이나 도서관에 갈 것이다. 그리고 회의 중일 때 그녀의 운전기사는 그냥 주변을 서성이기보다는 현지 미술관이나 박물관을 방문할 것으로 생각된다. 집으로 오는 길에 그 직원은 그림에 대해 자신의 생각을 논의하고 싶을 것이다.[9]

E의 예는 확실히 개인적 도전과 꾸준히 증가하는 복잡성의 윤곽과 일치한다. 우리의 경험에 비춰볼 때 그녀는 인상적인 사람이다. 그녀의 인생 이야기는 경외심을 자아내고, "순수한 에너지를 발산한다." 하지만 나는 E에 대해 처음 읽었을 때 그녀의 생활방식이 계속되는 여행과 활동, 혹독한 자기 계발로 다소 심신을 지치게 한다는 인상을 받았다는 것을 인정한다. (내가 그녀의 운전기사라면 때로는 박물관을 힘들게 돌아다니고 그것에 대해 질문을 받는 것 대신에 긴장을 풀고 담배 한 대 피우고 싶을 수도 있다고 생각했던 기억이 난다.)

『흐름』에는 E의 이야기보다 훨씬 흥미로운 다른 이야기들도 있는데, 그 중 한 가지는 세라피나 비논Serafina Vinon의 이야기로서, 이탈리아 알프스의 어느 작은 산촌에 사는 76세의 세라피나는 수백 년 간 이어온 조상의 생활방식을 따르는 것으로 묘사되어 있다.[10] 그녀는 새벽 5시에 일어나 소젖을 짜고 요리와 청소를 하고 소들을 높은 초원으로 데리고 가거나 과일 나무를 돌보고 양털을 깎는다. 인생의 가장 큰 기쁨이 무엇이냐 물었을 때, 그녀는 몰입한 채 스스로를 의식하지 않고 마음을 편안하게 하는 이런 활동들이라 말했다. 그녀는 설명한다. "야외에 나가는 것, 사람들과 이야기하는 것, 나의 동물들과 함께 있는 것 … 나는 식물과 새, 꽃, 동물들과 대화를 나눕니다." "자연 속의 모든 것은 당신의 친구가 됩니다. 당신은 자연이 자라나는 것을 매일 목격합니다. 당신은 깨끗하고 행복하다고 느낍니다 … 당신이 일에 버거울 때도 자연은 아름답습니다"라고 설명한다.

이 이야기는 복잡성이나 도전과는 거리가 멀고, 더군다나 계속적으로 증가하는 복잡성과도 관련이 없다. 오히려 얻을 수 있는 주된 느낌은 자아보다 더 큰 무언가로의 평화롭고 여유로운 몰입의 느낌이다. 이탈리아 알프스의 자연미, 일상과 구조를 제공하는 물려받은 전통, 동물과 새들과의 동료애가 그런 몰입의 느낌이다. 세라피나는 또한 자신이 몰입해 있다고 느끼는 더 큰 전체인 대문자 'N'의 Nature(자연)나 문화적 전통을 가치나 선함의 중요한 근원으로 간주한다. 실제로 아름다운 주위 환경과 자신의 생활 방식에 깊은 관심이 있다는 사실 그 자체는 그녀를 우선 몰입하게 한다. 내가 막 중국 사상을 공부하기 시작했을 무렵 이 이야기를 처음 읽었을 때, 세라피나의 경험이 E의 끝없는 여행과 자기 계발보다 무위에 대한 초기 중국 개념과 훨씬 더 비슷해 보일 뿐만 아니라, 나 자신의 경험과 더 잘 일치하기도 한다고 느꼈던 것이 기억난다. 시간이 지나면서 이 느낌에 대한 확신은 더 강해졌다.

확실히 나는 이 책을 쓰는 것과 같이 내 일과 관련된 복잡하고 어려운 상황에서 무위에 들어갈 수 있어서 운이 좋다. 항상 생각하듯이 나는 '글쓰기 몰입(writing zone)'에 있을 때 모든 고전적 흐름의 특징을 경험한다. 전체 단락은 뇌의 어떤 불가사의한 부위에서 자발적으로 나오는 것처럼 보이는데, 나는 하고 있는 일에 완전히 몰입하고, 모든 시간 감각을 잃어버리고, 먹는 것도 잊은 채 나의 일에 긴장을 풀고 기뻐한다. 복잡성과 도전이 여기에서 한몫을 한다는 것을 부인할 수 있는 사람은 아무도 없지만, 결국 복잡성과 도전은 부수적인 것이다. 진정으로 다른 사람들과 공유하는 데 관심이 있고, 그러고 싶은 생각과 같은 더 큰 무언가를 위해 책 집필의 복잡성과 도전에 부닥쳐야만 그것들은 무위를 유도할 수 있다.

마음 쓰기(caring)에 초점을 두면, 즉 자아 초월에 초점을 두면 고도의 복잡성과 도전으로 특징지어지는 무위 상태와 매우 일반적인 관계물을 연결할 수 있게 된다. 그 관계물은 매우 일상적이고 대단히 친숙하며 복잡성이 낮은 활동으로서, 이런 활동은 우리가 사랑하고 높이 평가하며 개인적 자아보다 더 큰 것으로 간주하는 것에 완전히 몰입하게 한다. 세라피나의 경험처럼 나의 가장 평범한 무위 경험은 항상 나를 자연계와 접촉시켜주는 활동을 포함하는 경향이 있었다. 채소밭에서 잡초를 뽑고, 과일 나무의 가지를 치고 기르며, 파도를 보면서 해변에 그냥 앉아 있는 것과 마찬가지로 캘리포니아 해안의 포인트 레이스 해안 국립공원(Point Reyes National Seashore)에서 수천 번이나 했던 오솔길 하이킹은 확실히 나를 무위 상태에 이르게 한다. 이런 활동들은 그것이 만들어내는 상태의 심리적 윤곽(psychological profile)(온전하고 균형 잡힌 인격 형성에 필수인 지각, 주의력, 관찰력, 상상력, 의지력 등 정신적 기초 능력)을 제외하고 E의 열광적인 삶과 비슷한 것이 전혀 없다. 실제로 복잡성과 도전에 대한 칙센트미하이의 강조를 고려하지 않는다면, 그와 동료들이 수집한 연구 데이터는 대부분의 흐름 경험이 친구와 대화하거나 가족들과 식사를 하거나 아이들과 놀아주는 것과 같이 실제로 복잡하지 않은 사회적 상황에서 발생한다고 제안한다.[11]

그렇다면 왜 흐름 연구자들은 복잡성과 도전을 결국 경험의 결정적 자질로 초점을 두었는가? 왜냐하면 이런 연구자들은 대체로 서양의 개인주의자들이기 때문이다.[12] 오늘날 울트라마라톤(정식 마라톤 경기의 풀코스인 42,195㎞보다 긴 거리를 달리는 마라톤)을 뛰거나 새로운 예술 박물관을 답사하는 것과 같은 활동은 고독하고 자기 발전을 목표로 하는 경향이 있다. 우리는 개인적 기술과 해당 사건의 요구 사이의 교차점에 더 집중하고, 발생하는 도전이 우리가 마음 쓰는 것의 더 넓은 배경에서만 우리를 끌어들인다는 사실은 빠뜨리고 본다. 흐름 연구자들은 또한 복잡성과 도전에 집착하는데, 왜냐하면 그들은 흐름 상태와 자아감의 상실, 바뀐 시간 경험, 긴장 풀기라는 동일한 자질을 일부 공유하지만 '흐름'이라고 명명하고 싶지 않은 다른 상태들을 구분하고 싶기 때문이다. 머리를 쓸 필요가 없는 TV 쇼를 시청하는 것이 위의 다른 상태의 좋은 예이지만, 몰입하는 동안에 주의를 완전히 사로잡지만 성취감과 활기를 느끼기보다는 공허함이나 피곤을 느끼게 하는 간단한 수동적 활동도 그런 예에 포함할 수 있다. 도박이나 야한 잡지 읽기, 목적 없는 인터넷 검색, 좋아하지도 않는 지인들과 수다떨기가 그런 수동적 활동이다. 흐름과 이런 활동을 어떻게 구분할 것인가라는 질문에 직면할 때, 순수한 개인주의적 관점에서 고려하면 복잡성과 도전은 두드러진 특징이다.

하지만 초기 중국의 종교적 세계관을 고려하면 이런 구분을 할 수 있는 대안이 되고 궁극적으로는 더 만족스러운 방법이 나온다. 무위나 진정한 흐름 경험이 우리에게 칙칙하고 매우 지쳤다는 느낌보다는 세라피나가 말하듯이 '깨끗하고 행복한' 느낌이 들도록 해 주는 것은 다름 아닌 더 크고 귀중한 전체와의 연결이다. 이러한 더 큰 전체는 가치 체계(framework of values)로 간주되는데, 이런 가치 체계는 우리 자신이나 행동을 위치시키고, 어떤 것은 좋은 것으로 분류하고 다른 것은 나쁜 것으로 분류하고 그에 따라 행동하도록 하는 구조를 말한다. 많은 서양 사람들은 그런 가치를 객관적 사실이나 합리적 계산에 기초하려 했지만, 그런 가치는 본질상 과학의 범위를 초월한다. 과학은 그것이 무엇이어야 하는지가 아니라 무엇인지 말해 준다. 과학은 가치가 아니라 사실을 거래한다. 이는 매 순간의 가치 판단이 사실을 초월한다는 것을 의미한다.[13] 우리와 소를 구분시켜주는 특별한 것이 인간에게 있기에 우리는 노예제도가 잘못되었다고 느끼지만, 생물학적 관점에서는 호모 사피엔스 Homo sapiens와 가축용 소인 보스 타우루스 Bos taurus가 질적으로 구분되지 않는다. 우리의 가치 판단은 궁극적으로 정당화되지 않지만 그래도 깊이 간직한 이런 신념에 기초한다. 더욱이 인간은 그런 신념 없이는 지낼 수 없게끔 되어 있다.[14] 옳고 그름의 느낌 없이, 또는 그런 신념에서 나오는 동기 없이 인생을 살아가려고 노력한다고 상상해 보라.

인간 삶에서 이런 가치 체계의 본질적인 역할을 이해하는 것은 다시 무위를 이해하는 열쇠이다. 나는 무위의 변별적 자질이 더 큰 무언가로 자아를 몰입시키는 것이라고 제안하고 싶다.[15] 즉, 힘들이지 않음과 자기를 의식하지 않음의 상태로부터 나올 때 활기를 북돋는다고 느끼는지, 아니면 기운이 없다고 느끼는지는 어느 정도는 우리의 가치관에 달려 있다. 우리가 방금 참여한 활동은 우리가 누구이고 무엇을 소중히 간직하는지에 대한 더 큰 인식을 어떻게 반영하는가? 여러분이 특별히 한 무리의 친구를 소중히 여긴다면, 저녁에 함께 술을 마시고 이야기를 나누는 것이 기분 좋게 다가올 것 같다. 가치에 대한 단순한 예상은 무위 경험을 촉진할 수도 있다. 포인트 레이스는 개인적으로 특별한 가치이기에 나는 그곳을 하이킹 할 때 자주 무위를 경험한다. 실제로 그곳에 가는 계획을 세우는 것이나 드라이브만으로도 특별한 의미가 있다.

역사가 기록된 후부터 가치 체계는 조직적인 종교에서 규정되었고, 많은 사람들에게 어느 정도 보편적으로 공유되었다. 예컨대, 초기 중국 사상가들에게 있어서, 하늘과 하늘의 도에 대한 신념은 가치 체계를 제공했다. 오늘날 전통적으로 종교적인 사람들에게 이 '귀중한 전체'는 초기 중국의 도와 매우 유사하다. 귀중한 전체란 성직자와 중요한 텍스트들에 근거한 일관성 있고 명확히 정의되는 형이상학적 구조(신의 계획, 카르마의 작용)로서, 이것은 더 큰 선善에 기여하는 활동에 의미를 준다. 가치 체계는 전형적으로 어떤 장소와 사물, 활동이 '신성시'되거나 더 강력한 의미를 부여 받는지에 대한 널리 공유되는 인식을 포함한다.[16] 전통적 종교의 또 다른 특징은 당신의 하루를 실제로 기록하는 경향이 있다는 것이다. 일정한 간격으로 수행되는 많은 예법과 무엇을 먹고 입고 만지는지에 대한 구체적인 지침, 많은 집단 활동이 있다. 이것은 일반적으로 비슷한 마음을 가진 개인들과 함께 신성한 것과 상호작용하는 것을 무위의 상태에 들어가는 매우 믿음직하고 효과적인 수단으로 만들어 준다. 실제로 이것은 어쩌면 역사가 시작된 이래로 거의 모든 사람들이 무위를 경험하는 방법이다.

우리는 지금 전통적인 종교적 가치와 신념이 의심받는 시대에 살고 있다. 오늘날 많은 사람들은 모든 전통적인 종교적 체제를 거부하면서, 스스로 세속적이거나 "영적이지만 종교적이지는 않은" 것으로 특징짓는다. 그렇다고 그들이 전적으로 가치 체계 없이 어떻게 살아야 하는지를 이해했다고 말하는 것은 아니다. 한걸음 물러나 생각해 보면, 우리는 가장 열렬한 무신론적인 세속적 인본주의자들도 여전히 매우 추상적이고 형이상학적 체계에 전념하고, 인간 존엄과 자유, 개인주의와 평등한 권리, 공공 정책을 안내하기 위해 선호하는 수단으로서 합리성에 대한 존중과 같은 가치의 주위를 맴돌고 있는 것을 관찰할 수 있을 것이다. 이런 관점에서, 세속적인 인본주의는 전통적인 종교와 매우 비슷하다.[17] 그것은 추종자들에게 옳고 그른 것, 좋은 것과 나쁜 것을 구분하게 하는 신성한 가치뿐만 아니라 이런 가치에 부응하지 않는 사람을 벌하거나 멀리하는 동기도 제공한다.

하지만 또 다른 의미에서 현대 세속주의에는 새롭고 변별적인 특징이 있는데, 그것에는 장단점이 있다. 예컨대, 합리성과 증거에 대한 세속주의의 신념은 세속주의가 가장자리에서는 특별히 수정의 여지가 있다는 것을 의미하지만, 값어치를 하는 가치 체계의 경우에서처럼 인권이나 자유와 같은 핵심 가치는 원칙상 타협이 불가능하다. 이런 수정의 여지에 대한 뒷면은 갈팡질팡하는 최소주의(minimalism)이다. 자유주의는 가치 체계만큼 거의 골자만 남아 있지만 여전히 기능을 한다. 자유주의가 하는 권고는 '인권을 침해하지 말라, 표현의 자유를 제약하지 말라, 강자가 약자를 억압하도록 하지 말라'와 같이 대부분 부정적이다. 하지만 대량학살을 저지르거나 포악할 정도로 편파적이지 않도록 조심하는 한, 세속적인 인본주의는 우리가 무엇을 해야 하는지에 대해 말을 아낀다. 미국공영라디오방송(NPR; National Public Radio) 듣기, 『뉴욕타임스 New York Times』 읽기, 지역에서 나는 유기농 채소 구입하기와 같은 막연하게 신성한 공동의 제의 외에, 세속적 인본주의자들은 실제로 어떻게 살아야 하는지에 대해 많은 지침을 받지 않는다. 그리고 이러한 진공상태는 무언가로 채워져야 한다. 인권 남용을 피해도 하루에는 많은 시간이 남는다.

그래서 우리는 매우 크지만 텅 빈 세속적 인본주의의 우산[18] 아래에서 편안하게 살 수 있는 교외 사커맘(Suburban Soccer Mom)(교외에 거주하는 중산층 주부로 축구클럽에서 활동하는 아이들을 밴으로 태워주고, 경기 때는 옆에서 열광적으로 응원하는 등 아이들의 체육 활동과 교육을 위해 정신없이 바쁘게 움직이는 미국식 극성스런 엄마), 도시 힙스터(Urban Hipster)(유행을 따르지 않고 고유한 패션과 문화를 좇는 사람), 고문당한 예술가(Tortured Artist)(예술에 대한 좌절 때문에 끊임없이 고뇌하는 예술가)와 같은 특정한 사회 집단과 동조하는 경향이 있다. 이런 집단들이나 전형화된 역할은 정확히 세속적 인본주의가 삼가는 상세한 스크립트와 전통적 종교에서 보통 제시하는 옷과 음식, 다른 생활방식에 관한 특정한 지침을 제공한다. 고문당한 예술가들은 엄격히 검은색 옷을 입고, 작고 비밀스러운 문신을 하고 카뮈를 읽도록 장려된다. 미니밴은 사커맘에겐 신성한 자동차이지만, 아이러니하게 운전하는 것이 아니라면 도시 힙스터에게는 질색인 것이다. (도시 힙스터에게, 아이러니는 그들에게 다른 점에서는 종교적으로 불결한 것으로 간주되는 미트로프meatloaf(개인이 여러 명에게 전달한 메시지, 농담, 목록 등 비 상업적 이메일 메시지), 식당, 저속한 영화, 70년대 스타일의 옷과 같은 물건이나 시나리오와의 접촉에 의해 상처입지 않고 활력을 주는 마술 방패처럼 기능한다.)

무엇이든 섞이고 일치되고 혼성될 수 있는 이런 집단들이 제공하는 일상의 지침 외에, 세속적인 사람들은 종종 세속적 진보주의의 더 큰 체제가 모두 수용할 수 있는 환경주의, 경제 개혁, 쾌락주의와 같은 더욱 다양한 가치 신념을 품고 있을 수 있다. 개인적으로 가장 좋아하는 것에 집중하자면, 쾌락주의는 폭넓게 이해되는 즐거움을 최대화하는 것에 가치가 있다는 신념을 중심으로 한다. 단어 '쾌락주의(hedonism)'는 원래 그리스 학파를 가리키지만, 현대적 함축에도 불구하고 초기 그리스 쾌락주의자들은 실제로 완전히 즐거운 것은 아니었다. 여러분은 분명 그들과 파티를 열고 싶지는 않을 것이다. 초기 그리스의 쾌락주의적 견해에서 전형적으로 '세속인'(즉, 여러분과 나)의 기분을 좋게 하는 섹스나 음식, 와인 등은 사실 장기적으로는 고통의 원인이다. 이는 그것들이 본질상 덧없고 진정으로 만족을 주는 것이 아니기 때문이다. 그리스의 쾌락주의자들 견해에서 즐거움을 진정으로 최대화하는 유일한 방법은 물리적 세계에는 가능한 한 최소한으로 관여하고 철학적 반성처럼 영구적인 불멸의 즐거움에 충실하는 것이었다.

쾌락주의자인 나는 어쩌면 현대 버전과 고대 그리스 버전 사이 어딘가에 위치하지만 현대적 쾌락주의에 더 가깝다. 나는 고대인들처럼 마음의 지속적인 즐거움에 대한 요점을 이해하지만, 음식과 섹스, 와인에 더 낙관적이다. 인권과 개인 자유, 증거에 기반한 공공 정책에 대한 신념을 가진 더욱 폭넓지만 매우 추상적인 세속적 진보주의의 보호 아래에서, 만약 그것을 그렇게라도 부를 수 있다면 더 작은 나의 개인적 신념은 개인적인 관계들과 지적 탐구의 즐거움, 바다에 대한 깊은 사랑, 좋은 음식과 와인에 대한 감사, 인간은 신선한 귤과 적절한 올리브 오일이 있는 지중해 기후에서만 살아야 한다는 이상할 정도의 확고한 느낌에 고정되어 있다. 실제로 나는 기꺼이 이사 가려고 했던 장소를 리트머스 종이로 시험했고, 레몬나무를 키울 수 없다면 그곳은 목록에서 제외시켰다.

그렇긴 하지만 나는 지금 6년 이상 캐나다 밴쿠버에서 살고 있고, 첫 태평양 연안 북서부 겨울에 심은 작은 레몬나무가 비극적인 죽음을 맞이하긴 했지만 매우 행복하게 그곳에서 살았다. 이는 나의 개인적 체제가 얼마나 일관성 있고 견실한지를 보여 주는 대목이다. 여러분이 나에게 권한다면, 특별한 포인트 레이스에 대한 실증적으로 옹호할 수 있는 이야기는 말할 것도 없고 일관성 있는 이야기도 없다는 것을 인정해야 한다. 하지만 그곳은 나에게는 특별하고, 이런 특별함의 후광은 내 가족, 친구, 어떤 풍경, 맛과 색깔과 같이 내가 귀중히 여기는 내 삶의 다른 양상들로 확장된다. 나와 같은 사람들을 위한 매우 일반적인 상황은 편하고 무언가에 연결되어 있다고 느끼는 소규모의 덧없는 순간의 문맥에서 무위를 경험하는 것이다. 운 좋게 우리의 삶을 그럭저럭 잘 만들어왔다면, 우리는 대부분의 시간을 이런 순간들 사이에서 오가면서 보내고, 우리 스스로를 '행복한' 것으로 기술할 것이다. 물론 모든 것에 우선하는 신념 구조가 있다면 그것은 일반적으로 극히 작은 것이다.

이런 단편적인 개인적 체제들은 전통적으로 종교적인 사람에게는 어리석은 것처럼 보일 수도 있지만, 우리 같은 세속적인 사람들이 구체적인 신념에 관해 가지고 있는 모든 것이고, 무위로 이끌 수 있는 것처럼 보인다. 상당한 노력 덕택에 나는 48도선 위의 지중해 스타일의 정원을 그럭저럭 미약하게나마 유지하고, 그 정원을 재배하거나 심지어 인정사정없이 내리는 비와 밴쿠버 겨울의 어둠을 용감히 견디는 그 정원을 연구실 창문에 서서 볼 때라도 종종 나는 무위의 상태에 있게 될 것이다. 아내와 딸과 함께 시간을 보내고, 일을 끝내고 친구나 동료들과 술 한잔 하며, 어려운 고대 중국 텍스트를 해독하고, 무엇이 인간에게 피라미드를 만들고 볼을 금속 꼬챙이로 받쳐주도록 만드는지 이해하며, 캠퍼스 연구실과 조지아 해협을 향하고 있는 울퉁불퉁한 해변 사이의 아름답고 가파른 길을 하이킹하는 것도 마찬가지이다. 흥미롭게도, 여러분이 나와 다른 누군가의 마음속에서 무위를 포함하는 활동을 추적한다면, 사람이 어떤 종류의 물건을 귀중히 여기거나 그렇지 않은지에 대한 대략적인 윤곽을 그릴 수 있을 것이다. 여러분은 그들이 누구를 귀중히 여기고 귀중히 여기지 않는지 말할 수 있는데, 이것은 어쩌면 더욱더 중요하다. 결정적으로, 사회적 관계를 진정으로 귀중히 여겨야만 무위는 집단 활동에서 나타날 수 있다. 우리는 함께 있는 사람들에게 마음을 쓰고 그들에게 긴장을 푼다고 느껴야만 힘들이지 않고 그들과 관계할 수 있다.

이제 무위가 왜 한 개인이 혼자서 철인3종 경기에서 개인적 전력을 점차적으로 향상시키거나 테트리스의 새 단계를 숙달하는 것 이상에 관한 것인지 쉽게 알 수 있다. 무위는 여러분보다 더 크기 때문에 다른 사람들과 공유할 수 있는 무언가에 전념하는 것에 관한 것이다. 도와 하늘에 대한 초기 중국 신앙을 더 이상 받아들이지 않는 우리들에게, 이 '더 큰 전체', 즉 무위 경험에 형태와 의미를 부여하는 가치 체계의 정확한 본질은 부족마다, 사람마다 또는 순간마다 다를 것이다. 하지만 이러한 가치 체계는 본질상 자아보다 더 큰 것일 필요가 있다. 무위의 본질적인 사실은 무위가 한 개인의 마음속 경험뿐만 아니라 사람들 간의 사회적 관계에 대한 것이기도 하다는 것이다. 이것은 나중에 탐구할 몇 가지 중요한 사회적·심리적 결과를 가지고 있다.

그래서 이제 무위의 근본적인 영적·사회적 본질이 어떻게 현대 심리학 접근법들에서 무시했던 자발성의 양상을 드러내는지를 알 수 있다. 하지만 여전히 이 책 처음에 제기한 더 중요한 질문이 남아 있다. 무위 상태에 있는 것은 위대하다. 사회적 세계에서 순탄하게 살아가기 위해 약간의 덕을 갖는 것은 분명 바람직하다. 하지만 이것들을 이미 갖고 있지 않다면 어떻게 그것을 얻는가? 어떻게 애쓰지 않고자 노력하는가?

초기 중국 사상가들의 가장 위대한 힘은 힘들이지 않은 완벽함의 상태를 기술할 뿐만 아니라 우리를 올바른 종류의 자발성으로 인도할 다양한 문화적 관습과 정신적 기법, 육체적 운동을 개발하면서 이런 상태를 창조하는 방법에 초점을 두기도 했다. 곧 보겠지만, 그들은 노력하기(trying) 전략(정말로 열심히 일하면 마침내 무위를 손에 넣을 수 있다)과 애쓰지 않기(not trying) 전략(그냥 애쓰기를 그만두면 무위가 거기에 있다) 사이에서 갈팡질팡하는 경향이 있었다. 우리는 공자의 추종자 순자로 시작할 것이다. 이들은 노력하기 전략의 첫 번째이자 가장 위대한 전략을 개발했는데, 모든 차후 전략들은 이 전략을 배경으로 형식화되었다.

제3장

애쓰지 않기 위해 열심히 노력하기
자아를 갈고닦기

　많은 사람에게 명쾌하고 심오하며 우수한 격언으로 회자되는 공자의 가르침을 모아 놓은 『논어』에는 많은 유명한 구절이 있다.[1] 하지만 내가 가장 좋아하는 구절은 티셔츠에서는 결코 보지 못할 다소 모호한 구절로서, 이것은 공자가 음악에 정통한 눈먼 손님을 맞이할 때 어떻게 예절 바르게 행동했는지를 묘사하는 믿지 못할 정도로 간단해 보이는 이야기이다.[2] 고대 중국의 많은 악사들은 맹인이었는데, 이는 그들의 탁월한 능력에 맞게 직업을 주기 위함이고, 또한 그들의 청각이 비장애인보다 더 민감한 것으로 간주되었기 때문이다. 이 특별한 악사는 아마 공자의 하인이 집으로 데리고 왔고, 공자를 소개시켜주었을 것이다. 고대 중국의 평범한 음악가나 음악의 거장은 오늘날의 록 스타나 오페라의 프리마돈나와는 달랐다. 그들은 세간의 주목을 받지 못한 비교적 하급 관리였다. 하지만 비천한 사회적 신분에도 불구하고 공자는 이 음악의 거장을 즉시 맞이하고, 세심한 배려로 그를 보살핀다.

그들이 계단에 이르니 공자께서 "계단입니다" 하셨다.
그들이 앉을 자리에 이르니, 공자께서 "앉는 자리입니다" 하셨다.
모두 앉으니 선생께서는 "아무개는 여기 있고, 아무개는 여기 있습니다"라고 일러 주셨다.
악사가 나가자 제자가 물었다. "이것이 눈먼 악사와 말하는 도리입니까?"
공자께서 말씀하셨다. "그렇다. 이것이 본디 눈먼 악사를 인도하는 도이다."

제자의 질문에도 불구하고, 이 구절은 특별한 신분에 따라 대우하기 위한 지침서가 아니라 무위의 유교 군자가 활동하는 것을 보여 준다. 공자의 절제된 표현에 주목해 보자. 그는 지나치게 까다롭거나 거들먹거리지 않고서 눈먼 손님을 노련하고 공손히 안내하기 위해, 전형적으로 주인의 다소 쌀쌀맞고 절제된 평범한 예법을 걷어치운다.

하지만 이 구절은 경우에 따라 잘못 읽기 쉬운데, 왜냐하면 단지 우연히 정말로 좋은 사람인 공자라는 한 사람의 행동을 기술하는 것처럼 보이기 때문이다. 능숙하고 힘들이지 않게 품위 있는 누군가와 우연히 마주칠 때 그 사람이 그런 식으로 태어났음에 틀림없다고 생각하는 경향이 있다. 하지만 『논어』는 이것이 공자를 이해하는 방법은 아니라는 것을 매우 명확히 한다. 공자는 되풀이 하여 스스로를 특별히 재능이 있는 것이 아니라 '조상들을 사랑하는' 사람으로 기술하고, 주나라 왕들이 전해준 도리를 배우는 데 자신의 삶을 바쳤다. 공자는 자신이 살았던 세상에 실망하였다. 그 세상은 3세기 동안 지속된 혼돈의 전국시대로 막 접어드는 분열된 중국이었다. 그는 초기 주 왕조(대략 기원전 1000~700년)를 통일되고 평화로우며 하늘과 조화를 이룬 사라진 황금기로 생각했다. 그에게서 이런 조화를 되찾는 열쇠는 잊혀지고 무시되었던 주나라 왕들의 하늘의 도와 같은 고대의 문화적 관습을 다시 배우는 것이었다.

공자는 품위 있지만 예절에 맞게 태어난 사람은 아무도 없다고 확신했고, 심지어 배우지 않은 태평스러움이 옳다거나 사회적으로 받아들여진다고 생각하는 사람은 누구든 인생의 마지막까지 꾸짖는 버릇이 있었다. 이에 대해서는 공자를 맞이하는 원양原壤의 모습을 본 공자의 반응을 기록한 『논어』 구절은 좋은 예이다.[3] 원양에 대해서는 많이 알려지지 않았지만, 장발에 색다른 복장을 했던 초기 중국의 젊은이처럼 보이고, 어쩌면 다음 장에서 만날 노자의 헌신적인 추종자였을 것이다. 나는 항상 그의 곱슬하고 가늘게 따은 머리 스타일과 후줄근한 관복을 입고 파촐리 향을 맡는 모습을 상상했다. 공자는 방에 들어가서 '두 다리를 쭉 뻗고 편하게 앉아 공자를 기다리는' 원양을 발견한다. 이 같은 상황에서 손님을 맞는 적절한 태도는 방석 위에서 무릎을 꿇고 발목 위에 앉는 오늘날 일본인들의 무릎 꿇는 자세일 것이다. 원양은 분명히 공자 앞에서 다리를 뻗거나 느슨하게 포갠 채로 기대고 있었다. 이것은 확실히 편하긴 하지만 공자와 같은 연장자를 맞이하기에는 격식을 차리지 않은 자세이다. 공자의 반응은 대단히 엄한 것이었다. "그를 보자마자 선생께서 말씀하셨다. '노인에 대한 겸손과 존경이 없는 젊은이는 사회에 아무것도 기여하지 못하는 사람으로 자랄 것이다. 품위 없이 늙고 늙어서 죽게 되면, 그는 쓸모없는 짐만 될 뿐이다.' 그런 다음 그는 지팡이로 그의 정강이를 철썩 때렸다." 나는 수업 중에 친구들과 대놓고 잡담하거나 시끄럽게 음식을

장고원양(杖叩原壤)
공자가 지팡이로 원양의 정강이를 내려치며 그의 무례함을 교육하고 있다.

먹는 단정치 못한 학생들을 대할 때 지팡이를 사용할 수 있기를 얼마나 원했는지를 말로 다 표현할 수가 없다. 정강이를 힘주어 철썩 치면 그들에게 많은 도움이 될 것이다. 하지만 그런 나를 대학 변호사들은 말렸고, 그래서 나는 그냥 이 구절을 인용하며 예절을 배우라는 이 논점이 그들 마음에 새겨지기를 바라는 것에 만족해야 했다.

한적한 시골에서 긴장을 풀고 장기를 두며 술을 마시는 현명한 늙은 도가 은둔자들의 대중적 이미지에도 불구하고, 중국 전통에서 무위를 얻는 가장 지배적인 전략은 『논어』에서 처음 제시되었고, 그 후 전국시대가 끝날 무렵에 그의 추종자 순자[4]가 더욱 상세히 다듬은 것이었다. 그들은 자연으로부터 거리를 두고 철두철미하게 수련된 완벽함으로 나아가려는 한평생 노력을 통해서만 무위를 달성할 수 있다. 이는 두 사상가들 모두 우리의 타고난 성향을 제멋대로 두면 추한 결과로 이어질 것임을 확신했기 때문이다. 그들은 삶의 성취감과 사회적 조화를 이루는 유일한 방법은 과거에서 물려받은 문화적 이상에 맞게 우리의 본성을 개조하는 것이라 생각했다. 그들의 목표는 여전히 무위이지만, 이것은 단지 흐름에 맡겨서 나온 결과라기보다는 문화적·교육적 성취인 인공적 자발성으로 이해되었다.

이를 다르게 설명하면, 공자와 순자는 자발성을 궁극적인 최종 목표로 지지했지만, 개인적 층위와 문화적 층위에서 차가운 인지를 강조했다. 그들은 개인들에게 교육 초기 단계에서는 거의 항상 그러하듯이 의지력을 발휘하고, 자신의 행동을 의식적으로 반성하며, 적절할 때에 뜨거운 인지를 억누르는 것이 중요하다고 강조했다. 그들이 찬양한 문화적 형식은 과거에 수행된 차가운 인지의 행동에 대한 결정체로 간주될 수 있는데, 이는 신중하고 의식적인 추론으로 생산되는 지혜의 저장소이다. 선왕들에게서 물려받은 문화적 방식에 정통하고 그것을 내면화함으로써 다른 점에서는 정상이 아닌 인간들은 아름다운 무언가로 변형될 수 있다. 그들이 차가운 인지에 의존하는 것이 서양 합리주의 철학과 비슷하게 들릴 수 있지만, 곧 보듯이 결정적인 차이는 유교에서는 개인적 변형을 강조한다는 것이다.

그 어떤 단 한 사람도 이런 물려받은 지혜를 자력으로 재생해 내지 못한다. 공자는 "내 일찍이 하루 종일 아무것도 먹지 않고, 밤새도록 잠도 자지 않고서 생각에 잠긴 적이 있었으나, 아무런 소득이 없었으니, 배움에 힘쓰느니만 못한 일이다"[5]라고 했다. 혼자서 생각한다는 것은 피아노를 마음대로 세게 두드리는 것에 비교할 수 있다. 백만 마리의 원숭이에게 백만 년을 주면 어떤 연주를 할 수도 있지만, 모차르트로 시작하는 것이 더 좋다. 『순자荀子』에도 이와 매우 비슷한 주제가 있다.

> 나는 일찍이 하루 종일 생각만 해 본 일이 있었으나 잠깐 동안 공부한 것만 못하였다. 나는 일찍이 발돋움을 하고 바라본 일이 있었으나 높은 곳에 올라가 널리 바라보는 것만 못하였다. 높이 올라가 손짓을 하면 팔이 더 길어지는 것은 아니지만 멀리에서도 보이며, 바람을 따라 소리치면 소리가 더 커지는 것은 아니지만 분명하게 들리며, 수레와 말을 타면 발이 더 빨라지는 것은 아니지만

천 리 길을 갈 수 있으며, 배와 노를 이용하면 물에 익숙지 않더라도 강을 건너갈 수 있다. 군자는 나면서부터 남과 달랐던 것이 아니라 외물外物을 잘 이용할 줄 아는 것이다.[6]

여기에서 '외물'은 주나라 왕들이 물려준 다양한 문화적 관습이다. 즉, 과거로부터 물려받은 차가운 인지의 소산이다. 순자는 공자가 귀중하게 여긴 자연성이 그냥 나무에서 떨어지는 것이 아니라 힘들게 얻은 성취라는 것을 강조하고 싶었다. 그는 뜨거운 인지가 신뢰를 얻기 전에 차가운 인지의 과정에 의해 제약되고 광범위하게 개조될 필요가 있다는 것을 강조하고 싶었다. 우리의 신체화된 마음의 진화된 구조는 순자가 여기에서 중요한 무언가를 인식했다는 것을 암시한다.

## 뜨거운 것은 충분하지 않다 : 왜 우리는 의식과 문화를 가지고 있는가

앞서 보았듯이, 인지과학의 최근 연구는 뜨거운 인지의 힘을 부각하는 경향이 있다. 뜨거운 인지는 빠르고 경제적이며 효과적이고 명확히 세상에서 인간 행위 대부분을 책임진다. 이런 문헌에서는 의식을 아무런 인과적 역할도 하지 않는 경기에서 야단법석을 떨며 팔짝팔짝 뛰는 치어리더로 보는 그림이 나오는 듯하다. 이것은 다음과 같은 빤한 질문을 제기한다. 의식적 마음의 비용과 느림, 그리고 무의식적 마음의 속도와 효율성을 고려하면, 왜 의식에 신경 쓰는가?

최근 과학적 연구가 제시한 이 질문에 대한 답은[7] 유교 전략의 장점을 밝혀준다. 인지과학자들은 의식이 우리에게 다양한 인상적인 재주를 훌륭히 해내도록 해 줌으로써 투자한 만큼을 회수한다는 것을 증명했다. 우선, 의식은 뜨겁고 빠르며 자동적인 기술이 난관에 부딪힐 때 유연성을 허용해 준다. 앞서 보았듯이, 무의식적 마음이 방해를 받으면 (전두대상피질을 통해) 의식적 마음에게 구원 요청을 하여, 의식적 마음에게 작동하여 뭐가 잘못되었는지 파악하고 그것을 고치도록 요청한다. (달콤한 것에 대한 욕구와 자러 가려는 욕구가 충돌하듯이) 무의식적 욕구들이 충돌할 때, 무의식적 욕구를 무시하는 것이 우리의 장기적인 관심사일 때(달콤한 것에 대한 욕구는 살을 빼려는 욕구와 양립하지 않는다), 의식은 조정자로 소환된다.

의식은 꾸준한 다이어트를 도울 뿐만 아니라 확실히 사회생활을 관리하는 점에서도 중요하다. 우리의 무의식적 마음은 행위성을 재빨리 감지하고, 위험한 환경을 식별하며, 얼굴에 묻어나는 정서를 읽어내는 데 매우 능숙하다. 하지만 의식적 과정만이 타인의 마음에 대한 복잡한 모형화가 가능한 것처럼 보인다.[8] 내가 안부를 전하지 않아서 그가 실망하고, 내가 왜 그렇게 늦었는지 그녀가 궁금해 하고 있는 것과 같이 의식은 다른 사람과의 상호작용 방법을 이해할 수 있도록 타인의 내적 사고에 대한 가상 표상을 만들어낸다. 의식의 가상 세계는 우리가 행하지만 실제로 행할 필요가 없는 곳이다. 당신은 얼마간 그 여자를 사모해왔고, 그녀는 당신을 좋아하는 것 같았으며, 매일 아침 그녀를 보고, 내일 커피숍에서 줄을 서 있는 그녀에게 슬며시 다가가 무슨 말을 할 것인가? 지금 머릿속에서 연습을 해 보라. 오프라 인상에서 물리적 기술에 대해 가상 연습하는 것도 똑같이 중요하다.[9] 자전거나 골프를 배우는 사람은 누구든 반복 연습한 동작을 정신적으로 연습하는데, 이것은 인위적이고 새로운 동작을 더 부드럽고 효과적으로 만들도록 도와준다.

의식은 또한 우리와 같은 사회적 동물의 필수 도구인 언어가 있는 곳이기도 하다. 와인이 어떤 맛인지 또는 정서가 어떤 느낌인지 설명하는 것은 매우 힘들듯이 언어에는 나름의 한계가 있지만, 개인 경험을 다른 사람들과 공유할 수 있는 매개물로 전환하는 데는 매우 효과적이다. 여러분은 왜 이 샤르도네가 다른 와인보다 더 좋은지, 왜 여러분이 나에게 화가 났는지 비록 떠듬거리지만 설명할 수는 있다. 언어는 우리의 연속적인 자아감을 창조하는 서술 방식에도 결정적이다.[10] 자아에는 성가시게 뜨거운 인지의 업적과 공을 가로채는 짜증스러운 경향이 있기도 하지만, 우리는 자아가 주는 서술적 통일성이 없다면 우리가 누구이고 어디에 있으며 어디로 가야하는지를 모른 채 전혀 어찌할 바를 모를 것이다. 강력한 환각제는 공간과 언어에 대해 올바르게 판단하게 하는 뇌의 부위를 일시적으로 마비시킴으로써 언어에 기반하는 자아가 없는 인생이 무엇인지를 경험하게 한다. 어쩌면 그런 인생은 색깔과 마술로 가득할 것이다. 하지만 환각에 취하면 어떤 행동을 하거나 생각을 명확히 전달하는 것이 다소 힘들다. 그래서 불가사의하고 심오한 경험을 단어나 예술, 멀티미디어로 기록하려는 환각제에 빠진 사람들의 시도는 일반적으로 결국은 케케묵고 앞뒤가 맞지 않게 된다. 여기에 의문이 있다면 많은 그림과 흐름도로 진리는 파란색임을 입증한 1990년대 초 내가 기고한 학술지 목록을 검토해 보라. 약에 취해 쓴 글(잭 케루악Jack Kerouac과 올더스 헉슬리Aldous Huxley가 떠오른다)이 효과가 있는 것은 끈기 있고 침착한 의식적 마음이 이해할 수 있도록 광범위하게 재조직되고 번역되었기 때문이다.

언어는 철학자 대니얼 데닛Daniel Dennett이 말하는 '비계飛階(scaffolding)'[11]를 요구하는 특별한 종류의 추상적 사고에도 확실히 중요하다. 비계란 우리가 어디에 있는지 잊지 않도록 외적인 표시자(placeholders)를 필요로 할 만큼 매우 복잡한 추론의 연쇄를 말한다. 이 비계는 우리의 뜨거운 인지로는 전혀 볼 수 없는 세계의 패턴을 발견하게 하는 계산법, 통계학, 통제된 이중맹 실험과 같은 유용한 문화적 발명을 포함한다.[12] 현대 과학의 창조는 본질적으로 인간들이 뜨거운 인지에서 태어난 우리의 직관과 완전히 모순되지만 세상의 작동 방식을 더욱 정확히 묘사하는 결론에 도달하도록 해주는 사고와 의사소통의 새로운 방법들을 어떻게 긴 시간에 걸쳐서 대충 꿰맞추었는지에 대한 이야기이다.[13] 지구는 태양을 중심으로 돈다. 감기는 차가운 바람이나 발을 덮지 않아서가 아니라 매우 작은 미생물이 그 원인이다(물론 이것을 나의 이탈리아 출신인 장모님께 한 번 이야기해 보라).

이런 모든 비계 장치를 '문화'라고 부를 수 있다. 즉, 어떤 중요한 면에서 유전적 진화와 같이 대대로 전해져온 많은 양의 정보를 말한다.[14] 이 과정의 한 가지 핵심 자질은 원칙적으로 개인이나 한 세대의 범위를 벗어나는 해결책을 창조할 수 있다는 것이다. 예컨대, 어떤 설계는 생존하고 다른 설계는 생존하지 않는 것에서 도구 설계의 작지만 유익한 변이가 '선택될' 수 있지만, 지금까지 의식적으로 한 특정한 버전을 선호하겠다고 결심한 사람은 실제로 없다. 이와 비슷하게, 문화적 진화는 가령, 지역 음식이 비타민 결핍에 미치는 영향과 같이 본질상 한 세대에서는 가시적이지 않는 중요하면서 장기적인 문제와 '설계' 해결책에 모든 관심을 집중시킬 수 있다.

피지 제도 사람들에게는 임신하고 모유 수유를 하는 여성들이 특정한 종류의 산호초 어류를 먹지 못하게 하는 금기가 있다. 특정 세대에게 이것은 자의적이고 어리석은 것처럼 보인다. 왜 임신부는 맛있는 창꼬치나 대구를 먹어서는 안 되는가? 하지만 연구자들은 이런 금기가 현지 먹이사슬의 꼭대기에 있는 어떤 종種에게서 독소의 축적으로 유발되는 위험한 수준의 시구아테라 중독을 야기하는 종을 선택적으로 지목한 것임을 증명했다. 그런 종을 먹지 못하게 하는 금기는 여성들이 인생에서 특별히 취약한 시기에, 그리고 성장 중이거나 갓 태어난 아이도 중독의 위험에 처할 수 있을 때 시구아테라 중독을 겪는 위험을 상당히 줄여준다. 중요하게도, 창꼬치를 먹는 것과 시구아테라를 겪는 것, 건강하지 않은 아이를 출산하는 것 간의 인과적 연결이 반드시 공동체 내의 어떤 한 개인에 의해 명확히 인식되거나 표현된 것은 아니었다. 금기어禁忌魚를 피하는 것은 이 문화의 사람들이 그냥 하게 되었던 것이다. 사람들은 성공한 사람을 모방하는 경향이 있다. 이것을 대가족이고 성공한 자녀를 둔 여성들, 즉 임신과 수유의 결정적 시기에 특별한 산호초 어류를 피하는 경향이 있는 여성들이 특히 피지에서 존경받는다는 사실과 결합해 보면, 그 결과는 여러 세대 동안 문화적인 진화적 힘이 무의식적으로 모은 적응적 음식 금기이다.[15]

피지에서처럼 시간이 지나면서 축적된 문화 집단의 '집단정신集團精神'은 전형적으로 어떤 한 개인적 인간 마음보다 더 현명하다.[16] 이것은 문화적 학습이 너무 중요하고, 크라우드소싱*과 같은 기법이 매우 효과적인 이유이다. 순자는 그의 세대가 물려받은 유교의 도와 깊고 가파른 강에서 얕은 여울을 암시하는 표시를 비교한다.[17] 경험이 있는 사람들은 꼼꼼한 시행착오를 통해 강을 건널 가장 좋은 지점을 파악하고 그곳을 찾을 수 있도록 표시를 남겨 둔다. 우리는 그 표시를 무시하고 방치할 수도 있지만, 이는 비생산적이고 매우 위험한 것이다. 다시 말해, 현지 공동체의 한 존경받는 사람이 당신에게 2시간 동안 뿌리채소를 끓이고, 걸러내서, 성직자가 은총을 내린 막대기로 신성한 노래를 20번 부를 때까지 그것을 탕탕 치라고 말한다면, 당신은 아마 불만 없이 정확히 들은 대로 할 것이다.[18]

> 크라우드소싱(crowdsourcing)*
> 군중(crowd)과 아웃소싱(outsourcing)을 합성한 말로 인터넷을 통해 아이디어를 얻고 이를 기업 활동에 활용하는 방식으로서, 기업이 경영상 애로사항이나 개선방안 등의 현안에 대한 해법을 얻기 위해 인터넷을 통해 많은 사람들에게서 지식을 얻는 개념이고, 기업이 인터넷 포털사이트 등에 질문을 올리고 이에 대해 네티즌들이 올린 답변 중 마음에 드는 것을 채택하고 이에 따른 비용을 지불하는 방식이다.

이른바 개인적인 차가운 인지(인지적 통제 부위를 사용하는 개인)와 차용된 차가운 인지(우리의 문화적 전통에 내포된 많은 의식적 행동들의 결실)에 의존할 수 있는 우리의 능력은 지구상에 있는 거의 모든 종과는 달리, 인간은 무의식의 포로가 아니라는 것을 의미한다. 우리는 다른 동물이 먹지 못하는 위험한 음식물을 가공 처리할 수 있다. 사철 때마다 사냥감은 어디에 있는지, 어떻게 항해에 적합한 카약을 건조하는지, 어떻게 사냥 파트너들 사이의 논쟁을 가장 잘 처리하는지에 대한 정보를 다음 세대에 전해줄 수 있다. 이로써 인간은 지구상에 있는 모든 생태계에 실재로 거주하게 되었다. 그러나 문화에서 시작된 복잡한 사회 집단에 살기 위해서는 차가운 인지 이상의 것이 필요한데, 이는 오래전 중국 유가들이 매우 잘 이해한 중요한 부분이다.

## 차가운 것은 혼자 힘으로는 안 된다 : 차가움을 뜨거움 속에 넣기

전 세계 대부분의 종교는 뜨거운 인지에 뿌리를 둔 욕망과 본능, 무의식적 습관의 총체인 '몸'을 완벽함에 이르는 장애물로 생각하고, 몸을 억제하는 유일한 방법은 '마음'이라는 믿음을 가지고 있다. 이 주제가 유교 사상에서 작동한다는 것을 순자가 마음을 지도자에 비유한 것에서 확인할 수 있다. (우리가 '마음(mind)'으로 번역하는 중국어 단어는 실제 우리 몸의 심장을 가리키므로, 때때로는 그것을 '심장-마음(heart-mind)'으로도 표현한다.) 초기 중국인들에게 심장-마음은 정서가 있는 곳이지만, 그것의 가장 중요한 기능은 차가운 인지와 의식적 의지의 중심지로서의 기능이기도 했다. 다른 몸 기관들은 뜨거운 방식으로만 기능하지만, 심장-마음은 가던 길을 멈추고 심사숙고하고 이해득실을 따져보고 의식적이고 충분히 고려한 끝에 결정을 할 수 있다. 이런 특유한 힘 때문에 심장-마음은 자아의 타고난 지도자로 간주되었다.

이처럼 마음을 제멋대로 구는 몸의 주인에 비유하는 은유는 흔하다. 예컨대, 플라톤은 마음을 다양한 모습으로 나타나는 뜨거운 인지와 비슷한 야생마를 제어하는 전차 모는 전사에 비유했다. 중국에서 더 일반적인 은유는 물 통제였다. 물을 수로를 통해 필요한 곳으로 보내거나 홍수를 막기 위해 물을 다른 곳으로 보내는 관개 관리자가 그것이다. 이 은유는 강력하고 변덕스러운 황허강黃河江에 완전히 좌우되는 문화에서는 뜻이 잘 통한다. 이 황허강은 계곡의 수원이자 비옥함의 근원이었지만 잦은 범람으로 이 지역은 황폐화되기 쉬웠다. 이런 모든 통속 모형과 종교적 모형에서 '우리'(전차 모는 전사와 물 관리자)는 자연(동물, 물)의 뜨거운 힘을 통제하기 위해 힘을 발휘할 필요가 있다. 물론 합리적인 사람과 비합리적인 힘 간의 이러한 이분법이 자아 통제의 내적 경험을 포착하지만, 과학적 관점에서는 실제로 정확하지 않다는 것을 기억해야 한다. 뇌의 특정 부위가 다른 신경 경로를 희생하면서 일부 신경 경로를 강화한다는 점에서, 자아 통제는 모두 신체화된 마음에 관한 것이다. 우리는 인지적 통제 부위와 동일시되고, 그런 부위를 합리적 행위자로 의인화하는데, 이는 인지적 통제 부위가 우연히 의식과 언어를 담당하는 자리이기 때문이다. 즉, 인지적 통제 부위는 우리 삶의 대본을 쓰고 모든 칭찬을 받는 뇌의 부위이다.

또 다른 일반적인 직관은 합리적이기 위해서는 일이 많다는 것, 즉 지속적인 주의와 노력이 필요하다는 것이다. 의식적 통제에 대한 전통적 은유가 바르게 이해하는 한 가지는 관여하는 상대적 세기이다. 상대적으로 자그마한 전두대상피질과 외측전전두엽피질을 비교하면, 뇌의 나머지 부위는 야생마의 마차나 밀어닥치는 강물과 매우 비슷하다. 의식적 마음은 이 힘을 특정한 방향으로 돌리거나 심지어 완전히 다른 데로 돌릴 수 있지만, 그런 과정은 많은 시간과 엄청난 에너지를 요한다. 의식적 통제는 느리고 비용이 많이 든다. 다양한 상황에서 이루어진 실험들에서는 뜨거운 인지를 무시한 실험대상자들이 단순히 첫 반응을 따르는 실험대상자보다 반응시간이 길었다는 것을 증명했다. LOWER를 읽지만 "upper"라고 큰 소리로 말해야 할 때 발생한 원기元氣(oomph)의 느낌과 눈에 띄는 휴지休止를 기억해 보라. 그 시간은 몇 초나 수분의 1초처럼 아주 작지만, 아무리 하찮은 것이라도 생존 게임에서는 중요하다. 결정할 때마다 귀중한 1,000분의 1초와 같은 찰나의 시간을 써버리는 유기체는 곧 소멸할 것이다.

더욱이 사회심리학 연구에서는 인지적 통제가 제한된 자원이라는 것을 명확히 했다. 한 교사가 꾸벅꾸벅 졸고 있는 학생의 책상을 가볍게 두드리면서 "Pay attention!(주목하세요!)"[19]이라고 말하는 것은 은유만은 아니라는 것이다. 즉, 주의는 비용이 많이 드는 것이고, 한 가지 일에 '쓰면' 다른 일에는 쓸 것이 줄어든다. 이 현상은 '자아 고갈(ego depletion)'[20]로 알려져 있다. 가령, 초콜릿보다는 건강에 좋은 무를 선택하거나 정서적 반응을 억누르는 것과 같이 한 영역에서 의식적인 인지적 통제를 발휘하는 것은 어려운 퍼즐을 푸는 데 집착하는 것과 같은 또 다른 영역에서는 그런 인지적 통제를 차후에 덜 발휘하게 만든다. 여기서 교훈은 무엇인가? 노력은 정신적이거나 육체적인 노력이다. 모든 뇌 기능이 에너지를 요구하지만, 자동적이고 깊이 뿌리박힌 행동을 뒤엎을 것을 요구하는 인지적 통제는 특별히 이와 관련해 탐욕스럽다.

따라서 해결해야 할 근본적인 문제가 있는 것처럼 보인다. 의식적 통제는 문명화된 인간 생활에 결정적이다. 대규모 채용 없이는 결코 많은 사람들을 함께 살고 일하도록 할 수 없을 것이다. 그러나 이런 종류의 통제는 생리적으로 값비싸고, 본질상 제한적이며, 무너지기가 쉽다. 문화적 정보는 사람들의 기억과 우리 주변의 물리적 환경(종이 위의 표시, 도구)에서 무임승차하지만, 실제로 그런 정보를 사용할 수 있는 우리의 능력은 용량이 제한된 의식의 요충에 의해 제약된다.

유교의 가장 큰 장점이자 유교와 최근 서양 사상을 구분짓는 것은 유교가 이 특별한 문제를 다루기 위해 무위에 의존하는 방법이다. 큰 홍수로 불어난 물에 수로를 열거나 야생동물을 길들이는 것처럼 그 답은 순치馴致(domestication)에 있다.[21] 플라톤의 전차 모는 전사는 항상 말들이 계속 통제권을 벗어날 조짐을 보이기 때문에 고삐를 잡아당겨야 한다. 야생마들을 진정시켜서 함께 일하도록 할 수 있다면, 일은 한층 더 쉬워질 것이다. 인간 문명의 큰 촉진제들 중 한 가지는 우리의 필요와 더 잘 일치하도록 식물의 성장과 동물의 행동, 강의 흐름을 의식적으로 형성할 수 있는 인간의 능력이다. 동일한 방식으로 의식적 마음은 새롭고 바람직한 목표를 획득하고, 그것을 무의식적 자아로 전달할 수 있으며, 무의식적 자아는 그런 목표를 습관으로 바꾸고, 지속적인 모니터링 없이 실행할 수 있다. 힘이 드는 의식적 행동은 무위로 변형될 수 있다.

운전과 같은 새로운 육체적 기술을 배울 때 일어나는 일을 고려해 보자.[22] 여러분이 16살(이 책의 저자가 사는 캐나다의 경우는 운전 연령이 지역별로 16세이며, 우리나라의 경우 1종 보통, 2종 보통 등 일반적인 면허는 만 18세임)이 되어서 첫 운전 교육을 받을 때, 옆에 앉은 강사의 구두 지시를 받고 어떻게 핸들을 돌리고 페달을 밟을지에 대해 신중하게 생각하면서 정말로 집중해야 한다. 의식적 자각에 책임이 있는 전두엽 부위, 특히 외측전전두엽피질이 최대로 활성화되므로, 당신은 라디오를 듣거나 뒷좌석에 앉은 다른 교육생들과 이야기하는 등의 혼란요소들을 차단해야 한다. (내가 1980년대에 소형 유조차 크기의 1972년 포드 LTD를 몰고 싶어 운전을 배웠을 때 핸드폰은 위험물이 아니었다.) 이 단계에서 주의가 1초만이라도 흔들린다면 자동차를 통제하지 못하는 위험에 처하게 된다.

하지만 여러분이 연습을 함에 따라, 이런 부단한 하향식 집중력은 뇌의 다른 부위, 특히 기저핵(basal ganglia)으로 조금씩 흘러들어 간다.

기저핵은 너무 잘 배워서 더 이상 생각하지 않아도 되는 행동인 자동운동 루틴을 책임지는 대뇌피질 아래에 있는 신경세포 다발들이다. '근육 기억'에 대해 이야기할 때 실제로는 '기저핵 기억'[23]이라고 말해야 한다. 우리가 자동차 운전과 같은 복잡한 운동을 반복할 때 기저핵과 적절한 감각운동계는 본질적으로 지켜보면서 기록하고 있다. 시간이 지나면서 우리 행동의 실시간 통제는 그것으로 전이된다.[24] 실제로 숙련된 실험 조작은 계수 작업으로 실험대상자들의 작동기억에 너무 많은 부담을 줌으로써 의식적 마음을 마비시키면서 그들에게 운동 과제에 대한 훈련을 시켰다. 뇌영상은 그런 조건 하에서 기저핵과 적절한 운동 부위가 본질적으로 혼자서 그런 기술을 학습할 수 있고,[25] 실험대상자에게는 새로운 능력에 대한 아무런 의식적 자각도 맡기지 않는다는 것을 보여 준다. 몇 차례의 연구들에서는 우리의 기술 수준이 주어진 활동에서 증가함에 따라 뇌 활동이 점차 떨어지고,[26] 관여하는 뇌 부위도 훨씬 더 적어진다는 것을 보여 주었다. 기술이 '내면화되면서' 의식적 마음은 점차 긴장을 풀고 기저핵과 감각운동계가 혼자서 책임지도록 한다.[27]

## 애쓰지 않고자 노력하기 : 인공적 자연성

실제로 자동차 운전과 같은 새로운 기술에 어떻게 능숙해지는지를 아는 것은 공자와 순자가 추구한 무위 전략에 대한 중요한 통찰력을 제공한다. 조화로운 사회에 함께 살고자 한다면, 사람들은 주 왕조로부터 전해 내려온 예법과 지식인 유교의 도에 완전히 몰입되어야 한다. 마음은 유교의 도를 이해할 수 있는 힘을 가지고 있지만, 이것만으로는 충분하지 않다. 우리는 단순히 유교의 도를 이해하는 것을 넘어서 완전히 신체화된 방식으로 유교의 도를 살아야 한다. 차가운 인지는 뜨거워져야 한다. 유가儒家들은 클러치판을 조작하거나 신발 끈을 매는 것과 같이 의식적으로 배운 과정을 무위 방식으로 수행할 수 있을 때까지 사람들의 신체화된 마음을 집중적으로 훈련시켜서 차가운 인지를 뜨거워지도록 해야 했다.

인간이 어떻게 자연 상태로부터 문화생활로 나아갔는지를 간결하게 이야기하는 『순자』의 한 구절을 생각해 보라.[28] 자연 상태는 미쳐 날뛰는 뜨거운 인지와 비슷하다. 공공기관이 와해되거나 국가가 작동하지 않은 세계에서 자명하듯이, 그 결과는 끔찍하다. 순자가 말하듯이, 요행이도 옛 성군들이 그런 국가를 구하러 말을 타고 왔다. "옛 성군들께서는 이런 혼돈을 혐오했다. 따라서 그들은 사회 계급을 확립하고 물건을 규율에 맞게 분배하기 위해 예법과 적절한 행동 규범을 제정하셨다. 이런 식으로 그들은 사람들의 욕망이 실제로 충족될 수 있도록 그런 욕망을 교화하고 맞추셨다. 그리하여 욕망은 반드시 물건에 궁해지지 않도록 하고, 물건은 반드시 욕망에 부족함이 없도록, 이 두 가지가 서로 균형 있게 발전하도록 하셨다."[29] 여기에는 뜨거운-차가운-뜨거운 인지라는 흥미로운 순서가 있다. 옛 성군들은 자연 상태의 혼돈을 불쾌히 여겼다. 이런 혐오는 고전적인 뜨거운 반응이다. 하지만 이 정서에 의해 동기화되어 그들은 어떤 차가운 인지에 참여했다. 세상에는 재화가 한정되어 있고, 다양한 인간들의 욕망과 능력을 고려하면, 이런 한정된 재화를 분배할 수 있는 최상의 방식은 무엇일까? 해결책은 개인이 사회에 얼마나 값어치가 있는지에 따라 재화를 나눠주는, 예법으로 유지되는 사회적 위계를 만드는 것이었다.

현대 서양철학자들은 이제 '임무 완료'라고 선언할 것이다. 우리는 그 문제를 이해했고 답이 있으며, 모든 사람들에게 그것을 설명만 하면 된다. 하지만 순자는 여기에서 멈추지 않는다. 그에게 있어서 지적 해결책은 시작일 뿐이다. 결정적인 다음 단계는 사람들이 실제로 그들의 욕망을 이 해결책과 일치하는 방식으로 바꾸도록 교육하는 것이다. 순자는 최근의 서양철학자들보다 인간의 인지가 어떻게 작동하는지를 더욱 정교하게 이해하면서, 문화변용(acculturation)(서로 다른 두 문화의 접촉으로 문화 요소가 전파되어 새로운 양식의 문화로 변화되는 과정이나 그 결과)이 일종의 시간 지연 방식의 인지적 통제를 요구한다고 주장한다. 차가운 인지의 결실(한정된 재화를 어떻게 하면 가장 잘 분배하는가)은 심리적으로 효과적이기 위해 (예법과 학습을 통해) 뜨거운 감각운동 과정 안에 짜 맞추어 넣을 필요가 있다.

예법은 중요한 공적 예식을 집전하는 방식에서부터 옷을 입고 방에 들어가고 음식을 먹고 부모님과 소통하는 방식에 이르기까지 모든 것을 포함하는 행동 훈련이다. 손윗사람과 사회적 연장자에게는 최상급 고기 부위와 가장 편안한 방석을 주고, 젊은 사람과 사회적 연소자는 자신의 욕구를 자제하는 법을 배운다. 아이들은 모든 문제에서 부모의 의견을 따르고, 매일 정해진 시간에 문안을 드리며, 공식적으로 부모의 허락 없이는 밖으로 돌아다니거나 중요한 결정을 하지 않는다. 따라서 유교 예법은 종교 예식과 좋은 예절로 간주되는 것 모두를 포함한다. 모든 사람들은 관례에 따라 정의되는 사회적 역할이나 더 적절하게는 상황에 따라 정의되는 일련의 역할을 부여받는다. 상황과 교류하는 사람들에 따라 여러분은 성직자나 남편, 아버지, 아들이거나 후배나 선배, 교사나 학생일 수 있다. 이 각각의 역할에는 적절한 행동 목록과 특정한 의무와 특권이 뒤 따른다.[30] 예법 교육은 학습으로 보충되는데, 이런 학습은 그 의미와 그것을 어떻게 현대 생활에 적용할 수 있을지에 대한 집단 토론이 함께 진행되는 고전 텍스트의 암기를 포함한다. 학습은 학생에게 격언과 사회적으로 유용한 구절에서부터 가장 중요한 역할에 맞는 임무와 다른 사람들과 상호작용하기 위한 지침의 본보기가 되는 모형에 이르기까지 모든 것을 제공한다.

초기 유교 예법과 학습의 단순한 범위와 세부사항은 그것에 이국적이고 고풍스런 느낌을 준다. 우리가 그렇게 조직적인 삶을 살아가는 것을 상상하기란 어렵다. 공자의 예법에서 완벽한 행동을 기술하는 『논어』에는 더욱 난해한 예들이 몇 가지 있다.

더운 여름, 그는 가는 홑겹 삼베옷을 입되, 외출할 때에는 반드시 상의를 걸쳐 입으셨다. 검은 옷에는 염소 가죽으로 색을 맞추고, 흰 옷에는 사슴 새끼 가죽으로, 노란 옷에는 여우 가죽으로 색을 맞추셨다. 집에서 입는 옷은 길게 하되 오른쪽 소매를 조금 짧게 하셨다. 반드시 잠옷이 있었으니, 길이는 키의 한 배 반쯤 되었다. 두꺼운 여우와 담비 가죽으로 자리를 깔고 거처하셨다. 탈상 이후 의관을 정제하지 않으면 아무데도 가지 않으셨다.

방석이 바르게 놓여 있지 않으면 앉지 않으셨다.

수레에 오를 때는 반드시 바른 자세로 수레 끈을 잡고 오르셨다. 수레 안에서는 뒤돌아보지 않고, 말씀을 빠르게 하지 않고, 몸소 손가락질하지 않으셨다.[31]

행동을 이 정도까지 규제한다는 생각은 우리들에게는 좀 별나고 불쾌감을 주는 것 같다. 우리는 예법에 대해 많이 생각하지 않고, 그렇게 할 때는 부정적인 것을 생각하는 경향이 있다.

하지만 예법은 생각만큼 그렇게 이질적인 것은 아니다. 예법은 주의를 기울여보면 모두 우리 주변에 있는 것들이다. 우리는 다 큰 자식들이 자신들의 길을 가야 한다고 믿지만, 바쁜 와중에 시간을 내서 어머니께 생일축하 전화를 하지 않는 자식은 낮춰 본다. 옛 복장 규정의 정교함이 기이하고 구식이라고 생각하지만, 땀에 젖은 조깅 복장을 하고 중요한 사업 모임에 모습을 드러내지는 않는다.[32] 다음에 외출을 할 때, 여러분이 길이나 가게에서 사람들을 부르는 방식, 친구나 동료를 부르는 방식, 지인이 아닌 전혀 모르는 사람을 대하는 방식처럼 당신이 행하고 말하는 것 중에서 얼마나 많은 것이 규범화되어 있는지를 생각해 보라. 심지어 비교적 자유분방한 현대 삶에 스며들어 있는 사회적 관습이 의미심장하지 않은 것처럼 보일 수 있지만, 그런 관습 없이 한번 하루를 지내 보라. 가게에 들어가서 주인과 시선을 마주치지 않고 인사도 하지 않으면서, 살 물건만 말하고 계산대 위에 돈을 털썩 놓아보라. 그러면 바로 내쫓기고, 주변의 사회적 흐름에 즉각적으로 부정적인 영향을 미칠 것이다. 작은 제스처와 목소리 톤, 얼굴 표정이 주변의 사회적 분위기를 바꿀 수 있고, 더 크게 퍼져 나가 좋은 영향을 미친다는 많은 증거가 있다.[33]

공자와 순자의 글에서 되풀이되는 이미지는 교양 교육이 예법과 학습을 도구로 사용하여 다른 방식에서는 제대로 만들어지지 않은 자아를 조각하거나 개조하는 과정이라는 것이다. 예컨대, 예법은 본질상 너무 극단적인 느낌을 제약하면서 타고난 정서를 '잘라낸다'. 자신의 욕구를 충족시키려는 아이의 무한한 욕망은 무엇을 원하고 기대하는 것이 합당한지에 대한 적절한 인식으로 변형된다. 이와 비슷하게, 예법은 충분히 발달하지 못한 감정을 향상시키거나 닦는다. 불공평에 대한 분노는 종종 게으름이나 두려움보다 못하지만, 유가들은 적절한 교육이 우리의 도덕적 용기를 강화할 수 있다고 믿었다. 이러한 유교적 예법은 또한 현대의 관점에서 타당한 것처럼 보인다. 정서 과학의 연구에서는 사회적 규약과 유도 반성(guided reflecrion)이 본능적 반응을 성숙한 반응으로 바꾸는 데 결정적인 역할을 한다는 것을 증명했다. 예컨대, 아기는 즐거움의 반응으로 미소 짓는 선천적인 능력을 갖고 태어나는데,[34] 이것은 간단한 반사 반응(reflex reaction)이다. 몇 개월이 되고 나서야 아기는 반응을 유도하거나 행복을 의사소통하기 위해 누군가를 보고 미소 지을 수 있다. (이야기에서처럼) 상상된 행복이나 다른 사람의 행복(공감적 행복)에 반응해서 미소 지을 수 있는 능력은 한참 뒤에 나온다. 이 과정은 종종 이야기, 미술, 또래 모델링, 문학에 의해 두드러진다.[35]

학습에 대한 유교적 관점은 역시 많은 가르침을 준다. 예컨대, 우리는 어떻게 행동하는지를 알기 위해 얼마만큼 이야기에 의존하는지를 잘 알지 못한다. 물론 전통적인 종교적 신념을 가진 사람들은 그들의 정서를 개조하고 행동을 안내하기 위해 풍부한 모범적 이야기에 의존한다. 예컨대, "예수님이라면 어떻게 하실까?(WWJD; What Would Jesus Do?)"는 미국에 사는 많은 사람들에게 중요한 좌우명이다. 하지만 전통적으로 종교적이지 않은 사람들도 거듭 스스로 특별한 말에 의존한다. 딸에게 어떻게 정서를 다루고 다른 사람들과 적절하게 교류하는지를 가르치고자 할 때, 아내와 나는 종종 로알드 달Roald Dahl의 『찰리와 초콜릿 공장Charlie and the Chocolate Factory』에 의지한다. 마음씨 곱고 관대한 소년에 대한 완벽하게 구체적인 모형인 찰리Charlie와 이상할 정도로 통제 불능이고 버릇없는 녀석인 베루카 솔트Veruca Salt는 아주 좋은 예이다. '베루카!'라는 단어만으로도 5살짜리 우리 딸에게 충격을 주어 밉살스러운 자기 중심적인 행동을 못하게 하는 데 충분하고, 우리는 종종 딸에게 언제 또 다른 관대한 행동을 함께 나누거나 행할지 결정할 때 찰리의 행동을 반성해 보도록 요구한다. 모토 "찰리라면 어떻게 했을까?(WWCD; What Would Charlie Do?)"는 아직 WWJD의 인기에는 미치지 못하지만, 그것과 같은 기능을 한다.

유교가 현대의 맹점을 보완하는 또 다른 방법은 학습과 사고 간의 관계와 관련이 있다. 현대 서양인들은 창조성과 스스로 생각하기의 중요성을 강조하는 경향이 있다. 애플Apple의 말을 빌리자면, 우리는 모두 '다르게 생각하기(Think Different)'를 원한다. 유가들이 경쟁용 마케팅 모토를 채택하고자 한다면, 그것은 '옛날식으로 생각하기(Think Ancient)'일 것이다. 그들은 민요를 중심으로 구성된 중요하면서 신성한 시집인 『시경詩經』과 같은 축적된 옛 지혜가 정신적 삶의 기초가 되어야 한다고 믿었다. 이것은 공자가 『시경』을 모르는 사람을 "담벼락을 마주 보고 서 있는" 사람에 비유하는 이유이다.[36] 더욱이 『시경』의 의미를 이해하는 것은 까다로운 일이다. 방구석에 혼자 앉아서는 고전 텍스트의 의미를 파악하지 못한다. 유교 고전을 제대로 이해하기 위해서는 체계적인 사회적 문맥에서 현명한 강사의 가르침을 받으면서 열성적인 동료 학생들과 함께 연구해야 한다.

전통과 권위, 집단주의를 이렇게 강조하는 것은 계몽주의 사상에 몹시 위배된다. 르네 데카르트René Descartes는 『명상록Meditations』(1641)에서 학교에서 배운 것은 신뢰할 만한 지식으로 받아들일 수 없다는 것을 분명히 했다. 그는 진정한 지식을 얻을 수 있는 유일한 방법이 기본 원칙에서 논리적으로 축적시켜 스스로 그것을 획득하는 것이라 주장했다. 이 주장은 매력적이고 우리 문화에 뿌리 깊지만, 거의 확실히 틀린 것이다. 우리와 다른 동물을 질적으로 구분하는 정도로, 우리는 불완전하게 태어나고 문화로부터 특정한 것을 배울 준비가 되어 있지만, 배움을 제공하는 문화에 절대적으로 의존한다. 우리는 창조성과 새로움을 찬양하지만, 예술가나 사업 혁신가들이 살아 있는 사람들과 죽은 사람들의 생각과 노력으로 만들어진다는 것을 인식하지 못하는 경향이 있다. 예컨대, 스티브 잡스Steve Jobs(1955~2011)가 이루어낸 마법 같은 기술이 이미 존재하고 있던 기술과 생각에 의존한다는 평범한 인식이 있다. 그의 창조성이 단지 실리콘 벨리Silicon Valley의 특별한 역사적 순간의 사회적·문화적 환경으로부터 발생했을 수 있다는 더욱 심오한 인식이 있다.[37] 바로 이 점에서 학습과 사고에 대한 초기 유교적 견해는 어쩌면 유럽의 계몽주의로부터 물려받은 견해보다 더욱 정확할 것이다.

개인적 지적 능력보다 옛 지혜에 이렇게 특권을 부여하는 한 가지 방법은 통제되지 않은 뜨거운 인지의 위험과 개인적인 차가운 인지의 부적절성에 반응하는 것이다. 우리 모두는 능력에 한계가 있기 때문에, 유가들은 우리를 바르고 좁은 길로 인도할 환경적 완충 체계를 제시한다. 이런 완충제는 아이들의 생일 파티가 열리는 볼링장 거터 안의 범퍼와 비슷한 것으로 생각될 수 있다.[38] 이런 범퍼는 어린아이들이 몇 개의 핀을 쓰러뜨리는 만족감과 흥분을 경험하게 하고, 특히 아이들의 육체적 힘이 옆길로 빗나가 거터로 빠지지 않고 공을 레인 끝까지 보낼 만큼 충분하지 않은 초기 단계에서 중요하다.

하지만 『논어』를 읽는 현대 독자들은 어쩌면 공자의 극단적인 문화적 보수주의에 많은 충격을 받고 흥미를 잃을 것이다. 앞서 보았듯이, 그는 방석이 바르게 놓여 있지 않으면 앉지 않고, 어떻게 하면 군자가 되는지 질문하는 제자에게 "예법에 어긋나면 보지 말고, 예법에 어긋나면 듣지 말고, 예법에 어긋나면 말하지 말고, 예법에 어긋나면 아무 것도 하지 마라"[39]라고 따끔하게 충고한다. 공자는 사회적 조화가 사람들이 모든 일상에서 특정한 문화적 모형을 따르는 것에서 성취된다고 생각했다. 예컨대, 그는 고대의 소蘇나라와 오吳나라 음악이 동시대인들 사이에서 대유행이었던 음란하고 선정적인 정鄭나라 음악과 대조적으로 고전적이고 제대로 작곡한 최고의 음악이라고 생각했다. 『시경』에 있는 정나라 음악의 가사[40]는 다소 외설적이고, 같이 나온 음악의 정확한 본질에 대해 알려진 것이 거의 없지만, 분명히 박자가 단순하고 외기 쉽고, 남녀가 뒤섞여 불렀기에 성적으로 외설적이다. 이것은 모든 나라, 모든 연령대의 걱정 많은 부모들에게 매우 친숙하게 들릴 것이다. 공자에게 정나라 음악은 내 부모 세대의 엘비스 프레슬리나 우리 세대의 랩이다. 티퍼 고어[\*]는 생각해 볼 것도 없이 당장 그것에 경고 스티커를 덕지덕지 발라놓았을 것이다.

 이런 문화적 보수주의는 학습자의 환경 속 모든 요소들을 장기적이고 광범위하게 통제하는 것에 해당하는데, 이는 학습자의 행동과 사고를 고대인들이 찬성하는 방향으로 안내하는 것을 목표로 한다. 현

---

**티퍼 고어(Tipper Gore)**[\*]
전 미 부통령 엘 고어(Al Gore)의 아내로서, 1985년 PMRC(Parent Music Resource Center; 학부모 음악 감시단)라는 영향력 있는 학부형 단체를 이끌었다. PMRC는 그 당시 막강 파워로 군림하던 정·재계 인사들의 부인들이 설립했다.

대 세계에서 그런 문화적 엄격함은 시대에 뒤떨어지고 이질적인 것처럼 보인다. 하지만 현대의 심리학적 관점에서 이러한 문화적 몰입은 매우 합리적인 것처럼 보인다. 무의식적 "점화點火(priming) 효과"에 관한 다소 논란의 여지가 있는 대단한 문헌이 있다. 점화 효과란 단어나 개념을 알아채지 못하는 방식으로 현저하게 만들어서 사람의 행동을 바꾸는 것을 말한다. 늙은 사람을 환기시키는 단어들("Florida," "gray," "wrinkle")이 들어 있는 워드 점블word jumble(영어 단어를 공부하면서 단어 퀴즈를 할 때 알파벳 순서를 바꿔서 단어를 맞추게 하는 게임)을 해독한 실험대상자들은 실험실을 나갈 때 더 천천히 걸었고, 공손恭遜의 개념으로 점화된 실험대상자들은 그만하도록 할 때까지 더 오래 기다렸다.[41] 도움과 관련된 문장들을 해독한 실험대상자들은 실험자가 떨어트려 놓은 물건을 집어들 가능성이 더 높았다.[42] '교수'라는 사회적 역할로 점화된 실험대상자들은 그렇게 점화되지 않은 실험대상자들보다 일반적인 지식 과제를 상당히 더 잘 수행했지만, '축구 훌리건' 역할로 점화된 실험대상자들의 수행 결과는 덜 만족스럽게 나타났다.[43] 점화 효과는 물리적 행동으로도 확장되는데, 이는 어떻게, 왜 예법이 아주 효과적인지를 알려준다. 미소를 짓는 것처럼 입에 펜을 물고 있는 실험대상자는 그렇지 않은 실험대상자들보다 만화를 더 즐거운 것으로 평가했다.[44] 다시 말해, 미소를 가장하는 것은 일시적으로나마 우리를 더 행복하게 만든다는 것이다.

이 모든 것이 유교 교육에 함축하는 바는 명확하다. 삼가고 품위 있는 이야기를 읽으면 더 삼가고 품위 있게 될 수 있다. 겸허한 자세

취하기와 공손한 태도, 예의 바른 앉기는 당신을 더욱 겸허하고 공손하고 예의 바르게 만들 수 있다. 예법에 대한 인지과학은 여전히 초기 단계이지만, 지금은 예의 바른 행동이 실제로 태도와 정서에 즉각적인 피드백 효과를 유발하고 집단 정체성과 신뢰를 촉진하는 데 중요한 역할을 할 수 있다는 예비 실험 증거들이 나왔다.[45] 종교 권위자가 인정하고 전체 삶 내내 행한 광범위한 멀티미디어 예법 교육과 고전에 대한 완벽한 정신적 몰입을 결합할 때, 그 결과는 개념적·행동적 점화에 대한 엄청나게 효과적인 프로그램이다.

그래서 자아를 조각하고 개조하는 것은 유교 전략의 주된 부분이다. 힘들이지 않은 편안함과 무의식적 품위를 열망한 사람들이 그것을 얻는 방법이 예법과 문화에 대해 매우 잘 아는 것이라 생각했다는 것은 이상하게 보일 수 있다. (실제로 우리는 도가道家들이 공자가 정말로 이와 관련해 정도를 벗어났다고 생각했다는 것을 보게 될 것이다.) 하지만 유교의 도는 억제와 제약에 관한 것이 아니다. 조각가라면 누구나 알듯이, 거칠게 베고 난 뒤 매끄럽게 다듬고 반반하게 손질해야 한다. 유교의 자기 수양에서 마무리 작업은 공동 노래와 춤을 사용해 수행되었다. 조화로운 집단행동은 결국에는 완벽하게 완성된 유교 군자를 만들어내는 조각과 개조 과정의 마지막 단계였다.

초기 전국시대의 한 유교 텍스트는 음악의 특별한 점을 "심금에 들어가 심금을 뜯을 수 있는 능력"[46]이라고 적고 있다. 특히 음악이 사람에게 '들어가서' 그들의 정서를 빠르고 직접적으로 변형시킬 수 있다는 생각은 많은 초기 중국 텍스트에서 하나의 주제이고, 그런 연결이 쌍방향적이라는 생각도 그러하다. 누군가의 음악을 듣게 되면 그 사람의 성격을 즉각적이고 정확히 읽어낼 수 있다. 실제로 왜 고전 『시경』에 농업이나 제직, 목가적 사랑과 같은 세속적인 주제의 민요가 많이 들어 있는지에 대한 전통적인 설명은 주나라 왕들이 특별 대신들에게 나라를 돌아다니면서 평민의 진정한 마음 상태를 알기 위해 그들이 만든 음악과 노래를 기록하도록 명령했다는 것이다. X지역의 통치자는 모든 것이 순조롭다고 말하지만, 들판에서 일하고 있는 사람들이 우울한 노래를 부르고 있다면 그 상황을 더욱 신중히 들여다 볼 필요가 있다. (오늘날 이에 상응하는 것은 중국이 지배층에 제공하는 마이크로블로깅(개인적 목적으로 텍스트, 사진, 동영상 등을 게시하도록 하는 일종의 멀티미디어 블로그) 사이트를 매일 요약하는 것이다.)

대중음악으로 대중의 감정을 진단한다는 생각은 그렇게 무리한 것은 아니다. 한 실험에서는 사람들이 음악에 동기를 주는 화, 슬픔, 행복과 같은 특별한 정서를 정확히 식별한다고 제안한다.[47] 그 음악이 완전히 낯선 문화에서 나온 것일 때도 마찬가지이다. 그 효과는 우리 모두가 직관적으로 친숙한 또 다른 방향으로 흐르는 것처럼 보인다. 즉, 화난 음악을 듣는 것은 사람을 화나게 하고, 슬픈 음악은 위스키 한 병을 안고 웅크리고 앉아 삶의 실패에 대해 곰곰이 생각하도록 만든다. 그래서 거대하고 정력적인 악단은 운동장으로 향하는 풋볼 선수들에게 힘을 불어 넣고, 사람들은 결혼이나 경사스러운 행사를 축하하기 위해 행복한 댄스 음악을 제일 먼저 선택한다.

음악의 또 다른 중요한 사회적 용도는 음악은 항상 집단적이고,

춤과 같은 동작이 수반된다는 것이다. 이런 공유되는 물리적 활동은 특정한 정서를 전달할 뿐만 아니라, 사람들을 결속된 공동체로 결합시키는 데도 효과적인 것처럼 보인다. 에밀 뒤르켐Émile Durkheim(1858~1917)과 같은 서양 종교 학자들은 오랫동안 음악과 춤이 모든 종교적 전통에서 일반적인 이유는 그것이 만드는 사회적 응집성 때문이라는 이론을 제시했다.[48] 역사를 통틀어 예법 훈련과 노래는 연대성을 창조하고 표현하기 위해 사용되었다. 내가 개인적으로 제일 좋아하는 예는 뉴질랜드 럭비 국가대표 올 블랙스All Blacks가 경기 전에 추는 전통 마오리족의 전쟁 춤인 하카haka이다. 가능하다면 확인

하카를 추는 올 블랙스
뉴질랜드 럭비 국가대표팀 올 블랙스가 경기 전에 마오리 전통 춤인 하카를 추고 있다.

해 보라(유튜브에 'New Zealand All Blacks haka'를 검색해 보라). 의분義憤과 폭력의 소용돌이를 이렇게 아름답게 승화한 것은 올 블랙스를 하나의 팀으로 결합시키고, 그들에게 에너지와 동기를 불어넣어 줄 뿐만 아니라 상대편을 두렵게 만들기도 한다.

음악은 쌍방향적이며, 듣는 사람에게 새로운 정서를 만들어냄과 동시에 그가 느껴야 하는 방식으로 느끼고 있다는 증거이기도 한다. 음악과 춤은 우리의 신체화된 뜨거운 인지에 영향을 미치기 위해 차갑고 종종 교활한 의식적 마음을 우회하는 것처럼 보인다. 여기에 대한 과학적 접근은 여전히 초기 단계이지만, 몇몇 최근의 실험 연구는 옛 유가들과 현대 종교 학자들 모두의 이론을 지지한다. 심지어 임의로 선택된 서로 낯선 대학생 실험대상자들이 단 하나의 실험을 위해 인위적이고 자극이 불충분한 실험실 환경에 던져질 때도, 음악과 춤, 행진과 같은 동시에 진행되는 집단 활동은 서로의 정서를 의사소통하고, 집단 정체성을 강화하며, 개인간의 협력을 증가시키도록 돕는다.[49] 이것은 유가들이 희망했듯이 향학심에 불타는 군자들이 훈육된 자기통제에서 벗어나 자발적이지만 적절하게 정돈된 도에 대한 기쁨으로 옮겨 가는 일종의 무아경, 즉 글자 그대로 자아 밖에 있다는 무아의 경지(ec-stasis)이다. 유가들은 숭고하게 아름다운 음악에서 받은 황홀함을 자기 수양의 긴 여정 끝에서 만난다. 이곳은 이전과 다른 완전한 친숙함을 느끼는 새로운 장소이다.

## 유교의 무위 : 문명에서의 편안함

따라서 모든 문화적 보수주의에도 불구하고, 유교는 결국 문명사회를 낙관적으로 바라본다. 두드러진 서양의 반례를 하나 들자면, 지그문트 프로이트Sigmund Freud(1856~1939)는 뜨거운 인지와 차가운 인지 간의 긴장을 현대 삶의 중심에서 근절할 수 없는 비극으로 보았다.[50] 모든 사람들의 이드$_{id}$, 즉 뜨거운 인지가 제멋대로 날뛰었던 세계가 사회적 피라미드의 꼭대기에 있을 만큼 충분히 운이 좋았던 희귀한 사람들에게도 무질서하고 변덕스러우며 야만적이기 때문에, 우리는 자연의 상태에서 비참했다. 전반적으로 문명 생활이 모두에게 좋은 것이지만, 대가를 치르게 할 수도 있다. 즉, 모든 사람은 엄청난 본능적 충동을 억누르거나 승화시키고, 차가운 인지의 냉혹한 통치 하에서 살도록 요구된다. 그 결과는 프로이트가 말하는 불쾌감(Unbehagen)의 상태로서, 흔히 '불평(discontent)'이나 '불만(dissatisfaction)'으로 번역되지만 육체적 불안감도 포함한다. 당신이 섬뜩하고 오싹한 오래된 집에서 유령 생각에 목 뒤 머리카락이 삐죽 선다고 느낀다면 그것도 불쾌감이다. 프로이트에게 문명화된 인간으로 산다는 것은 오싹한 오래된 집에서 산다는 것이다.

따라서 완벽하게 문명화된 사람의 유교적 이상은 불쾌감에 시달림 받는 프로이트의 반대이다. 유교 전략은 자기통제를 강화하려고 노력하지만, 주로 차가운 인지의 승인을 받는 행동을 '자연스럽고' 자발적으로 만듦으로써 그런 행동을 더욱 신뢰할 만한 것으로 만들고자 한다. 유교적 군자는 문명 주변에서 항상 불편한 것이 아니라 문명 안에서 완벽하게 편안하다. 좋은 생각을 떠올리게 하는 『순자』의 한 구절은 유교 교육이 어떻게 향학심에 불타는 유가의 몸을 통제하여 그들의 생리적 구조를 바꾸는지를 기술한다. "군자의 학문은 귀로 들어와 마음에 굳어 사지로 퍼져 행동(動)과 휴지休止(靜) 모두로 나타난다. 소곤소곤 말하고 점잖이 움직이는 군자는 항상 모범과 본보기가 될 만하다."(『순자』,「권학」) 이 시점에서는 인지적 통제는 더 이상 필요하지 않다. 군자의 모든 행동은 자유롭고 힘들이지 않지만 완벽하게 정확하다. 순자는 이렇게 설명한다. "성인은 자기가 바라는 대로 행동하고 자기의 정서대로 따르지만, 그것은 문명 규범에 조절되어 일치한다. 그러므로 그가 무엇을 노력하고, 무엇을 참으며, 무엇을 위태롭게 느끼고 경계하겠는가?"[51] 이것이 의미하는 바는 공자와 같은 일흔의 누군가에게 완고한 옛 문화는 물고기가 완전히 알아채지 못하지만 완벽히 편안하게 헤엄치는 물과 같다는 것이다.

이것이 유교의 무위이다. 문제가 많은 선천적 기질을 새롭고 사회적으로 바람직한 기질로 교체한다는 생각은 어떻게 사람들을 큰 사회에서 협동하게 하는가라는 문제를 푸는 완벽한 해결책처럼 보이고, 공자 자신에게는 마력처럼 작동했던 것 같다. 그는 일흔의 나이에 이상적으로 사회화된 사람의 전형이다. 즉, 그는 품위 있고 매우 예절 바르지만 완전히 편안하고 진실되다. 하지만 자기 수양이 항상 그렇게 잘 풀리는 것은 아니라는 것을 암시하는 초기 중국 텍스트들이 발견된다. 실제로 우리는 때때로 힘들이지 않고서도 품위 있고 진실한 공자가 보기에 힘든 자기 수양이 수십 명의 공자 숭배자를 배출한다는 인상을 받는데, 그들은 그 참된 군자처럼 말하고 걸음걸이도 비슷하지만 그의 내적 신념은 결핍되어 있는 미덕의 사기꾼들이다.

## 마을의 젠체하는 사람을 조심하라

왜 우리는 자발성을 수련해야 하는가? 다시 말해, 왜 애쓰지 않도록 노력해야 하는가? 공자와 순자의 분명한 해답은 인간은 깊은 결함을 갖고 태어나므로 본능을 따르면 큰 실패로 이어질 뿐이라는 것이다. 그리고 그들의 답은 확실히 옳다. 더욱 상세히 탐구할 이유 때문에, 타고난 정서와 욕망, 말하자면 우리의 선천적 가치관은 우리가 살고 있는 복잡한 사회와 잘 어울리지 않을 것 같다. 아이들을 교육시켜야 할 이유가 있다. 물론 아이들은 수학이나 손글씨, 지리와 같은 전문적 기술을 배워야 하지만, 어떻게 행동하는지를 배우는 것이 더 중요하다. 그런 교육은 다른 사람의 욕구나 정한 규칙 따르기같이 아이들이 자발적으로 귀중히 하지 않은 것을 귀중하게 하는 것을 포함한다. 이는 소유할 가치가 있는 무위가 의식적 설계와 교육적 인내를 통해 형성되는 무의식적 마음의 산물임을 의미한다.

하지만 물리적 기술을 연마하는 것과는 달리, 유교적 덕德을 가르치는 것에는 어려움이 있다. 가령, 중국 텍스트에는 어떤 수준 이상 유교의 도를 좋아하지 않는다면 진정한 유가가 될 수 없음을 지속적으로 강조한다. 공자는 제자들에게 "알려고 애쓰지 않으면 일깨워 주지 않고, 표현하려 애쓰지 않으면 말문을 틔워주지 않는다. 문제의 한 모서리를 들어 주었는데도 다른 세 모서리를 헤아리지 않는다면, 되풀이하여 가르치지 않는다"[52]라고 조언을 하는데, 요지는 선생께서는 배우려는 욕구가 없는 사람은 가르칠 수 없고, 원하지 않는 사람에게는 도를 나누어줄 수 없다는 것이다. 교육이란 배우는 사람 측에서 적극적이고 성의가 있고 감사할 줄 알 때만 효과가 있다.

공자는 동시대인들이 이러한 감사의 마음을 갖고 있지 않다는 것을 문제점으로 지적했다. 정말로 소중히 하고 좋아해야 하는 것은 유교의 도임에도, 명예나 돈, 권력, 섹스, 음식처럼 잘못된 것만을 소중히 한다. 그는 한때 다소 호되게 말한다. "나는 덕 좋아하기를 여색 좋아하듯이 하는 사람을 아직 보지 못했다."[53] 다른 구절에서, 공자는 "인은 정말로 그렇게 멀리 있는가? 내가 인仁하고자 하면 곧 인에 이를 것이다"[54]라고 한탄한다. 건전한 좌절이 이 구절에서 언뜻언뜻 드러나 보인다. 우리 모두는 해야 할 때 그저 바라기만 한다면 선할 수 있는 능력이 있지만, 원하지 않는 (또는 잘못된 것을 바라는) 사람에게는 어떻게 이런 욕구를 스며들게 할 수 있는가? 기대에 미치지 못한 제자가 공자에게 도를 정말로 좋아하지만 그것을 추구할 힘이 부족하다고 변명할 때 이 문제가 작동하는 것을 볼 수 있다. 공자는 그를 질책한다. "힘이 부족한 사람은 도중에 그만두게 된다. 지금 너는 해보지도 않고 미리 선을 긋고 있다."[55] 이것은 공자가 직면한 역설의 핵심으로서, 이는 앞서 기술한 '무위의 역설'에 대한 한 가지 표명이다.

어떻게 여러분에게 없는 새롭고 완전히 진심어린 욕구나 정서를 의식적으로 드러낼 수 있는가? 올바른 동기 없이 주나라의 도를 공부한다면 어떤 일이 발생하는가? 즉, 공자가 말하기로 행해야 할 모든 예법을 행하고, 『시경』을 배우며, 올바른 노래를 부르고 올바른 춤을 추지만, 그런 것을 특별히 내면에서 좋아하지 않는다면 어떻게 되겠는가? 선한 사람의 사기꾼이 된다는 것이 그 답이다. 즉, 겉으로는 선한 사람처럼 보이지만 내면에는 진정한 미덕이 없는 사람을 말한다. 공자는 '마을의 젠체하는 사람'에 대해 이야기하는데, 그는 그런 사람을 '덕의 도둑'(덕을 해치는 자)이라고 했다. 공자가 생각한 이것의 의미를 가장 잘 표현한 글은 공자의 추종자인 맹자에게서 확인할 수 있다.

마을의 젠체하는 사람을 나무라려고 해도 근거가 없고, 비난하려고 해도 지적할 것이 없고, 꼬집으려 해도 꼬집을 만한 것이 없다. 그는 세상의 흐름에 동화되고 더러운 세상과 영합하여 평소에는 충성스럽고 믿음성이 있는 듯하고 행동함에 청렴결백한 것 같으며, 뭇 사람들이 그를 좋아하면 스스로 옳다고 여기지만, 그런 자와는 더불어 옛 성군의 도를 논할 수 없다. 그러므로 공자께서는 그를 '덕의 도둑'이라고 하신 것이다. 공자께서 말씀히 셨다. "비슷한 듯하지만 아닌 것은 미워하노라. 가라지를 미워하는 것은 곡식의 싹을 어지럽힐까 염려하기 때문이다. 잔재주가 뛰어난 자를 미워하는 것은 의로움을 어지럽힐까 염려하기 때문이다. 말이 번드르한 입을 가진 자를 미워하는 것은 믿음성을 어지럽힐까 염려해서이다. 감정의 절제가 없는 정나라의 음악을 미워하는 것은 올바른 음악을 어지럽힐까 염려하기 때문이다. 자주색을 미워하는 것은 붉은색을 어지럽힐까 염려하기 때문이다. 마을의 젠체하는 사람을 미워하는 것은 그가 진실로 덕을 갖고 있는 것으로 오해할까 염려하기 때문이다."[56]

마을의 젠체하는 사람은 백성들에게 덕의 가짜 본보기의 역할을 함으로써 실제로는 거짓 선지자로서, 자신에게 참된 덕의 발생을 막을 뿐만 아니라 다른 사람들을 미혹시키기도 한다. 이것이 공자가 그런 사람을 싫어하는 이유이다.

공자는 학자이자 군자라고 주장하는 대부분의 동시대인들이 실제로는 마을의 젠체하는 사람들이라고 느끼는데, 이들은 최후에는 공허하고 무의미한 방식으로 예법을 기계적으로 행동으로 옮기고 텍스트를 암기한다. 한 번은 제자가 부모에 대한 예의 바른 행동인 효도를 질문하는데, 그는 이렇게 대답한다. "오늘날의 '효도'는 부모를 잘 부양하는 것만을 일컫는다. 그러나 개와 말도 모두 길러 줌이 있을 수 있는데, 공경하지 않으면 무엇으로써 구별할 수 있겠는가?"[57] 효성이 지극한 자식이 되기 위해서는 어떤 물리적 행동을 수행해야 하는 것은 분명한 사실이다. 정기적으로 부모님을 방문하여 평안하신지, 식사는 제대로 하시는지, 건강하신지를 확인해야 한다. 하지만 이것만으로는 충분하지 않다. 공자가 말하듯이 우리는 집에서 키우는 가축에게도 그만큼은 한다. 진정한 효성은 사랑과 존경이라는 올바른 태도로 이 모든 행동들을 행하는 것이고, 확실히 오랫동안 흉내만 내는 것으로는 이런 태도를 스며들게 하기에 충분하지 않다.

그러면 우리는 어떻게 되는 것인가? 결국 공자의 전략은 그냥 꾸준히 계속하라는 권고인 것처럼 보인다. 계속 주의를 기울이고 핵심을 파악하려고 노력하면, 결국은 사랑이 올 것이다. 순자는 이것을 더욱 명확히 한다. 심지어 그는 처음의 열의도 요구하지 않는다. 그냥 부지런히 힘쓰면 배움에 대한 사랑이 태어나니 나를 믿으라고 말한다. 물론이다. 그러나 위험한 것은 부지런히 힘쓰기 전략이 공공의 가치에 전념하는 것 같지만, 실제로는 개인적 이득만을 추구하는 위선적 허식가들로 가득 찬 세상을 유발한다는 것이다. 현대에 상응하는 것은 모든 사람들이 그렇지 않은 누군가인 척하고, 실제로는 귀중히 하지 않는 것을 귀중히 하는 척하고, 유일한 연줄이 최후에는 로봇식의 가식적인 데이트 장면일 것이다. 즉, 조작된 흥미와 정서를 가진 속이 텅 빈 사람들은 다른 누군가가 써 준 대본을 행동으로 옮기고, 자기만족의 욕구만이 진정 유일한 동기이다. 우울하지 않은가?

이제 여러분은 유교적 선견을 보고 놀라 뒷걸음치며 숲으로 도망가는 사람들의 숨은 동기를 알게 된다. 무위에 이르기 위한 유교 전략은 상세히 제시될 필요가 있었는데, 이는 그것이 초기 중국에서 지배적일 뿐만 아니라 모든 다른 사상가들이 이르고자 애쓰는 것이기 때문이다. 이 유교 전략은 자연주의에 관심이 있는 모든 사람의 시작점이라 할 수 있는데, 이는 일부 도가들이 수사적인 입장을 취함에도 불구하고, 우리는 물고기도 아니고 새도 아니기 때문이다. 인간이 문화적 동물이라는 것은 추구할만한 어떤 유형의 무위라도 교육과 노력을 요구한다는 것을 의미한다. 이 점을 인정하면, 유교 접근법에는 진지한 긴장이 내재한다는 것에 주목해야 한다. 그리고, 노자로 알려진 초기 중국의 반문화적 인물만큼 그런 긴장을 지적하기를 간절히 바랐던 사람도 없었다.

제4장

## 애쓰기를 그만두기
통나무 끌어안기

　『논어』는 공자가 죽고 난 뒤 제자들이 엮은 책이고, 연대순으로 구성되어 있다. 어쩌면 공자가 죽고 한참 후에 만들어진 이 책의 뒷부분은 무위에 이르는 수단으로 힘든 문화적 훈련 프로젝트에 크게 매혹되지 않은 사람들과 공자와의 만남에 대한 소수의 색다른 이야기들이 수록되어 있다. 물론 공자는 그들을 극복하고, 유교의 도가 우월하다는 것을 입증한다. 하지만 이 장에서는 중국 종교의 중요한 부분으로 성장할 대항운동對抗運動을 먼저 잠깐 살펴볼 것이다.
　공자와 그의 일행이 여행 중 강에 길이 막힌 이야기가 있다.[1] 그 지역에 익숙하지 않은 공자는 근처 밭에서 쟁기를 끌고 있는 두 남자를 발견한다. 공자의 시대에 쟁기는 흔히 소가 끌었기 때문에, 사람이 쟁기를 매고 있는 것은 놀랍고 이상한 일이었다. 이는 뉴저지 교외에 사는 사람이 동력식 제초기 대신 수동식 제초기로 집 앞 잔디를 깎는 것과 같다. 밭을 가는 두 사람은 어떤 주장을 펼치기 위해 의도적으로 원시적인 구식 기술을 사용하고 있다. 상황은 급격히 이상하게 흘러간다.

수레에 올라탄 공자는 제자 자로子路를 보내 쟁기를 끌고 있는 두 사람에게 강을 걸어서 건너갈 수 있는 가장 좋은 지점이 어디인지 물어보도록 한다. 자로가 그들에게 다가가 말을 걸 때, 그들의 이름이 그들의 행동만큼 기이하다는 것을 알게 된다. 장저長沮(Standing Tall in the Marsh)와 걸익桀溺(Prominent in the Mud)이 그들의 이름이다(이것은 내가 만든 것이 아니다). 이것이 부모가 그들에게 지어준 이름이 아닐 수 있다는 것은 우리를 또 당황스럽게 한다. 이들이 고유한 이름을 거부하고 은유적이고 모호하며 반항적 별명을 선택했다는 것은 유교 사회에서 충격적인 것이다.

게다가 그들의 대답은 더욱더 이상했다. 자로(의례에 엄격한 사람)가 격식을 차려 다가가서 걸어서 건널 수 있는 위치를 정중히 물었을 때 장저는 그 질문을 무시하고 도리어 무례하게 "저기서 고삐를 잡고 있는 저 사람은 뉘신가?"라고 묻는다. 깜짝 놀란 자로는 공자라고 온화하게 알려 준다. "노나라 공자 말인가?"라고 말하자 자로는 "그렇습니다"라고 대답한다. 그러자 두 남자는 "그는 얕은 여울을 잘 알 것이다"라고 대답하곤 계속 자로를 무시하고 다시 쟁기를 끈다. 그들이 가한 일격은 어쩌면 공자가 임금에게 유교의 도를 가르치며 중국 전역을 여행하며 성인으로서 일생을 보냈다는 사실을 가리킨다. 그렇게 많은 시간을 길에서 보낸 사람이라면 주변 길을 잘 알아야 한다. 따라서 충격

**자로문진(子路問津)**
자로는 공자의 지시로 쟁기를 끌고 있는 장저와 걸익에게 개울의 얕은 곳을 묻는다.

적인 무례함에서 우리는 공자가 누구이고 어떤 일에 종사하는지를 어느 정도 알 수 있다. 이들은 평범한 시골뜨기들이 아닌 것이다.

정중하지만 황소고집인 자로는 다시 묻는다. 이번에는 걸익에게 말을 거는데, 그는 대답 대신 다시 무뚝뚝하게 질문한다.

"그대는 뉘시오?"
"자로라고 합니다."
"당신이 노나라 공자의 제자인가?"
"그렇습니다."
"세상 전체가 큰 물결에 삼켜 버린 듯한데, 누가 세상을 바꾸겠는가? 그러므로 이 세상의 나쁜 사람들을 피해 다니는 선비를 따

르기보다는 차라리 세상 자체를 피해 버리는 우리와 같은 사상가를 따르는 것이 낫지 않겠는가?"²

그들은 그렇게 말하고서는 등을 돌리고 하던 밭일을 계속한다. 이 사람들은 누구인가? 그들은 스스로를 공자와 같은 '선비'로 묘사하지만, 시골에 살면서 손으로 밭일을 하고, 의도적으로 원시적인 기술을 사용한다. 그들은 또한 고유한 이름뿐만 아니라 태어난 세상도 거부했다.

이런 이상한 시골뜨기와의 만남은 『논어』의 또 다른 특이한 구절을 생각나게 한다.³ 이 구절에서 공자는 위나라 임금을 설득하고자 그 나라에 잠시 머물고 있었다. 일이 잘 풀리지 않자 공자는 문간에 앉아 경쇠를 두드리며 느리고 애처로운 곡을 연주한다. 이는 초기 중국에서 어쿠스틱 기타를 치면서 블루스를 부르는 것과 같다. 삼태기를 맨 농부가 멈춰 얼마간 듣고 "마음에 많은 것을 담고 있는 사람이 경쇠를 치고 있구나!"라고 말하더니, 얼마 지나지 않아 "얼마나 완고하고 쩨쩨한 태도인가! 알아주는 이가 없으면 그치고 말 것이지!"라고 하고는 가버린다. 그리고서는 삼태기를 맨 알 수 없는 남자는 『시경』에서 나오는 시 한 연("물이 깊으면 옷을 입은 채로 건너고 / 물이 얕으면 옷을 걷고 건널 일이다.〈深則厲, 淺則揭〉『시경』, 「패풍(邶風)」, 〈포유고엽(匏有苦葉)〉)을 인용하고, 어쩌면 친구인 장저와 걸익을 만나러 가던 길을 간다.

이 사람은 농부의 옷차림을 하고 있지만 음악에 일가견이 있고 『시경』을 인용할 줄 안다. 무례한 시골뜨기처럼, 확실히 그도 평범한 사람이 아니라 교육을 받은 학식이 있는 자이고 자발적으로 속세를 떠난 엘리트이다. 그 시골뜨기들은 스스로가 '세상을 피하는' 것으로 묘사하고, 그 음악 비평가가 『시경』을 적절히 인용한 것은 이에 대한 이론적 설명을 제공한다. 즉, 여러분은 흐름을 따를 필요가 있다는 것이다. 세상이 엉망일 때 바꾸려고 애쓰면 더 나빠질 뿐이다. 공자가 연주하던 곡은 조용한 헌신과 좌절당한 느낌을 전달하기 위한 것이었다. 하지만 비평가는 그 연주를 하는 공자를 고지식한 고집쟁이처럼 느꼈다. 공자는 스스로가 성공하지 못한다고 해서 강요해서는 안 된다고 한다. 그는 유교의 도를 모든 사람의 목구멍으로 억지로 밀어 넣으려는 노력을 그만두고 자기 정원을 가꾸어야 한다고 말한다. 기술을 거부하고, 직장을 그만두며, 화려한 옷을 도랑에 버리고, 시골로 내려가라.

이 이야기가 1960년대와 매우 유사하다는 것은 분명 대단한 일이 아니다. 장저를 게자리 태생의 사람으로 대신하고, 사람이 끄는 쟁기를 집에서 만든 자연발효 화장실과 바꾸며, 『시경』을 읽을 수 있는 재능을 에머슨Emerson과 소로Thoreau를 인용할 수 있는 능력과 바꾸면, 『논어』 후반부의 이런 은둔자들은 1968년 헤이트 애시베리Haight-Ashbury(미국 샌프란시스코의 한 지구로서, 60년대 히피와 마약 문화의 중심지)가 편안하게 다가올 것이다. 내가 아는 한, 이 은둔자들은 홀치기염색의 발명과 그레이트풀 데드Grateful Dead(1960년대 중후반 미국 샌프란시스코 지역의 히피 문화를 이끈 미국의 록 그룹)가 활동하기 2천 년 이상 전에 직장을 그만두고, 라디오를 켜고, 권위에 반감을 가진 최초의 히피족들이다.

이런 히피족들은 『논어』 자체를 편하게 받아들이지 못한다. 예상하듯이 공자의 제자들이 엮은 이 책에서 최종 결정은 항상 공자의 몫이다. 『논어』에 나오는 모든 '원시주의자'와의 만남은 편안한 삶을 거부한 공자를 정당화하고, 은둔자들을 게으르고 기성 사회의 낙오자처럼 보이는 것으로 끝난다. 예컨대, 그 시골뜨기와 만난 후에 공자는 비웃는 말투로 "사람은 새와 짐승과는 어울려 살아갈 수는 없다"(『논어』, 「미자」, 6)라고 하고, 이런 은둔자의 생활방식을 자신과 사회에 대한 군자의 책임을 무책임하게 거부하는 것으로 단정짓는다. 이것은 아이들이 학교를 그만두고 목욕을 하지 않는 것에 대한 아이젠하워 세대의 반응처럼 친숙하게 들릴 것이다. 어쨌든, 히피족들은 유교적 여론 조작 없이 자신들의 메시지를 직접 전달할 수 있는 책을 기꺼이 구입한다.

이 책은 글자 그대로 '도와 덕의 고전'으로 번역되는 『도덕경道德經』이라는 제목으로 전해졌고, 어쩌면 『논어』 이후의 유산 중 가장 오래된 전국시대 텍스트이다. 이 책은 전통적으로 노자老子, 즉 '옛 거장(The Old Master)'으로 알려졌으므로 종종 노자라고 불리는 신비에 싸인 성인의 것으로 추정되었다. '옛 거장'은 정확히 자신의 글에 특별한 엄숙함을 더하기 위해 꾸며낸 가명이고, 학자들은 『노자』라는 텍스트가 오랫동안 많은 사람들의 손을 거쳐 나온 결과물이고, 남아 있는 많은 원시주의적 글의 편집본 중 하나라고 가정했다. 그럼에도 불구하고 나는 그 텍스트의 표준판을 누가 편집했건 그 사람의 유용한 약칭인 '노자'를 사용하는 관례를 따를 것이다.[4]

『논어』의 뒷부분에서 얼핏 본 은둔자들처럼, 노자도 스스로를 확연한 사회적 불평등과 경제적 혼돈, 피상적인 소비만능주의로 특징지어지는 격심하게 부패한 세상에 살고 있는 것으로 보았다. 오늘날의 "월가를 점령하라"라는 팸플릿에서 따온 것처럼 들리는 한 구절에서 그는 다음과 같이 한탄한다.

> 조정은 더러워지고,
> 논밭은 황폐해 있고,
> 창고는 텅텅 비어 있다.
> 그러나 어떤 이는 화려한 비단 옷을 입고,
> 허리에 날카로운 칼을 차고,
> 맛있는 음식과 술을 배불리 먹고,
> 재물은 남아돌 지경이다.
> 이런 것을 "도둑질하여 영화를 누리는 것"이라고 한다.
> 이것이 어찌 도라고 할 수 있겠는가![5]

> **월가를 점령하라(Occupy Wall Street)**
> 2011년 빈부격차 심화와 금융기관의 부도덕성에 반발하면서 미국 월가에서 일어난 시위로서, 시위는 미국 전역으로 확산됐으나, 뚜렷한 시위목표를 제시하지 못한 한계를 남기며 73일 만에 막을 내리게 되었다. 하지만 빈부격차가 심화되고 있는 신자본주의의 문제점과 금융기관들의 부도덕성에 대해 경종을 울렸다는 점에서 의의를 남겼다.

공자처럼, 노자도 주변에서 일어난 부패를 세상이 하늘의 도와 일치하지 않았다는 신호로 보았고, 세상과 하늘의 도를 무위로 조화롭게 다시 합치는 것이 그의 목표였다. 하지만 도에 대한 그의 견해는 공자와는 전혀 달랐고, 실제 공자의 견해와 정반대로 형식화되었다.

## 뛰어난 인물과 메디슨 가 타도 :
## 사회적 지식과 쾌락의 쳇바퀴

우선, 공자와 달리 노자는 많은 수련이 아닌 적은 수련이 정답이라고 생각했다. 공자는 인간이 본질상 근본적으로 미숙하고 수련을 필요로 하는 것으로 보았다. 노자는 사회가 우리를 혼란시키기 전까지 우리의 현재와 과거는 문제가 없었다고 믿었다. 노자는 인간의 본성을 근본적으로 선하고, 우리가 따라야 하는 선천적 기질로 생각했다. 따라서 교육과 훈육은 전적으로 역효과를 낳게 하여, 우리를 본질적 선으로부터 멀어지게 한다. 공자는 인간의 기호를 시간이 지나면서 천천히 정제할 필요가 있는 것으로 간주하는데, 이는 와인 감별사가 농축된 와인의 미묘한 차이를 식별하는 것과 매우 비슷하다. 노자는 후천적 기호와 문화적 혁신을 무질서의 근원으로 보았다.

다섯 색은 사람의 눈을 멀게 한다.
다섯 소리는 사람의 귀를 먹게 한다.

다섯 맛은 사람의 입을 버리게 한다.

말 타고 수렵하는 것은 사람의 마음을 미치게 한다.

취하기 힘든 재화는 우리의 앞길을 막는다.

이에 성인은 배를 생각하지 눈을 생각하지 않는다.

그러므로 저것(눈)을 버리고 이것(배)을 취한다.[6]

'배(腹)'와 '눈(目)' 간의 대조는 뛰어난 은유이다. 노자의 관점에서 배는 아주 적당한 기본적인 인간 욕구의 터전이다. 간소한 음식, 마실 물, 주거지, 어쩌면 잠자리에서 약간의 억제된 즐거움, 자식이 그런 욕구들이다. 다른 한편으로, 눈은 끊임없이 우리를 곤란하게 하는데, 이는 멀리에 있는 것, 즉 가지고 있지 않지만 원하는 것을 발견하자마자 볼 수 있기 때문이다. 우리는 멀리에서도 우리 것보다 맛있어 보이는 음식과 우리를 유혹하는 빛나는 물건, 그리고 지금의 파트너보다 더 어리고 매력적인 사람을 볼 수 있다.

더욱이 물질을 '아름다운'이나 '선한'으로 사회적으로 명명하는 행동은 노자가 보기에 우리의 자연스럽고 자발적인 판단을 왜곡시킨다. "모든 세상 사람들이 아름다운 것이 '아름다운' 것임을 알 때 그것은 추한 것이 된다"[7]라는 구절이 있다. 이 아리송한 주장이 의미하는 바는 이 구절의 나머지에서 자세히 설명된다. 즉, 가치를 선택하고 언어적으로 명명하는 것은 정신적 올가미로 작동하는 이분법을 설정한다고 주장한다. "말하는 사람은 모른다"[8]라는 노자의 유명한 주장은 언어적 명칭이 우리의 판단과 무엇이 옳은지를 볼 수 있는 능력을 흐리게 한다는 것이다. 물론 철학적 목표는 올바른 음악을 듣고, 올바른 옷을 입고, 방에 들어가는 올바른 방법, '선'할 수 있는 정확한 방법에 관한 명확한 기준을 가진 유가들이다. 노자의 주장은 어떤 행동을 '선'이라 하는 것은 그것이 선이 아닌 것에 근거하는데, 이는 의식적인 명명과 명시적인 애씀이 우리의 경험을 오염시키기 때문이다.

사물에 언어적 명칭을 붙이는 것이 우리 자신의 경험으로부터 우리를 멀어지게 할 수 있다는 생각은 현대 심리학 연구에서도 어느 정도 입증되었다. 예컨대, '언어적 뒤덮기(verbal overshadowing)'[9]에 대한 많은 연구에서는 기호에 대한 우리의 지각이나 평가를 의식적으로 반성하고 그것을 억지로 말로 표현하면 실제로 우리의 판단이 손상된다고 한다. 팀 윌슨Tim Wilson과 조너선 스쿨러Jonathan Schooler의 고전적 실험은 실험대상자들에게 다섯 가지 다른 잼을 맛보게 하고, 좋아하고 싫어하는 성질을 명확히 적어두며, 한 잼을 다른 잼보다 선호하는 이유를 신중히 생각하도록 했다.[10] 통제 조건의 실험대상자들은 잼들을 시식하고 평가를 했다. 윌슨과 스쿨러는 분석 과정이 실험대상자의 판단을 상당히 바꾸었을 뿐만 아니라 부정적인 방향으로 흐르게 했다는 것을 발견했다. 잼의 질에 대한 전문적인 판단에 근거해서 측정되듯이 분석한 실험대상자들이 선택한 것은 분석하지 않은 실험대상자들이 선택한 것보다 더 나빴다. 유사한 연구는 기숙사의 대형 그림의 평가에 관한 것으로서, 이 연구에서는 실험대상자들에게 그 그림을 집으로 가져오도록 했다.[11] 연구자들은 심사숙고하는 분석가들이 장기적으로 평가한 뒤에도 서툴게 선택한다는 것을 발견했는데,

이는 몇 주 뒤에 그들이 분석하지 않은 실험대상자들보다 그들의 선택에 덜 만족한다고 보고했기 때문이다. 그들은 실험 동안 설득력 있게 칭찬했던 모네 그림을 싫어하게 되었다. 이 연구는 심사숙고와 명시적인 분석이 즐거움을 경험하고 인지하는 사람들의 능력에 종종 해로운 영향을 미치는 것을 다루는 거대한 문헌의 한 부분이다.

노자의 견해에 따르면 우리를 무위로부터 멀어지게 하는 주된 두 가지 힘은 사고와 언어화가 삶을 간단히 경험할 수 있는 우리의 능력에 미치는 부정적 효과와 다음으로 일시적으로 만족되지만 다시 멀리에 있어 더 탐나지만 덧없는 희망에 자극받으며 끊임없이 커져 가는 우리의 욕망이다. 이 구절에서 그의 주장을 확인할 수 있다.

> 끝없는 욕망보다 더 큰 죄는 없다.
> 만족에 무지한 것보다 더 큰 화는 없다.
> 욕망이 채워지는 것보다 더 큰 허물이 없다.
> 그러므로 만족의 만족을 알 수 있다면, 영원히 만족하리라.[12]

"만족의 만족을 알기" 위해서는 소비문화의 매혹적인 유혹에 저항하고 기본적인 소박한 즐거움을 계속 고수해야 한다. 다시, 오늘날의 관점에서 이 통찰력에 대해 말할 것이 많이 있다. 물론 눈의 욕망은 현대 광고 산업의 전체 기초를 형성하는데, 이는 '얻기 힘든 상품'에 대한 끝없는 우리의 욕망을 세련된 과학으로 바꾸었다. 최근에 출시된 아이폰은 지금 사용 중인 폰의 매력을 떨어뜨린다. 파리의 새로운 패션 트렌드는 기존의 완벽한 옷으로 가득 찬 컨테이너를 하찮은 것으로 만들어버린다. 헨리 데이비드 소로Henry David Thoreau(1817~1862)는 한때 "파리의 우두머리 원숭이는 여행 모자를 쓰고, 아메리카의 모든 원숭이들은 이를 따라 한다"[13]라고 비판했다. 이것은 그를 월든Walden 호숫가로 인도한 문명 생활의 많은 특징 중 하나일 뿐이다. 인공적인 사회적 규범이 미치는 이런 왜곡적인 효과의 더 어두운 면은 현대 광고를 지배하는 불건전한 몸 이미지에서 볼 수 있다. 여기에서 17살의 신경성식욕부진증 환자를 여성의 아름다움에 대한 모델로 들고 있다. 남자들은 몸을 단련하는 것에서만 매력을 찾으려 하고, 많은 여성이 미의 기준에 따르기 위해 스스로의 몸을 해친다. 노자는 이것을 우리 자신의 자연적 기초를 파괴하는 비뚤어진 교화 규범의 완벽한 예로 간주한다.

노자가 많은 면에서 옳지만, 우리의 초조함과 불만 때문에 서둘러 유교나 매디슨 가(미국 광고업계)를 비난하고 싶지는 않다. 좋아하는 것의 끊임없는 변화와 얻고자 하는 과열된 노력은 사악한 마케팅 담당자나 억제되지 않은 자본주의 산물이 아니다. 오히려 그것들은 인간 심리의 근본적인 양상을 반영한다. 인간이 구성된 방식은 평범한 방식으로는 완벽한 행복이나 즐거움을 구조적으로 달성 불가능하게 하는 것 같다. 1970년대 고전적 연구 '쾌락의 쳇바퀴'[*14]는 긍정적이거나 부정적 사건이 행복이나 불행을 일시적으로만 증가시킨다는 것을 입증했다. 유명하게도, 이 연구자들은 엄청난 복권에 당첨되었거나 (다른 쪽 극단으로는) 사고로 하반신이 마비된 사람들이 처음에 격앙된 즐거움이나 슬픔을 경험했지만 곧 행복의 기준선 수준으로 되돌아간다는 것을 발견했다고 주장했다. 후속 연구에서는 다양한 차원과 생활 상황에서, 척수 손상, 결혼, 배우자의 죽음과 같이 극적이고 영원할 것이라고 직관적으로 생각했던 사건이 행복에 미치는 효과가 실제로는 종종 놀라울 정도로 일시적이라는 것을 입증했다.

그것의 기본적인 기제는 지각 연구자들에게 잘 알려진 현상인 적응(adaptation)인 것처럼 보인다. 즉, 감각계는 일정 시간 동안 지각한 대상에 '적응하여' 그것을 배경으로 물러나도록 한다는 것이다. 지각 작동에 결정적인 감각 적응은 지각이 작동하기 위해 결정적인 것으로서, 우리의 감각이 끊임없이 쏟아지는 무수한 자극에 완전히 압도당하지 않게 보장한다. 이것은 새로운 자극이 변치 않는 배경에서 지각되도록 하고, 우리에게 그 환경 변화를 의식하게 한다. 쾌락의 쳇바퀴 연구는 바쁜 도시에 익숙해지는 것과 같이 생활환경의 긍정적이거나 부정적인 변화가 처음에는 두드러지지만 나중에는 배경으로 희미해진다는 것을 암시한다.

불만족의 또 다른 근원은 동료들의 업적과 비교해 우리의 업적을

---

**쾌락의 쳇바퀴(hedonic treadmill)**

노스웨스턴 대학의 심리학자 필립 브릭먼(Philip Brickman)이 복권 당첨자의 심리를 분석해 만든 개념이다. 행복한 일이 있어도 시간이 지나면 더 큰 욕구를 갖게 되는 것이 반복되는 현상을 뜻한다. 곧 생활수준이 높아지게 되면 행복한 감정을 갖지만 이내 더 많은 것을 갖고자 하는 욕심이 생겨나 마치 끊임없이 쳇바퀴를 돌리듯 한다는 역설이다.

평가하려는 끊임없는 욕구이다. 심리학자들은 서양에서 높아진 국내총생산(GDP)이 사람들의 행복 수준을 근본적으로 변화시키지 못한다는 사실에 당황하곤 했었다. 그들이 발견한 것은, 우리의 객관적인 부의 수준이 물질적 안녕의 최저 하한선에 도달하면 그 수준은 이웃이나 동료들에 견주는 방식인 상대적인 부보다 훨씬 덜 중요한 것처럼 보인다는 것이었다.[15] 즉, 기본적인 것을 구입할 만큼의 충분한 돈이 있고, 외식이나 새 옷 구입과 같은 즐거움을 마음껏 누리면, 보다 높은 지위가 부 자체보다 훨씬 더 중요하게 된다. 지위는 다시 본질상 상대적이기 때문에 본래부터 불안정하다. 즉, 주변 사람들의 지위가 높아지거나 낮아지기 때문에 그 기준은 항상 움직인다. 더욱이 우리는 가진 것보다는 가지지 않은 것에 더 집중하는 것 같다. 뒤처져 있는 20명을 보고 기뻐하는 것이 아니라 앞서 있는 2명 때문에 훨씬 더 짜증을 낸다.

이 모든 것에는 매우 타당한 진화적 이유가 있다. 우리와 가장 가까운 영장류 동물은 명확한 위계에 내포되어 있는 강렬할 정도로 사회적 동물이고, 우리가 이 위계에서 정확히 어디에 있는지에 따라 많은 유전자를 퍼뜨리거나 전혀 퍼뜨리지 않는지가 결정된다. 서열 5위인 것에 대해 마음을 졸였고, 서열 1위에서부터 4위까지를 어떻게 능가하거나 이길지에 대해 계획을 세우면서 날밤을 새웠던 사람들은 평범하게 그냥 긴장을 풀고서 주어진 삶을 즐겼던 사람들보다 더 많은 유전자를 전달했다. 『위대한 레보스키 *The Big Lebowski*』(1998)의 유명한 멋쟁이에게 긴 목욕과 화이트 러시안 커피, 편안한 볼링 리그를 만끽하는 일반적인 사회적 풍요와 안전은 매우 최근에 발생한 것이고, 심지어 이런 멋쟁이는 결국에 더 가혹한 현실을 직면해야 할 수밖에 없다. 끊임없이 증가하는 욕구와 사회적 지위를 추구하는 힘은 번식 성공도를 최대화하게 설계된 심리적 적응이 개인적 행복과 직접 충돌하는 많은 방식 중 한 가지이다.

그래서 노자는 우리의 영적 불행을 전적으로 유가들이나 광고주들의 책임으로 돌리려 하는데, 이는 잘못된 것처럼 보인다. 하지만 끊임없는 동료와의 비교를 배에 비교하기보다는 '눈'의 결함으로 간주할 때 노자를 따르는 것은 합리적이고, 우리가 얻는 것 외에 많은 것들로 확장된다. 우리의 배는 지금의 자동차로도 편안할 수 있지만, 눈은 옆집 차도에 세워놓은 (또는 잡지나 광고판에 올라와 있는) 더 좋은 신차를 볼 수 있으며, 이런 지각은 현재 몰고 다니는 자동차에 대한 만족감을 즉각적으로 감소시킨다. 자동차 그 자체는 전혀 바뀌지 않았지만, 비교하는 우리의 마음이 어쨌든 지금의 자동차를 평가절하한다. 이런 주제들에 대한 심리학 문헌은 『노자』의 각주처럼 들리며, 이는 그가 믿기 어려울 정도로 정확하게 인식한 현상에 대한 과학적 고증이다. 실제로 그는 심지어 그것을 가리켜 반反이라는 전문용어를 만들었는데, 이는 흔히 '회귀(reversion)'나 '되돌기(turning back)'로 번역되지만 '쳇바퀴(treadmill)'로도 표현될 수 있다. 극단까지 갈 수 있는 것은 무엇이든 그 반대로 변한다는 생각은 텅 빌 때는 반듯이 서지만, 채워지면 뒤집어져서 내용물을 엎지르도록 설계된 고대의 유명한 '기울어지는 그릇'의 이미지를 표현한 이 텍스트의 한 구절에서 포착된다.

그릇을 꽉 붙잡고 가장자리까지 채우는 것은
적절할 때 그만두지 않은 만 못하다.
칼을 갈아서 날카롭게 하면 날은 곧 무뎌진다.
보물이 집에 가득하면 이를 지키기가 어렵다.
부귀하더라도 교만해지면 자연스럽게 허물을 남기게 된다.[16]

쳇바퀴의 개념을 더욱 간명하게 표현하는 또 다른 이미지는 유명한 음양 상징이다.

천천히 반시계 방향으로 돌고 있는 것으로 묘사한 이 이미지에서, 흰색 양陽(강하고 빛나는 남성 원리)은 힘이 증가하여 점차 12시에 정상에 이른다. 이 지점에서 검은색 음陰(약하고 어두운 여성 원리)의 씨앗이 태어나고 뒤를 이어받아서 6시에 전력을 다할 때까지 힘이 비슷하게 증가하며, 바로 이때 양의 씨앗은 다시 효력을 발휘한다. 이 음양 순환은 요즈음 서핑 보드에 보기 좋게 그려져 있고, 20대의 엉덩이에 문신으로 새겨져 있는, 신비로운 지혜의 긍정적인 이미지로 여겨진다. 실제로는 번뇌(苦)나 덧없음(無常)이라는 불교의 가르침과 비슷하게 어둠과 비관적인 시각을 상징한다. 즉, 이 세상에는 영원함이란 없기에 모든 노력은 결국은 실망으로 이어진다는 것이다. 음양의 순환은 찬양할 것이 아니라 벗어나야 하는 것이다.

어떻게 거기에서 벗어나는가? 아무것도 하지 않으면 벗어날 수 있다. 초기 중국의 사상가들 중에서 노자는 무위라는 용어를 "아무것도 하지 않기(no doing)"라는 문자적 의미와 가장 가까운 의미로 사용한다. 노자는 회귀의 악순환을 추진하는 에너지를 욕망이라 생각했는데, 이는 불교와 유사한 것이다. 욕망은 다시 유교적 무위 추구에 근본적인 문화적 지식과 능동적 노력이라는 두 가지 활동으로 창조되고 강화된다. 노자는 수련된 취미와 인위적 욕구는 세상에 대한 자연스러운 즐거움을 왜곡시키는데, 음식과 육체적 욕망을 절제함으로써 이것에 반격할 수 있다고 했다. 하지만 방심할 수 없는 위험은 사람들에게 덕을 갖도록 교육하려는 유교의 목표이다. 노자에게 있어서, 애쓰지 않고자 노력하는 것은 자멸적일 뿐만 아니라 모든 인간 고통의 근원이기도 하다.

## 붙잡고자 하면 잃게 될 것이다

『노자』 중간쯤에 나오는 유명한 한 구절에는 어떻게 의식적 노력과 애씀이 세계의 병폐에 책임이 있는지를 명확히 보여 준다.

덕이 높은 사람은 덕을 내세우지 않으니, 이 때문에 오히려 덕을 지니게 된다.

덕이 낮은 사람은 덕을 잃지 않으려 하니, 이 때문에 오히려 덕이 없게 된다.

덕이 높은 사람은 일부러 덕을 행하지도 않고[무위], 덕으로 의도하는 것도 없다.

어진 사람은 일부러 인을 행하기는 하지만, 인으로 의도하는 것은 없다.

의로운 사람은 일부러 의를 행할 뿐만 아니라, 의로 의도하는 것이 있다.

예법이 있는 사람은 일부러 예를 행할 뿐만 아니라, 아무도 반응하지 않으면 팔을 걷어붙이고 사람들에게 강요하여 예를 행하게 한다.

그러므로 도를 잃은 이후에 덕이 나타났다.

덕을 잃은 이후에 인을 중시하게 되었다.

인을 잃은 이후에 의를 강조하게 되었다.

의를 잃은 이후에 예를 내세우게 되었다.

무릇 예란 충과 신이 엷은 것이기에 어지러움의 시작이다.[17]

이것은 명예의 실추에 대한 노자 생각으로서, 자기를 의식하지 않는 무위적 완벽함의 원래 상태에서 지속적인 감퇴를 묘사한 것이다. 옛사람들은 진정으로 덕이 높았다. 그들은 애쓰지 않았기 때문에 대

문자 'V'의 진정한 Virtue(덕)를 갖고 있었지만, 상황은 점차 나빠졌다. 첫째, 상대적으로 진실되지만 여전히 세상에서 "선행을 해야 할" 필요성을 느꼈던 '어진(benevolent)' 사람이 있었다. 바로 거기에서 불화가 시작되었다. 그리고 걱정하는 '의로운(righteous)' 사람이 있었다. 그는 자신의 훌륭함을 계속 강조했고, 남의 일에 참견해야 할 필요성을 느꼈던 신성한 체하는 허식가였다. 더 나쁜 것은 주변 사람들에게 무엇이 옳은 것인지 보이려는 탐욕스러운 충동에 이끌려 아무것도 모르면서 예법을 엄격히 준수하는 사람들이었다. 이것은 다시 존경의 공허한 형태를 진정한 존경으로 대체하고, 사랑에 대한 화려한 주장을 진정한 애정으로 대체하도록 촉구하면서 사람들에게 위선적이게 되도록 강요했다. 노자에게 있어서, 본질을 누르고 이루어낸 이미지의 이러한 승리는 결핵 환자의 장밋빛과 비슷한데, 이는 깊이 굳어버린 병에 대한 오도하는 외형의 증상이다.

> 대도가 없어지니 사람들에게 "인"과 "의"가 생겨났고,
> "지식"과 "지혜"가 나타나자 큰 거짓이 생겨났고,
> 가족이 불화하자 "효도"니 "자애"니 하는 것이 생겨났고,
> 국가가 어둡고 혼란하니 "충신"이 나타난다.[18]

공자에게 공정하게 말하면, 이것은 노자가 원했던 것이 아니다. 노자 역시 선하기 위한 모든 운동을 거치지만 결국은 쭉정이 덕이자 거짓의 표본인 "마을의 젠체하는 사람"에 대해 걱정했다. 하지만 노자

의 요점은 애쓰기와 학습, 그리고 끊임없는 자기반성을 강조하는 유교 전략이 마을의 젠체하는 사람을 만들어낼 뿐이라는 것이다. 선하고자 애쓰는 행동은 그 목표를 치명적으로 오염시킨다. 그가 말하듯이, "덕을 끊임없이 추구하는 최악의 덕은 결코 덕에 이르지 못한다." 덕을 갖추려는 의식적이고 목표 지향적인 시도는 반드시 위선으로 이어질 것이다.

심리학자 대니얼 웨그너Daniel Wegner는 의식적이고 의도적인 노력의 '역설적 효과(ironic effect)'에 대해 많은 연구를 했다. 『노자』에 나올 법한 말로 그는 이렇게 말한다. "우리가 추구하고자 하는 많은 목표는 의식적으로 추구할 때는 산만함과 스트레스로 훼손되어서 목표 달성에 실패할 뿐만 아니라 역설적이게도 그 반대 결과를 낳는다. 우리는 틀림없이 가장 하고 싶지 않은 것을 하게 된다."[19] 그와 동료들은 행복을 위해 의식적으로 애쓸수록 우울해지고, 긴장을 풀려고 애쓸수록 걱정하게 되며, 집중하고자 애쓸수록 정신이 산만해진다는 것을 보여 주는 많은 증거를 내놓았다. 무언가를 의식적으로 잊고자 노력하면 더욱 선명하게 기억하게 된다. 억지로 자려고 애쓸수록 불면증은 더 악화된다. 섹스 생각을 멈추려고 애쓰는 것은 그 생각을 계속하는 가장 좋은 방법이다.[20] 누군가가 골프에서 퍼트를 시도하고 있을 때 오버슛이 나도록 하고 싶다면 오버슛 하지 않도록 정말 열심히 노력하라고 말하면 된다. 『퍼트와 추: 행동의 정신적 통제가 미치는 역설적 효과The Putt and the Pendulum: Ironic Effects of the Mental Control of Action』[20]라는 제목의 뛰어난 연구에서, 웨그너와 동료들은 골프 지도의 유해

한 영향을 입증했을 뿐만 아니라, 손에 매달린 채로 추를 움직이지 않도록 요구하면 더 많이 움직이고, 특히 피하라고 들은 방향으로 움직이게 된다는 것도 보여 주었다. (3초 간격으로 1,000을 거꾸로 세야 하는) 인지적 부담 하에서 그 영향은 더 커진다. 이러한 인지적 부담은 공자의 평범한 제자들이 쌓여 있는 고전 텍스트들을 외우고 수많은 예법을 익혀야만 하는 상황과 비슷한 것이다.

 이와 같은 의식적 노력의 역설적 효과는 오스트리아 정신과 의사 빅터 프랭클Viktor Frankl이 이용했던 것으로, 그는 '역설적 의도'라는 치료법을 개발했다. 프랭클은 불면증 환자의 특정한 문제에 집중하면서 "잠은 우리의 손 주변에 내려앉아서 우리가 주의를 기울이지 않는 한 그곳에 머무는 비둘기 같다. 그것은 잡으려고 애쓰면 재빨리 날아가 버린다"[22]라고 말한다. 따라서 그가 추천하는 전략은 불면증 환자들에게 가능한 한 오랫동안 깨어 있도록 노력하라고 조언하는 것으로서, 그렇게 하면 실제로 더 빨리 잠에 빠진다.[23] 유명하지만 어떤 점에서는 악명 높은 테니스 선수 존 매켄로John McEnroe는 내가 알기로 프랭클식 정신분석가로서 정규 교육을 받지 않았지만, 이 기술의 힘을 직관적으로 인식하고 있었다. 예컨대, 포핸드가 부드럽고 완벽했던

> **역설적 의도(paradoxical intention)**
> 내담자로 하여금 염려하고 있는 바로 그 행동을 의도적으로 계속하고, 오히려 이를 과장하도록 지시함으로써 문제 행동에 대한 조절력을 향상시켜 문제를 극복하게 하려는 의도로 처방되는 치료적 전략이다.

상대편 선수와 시합을 할 때 매켄로는 코트를 바꾸면서 "와우, 오늘 포핸드가 정말로 좋군요"라고 그를 칭찬한다. 그러면 상대편 선수는 갑자기 다음 세트에서 쉬운 공도 실수하여 망쳐버리게 된다.[24]

역설적 효과는 육체적 운동이나 정서, 잠들려고 애쓰는 것과 같은 생리적 과정에만 국한되는 것이 아니라 도덕 영역으로도 확장된다. 공정하고 편파적이지 않도록 명시적 지시를 받는 실험대상자들은 실제로 더 편파적이게 된다.[25] 이와 비슷하게, '도덕적 허가'*는 긍정적인 도덕적 자기평가가 다음 행동에 미치는 부정적 효과를 가리킨다. 편파적이지 않음을 입증한 실험대상자들은 그 다음에 편견을 보여 줄 가능성이 더 높다. 시간을 내 봉사활동에 참여했다고 상상하도록 한 사람들은 스스로를 후하게 평가했고(그들은 "나는 온정적인 사람이다"라는 말에 동의할 가능성이 더 높았다), 그 후에 하찮은 사치품을 자랑해 보일 가능성이 더 높았다.[26] 도덕적으로 긍정적인 행동을 명명하고 자신에 대한 사람들의 생각을 부풀리는 것에 따른 해로운 효과

> **도덕적 허가(moral licensing)***
> 자신이 어느 정도 도덕적이라고 판단하면 오히려 그 다음에는 비도덕적인 행동을 하는 경향이 더 강하다는 현상이다. 사람들이 가능한 한 많은 도덕적인 행동을 하려는 것이 아니라 자신이 어느 정도 도덕적이어야 한다는 기준을 가지고 있다는 이론이다. 그래서 그 기준에 미치지 못하면 도덕적인 행동을 더 하려고 하지만, 때로는 자신이 충분히 도덕적이라고 인식하면 역설적이게도 비도덕적 행동을 더 쉽게 하게 된다는 것이다. 이런 심리적 기제는 자신이 옳은 일을 위해 뭔가를 하고 있다고 믿을 때 역설적으로 옳지 않은 행동을 할 가능성이 높아질 수 있는 위험성을 보여 준다.

를 대상으로 하는 한 훌륭한 연구에서,²⁷ 다양한 조건에 있는 실험대상자들에게 스스로 선택한 자선단체에 10달러까지 기부할지를 물었다. 중립적인 조건에 있는 실험대상자들은 평균 2.71달러를 기부했지만, '배려하는(caring)'이나 '관대한(generous)', '친절한(kind)'과 같은 단어들로 점화된 실험대상자들은 얼마 되지도 않는 1.07달러를 기부했다.

선하다는 생각이 나쁜 길로 인도할 수 있고, 긍정적인 행동에 대한 이야기는 부정적 행동을 촉진시키기도 한다. 의인義人이 되려는 의식적 애씀은 실제로 우리를 참을 수 없는 위선자로 만들고, 덕을 달성하려고 애쓰는 사람은 누구나 실패할 것이라고 주의를 주는 노자는 중요한 무언가를 명확하게 알고 있다. 그렇다면 우리는 무엇을 해야 하나? 노자는 그저 집으로 가라고 한다.

## 집으로 되돌아가 통나무 끌어안기

『노자』의 가장 두드러진 특징 중 하나는 그 책의 은유가 『논어』에 널리 퍼져 있는 은유를 직접 겨냥한다는 것이다. 공자는 우리에게 교양(文)으로 꾸미도록 설득하는데, 이것의 원래 의미는 '패턴pattern'이나 '장식(decoration)'이다. 노자는 '꾸미지 않음(unadorned)'과 '간소함(simple)'을 보이라고 말한다. 공자는 옥처럼 우리를 갈고닦으라고 하지만, 노자는 '통나무\*'를 끌어안으라고 한다. 공자는 자기 수양의 과정을 성인의 경지로 향하는 호된 평생의 여정에 비교하지만, 노자는 가던 길을 멈추고 되돌아와서 최초의 터전으로 가라고 말한다. 즉, "갓난아기가 되고" "자연을 존중하라고" 말한다. 애씀의 잠재적인 역설적 효과뿐만 아니라 과도한 자기 존중의 해로운 영향을 매우 잘 알고 있는 노자는, 무위에 이를 수 있는 유일한 방법은 지나치게 활동적인 공상적 박애주의자와 유교의 가르침이 만들어낸 독실한 체하는 도덕주의자가 가한 손상을 완화시키려고 노력하는 것이라고 생각한다.

> 지식을 끊고 번지르르한 말을 버리면 백성의 이익이 백 배가 될 것이고,
> 거짓을 끊고 이익을 버리면 백성이 효성과 자애를 회복할 것이고,
> 기교를 끊고 생각을 버리면 도적이 사라질 것이다.
> 순박함을 보고 통나무를 끌어안으니,
> 사사로움을 적게 하고 욕심을 적게 하라.
> 학습을 끊으면 아무런 걱정이 없을 것이다.[28]

노자의 무위에 이르기 위해서는 마음과 몸을 서서히 풀고, 책을 통한 학습과 인위적인 욕망을 벗어던지면서 행하기보다는 행하지 않아

---

**통나무**\*
노자는 도의 모양을 통나무에 비유하는데, 이는 다듬지 않고 원래의 모습을 간직한 통나무에서 수많은 모양과 쓸모가 나오고, 그것이 모든 것의 바탕이고 무색이며 원천이기 때문이다.

야 한다. 목표는 쾌적하고 따뜻한 욕조에 몸을 담그는 것처럼 완벽한 비행위(무위)와 자기를 의식하지 않음의 상태로 느슨해지는 것이다.

> 학문에 정진하는 자는 날마다 쌓아가지만
> 도에 정진하는 자는 날마다 덜어낸다.
> 덜어내고 또 덜어내어 무위의 경지에 이른다.
> 무위의 경지에 이르면 의식적으로 소중히 하는 것은 더 이상 없다.[29]

노자는 때때로 이러한 최종 상태를 '자연성(naturalness)' 또는 '자연自然(so-of-itself)'으로 기술한다. 통나무처럼, 완전히 자연스러운 사람은 사회화의 번지르르한 허식을 벗어버리고, 간소하고 순수한 참된 본성으로 되돌아간다.

문제는 정확히 이것을 어떻게 하는가이다. 『노자』를 읽을 수 있는 사람은 누구든 이미 문화에 물들어 있고, 학식이 있는 엘리트 계층에 속한다. 이런 엘리트 계층은 『논어』에서 공자를 놀려대는 무례한 은둔자와 동일한 사회계층이다. 어떻게 인위적인 감식력으로 타락하고 아는 체하는 학자를 데리고 와서 그를 통나무로 바꾸는가? 우리는 때때로 노자가 자기 글을 읽는 것만으로 효험이 있을 것이라고 생각한다는 인상을 받는다. 우리는 『장자』에서 더욱 두드러지며, 선불교의 공안公案으로 변형되는 기법을 엿볼 수 있다. 그것은 개념적 익숙함에서 독자를 벗어나도록 하기 위해 역설적 언어나 환기적 시를 사용하는 것을 말한다. "말할 수 있는 도는 변하지 않는 도가 아니요,

부를 수 있는 이름은 변하지 않는 이름이 아니다"(道可道, 非常道. 名可名, 非常名.) 『노자』 제1장라는 노자의 유명한 주장이 있다. 이런 역설은 "신비하고도 또 신기하니, 온갖 미묘한 것들이 들고나는 문"[30]으로 명명된다. 우리는 적어도 평범한 추론으로는 대답할 수 없는 것처럼 보이는 수수께끼 같은 질문을 받는다. "당신이 태어나기 전에는 어떤 얼굴이었나?", "한 손으로 손뼉을 치면 어떤 소리가 나는가?"와 같은 잘 알려진 선불교의 공안도 마찬가지이다. 이런 역설은 선불교에서 지혜로 들어가는 '문'으로 여기는데, 그런 문제에 직면하는 것은 평범한 사고의 틀에서 벗어나도록 도와주기 때문이다. 같은 방식으로, 노자가 독자에게 강조하는 "신비하고 또 신기함"은 말로 표현할 수 없는 통찰력으로 들어가는 비밀 문으로 상상할 수 있다.

하지만 선불교는 결코 공안을 심사숙고하는 것에만 만족하지 않고, 항상 명상과 결합된다. 이와 비슷하게, 『노자』의 몇 군데에서는 노자가 독자를 위해 마음속에 더 구체적인 무언가를 갖고 있다는 암시를 볼 수 있는데, 그것은 육체적 명상이나 영적인 활동을 말한다. 예컨대, 수사의문문으로 구성된 한 구절이 있다.

> 분주한 땅의 기운을 등에 지고서
> 하나로 끌어안아서 떨어지지 않게 할 수 있는가?
> 기운을 순일하게 하고 부드러움에 이르게 하여
> 갓난아기처럼 될 수 있는가?
> 당신의 신비한 거울을 닦고 말끔히 하여

한 점 흠도 없게 할 수 있는가?

······

하늘의 문을 열고 닫으면서
여성의 역할을 할 수 있는가?[31]

이 구절은 지나치게 모호하다. 이 세상에서 "분주한 땅의 기운"이란 무엇인가? "신비한 거울"이란 무엇이고, 그것은 어떻게 닦는가? 하늘의 문은 어디에 있고, 그런 문은 어떻게 여성의 역할과 관련이 있는가? (이것은 실제로 약간 외설적인 것처럼 들린다.) 짧은 답은 노자가 이 구절에서 정말로 무엇을 주장하는지 아는 이가 없다는 것이다. 그러나 이것을 중심으로 발생한 많은 논평은 나중에 실천적 도가 공동체에서 사용한 방식과 함께 이것들이 명상, 호흡법, 어쩌면 성 체조의 특별한 형식이라고 했다. 우리는 서력기원의 초기에 노자를 영감의 근원으로 인용하는 자칭 도가가 이 모든 것에 참여하고, 일반적으로 환각버섯을 덤으로 덧붙이는 것을 볼 수 있다.

특정한 본질이 무엇이든 간에, 이런 개념적 수수께끼와 육체적 실행에는 특정한 목표가 있다. 자발적인 '뜨거운' 체계가 간섭 없이 작동하기 위해 의식적 마음을 멈춰 세우는 것이 그런 목표이다. 노자가 상려하려는 상태는 어쩌면 운동과학에서 '격렬한 운동 후에 맛보는 도취감'과 비슷해 보인다. 신경과학자 아르네 디트리히 Arne Dietrich는 이른바 '일시적 전두엽 기능저하(transient hypofrontality)'[32]에 관한 흥미로운 연구를 했다. 이것은 강렬한 신체적 활동 중 발생하는 전전두엽피질의 인지적 통제 부위의 발현억제를 말한다. 활발한 육체적 활동은 사람의 몸에 엄청난 스트레스를 주고, 몸은 에너지가 부족한 전전두엽피질과 같은 중요하지 않은 것으로 간주되는 부위를 일시적으로 차단하면서 반응한다. 이때 발생하는 인지적 상태는 노자 학파 성인의 긴장을 푼 자연스러운 무위 마음가짐과 매우 비슷해 보인다. 디트리히는 다음과 같이 말한다.

> 무시간성의 경험, 현시점에서 살기, 주변 환경에 대한 축소된 자각, 평화로움(덜 분석적임), 떠다님(축소된 작동기억과 주의 능력)과 같은 이런 상태의 현상학적으로 특유한 몇몇 자질들은 정면 기능저하(frontal hypofunction)의 상태와 일치한다. 전전두엽피질이 환경을 분리·구별·분석할 수 있는 능력을 제공하는 바로 그 구조라고 한다면, 자아나 자연과의 통일성과 같은 추상적인 느낌들도 명확하게 설명할 수 있다.[33]

흥미롭게도, 술과 다양한 약을 사용하는 것이나 당신이 정말로 좋은 한 차례의 섹스에 대해서도 동일한 신경 패턴을 얻는 것처럼 보인다. 이 모든 활동은 우리의 자각과 성향, 통제의 느낌과 같은 의식적 마음을 일시적으로 멈춰 세워서 무의식적 체계가 책임지도록 한다. '갓난아기의 마음'으로 되돌아가라는 노자의 이야기는 과학적 관점에서 은유 그 이상이다. 노자의 명상은 성인기에 발달했거나 과도하게 발달한 마음의 부위를 정확히 무력하게 만들어 더욱 기본적인 고대의 체계가 이어받도록 하는 것을 목표로 한다.

결과는 사물들과의 쉬운 하나(oneness)로서, 이것은 예상이나 계산하지 않고서 스스로를 드러내는 것은 무엇이든 그것과 함께 가는 상태를 말한다. 무위와 덕의 관계로부터 예상할 수 있듯이, 그런 완벽한 긴장 풀기는 세상에서 믿기 어려울 정도의 효율성뿐만 아니라 사회적 성공을 가져다준다. "스스로 덕이 있다고 생각하지 않는 최상의 덕"인 진정한 덕의 상태는 하늘 및 도와 완벽한 조화를 나타내는데, 이러한 조화는 노자 학파의 성인에게 남자와 여자, 짐승들보다 우위에 설 수 있는 주목할 만한 힘을 주는 것이다. 그는 자신에 대해서는 아무것도 생각하지 않기 때문에 다른 사람들로부터 존경을 받고, 아무것도 원하지 않기 때문에 그에게는 모든 것이 주어진다.

> 친절하지만 아무런 보답을 요구하지 않는 성인은 결국 모든 것을 얻는다.
> 성인은 쌓아두지 않지만,
> 남을 위할수록 자신은 더 넉넉해지고
> 남에게 베풀수록 자신은 더욱 풍요로워진다.[34]

의식석 마음을 억제시키고 단지 운동 프로그램과 하위 인지적 체계의 안내를 받는 상태는 한 시점에서 "하나로 끌어안는다"로 기술된다. 이러한 무위의 경지는 개인적 성공을 유발할 뿐만 아니라 성인의 주변 사람들에게 파급 효과를 미치기도 한다. 이상적으로 노자의 성인은 덕의 힘으로 주변 세상 전체를 성공적으로 변형시킨다.

> 굽히면 온전하다.
> 구부리면 곧아진다.
> 비어 있어야 채워진다.
> 낡으면 새로워진다.
> 덜어내면 얻어진다.
> 많으면 미혹된다.
> 이 때문에 성인은 하나를 품고,
> 세상의 본보기가 된다.
> 자신을 드러내지 않기에 밝게 드러난다.
> 자신을 옳다 않기에 널리 빛나며,
> 자신을 자랑 않기에 공을 인정받는다.
> 자신을 뽐내지 않기에 그의 이름이 오래간다.[35]

『논어』에서처럼 이런 선견에는 정치적 차원이 있다. 노자 학파 성인의 덕은 너무 강력해서 다른 사람들을 그 궤도로 끌어들일 수 있다. 성인의 자연스러움은 주변 사람들도 자연스럽게 되도록 한다.[36] 최종 목표는 책략과 위선, 과도한 욕망이 없는 세상으로서, 사람들은 이곳에서 서로 소박하게 조화를 이루고 세상과 조화를 이루면서 살며, 약간의 노력이나 생각 없이도 친절함과 선함이 자발적으로 사람들로부터 나오기 때문에 도덕성에 대해 이야기할 필요가 없다.

## 어떻게 바라지 않도록 바랄 수 있는가?

이것은 아름다운 비전vision으로, 역사를 통틀어 『노자』의 엄청난 인기를 설명하는 데 큰 도움이 된다. 『노자』는 성경 다음으로 가장 많이 번역되었고, 특히 지난 몇 십 년 동안 서양 문화에 상당한 영향을 미쳤다. 땅을 가까이 하고 도시 생활의 부자연스러운 산만함에서 멀어질 수 있는 매우 소박한 생활방식을 찬양하고, 더불어 책을 통한 학습과 기존의 사회적 규범을 의심하는 이 책은 1960년대 ·대항문화 운동에 영감을 주었다. 나는 인류 역사상 어떤 다른 책보다 이 책을 향유하는 곳에서 더 많은 마리화나나 담배가 소비됐고, 더 많은 향을 피웠다고 틀린 셈 치고 주장하고자 한다. 그리고 이 텍스트에 동기를 주는 자연스러움의 찬양이나 허식에 대한 의심을 반박하기란 쉽지 않다. 누가 우주와 조화를 이루고 싶지 않겠는가?

하지만 1960년대와 1970년대의 많은 히피족들이 결국은 공동체 생활방식을 컴퓨터 신생기업와 바꾸었고, 삼베옷을 바나나리퍼블릭Banana Republic 옷과 바꾸었다는 것도 부인할 수 없는 사실이다. 19세기의 독일 낭만주의*에서 오늘날 문화인류학과에 이르는 대부분의 서양 대항문화 운동처럼, 『노자』는 유토피아적 이상을 원시 사람들이 자기를 의식하지 않으면서 자연과 완벽하게 조화를 이루면서 살았던 황금기로의 회귀로 간주한다. 현대의 자발성 연구에서도 비슷한 것을 볼 수 있다. 예컨대, 『최적 경험Optimal Experience』이라는 흐름을 탐구하는 단행본에서 미하이Mihaly와 이사벨라Isabella 칙센트미하이는 이렇게 말한다. "환경에 우연히 잘 적응했던 원시 문화의 사람들이 다른 생활방식과 가능성을 전혀 모른다고 한다면 대체로 흐름 속에 있다고, 즉 몰입 중이라고 가정하는 것은 이치에 맞다. 그런 이상적-전형적 공동체에서 생활 선택은 자명하고, 의심과 충족되지 않은 욕망은 거의 없거나 일시적이다."37 그들은 서양 사상에서 유서 깊은 혈통을 가진 소규모이거나 이국적인 사회에 대한 '고상한 야만인'*38 묘사의 전통에서 완벽하게 자발적이고 자신을 의식하지 않는 생활양식의 표본인 태평양 연안 북서부에 사는 원주민**에 관한 인류학적 연구를 인용한다.

고상한 야만인 신화의 주된 문제는 그것이 정확히 신화라는 것이다.

---

**독일 낭만주의(German Romanticism)***
18세기 말부터 19세기 중엽에 걸쳐 독일에서 나타난 문예 및 철학 사조로서, 계몽주의에 대항하여 독일 고유의 신비적·사변적·형이상학적 경향을 주장함으로써 18세기 후반 이후 점차적으로 형성되었다. 낭만주의 이론을 개척한 사람은 슐레겔 형제, 특히 아우인 프리드리히로서, 그는 객관에 대한 주관의 절대적 자유를 부르짖고, 이를 무한히 동경하며, 환상을 사랑하고, 이른바 형식의 속박을 혐오하며 자아를 숭배했다.

**고상한 야만인(Noble Savage)***
영화 '부시맨'에서는 아프리카 칼라하리 사막에서 살고 있는 부시맨이라는 종족이 나온다. 그들은 문명세계와 완전히 단절되어 원시적 생활을 하지만 전쟁과 싸움을 모르고 평화스럽게 살아간다. 이를 통해 인간은 선하게 태어나지만 문명과 사회 속에서 타락되어 간다는 견해에도 일면 수긍이 간다. 자연 상태의 인간은 욕심이 없고 평화로우며 탐욕, 근심, 폭력 등은 문명이 가져다 준 산물이라는 것이다. 고상한 야만인이란 이런 생각을 대변하는 용어이다.

이 신화는 다양한 이유 때문에 오늘날까지 널리 퍼졌지만 명백하게도 현대이든 고대이든 간에 소규모의 사회생활을 설명하기에는 부정확하다. 어쩌면 평화롭고 조화로운 토착 문화는 실제로 (만연한 적들의 대량학살과 노예화를 포함해) 전형적으로 끊임없는 잔인한 전쟁뿐만 아니라 극단적인 사회적 계층화로 특징지어졌다.[39] 농경 이전의 사람들이 우리와 같이 교화되고 밀을 쩝쩝 씹어 먹는 현대인들보다 더 많은 여가시간과 더 나은 소화력, 우수한 자세와 시력을 누렸지만, 그들의 삶은 충격적일 정도의 배고픔과 병, 잔인함, 폭력으로도 특징지어질 수 있었다.[40] 왜 그럴 수 있는지, 그리고 왜 대체로 소비자본주의[***]는

> **태평양 연안 북서부에 사는 원주민(First Nations peoples)[**]**
> 그동안 인디언이라고 불렸던 사람들은 유럽인들이 아메리카 대륙에 이주해 정착하기 훨씬 이전부터 살고 있었던 원주민이기에 지금까지 백인 사회에서 사용했던 '인디언'이나 '아메리카 인디언'이란 단어는 잘못된 호칭이다. 이들은 인도 사람이 아니므로 인디언이란 이름은 차별적이고 비하적인 의미를 담고 있다. 따라서 캐나다에서는 오래전부터 정치적으로 중립적인 용어인 이 표현으로 바꾸어 부르고 있다.
>
> **소비자본주의(consumerist capitalism)[***]**
> 1차세계대전 이후 생산력과 기술의 발달로 전체적인 공급은 증가한 반면, 증가한 생산품을 살 수 있는 구매력은 증가하지 않아서 시장 전반적으로 초과 공급이 지속되어 결국 대공황이 야기되었다. 2차세계대전 이후 정부는 전후 불황을 극복하기 위해서 여러 정책을 도입했는데, 전반적으로 소비를 진작시키는 내용이어서 소비자본주의라는 결과가 나온 것이다.

손상되지 않고서 대항운동이 시들해지는 경향이 있는지는 무위에 대한 노자 시각의 한계를 보여 준다.

노자 전략의 단점을 파악할 수 있는 가장 좋은 방법은 그 텍스트의 신비적 시 이면에 잠복해 있는 두 가지 긴장을 조사하는 것이다. 첫 번째는 『노자』에서 제시하는 인간 본성의 그림과 관련이 있다. 텍스트의 저자(들)는 자연성으로 '되돌아가기' 위해 사회가 급진적으로 소형화될 필요가 있다고 주장한다.

> 국가의 규모를 작게 하고 백성의 수를 적게 하라.
> 노동을 덜어 주는 기구가 있어도 사용하지 않게 하고
> 변화를 두렵게 여겨 백성들이 멀리 옮겨 다니지 않게 하라.
> 그러면 배와 수레가 있어도 탈 일이 없고
> 갑옷과 무기가 있어도 쓸 일이 없을 것이다.
> 사람들에게 다시 노끈을 묶어 셈을 계산하게 하라.
> 그러면 자기네 음식을 달게 여기고 자기네 옷을 아름답게 여기며
> 자기네 집을 편안하게 여기고 자기네 풍속을 즐기게 될 것이니,
> 이웃 나라가 서로 바라보이고 닭소리 개소리 서로 들려도
> 백성들은 늙어 죽을 때까지 서로 왕래하지 않을 것이다.[41]

이것은 칙센트미하이가 기술하는 가상의 '원시 문화'처럼 들린다. 이 구절에서 "노끈을 묶어"는 글이 출현하기 이전의 기록 방법인데, 이것은 노자가 우리에게 얼마나 멀리까지 되돌아가기를 원하는지 알

려준다. 우리는 소가 끄는 쟁기뿐만 아니라 읽고 쓰는 능력도 포기해야 한다. 이 책이 글이 틀렸다고 말하는 글말 텍스트라는 점에서 다소 어색하지만, 어쩌면 『노자』는 전달되자마자 저절로 파괴되는 메시지처럼 보인다. 당신은 그 책을 읽고, 마음이 지워지면 통나무를 더없이 행복하게 끌어안으면서 남은 나날을 보낼 것이다.

그러나 여전히 의문이 남는다. 통나무 같은 것이 매우 자연스럽고, 우리가 집으로 되돌아가야 한다면, 왜 그렇게 하라고 말하는 책이 필요한가? 책이 필요하다는 사실은 어쩌면 간단한 것이 어쨌든 그렇게 본능적인 것은 아님을 암시한다. 노자 방식의 지도자가 백성들이 노동을 덜어 주는 기구를 사용하지 않고 외국으로 여행하지 않도록 "해야 한다"는 사실은 정확히 그들이 자연스럽게 이런 일들과 더 나쁜 일들을 하는 경향이 있다는 것을 암시한다.

이런 긴장은 단순히 부정확한 인류학이나 심리학으로 간단히 떨쳐 버릴 수 있다. 하지만 그것은 어떻게 애쓰지 않도록 노력하는가와 관련 있기도 하지만 훨씬 더 심오한 문제와 연결된다. 『노자』는 애쓰기의 위험에 대한 경고들로 가득하다. 예컨대, 세상에 영향을 미치고자 애쓰는 사람은 누구든 실패하기 마련이라고 경고한다.

> 천하를 억지로 얻고자 애쓰는 자들은
> 결국 얻지 못하게 될 것을 안다.
> 천하는 신묘하기에 억지로 도모할 수 없다.
> 억지로 도모하고자 하는 자는 실패하고

억지로 잡고자 애쓰는 자는 놓치게 된다.[42]

동시에 이 텍스트는 또한 세상을 통제하고 윤회의 순환에서 벗어날 수 있도록 '무위하고' 도의 '이미지를 파악하도록' 촉구한다. 더욱이 이 텍스트는 애쓰기를 멈춘다면 실제로 매우 성공할 것이라고 약속한다. 성인은 "무위하면 이루지 못하는 게 없다."

이 텍스트를 더욱 세밀히 살피면 신비한 지혜로 변장한 투박한 도구적 추론들이 제시되는 것처럼 보이는 많은 부분들이 있는데, 이는 대부분 출세에 도움이 되는 것과 관련된 구절이다. 이 중의 한 구절은 "강과 바다가 뭇 계곡을 지배할 수 있는 이유는 계곡보다 자신을 잘 낮추기 때문이다. 스스로를 낮추면 결국 맨 위에 있게 된다"(『노자』, 제66장) 라고 시작한다. 이것은 초기 중국 텍스트에서 강과 바다에 관한 흔한 비유이다. 그리고 강과 바다는 모든 물을 모아서 계곡을 "지배하는" 세상에서 가장 낮은 장소이다. 그런 다음 이 텍스트는 이로부터 인간 세상에 대해 배울 수 있는 교훈을 상세히 설명한다.

> 그러므로 백성을 통치하고자 하면 반드시 말을 낮추어야 한다.
> 백성 앞에 서고자 하면 반드시 그들 뒤에 있어야 한다.
> 그러면 성인이 위에 있어도 백성은 무겁게 여기지 않고
> 성인이 앞에 있어도 백성은 불편하게 여기지 않는다.
> 그러므로 세상 사람들이 즐거이 받들며 싫증내지 않는 것은
> 성인이 백성과 다투지 않기 때문이니,

그러므로 세상 그 누구도 그와 다툴 수 없다.[43]

실용적이고 어느 정도 악의적으로 지도자와 다른 사람들의 출세를 돕도록 고안된 것처럼 보이는 『노자』의 '도구적(instrumental)' 부분이 가장 두드러지는 부분이 바로 이 구절이다. 무위의 역설이 가장 명백한 곳이 이 부분인 것은 우연이 아니다. 그리고 이 구절은 어떻게 무위를 조작하면 되는지 조언하는 것처럼 보이기도 한다. 즉, 강점을 얻기 위해 약함을 높이 평가하고, 머리에 왕관을 쓸 때 사람들이 꺼리지 않도록 겸손하라는 것이다.

흥미롭게도, 이런 도구적 문제는 칙센트미하이가 '흐름'을 옹호할 때 나타나는 긴장으로 지적하는 것과 유사하다. "대부분의 사람들은 흐름이 최적의 주관적 경험을 제공한다는 사실에 감명 받지 않지만, 흐름이 성과를 향상시킬 수 있다는 제안만 들어도 그들의 관심은 즉각적으로 활기를 띤다. 풀백이 흐름을 타면 더 열심히 경기했다거나 엔지니어가 흐름을 타면 더 좋은 제품을 내놓았다는 것을 입증할 수 있다면, 사람들은 즉시 그 개념을 받아들이고 중요시할 수 있다. 물론 이것은 경험의 자기 목적적(autotelic) 본성을 효과적으로 파괴할 것이다."[44] 그들은 흐름과 강화된 성과 간의 연결을 "경시하는 것이 더 좋다"고 결론 내린다.

그것은 그들을 위한 선택일 수 있지만 확실히 노자를 위한 선택은 아니다. 왜냐하면 노자의 사고는 약한 자와 낮은 자를 귀중하게 여기면 결국에는 당신이 강하고 위엄 있게 된다는 것을 전제하기 때문이다. 이 텍스트의 주된 장점은 무위가 작동한다는 것이다. 실제로 『노자』는 종종 노골적으로 도구적 목적으로 사용되었다. 약한 것이 강하다는 노자의 가르침은 매복을 깨뜨리고 적을 전멸시키기 위해 어떻게 약한 척 할지, 어떻게 전략적으로 후퇴할지를 가르치는 손자孫子의 『손자병법孫子兵法』에 영향을 미쳤다. 이른바 '부드러운' 무술도 비슷한 원리에 기초한다. 즉, 상대편의 힘을 이용하여 그가 비틀거릴 때 뒤통수를 때릴 수 있도록, 항복하고 "약해져야" 한다.

노자 무위의 도구적 해석은 어쩌면 이 텍스트의 원래 정신과 일치하지는 않는다. 노자의 무위는 당신이 진실해야만 작동한다. 즉, 어떤 층위에서 진정으로 힘을 원하지 않아야만 그 힘을 얻을 수 있다는 것이다. 다시 한 번, 『논어』에서처럼, 우리는 행동만이 아니라 기본적인 가치관을 바꿀 필요가 있다. 『노자』 제20장에서는 더욱 기본적인 과정의 안내를 받고 능동적인 인지적 통제 체계 없이 사는 것이 어떤 것인지를 뛰어나게 묘사하고, 이런 상태를 유지하는 능력과 어떤 가치관을 계속 고수하는 것을 연결시킨다.

> 뭇 사람들은 희희낙락하니
> 마치 사치스러운 잔치를 벌이거나 화사한 봄날 누각에 오르는 듯하다.
> 아직 웃지 못하는 갓난아기처럼, 나 홀로 고요히 미동도 않는다.
> 돌아갈 곳 없는 사람처럼.
> 뭇 사람들은 다 여유로운 생활을 하는데, 나 홀로 부족한 듯하다.

나는 바보 같은 사람이라, 우둔하고 우둔하다.

뭇 사람들은 똑똑하고 현명한데, 나 홀로 갈 곳 몰라 하는구나.

담담하네, 드넓은 바다처럼.

끝이 없네, 결코 멈추지 않는 것처럼.

사람들은 모두 나아갈 곳을 알고 고귀함을 좇는데

나 홀로 어리석고 천하다.

나의 욕망만이 사람들의 욕망과 다르니

나만이 어머니의 부양을 귀하게 여길 뿐이다.[45]

하지만 특별한 가치관을 받아들이는 것에 집중하면 무위에 이르기 위한 긴장은 한층 더 깊어질 뿐이다. 진정으로 무위하기 위해서는 기본적인 욕구를 바꿀 필요가 있다. 진정으로 "어머니의 부양"을 귀하게 여길 필요가 있는데, 어머니의 부양이란 약함과 어둠, 무지를 고수하고, 그리하여 진정으로 자연적 도와 접촉하는 것이다. "바라지 않도록 바랄" 필요가 있다.

『논어』에서 본 것과 동일한 기본적인 문제가 있는 듯하다. 즉, 사랑하지 않는 무언가를 사랑하고, 귀하게 여기지 않는 무언가를 귀하게 여겨야 한다는 것이다. 노자의 무위가 주는 이득을 얻을 수 있는 유일한 방법은 그런 이득을 진정으로 원하지 않는 것이다. 어떻게 그럴 수 있는가?

이 문제를 특별히 살펴본 사상가는 공자의 추종자인 맹자이다. 맹자는 노자의 원시주의原始主義가 애초부터 결함이 있다고 주장하면서 인간 본성에 대한 노자의 묘사에 집중한다. 사람들이 노동을 덜어주는 기구와 사치품, 영리함, 멀리 옮겨 다니는 것을 좋아한다는 사실은 적어도 합리적 범위 내에서 추구할 때 자연스러워 보인다는 것을 의미한다. 맹자는 또한 『논어』와 『노자』 모두에서 등장하는 역설을 피할 수 있는 방법을 발견했다고 생각한다. 즉, 무위에 이르기 위해서는 이미 좋아하지 않는 무언가를 좋아하거나 완전히 새로운 가치관을 진정으로 받아들일 필요는 없다. 맹자는 어떤 부분에서 우리는 이미 무위에 이르렀다고 한다. 그것을 인식하고 우리 속에 있는 무위 경향을 기를 필요가 있을 뿐이다.

> **원시주의(primitivism)**
> 자연이나 자연적인 것을 인간적 가치의 기준으로 보는 사조로서, 소박한 생활로의 복귀에서 구원을 발견하려는 것이 그 예이다.

## 제5장

노력하라,
그러나 너무 열심히는 하지 말기

도덕적 싹 재배하기

중국 전국시대 패망한 상商 왕조에서 살아남은 사람들은 송宋나라에 피난하게 되었다. 패망한 왕조와 연상되어서 해학적으로 우둔한 '송나라 출신 사람'은 후기 전국시대 문헌에서 우스갯거리로 등장한다. 이들의 이야기는 『맹자』에 제일 먼저 등장한다. 송나라 사람 중에 곡식의 싹이 자라지 않는 것을 안타깝게 여겨 싹을 뽑아 올린 자가 있었다. 피로한 기색으로 집에 돌아온 그는 가족들에게 "오늘은 참 힘든 하루였네. 내가 싹이 자라는 것을 도와주었어"라고 했다. 깜짝 놀란 아들이 달려가 보니 싹은 이미 시들어 버렸다.[1] 이 일화는 원진히 역효과를 낳는 헛된 노력을 의미하는 현대 중국 속담 '싹이 자라도록 싹을 뽑아 올린다(揠苗助長)'의 기원이다. 맹자는 이 일화를 도덕적으로 바른 무위를 얻는 적절한 방법에 대한 메시지로 생각한다. "전력투구해야 하지만, 억지로 강요해서는 안 된다. 송나라 사람처럼 하여서는 안 된다."(『맹자』,「공손추장구 상」, 제2장) 명확히, 맹자는 너무 열심히 노력하는 사람(송나라 출신 사람)과 전혀 노력하지 않는 사람이라는 두 가지 다른 대상을 구분한다. "호연지기를 기르는 것이 무익하다고 해서 내팽개치는 것은 김매지 않는 것과 같다. 그리고 싹이 자라나도록 도와 준다는 사람은 싹을 뽑아 올리는 사람이다. 그들의 노력은 애당초 당찮은 일일 뿐 아니라 도리어 해를 끼치게 된다."[2]

맹자는 자칭 공자의 추종자이고, 송나라 농부 이야기에서 선택한 두 가지를 포함해 다양한 철학적 위협으로부터 유교를 보호하는 것을 자신의 일로 여겼다. 첫 번째 위협은 앞 장에서 만났던 노자 학파의 원시주의자들로서, 수련과 자기 수양을 거부한다는 '아무것도 하지 않기'라는 더욱 문자적인 의미에서의 무위를 옹호하는 것은 '김매지 않는다'는 것을 의미한다. 두 번째 위협은 '싹을 뽑아 올리는 사람'에게서 나온다. 이것은 무위를 완전히 거부하고 현대 서양에서는 어울리지 않는 완전히 합리주의적인 윤리학 모형을 옹호했던 묵가墨家라는 학파이다. 노력의 필요성과 자연스러움의 이상을 조화시키는 도덕적 수양에 대한 맹자의 농업 모형은 두 학파에 대한 반응으로 간주될 수 있다. 이와 동시에 이 모형은 무위에 이르기 위한 유교 전략과 노자 학파 사상의 전략 모두의 문제를 곧잘 해결한다.

유교를 신봉한다고 큰 소리로 주장했던 맹자는 노자가 '자연스러움'을 찬양하는 것에 깊이 영향을 받아서 공자의 사고를 근본적으로 수정했다. 그래서 우리는 그를 공자 및 순자와 하나로 묶는 것이 아니라 독자적으로 논의할 것이다.[3] 공자의 가치관에 일생을 바쳤지만 무위가 외부로부터 강요되기보다는 우리의 내적 경향에서 발생해야 한다는 생각에 끌린 맹자는 여전히 오늘날에도 매우 매력적인 독특한 유교관을 형식화했다. 맹자는 공자와 순자의 전통주의와 노자의 급진적 원시주의 간의 새로운 길을 만들고자 했다. 전국시대의 사회적 혼란을 해결하기 위해 모든 사람들이 엄격하고 합리적인 도덕성의 규칙을 따라야 한다고 주장한 반대자들에 직면한 맹자는 유교에서 무위를 강조하는 것이 사실은 가야 할 올바른 길이었다고 주장했다. 실제로 도덕성을 장려할 필요가 있지만, 도덕 교육의 실행 가능한 모형은 신체화된 자발성에 근거를 두어야 한다. 도덕적인 것에는 노력할 필요가 있지만 너무 열심히는 아니며, 자연적 경향성에 반하지 않는 방식으로 노력해야 한다. 여러분은 확실히 싹을 확 뽑아 올리고 싶지는 않을 것이다.

## 합리주의자들에 대한 반대 : 차가움만으로는 안 된다

묵자墨子가 설립한 학파에 몸담은 묵가들은 동시대의 도덕적 혼란에 대한 공자의 걱정에 공감했지만, 공자가 정서 훈련, 전통적 문화 형식에 몰입, 역할 특정적인 사회 임무를 강조하는 것에는 우려를 나타냈다. 그들에게 이 전략은 엄청난 시간과 돈 낭비는 말할 것도 없고 불분명한 사고, 족벌주의, 정실 인사를 초래할 수 있는 것들이었다. 그들은 물질적 풍요, 인구, 국가 질서의 최대화를 지침 원리로 하면서 완전한 합리주의를 따르는 사회의 급진적 재조직을 옹호했다.[4] 유교적 관행에서는 겉만 번지르르한 예법과 비싼 음악 공연은 금지될 것이다. 이러한 것들은 건강한 젊은이들이 실제로 유용한 것을 할 수 있는 현장과 워크숍에서 멀어지게 했다. 효도는 자신의 생물학적 부모로부터 벗어나서 나라에 있는 모든 부모들에게로 향하도록 완전히 재형성될 것이다. 여기에 편애는 허용되지 않을 것이다.

우리가 사용할 수 있는 한, 묵가의 도덕 '교육'은 한 가지 간단한 원리를 학습하는 문제였다. 즉, 이는 행동의 결과를 어떻게 계산하고, 이런 결과들이 전체적으로 물질적 풍요, 인구, 국가 질서를 향상시킬지 결정하는 것이다. 그 답이 부정적이면 그 행동은 잘못된 것이다. 따라서 도덕적 의사결정은 근본적으로 단순화되었다. 상황에 민감하고 유연한 방식으로 적용할 수 있는, 겉만 번지르르한 도덕적 감각을 양성하려는 평생의 수련은 더 이상 없다.[5] 묵자의 견해에서 이러한 유교 접근법은 엘리트주의적이고 남용되기 마련이었다. 도덕적 의사결정은 간단한 방정식과 같이 객관적이어야 한다. 즉, 긍정적인 결과와 부정적인 결과를 헤아리고, 그 결과가 지시하는 행동방침을 따라가도록 스스로를 채찍질하라는 것이다.

예컨대, 여러분의 아버지가 돌아가셨다고 해보자. 여러분의 즉각적인 정서적 반응은 깊은 애도로 경의를 표하고 정성어린 장례식과 함께 그를 보내드리는 것이다. 하던 일을 멈추고 관을 짜고 장례를 계획하고, 장례용품에 엄청난 돈을 쓰는 것이 물질적 풍요와 인구, 국가 질서를 향상시켜 주는가? 절대 그렇지 않다. 여러분의 업무 생산성은 급속히 저하되고, 물질적 풍요는 불필요하게 낭비될 것이다. 따라서 아버지를 소박하고 묘비 없이 안장하고 직장으로 복귀해야 한다. 여러분의 정서가 이를 거부하겠지만, 이는 여러분의 정서가 혼란스럽고 이기적이기 때문이다. 사회 질서는 정서가 합리적 마음의 지배를 받아야 한다고 요구한다.

놀랍게도 지금의 '공리주의'*나 '결과주의'**라고 부르는 이러한 윤리학 모형은 활발하고 강건하며, 실제로 오늘날 서양에서 윤리적 추론의 지배적인 모형이다. 현대적 변이형들은 약간 덜 이상하게 보이는데, 이는 그런 변이형들이 일반적으로 묵자의 척도(물질적 풍요, 인구, 국가 질서)보다 우리에게 직관상 더 매력적인 (행복이나 고통으로

---

**공리주의(utilitarianism)***
19세기 중반 영국에서 나타난 사회사상으로 가치 판단의 기준을 효용과 행복의 증진에 두어 '최대 다수의 최대 행복' 실현을 윤리적 행위의 목적으로 보았다. 즉, 어떤 행위의 옳고 그름은 그 행위가 인간의 이익과 행복을 늘리는 데 얼마나 기여하는가 하는 유용성과 결과에 따라 결정된다고 본다. 공리주의는 쾌락의 계량가능성을 주장한 벤담의 '양적 공리주의'와 쾌락의 질적 차이를 인정한 J. S. 밀의 '질적 공리주의'로 나뉜다.

**결과주의(consequentialism)****
영국의 분석철학자 엘리자베스 앤스콤(Elizabeth Anscombe)이 도입한 용어로, 행위의 옳고 그름의 판별, 도덕적 행위의 규범적인 속성과 같은 것이 그것의 결과에 따른다는 입장으로 규범윤리학의 부분을 이룬다. 즉, 결과주의에 따르면 행위의 옳음은 그것이 좋은 결과를 낳았는지 아닌지 여부에 따라 결정되는 것이다.

부터의 자유와 같은) 대상을 극대화하는 것을 목표로 하기 때문이다. 그러나 현대의 공리주의는 여전히 완벽하게 능력 있는 것으로서, 비록 이성적으로 방어할 수 있을지라도, 우리가 정상적인 감정적 성향으로 간주하는 것들과 함께 불안하게 앉아 있어야 한다는 요구를 만들어낸다. 예컨대, 어쩌면 저명한 현대 공리주의 철학자 피터 싱어Peter Singer는 특히 심한 장애를 안고 태어난 아기의 안락사는 경우에 따라 정당화할 수 있고, 지금과 같은 국제적 빈곤의 수준에서 최소한의 물질적 안녕을 유지하는 데 필요한 것을 제외한 모든 수입을 기부하지 않는 것은 비도덕적이라고 결론을 내렸다.[6]

특히 철학자가 아닌 많은 사람들은 싱어의 결론이 정상적인 인간 심리학과 맞지 않다고 생각한다. 굶주리는 전 세계 수백만 명의 5살 아이들을 두고 동갑인 내 아이에게 자전거를 사주는 것을 합리적으로 정당화할 수 없지만, 산업화된 오늘날 대부분의 사람은 내 아이에게 자전거를 사준다. 더욱이 우리가 타인을 위해 모든 것을 희생하는 테레사 수녀 같은 성인을 존경할 수는 있지만, 우리들 대부분은 그들을 멀리에서 감탄하고 바라볼 뿐이다. 이타주의의 극단에는 조금 비인간적인 면이 있고, 우리는 스스로나 친구들에게 그런 극단적인 행동을 요구하지 않는다.

순수한 합리적 공리주의가 정상적인 인간 심리학에 반한다는 주장에 대한 싱어의 대답은 인간 심리학에 훨씬 더 바람직하지 않다. 인간 본성은 탐닉되는 것이 아니라 극복되어야 하는 것이고, 묵자는 이런 가르침이 비현실적이라고 주장한 사람들에게 동일한 대답을 했다. 맹자의 반론은 심리적 실재론\*이 결정적이라는 것이었다. 당신의 윤리학 모형이 사람들에게 현실에서는 할 수 없는 것을 강요한다면, 그것은 심각한 문제이다. 우선, 도덕적 성인에 대한 문제가 있다. 내가 당신에게 도덕적이기 위해서는 모든 노예를 기부하고, 직장을 그만두고 가난한 사람들을 돕는 데 평생을 바쳐야 한다고 말한다면, 당신은 도덕성을 완전히 포기할지도 모른다. 싹을 너무 세게 뽑아 올리면 그런 싹은 시들어 죽는다. 맹자는 도덕적 선함이 목표라면 그것에 도달하기 위해 단계적이고 성취 가능한 길을 제시할 필요가 있다고 강경하게 주장한다.

관련된 논제는 사람들이 자연스럽게 친구보다는 가족을, 낯선 사람보다는 친구를 더 보살핀다는 것이다. 맹자는 이 흐름에 거스르는 도덕성의 모형은 실패한다고 했다. 맹자는 추상적 사고가 도덕성을 지지하기에 충분히 강한 토대가 아니라고 했다. 신체화된 정서만이 실세계에서 적절한 행동을 안내하는 동기와 속도, 유연성을 갖는다. 교육의 목표는 사람들에게 논리와 자기통제를 가르치는 것이 아니라 긍정적이고 선천적인 경향을 완전한 무위 기질로 양육하는 것이어야 한다.

> **심리적 실재론(psychological realism)\***
> 심리 소설(psychological novel)이라고도 알려진 심리학적 실재론은 허구적인 소설에서 단순히 이야기 전개보다는 내적 동기, 심리적 처리 과정, 등장인물의 정신 서사와 관련 있다. 이 실재론은 사건이 일어난 이유에 관한 것으로, 등장인물의 정신적 처리 과정과 그들의 내적 생각과 느낌, 행동의 동기에 초점을 둔다.

맹자는 농업 은유를 확장하여 이런 경향을 '네 개의 싹'이라고 불렀다. 우리는 맹자의 '아이와 우물' 사고실험思考實驗˚을 환기시켜서 이런 싹들이 심리적으로 어떻게 느껴지는지를 이해할 수 있다.

> 만약 어떤 사람이 문득 한 어린아이가 깊은 우물 입구로 걸어가는 것을 본다고 상상해 보라. 그런 순간에 놀람과 측은함을 경험하지 않을 사람은 아무도 없다. 그들은 아이를 구해 아이의 부모와 친분을 맺고자 함이 아니고, 마을 사람들과 친구들로부터 선하다는 칭송을 받고자 함도 아니고, 아이의 비명소리가 듣기 싫어서도 아니다. 그들의 반응은 이 느낌에 의해서만 동기화될 것이다. 이로부터 우리는 이런 측은함이 없는 사람은 올바른 인간이라고 부를 수 없다는 것을 알 수 있다.[7]

맹자는 '측은함'이 올바르게 수련된다면 인仁이나 동정同情의 완전한 덕으로 성장할 싹이라고 설명한다. 또 다른 싹은 '의분義憤'으로서, 이것은 도덕적 옳음의 시작이다. "밥 한 그릇과 국 한 사발에 목숨이 경각인 이를 생각해 보라. 모욕과 욕설을 하며 음식을 내던져 준다면

> **사고실험(thought experiment)˚**
> 머릿속에서 생각으로 진행하는 실험으로서, 실험에 필요한 장치와 조건을 단순하게 가정한 후 이론을 바탕으로 일어날 현상을 예측한다. 실제로 만들 수 없는 장치나 조건을 가지고 실험할 수 있다.

그런 노숙자도 기뻐하지 않을 것이고, 발로 차서 바닥에 던져 준다면 걸인도 달가워하지 않을 것"[8]이라는 맹자의 말은 우리의 상황이 아무리 비천할지라도 우리가 하지 않을 것들이 있으며, 이런 우리의 반응은 심지어 목숨을 구할 제안이라도 그것이 존엄을 깎는 것이라면 거부하는 의분에 의해 유도된다는 것이다. 동정과 도덕적 옳음의 싹들은 '존경의 느낌'(예禮의 싹)과 '옳고 그름의 느낌'(지智의 싹)에 의해 완성된다. 이 네 가지 덕목은 맹자 시대에 네 가지 주된 유교 덕목이었고, 일반적인 모든 덕목을 대표한다. 맹자에 따르면, 우리에게 '사지四肢'가 있듯이 모든 인간에게는 하늘이 우리에게 심은 이 네 가지 덕이 있다. 그것들을 발전시키는 것은 하늘을 섬기는 것이고, 무시하는 것은 하늘이 준 선물을 헛되이 하는 것이다.

　맹자의 종교적 언어를 고려하지 않는다면, 그의 기본적인 몇몇 주장들은 과학적 관점에서 약간의 지지를 발견할 수 있다.[9] 우선, 진화생물학과 인지과학은 인간뿐만 아니라 많은 포유동물에게도 변별적이고 선천적인 도덕적 정서가 존재한다는 많은 증거를 제시한다.[10] 대부분의 이런 연구는 다양한 사회적 상호작용의 기초가 되는 기본적인 포유류의 본능인 공감共感에 집중했는데,[11] 이는 글자 그대로 "다른 사람에게 감정이입(into-others + feeling)"하는 것이다. 인간과 다른 영장류 동물들에게는 '거울 신경세포'[12]가 있는 것처럼 보이는데, 이것은 다른 행위자들의 행동을 관찰하거나 심지어 상상할 때도 감각운동 공명(sensorimotor resonance)을 만들어내는 세포이다. 다른 누군가가 손을 베는데 우리가 움찔하는 것은 거울 신경계가 작동하기 때문이다. 현재의 지배적인 이론은 거울 신경계가 가능케 하는 공감이 온정적인 행동을 동기화한다는 것이다.

맹자는 기능적 자기공명영상 기술을 활용하지 못했지만, '아이와 우물' 시나리오는 이 과정을 아주 잘 포착한다. 한 아이가 어둡고 차가운 무서운 우물로 막 떨어지려는 것을 볼 때, 거울 신경세포가 활성화되어 우리에게 그 아이가 막 느끼려는 것과 동일한 놀람을 경험하게 하고, 그것은 다시 즉각적으로 공감을 유발한다. 일반적인 사람이라면 이런 경우 이것은 온정적인 행동으로 바로 이어진다. 즉, 우리는 생각하거나 고민하지 않고 당장 아이를 구하러 달려간다. 이 연구는 또한 동정의 쇠약도 설명해 준다. 인간의 정신질환이 뇌의 거울 신경세포와 정서 부위의 결손을 포함한다는 많은 증거가 있다.[13] 이와 비슷하게, 정부와 지도자들은 적이나 박해 받는 소수민족과 같은 특정한 집단에 대한 동정을 줄이기 위해 일반적으로 그 희생자들을 기생충이나 병균으로 묘사해 공감의 가치가 없는 것으로 만드는 데 초점을 둔다.

마찬가지로, '의분'의 싹은 현대 과학에서도 유사물이 발견되고, 인간의 사회적 상호작용에서 합리성이 지배적인 위치에 있지 않다는 것을 추가적으로 암시한다. 최후통첩 게임(Ultimatum Game)이라는 경제 게임을 상상해 보라. 당신은 100달러를 받고 이 돈을 다른 사람과 나누어야 한다. 당신은 그 돈의 일부를 주어야 하고, 그 액수를 결정해야 한다. 함정은 상대방이 거래를 거절할 수 있고, 그러면 둘 다 한 푼도 받지 못한다는 것이다. 순수한 차가운 인지 관점에서 합리적인 전략은 한 가지 뿐이다. 100달러를 나누어야 한다면, 당신이 99.99달러를 갖고 상대방에게 0.01달러를 제안하고 그가 그 제안을 수락해야 한다는 것인데, 이는 둘 다 결국은 이전보다 경제적으로 형편이 더 나은 것이기 때문이다. 실제로는 어느 누구도 그런 낮은 제안을 하지 않는다(당신 같으면 하겠는가?). 일반적으로 거부 한계값은 약 20~30% 정도이고, 받는 입장의 사람들은 전반적으로 불공정한 것 같은 거래에 분노하며 거부할 것이다.[14] 최후통첩 게임을 하는 실험대상자에 대한 신경영상 연구는 강력한 정서가 불공정한 제안을 거부하도록 이끈다는 것을 보여 준다.[15] 다른 연구에서는 이 게임에서 일어나는 행동에 유전적 기초가 있다고 제안하는데, 이는 의분이 진화된 심리적 구조의 부분임을 암시한다.[16]

동정과 같이 의분이라는 특성도 인간에만 국한되는 것은 아니다. 한 연구에서 꼬리감는원숭이(capuchin monkey)는 다른 원숭이가 마땅히 받아야 하는 것보다 더 많은 오이를 받는 것을 볼 때 도덕적 분노를 느끼고 음식을 거부하는 것을 발견했다. 대부분의 사람은 치욕 때문에 굶어 죽기를 선택하지 않는다는 것을 생각하면, 맹자는 의분에 너무 많은 힘을 쏟는다. 하지만 사람들이 선천적인 의義의 싹을 갖고 있다는 생각은 타당한 것처럼 보인다. 다른 두 싹(지智와 예禮의 시작)이 어떻게 도덕적 심리의 다른 양상으로 사상될 수 있는지는 덜 명확하다. 하지만 인간은 명확히 혐오감 반작용에서 도출되는 순수성의 개념과 같이 유망한 예인 변별적인 다른 도덕적 정서를 가지고 있다.[17]

더 일반적으로 도덕성이 정서로 유도되는 무위 행동이라는 맹자의 견해는 심리학자들 사이에서 지배적인 견해가 되고 있다. 우리는 이미 무의식적인 '뜨거운' 과정(정서, 습관, 암시적 기술)이 일반적으로 의식적인 '차가운' 과정보다 우리의 행동을 결정하는 데 훨씬 더 역할을 한다는 폭넓은 연구결과에 관해 이야기했다. 철학에서도 이와 비슷한 발전이 일어나고 있다. 적어도 탁상공론을 초월하는 철학자들 사이에서는 도덕적 판단이 우리가 생각하는 것보다 더 크게 정서에 의해 유도된다는 인식이 점차 증가하고 있다. '신흄주의자(neo-Humean)'[18]라고 불리는 심리학의 영향을 받은 젊은 철학자들은, 아주 소수이지만 정서도 마땅히 대우해야 한다고 주장한 계몽주의 사상가인 데이비드 흄David Hume(1711~1776)의 연구를 부흥시키고 있었다. 조너선 하이트Jonathan Haidt와 같은 심리학 연구자들은 사람들의 도덕적 판단이 사회적 시나리오에 대한 뜨겁고 빠른 내장적 반응內臟的 反應에 따른 결과라는 것을 증명했다. 사람들은 질문을 받을 때 종종 자신들이 내린 결정에 대해 타당한 것처럼 들리는 근거를 만들어내지만, 영리한 실험 조작은 이런 근거들이 전형적으로 사후에 나온다는 것

> **내장적 반응(visceral reaction)**
> 인간을 비롯한 척추동물의 몸속에서 벽과 벽 사이의 비어 있는 곳에 있는 창자, 심장, 간, 자궁을 비롯한 복부의 각종 장기를 일컫는 말로서, 몸의 깊숙한 내부에 자리 잡고 있다는 특성 때문에 히브리인들은 내장을 사람의 모든 감정을 나타내는 장소로 간주했다. 이처럼 내장적 반응이란 몸의 반응이지만 인간의 몸 가운데 가장 깊숙한 곳에서 나온다는 점에서 가장 원초적인 반응을 말한다. 이를 '본능적 반응'이라고 부르기도 한다. 또 동양의학에서는 '장부적 반응(臟腑的 反應)'이라는 용어를 사용한다.

을 보여 준다. '정서적 개'가 '합리적 꼬리'를 흔든다는 것이다.[19]

합리성과 정서를 깔끔하게 분리할 수 있다는 생각도 비난받고 있다. 신경과학자 안토니오 다마지오Antonio Damasio의 복내측전전두엽피질(VMPFC; ventromedial prefrontal cortex)이 손상된 환자들을 대상으로 한 개척적인 연구가 이와 특별히 관련이 있다.[20] 복내측전전두엽피질은 뇌의 정서 처리 센터로서, 특히 복잡한 후천적 정서를 처리한다. 다마지오가 연구한 환자들은 사고나 발작으로 합리적 능력과 싸우는 이 부위가 매우 국소적으로 손상되었다. 즉, 그들은 차가운 인지가 아니라 뜨거운 인지가 손상되었다. 그들은 정서 처리가 어려웠지만 기억이나 추상적 추론, 수학, 표준 지능지수(IQ) 테스트에서는 아무런 문제가 없었다. 그럼에도 그들은 제 역할을 거의 못했다. 일상생활에서 내려야 할 결정에 엄청 서툴러서, 분명히 간단한 선택도 못하고 행동의 결과를 고려하지도 못했다.

다마지오와 동료들은 이런 환자들에게는 '체감 표지體感標識(somatic marker)'*(somatic은 그리스어로 '신체'를 의미함)가 결핍되어 있다고 믿었다. 체감 표지란 우리가 세계를 표상할 때 대개 그것에 정서적 가치를 무의식적으로 할당하는 것을 말한다. 다마지오에 따르면, 사람이든 장소이든 사물이든 간에 세계에 대한 우리의 이미지나 심적 그림은 뜨거운 정서적 체계에 의해 선함이나 악함, 긴급함이나 긴급함의 결핍이라는 느낌들이 스며들어 있고, 이런 느낌들은 다시 평범한 의사결정에 결정적인 역할을 한다. 이는 어떤 상황에서도 이론적으로 가능한 행동 방침의 수가 실질적으로 무한하기 때문이다. 이것과 의식적 마음의 능력이 유한하다는 사실을 결합하면 문제가 생긴다. 뜨거운 인지의 도움 없이 차가운 인지가 홀로 남게 되면 자진해서 마비된다. 따라서 뜨거운 체계는 추론 과정이 시작되기 전에 체감 표지를 사용해 무의식적으로 그 추론 과정을 한쪽으로 치우치게 하여 흔히 도움을 준다. 하지만 복내측전전두엽피질이 손상된 환자는 이런 안내를 받지 못하여, 어떤 선택이라도 다른 선택만큼 좋거나 나쁜 느낌이 드는 세계에서 아무것도 선택하지 못한 채 강제적으로 혼자 표류하게 된다.

흥미롭게도, 이런 환자들은 합리주의 철학자로 완벽하게 계속 활동한다. 인위적으로 단순화된 도덕적 딜레마를 고려하면, 그들은 수학을 하거나 규칙을 적절히 따를 수 있다. 하지만 실생활은 훨씬 더 복잡하다. 이런 환자들은 체감 표지*의 여과 기능이 제거되었기 때문에 망설임에 의해 마비되거나 그저 임의적으로 선택한 행동 방침에 전념

---

**체감 표지(somatic marker)***
다마지오는 체감 표지 이론을 통해 합리적인 사고를 하려면 가정이 필요하고, 정서를 느끼는 데 신체적 감각이 중요한 역할을 한다는 사실을 발견했다. 정서란 인간이 다양하게 경험하는 감각의 복합체이다. 감각들은 체감 표지를 구성하는데, 이는 우리가 일상생활에서 다양한 의사를 결정하는 데 관여한다. 즉, 신체적 감각은 정서의 기초를 이룸으로써 사건의 결과를 저울질하고, 정서를 어떻게 표현할지 방향을 잡고, 어떤 정서를 표현하는 것이 바람직한지 선택하는 토대가 된다. 과거의 경험과 감각, 정서가 쌓여 체감 표지를 이루고, 이를 바탕으로 우리의 몸은 머리가 생각하기도 전에 반응한다. 예컨대, 위험한 일을 할 때 손에 땀이 나거나 가슴이 두근거린다. 이처럼 안 좋은 정서의 표지는 위험을 간파하기도 전에 나타난다.

한다. 어떤 면에서 그들은 윤리학의 합리주의 모형이 근본적으로 불완전하다는 것을 증명하는 통제 실험의 역할을 한다. 즉, 이런 사람들이 묵자나 피터 싱어가 말하기로 도덕적인 사람이 필요한 모든 것, 즉 완벽하게 기능하는 차가운 인지 체계를 가지고 있지만, 유능한 도덕적 행위자와는 거리가 멀다.[21]

몸의 지혜에 근거를 두지 않는 의식적 마음은 일을 몹시 잘 처리하지 못한다. 다마지오는 도덕성이나 어떤 인간 행동도 비신체화된 이성의 안내만 받을 수 있다는 생각을 '데카르트의 오류(Descartes' error)'라고 명명한다. 묵자도 같은 실수를 했다. 실세계에서의 도덕성은 자발적이고 자기를 의식하지 못하며 자동적이고 뜨거워야 한다. 올바른 행동 방법에 대해 합리적인 결론에 도달한 후, 몸이 순응하도록 강요하는 것은 잘 작용하지 않는다. 그것은 개인적으로 효과적이지도 않고, 사회적으로도 유지될 수 없다. 현실적인 도덕적 행동은 자발적인 신체화된 마음, 즉 무위로부터 발생해야 한다.

그렇다고 해서 가르침과 교육이 필요 없다는 것은 아니다. 앞서 논의했듯이, 무의식은 교육될 수 있다. 우리는 자전거를 타거나 자동차를 운전하는 방법을 모르고 태어난다. 같은 방식으로, 우리는 초기의 도덕적 느낌을 갖고 태어나는 것처럼 보이지만 평범한 세 살배기 아이의 행동은 성숙한 사람이 되려면 추가 교육과 연습이 필요하다는 것을 암시한다. 이것은 맹자 비판의 본질이다. 즉, 싹을 억지로 뽑아 올리는 묵가들처럼 도덕성을 의식적으로 강요하려고 해서는 안 되지만 또한 제리 가르시아Jerry Garcia(1942~1995)(그레이트풀 데드의 창립 맴버)의 솔로 연주를 듣고 사회적으로 바람직한 행동이 어느 정도 마술처럼 잇따라 나올 것이라고 희망하면서 빈둥거려서도 안 될 일이다.

## 원시주의자에 반대하기 : 도덕적 정원 가꾸기

기나 긴 『맹자』를 읽다보면 조그마한 등滕나라를 방문한 맹자를 만날 수 있다.22 그 나라의 왕은 초당파적 두뇌 집단을 만들었고, 다양한 학파의 학자들이 이곳에 모였다. 그 중에는 '농업의 신(Divine Farmer)'으로 알려진 전설적인 인물을 숭배하는 원시주의자 집단이 있다. 그들은 시골의 생활양식, 간단한 기술, 기초적인 경제제도, 완전한 사회적 평등을 신뢰하고, 가령 지도자는 '신하들'과 함께 땅을 경작해야 한다는 노자의 가르침에 영감을 받은 것처럼 보인다. 그들 중 맹자에게 자신의 주장을 펼친 한 명은 철학적 냉소의 벽에 부딪힌다. 맹자는 기본적인 경제학에 대한 그들의 다소 얄팍한 이해를 들추어내고, 인간을 잔인하고 불편한 존재로부터 벗어나게 해 주었던 것이 다름 아닌 유교 문화의 출현이라고 주장한다. 그는 이렇게 결론을 내린다. "나는 새가 어두운 골짜기에서 높은 나무로 옮겨 갔다는 말은 들었어도, 높은 나무에서 내려와 어두운 골짜기로 들어간다는 말은 듣지 못했다."(『맹자』,「등문공 상」, 제4장) 『노자』에서 맹목적으로 찬양하는 미개한 원시적 존재로 되돌아가기 위해 수련된 유교 사회의 혜택을 포기하는 것은 맹자로서는 옳지 않은 것이다.

소박하고 꾸미지 않았으며 가공하지 않은 나무토막인 통나무는 노자가 생각하는 자연스러움에 대한 지배적인 은유이다. 맹자는 이 정적인 은유를 동적인 것으로 교체한다. 즉, 자연은 특정한 방향으로 성장하려 하고, 약간의 도움을 필요로 하는 싹과 같다. 노자가 찬양하는 원시적 안정상태는 진정한 자연스러움이 아니라 자연스러운 인간적 경향의 발육 저해를 나타낸다. 맹자는 원시적인 자연의 야생적이고 잡초투성이의 상태가 아니라, 경작된 의미에서의 자연스러움에 전념했다. 공자와 같이 그도 가질만한 가치가 있는 모든 무위는 성취한 것이었고 교육과 노력을 필요로 했다. 한 가지 차이가 있다면 맹자는 우리가 도덕적으로 적절한 무위의 초기 단계인 네 가지 싹으로 은총을 입었다는 것이다. 적절한 환경과 보살핌이 밀의 싹을 성숙한 식물로 자라게 하듯이, 우리는 태어날 때 자발적으로 선하지는 않지만 선에 도달한다. 자발적으로 선하게 된다는 것은 단순히 총명한 농부와 같은 역할을 하는 현명한 선생님의 가르침을 받아서 이런 경향들을 발전시키는 것이다. 제때 거름을 주고, 필요할 때 잡초를 뽑으며, 적절하게 물을 댈 필요가 있는 것이다.

위에서 본 아이와 우물 이야기를 생각해 보자. 맹자는 이 사고실험을 제시하면서 이미 재배 과정을 시작했다. 그는 우리에게 갓난아기가 막 떨어져 죽으려고 하는 장면을 상상하도록 한 뒤에 우리 스스로 정서적 반응을 분석하도록 한다. 우리는 도덕적 명성을 신경 쓸 것인가? 아니다. 죽어가는 아이의 비명소리가 귀에 거슬리는 것을 걱정할 것인가? 아니다. 그럼 어떻게 느낄 것인가? 순수한 연민적 놀람과 공감을 느낄 것이다. 이것은 무위의 경지에 이른 농부의 첫 번째 과제이다. 즉, 선의 싹을 식별하여 그것을 잡초와 구분하는 법을 배워야 한다. 이 싹을 일단 구분하고 식별하면 다음 단계는 그것이 자라도록 도와야 한다. 다시 말해, 이르고자 하는 무위가 시작되는 것을 식별하고 난 다음에는 그것에 집중하고 강화하고 확장할 필요가 있다.

이것이 얼마나 정확히 작동할 수 있는지는 맹자와 그가 교화시키려는 제齊나라 선왕宣王 간의 유명한 대화에서 알 수 있다.[23] 선왕은 부패하고 잔인한 군주이다. 백성들은 과도한 세금과 독단적인 법률제도, 변덕스러운 징병, 부역에 시달리면서 끊임없는 공포 속에서 살아간다. 맹자는 왕의 폐단을 바로잡기 위해 궁궐에서 진정한 유교적 왕의 임무에 대해 설교했다. 둘 다 선왕이 직책에도 불구하고 이런 이상에 미치지 못함을 인식한다. 맹자는 선왕의 악습을 바꾸려는 일을 거의 성공하지 못했고, 선왕 또한 스스로 선할 수 없다고 항변한다. 그는 백성들의 복지에 전혀 관심이 없었다. 그의 무위 경향은 아주 나빴지만, 그것을 바꾸기 위해 할 수 있는 것이 아무것도 없었다. 그는 이웃 나라들과의 침략 전쟁에서 명예를 얻고, 사냥터에서 사냥하고, 궁궐에서 술과 여색을 즐기며 시간을 보낸다. 이것은 자발적 경향이 그를 인도하는 곳이다.

맹자는 왕의 한 신하에게서 들은 일화를 이야기하면서 응수한다. 그 신하가 말하길, 어느 날 피를 받아 새로 만든 종에 바르려고 소 한 마리를 백정에게 끌고 가고 있었다. 왕은 두려움에 사로잡혀 있는 눈이 그의 머리에 겹쳐 겁에 질린 짐승의 모습을 견딜 수 없다며, 소를 살려주고 양으로 대신하도록 명령했다.

맹자가 물으시길, "그런 일이 있었습니까?"

왕이 "그런 일이 있었습니다"라고 대답했다.

"소를 보았을 때 가졌던 그 느낌만으로도 진정한 왕이 되기에 충분합니다. 백성들은 모두 왕께서 소 한 마리가 아까워서 그랬다고 하지만, 저는 왕께서 끌려가는 소의 모습을 차마 볼 수가 없어서 그렇게 하셨다는 것을 잘 알고 있습니다."

"그렇습니다. 실제로 그렇게 생각하는 백성들이 있습니다. 그러나 제나라가 비록 작기는 하지만 내가 어찌 소 한 마리를 아까워하겠습니까? 그 소가 두려워 벌벌 떠는 것이 마치 아무런 죄도 없으면서 사지로 끌려가는 것 같아 차마 볼 수 없었기에 양으로 바꾸라고 했던 것입니다."[24]

그런 다음 맹자는 왕이 인색하다고 생각하는 백성들을 비난해서는 안 된다고 지적한다. 동물의 고통을 피하는 것이 왕의 관심사라면, 도살되는 동물이 소이든 양이든 무슨 차이가 있는가? 왕은 맹자가 옳다고 인정하고, 자신의 행동에 대해 당혹감을 표현한다. 왕은 "정말 무슨 마음에서 그랬을까"라고 엉겁결에 말한다.

맹자가 말했다. "괜찮습니다. 그것이 바로 인을 실천하는 방법입니다. 왕께서 소와 양을 차별하신 것은 소는 직접 눈으로 보았지만 양은 보지 못했기 때문입니다. 금수를 대하는 군자는 살아 있는 모습을 보고서는 차마 그것이 죽어 가는 것을 보지 못하며, 애처롭게 우는 소리를 듣고 서는 차마 그 고기를 먹지 못합니다. 그래서 군자는 부엌을 멀리합니다."

왕이 기뻐하며 말했다. "『시경』에 '남의 마음을 내 마음에 비추어 미루어 보고 헤아리네'라는 말이 있습니다. 바로 맹자 선생을 두고 한 말입니다. 스스로 내 행위를 돌이켜봐도 내 마음은 이유를 찾지 못했는데, 선생께서 그렇게 말씀하시니 내 마음에 느끼는 바가 있습니다."

이 이야기에서 맹자는 도덕적 정신분석가와 같다. 그는 심리적 통찰력과 신중한 질문을 결합하여 지금까지 신하들뿐만 아니라 왕 자신에게도 불투명했던 자신의 진정한 동기를 포착하게 할 수 있었다. 그렇게 하면서 그는 왕에게 그가 '연민의 싹'을 가지고 있음을 인정하도록 강요하는데, 이는 왕 스스로가 부인했던 것이다.

왕은 이 점을 인정하면서도 여전히 납득하지 못한다. 놀란 동물에 대한 덧없는 동정의 순간이 진정한 왕의 성품과 어떤 관련이 있는가? 맹자는 이제 수사적 표현으로 왕을 완전히 설득하여 논쟁을 마무리한다.

"만일 왕에게 어떤 사람이 와서, '제 힘은 백 균의 무게는 충분히 들 수는 있지만 깃털 하나는 들 수 없고, 제 시력은 가을날의 짐

승 터럭을 살필 수는 있지만 수레에 실은 땔감 더미는 볼 수 없습니다'라고 한다면 왕께서는 그 말을 인정하겠습니까?"

왕은 "아닙니다"라고 했다.

"지금 왕의 은혜가 금수에게 미칠 정도로 충분하면서도 그 공적이 백성들에게 미치지 않는 것은 유독 무슨 까닭입니까? 그렇게 볼 때 깃털 하나를 들지 않는 것은 힘을 쓰지 않기 때문이고, 수레에 실은 땔감 더미를 보지 않은 것은 시력을 쓰지 않기 때문이며, 백성들이 제대로 보호받지 못하는 것은 은혜를 베풀지 않기 때문입니다. 그러므로 왕께서 진정한 왕이 되지 못하는 것은 실은 하지 않기 때문이지 못해서가 아닙니다."[25]

소에 대한 왕의 동정은 그가 진정한 왕이 될 수 있는 정서적 능력이 있다는 것을 증명한다. 그는 마땅한 수혜자인 백성들에게 이를 수 있도록 이 능력을 발휘하기만 하면 되는데, 이는 내성과 실천, 상상적 확장의 결합을 통해서 가능하게 한다.

왕은 고통 받는 유정물有情物 앞에서 공감이 무엇처럼 느끼는 것인지를 완벽하게 인식하기 위해 겁에 질린 소와 마주했을 때 어떻게 느꼈는지를 반성할 필요가 있다. 즉, 말하자면 곰곰이 생각하고 도덕적 층위에서 심사숙고할 필요가 있다는 것이다. 따라서 맹자는 대화 후반부에서 왕이 "여기에서의 이 느낌을 가져와서"(겁에 질린 소에 대한 연민) 그것을 "저기 있는 것"(겁에 질리고 억압받는 백성들에 대한 공감)에 적용하는 일을 해야 한다고 말했다. 맹자는 또한 가족적인 감정에서부터 그 관심을 넓혀야 한다고 제안한다. 그는 왕에게 이렇게 말한다. 집안 어른에 대한 존경과 아이를 보호하고 보살피려는 욕망에 집중하라. 이런 느낌들을 반성하고 실천하여 그것을 강화하라. 동정심은 집에서 시작한다. 이것에 능숙해지면 이 감정을 다른 가족들의 어른과 아이에게 확장해 보라. 우리는 왕이 공감하기 쉬운 가장 가까운 동료의 가족에서 시작해 스스로 백성을 존중하고 보살필 수 있다고 생각할 때까지 먼 곳에 있는 사람에게로 확장해 간다고 상상할 수 있다. 맹자는 이렇게 결론을 내린다. "그러므로 왕의 은혜가 널리 퍼지면 넉넉히 온 천하도 쓸어안을 수 있지만 그렇지 못하면 제 처자 하나도 보살피지 못할 것입니다. 옛 성현들이 범인보다 훨씬 뛰어난 까닭은 다른 것이 아니라 자기가 하는 일을 남에게까지 잘 미치도록 한 것 그것뿐입니다."(『맹자』, 「양혜왕장구 상」, 제7장)

 맹자의 무위 양성은 추상적 이성이나 합리적 논증이 아니라 느낌과 상상력에 관한 것으로서, 그는 현대 과학에서 이에 대해 많은 지지를 얻는다. 사람의 행동을 바꾸는 것에 관해 상상적 확장이 추상적 추론보다 더 효과적이라는 사실은 신체화된 마음의 행동 기반적 본성에 따른 직접적인 결과이다. 예컨대, 인간의 사고가 세계에 대한 우리의 감각운동 경험에 기반하고 그것에 의해 구조화된다는 것에 점점 의견이 모아지고 있다. 다시 말해, 우리는 이미지로 상상한다는 것이다. 그렇다고 해서 반드시 그림으로 생각한다는 것은 아니다. 여기에서 말하는 '이미지'는 무거운 것을 들어 올리거나 장화를 신고 두꺼운 진흙을 무거운 걸음걸이로 터벅터벅 걷는 것이 어떤 것인지에 대한 느낌일 수 있다.

이미지의 핵심 자질은 디지털이라기보다는 아날로그라는 것이다. 이 둘 간의 차이를 이해하기 위해 오디오 녹음을 생각해 보자. 나는 45rpm LP판의 레코드 음악을 접하게 되었고, 나중에는 일반 치수의 레코드와 8트랙 녹음테이프로 옮겨 갔다(고장 날 때까지 들었던 첫 8트랙 엘튼 존Elton John의 〈Goodbye Yellow Brick Road〉를 생생하게 기억한다). 이것들은 아날로그 기술이었다. 엘튼 존은 스튜디오에서 음악을 연주했고, 그곳에 설치된 장치에서 발생하는 음파가 다소 직접적인 방식으로 물리적인 매개체인 LP판에 자국을 남겼다. 아날로그 녹음 방식의 본성은 그 매개체에 중요하게 연결되어 있다는 것인데, 이는 카세트테이프 녹음에서 음악을 얻는 유일한 방법이 LP판에서 나온 아날로그 패턴의 음파가 카세트테이프의 자성 리본에서 새로운 아날로그 패턴을 창조하도록 하는 것이었기 때문이다. 아날로그 녹음의 중요한 의미는 항상 그 녹음을 발생시킨 경험과 직접 연결되어 있다는 것이다. 즉, 엘튼 존이 어딘가에서 피아노를 연주하는 것과 나의 멋들어진 새 스테레오에 꽂은 8트랙 테이프 간에 직접적인 물리적 연결이 있었다.

하지만 디지털 녹음에서는 이런 연결이 깨진다. 디지털 녹음은 실제 사람이 연주하거나 노래해서 만들어진 음파를 전혀 다른 매개체로 변형시킨다. 그것은 실제 공연과의 직접적인 관련이 없는 0과 1의 연속체로서, 물리적 인상이 아니라 추상적 정보일 뿐이다. 인간 인지의 비신체화된 모형은 대부분의 개념이 정확히 이와 같이 디지털적이라고 주장한다. 이런 개념들은 세상의 경험에서 비롯되었을 수 있지만, 그 이후 전혀 다른 매개체가 되고, 원래의 경험과의 연결은 완전히 끊어진다.

수십 년 동안 인지과학자들과 철학자들은 마음이 본질적으로 아날로그인지 또는 디지털인지에 대해 격론을 벌였다. 이 논란은 아직 끝나지 않았지만, 8트랙 진영이 우세하고 승리하고 있는 것처럼 보인다.[26] 비신체화된 이론의 한 가지 기본적인 문제는 우리의 마음이 디지털 혁신 이전에 형성되었다는 것이다. 우리의 감각기관이 아날로그라는 것을 부인하는 사람은 아무도 없을 것이다. 아날로그 녹음이나 사진을 만들고 찍는 것과 동일한 방식으로 음파와 빛 파동은 우리의 신체화된 마음에 자국을 남긴다. 하지만 대뇌피질과 같은 뇌의 '상위' 부위도 아이폰보다 훨씬 더 오래된 8트랙 플레이어와 비슷해 보인다. 이 피질의 신경 구조는 디지털 상징이라기보다는 2차원의 이미지 지도를 조작하도록 구성된 것처럼 보인다. 물론 이 피질은 디지털 처리 체계를 포함할 수는 있다. 하지만 아직 활동 중인 그런 체계를 본 적은 없고, 우리의 감각으로부터 오는 아날로그 신호가 어떻게, 그리고 왜 디지털 포맷으로 번역되는지를 상상하는 것은 어렵다. 사람들이 실제로 생각하는 방식이 추상적이기보다는 이미지적이라는 것을 시사하는 많은 실험 증거들도 지속적으로 늘어나고 있다. 우리는 인생을 여행으로 생각하고, 물리적 균형에 의존해서 공평함에 대해 추론하며, 악은 어둠이나 오염으로, 선은 빛이나 순수함으로 내장에서 경험한다.[27]

여기에서 다시 맹자는 선견지명이 있는 것처럼 보인다. 현대 친척인 공리주의처럼 묵가는 선한 행동이 디지털 사고의 결과라고 생각한다. 당신의 비신체화된 마음은 세계에 있는 상품들을 셀 수 있는 수적 가치로 축소하고, 수학적 계산의 결과를 몸에 부과하는데, 몸 자체는 그 과정에 아무것도 기여하지 않는다. 다른 한편으로, 맹자는 아날로그 과정이 행동을 바꾼다고 주장한다. 즉, 교육은 신체화된 경험과 정서, 지각에 의존하고, 이미지적 반성과 확장을 주된 도구로 이용하면서 전체론적일 필요가 있다. 그냥 제나라의 선왕에게 백성들에 대한 동정을 느껴야 한다라고 말하는 것으로는 큰 성공을 거둘 수 없다. 그에게 소는 보살피지만 왕의 실정失政으로 고통 받고, 살아 있는 백성을 무시하는 것의 비논리적 본질에 대해 추상적으로 추론하도록 하는 것도 마찬가지로 비효율적이다. 그의 행동을 바꾸는 유일한 방법, 그의 무위 경향을 올바른 방향으로 조금씩 밀고 가는 유일한 방법은 유도된 실행을 통해서 그를 인도하는 것이다.[28] 우리는 아날로그 세계에 살고 있는 아날로그 존재이다. 우리는 이미지로 생각하는데, 이는 학습과 가르침 모두가 근본적으로 인간 상상력의 힘에 의존한다는 것을 의미한다.

조너선 하이트는 행복 증진에 관한 잘 알려진 연구에서 코끼리(신체화된 무의식)를 길들이려고 등에 올라타는 사람(의식적 마음)의 은유에 의존한다. 그가 지적하기로, 도덕 교육에 관한 순수한 합리적 모형의 문제는 교실 교육과 추상적 원리를 통해 "코끼리를 탄 사람을 코끼리에서 내리게 하여 스스로 문제를 해결하도록 교육시키고자" 한다는 것이다. 그들은 디지털 길을 택하고, 그 결과는 너무 뻔하다. 즉, "수업은 끝나고, 타는 사람은 다시 코끼리를 타며, 휴식시간 동안 변한 것은 아무것도 없다."[29] 진정한 도덕 교육은 아날로그이어야 한다. 하이트는 대학에서 철학을 전공할 때 채식주의자의 도덕적 우월성에 대한 피터 싱어의 주장에 합리적으로 설득되었다고 지적하면서 이 논점을 명확히 이해시킨다. 하지만 이 차가운 설득은 그의 실제 행동에 아무런 영향을 미치지 않았다. 하이트가 (적어도 일시적이지만) 채식주의자가 된 것은 한창 작업 중인 도살장의 장면을 찍은 비디오를 보고 난 이후였다. 그의 무위 경향은 반박할 수 없는 주장이 아니라 강력한 이미지로만 바뀔 수 있었다.

맹자는 한 구절에서 자기 수양의 과정과 장군의 군대 통솔을 비교하는데, 장군은 마음(차가운 인지)을 대표하고, 군대는 몸(뜨거운 인지)을 대표한다.[30] 몸은 마음의 안내 없이는 올바른 방향으로 발달할 수 없고, 이는 장군이 없는 군대가 목표 없이 어지러이 돌아다니고 당황하여 무모하게 전투하는 것과 동일하다. 동시에 장군 혼자서는 매우 무기력하다. 효과적이려면 그를 따르는 군대가 필요하고, 반란을 일으키거나 어리둥절하는 오합지졸로 흩어지지 않도록 그들에게 앞으로 돌진하도록 설득시켜야 한다. 궁극적으로, 장군의 명령은 단지 효과가 제한적 일 수 있다. 끈기 있게 식물을 재배하는 농부나 장대한 황허강에 물길을 트려고 하는 홍수조절 기술자처럼, 교화는 대상의 자연적 경향과 조화를 이룰 때만 작동한다.

## 박자에 몸 맡기기 : 맹자의 무위

맹자의 자기 수양 개념은 차가운 인지가 뜨거운 인지를 바꾸는 데 사용되고 있다는 점에서 공자와 순자의 갈고닦기 전략을 생각나게 한다. 하지만 동일한 춤 은유로 서로 매우 다른 주장을 비교함으로써 맹자의 전략이 어떻게 그들의 전략과 다른지 명확히 이해할 수 있다.

『순자』에는 일반적인 유교적 교양 교육을 대표하는 고전 무용에 관한 절이 있다. 순자는 수사적으로 "무엇으로 춤의 뜻을 알 수 있는가?"라고 질문한다. 그는 이렇게 대답한다.

> 춤을 출 때 눈은 자신을 보지 못하고, 귀는 스스로를 듣지 못한다. 그러나 몸을 굽히고 젖히고 구부리고 뻗고 나아가고 물러가고 느리게 움직이고 빠르게 움직이는 것들이 깔끔하게 절제되지 않는 것이 없으며, 온몸의 힘을 다해 종과 북의 소리에 알맞은 절도를 따라서 전혀 거스르고 어긋나는 일이 없다. 쌓여가는 노력만으로 춤의 의미가 완벽하게 실현되는 것이다.[31]

공자와 순자는 노력의 완전한 부재를 무위라 하고, '노력이 축적'을 통해서 무위에 이를 수 있다고 했다. 사람들은 배운 것을 지나치게 내면화해서 그 노력이 사라질 때까지 노력의 꼭대기에 노력을 쌓아올린다. 이 과정은 근면과 자아의 완전한 변형을 포함한다. 옥이나 나무를 조각하는 것과 마찬가지로, 최종 생산품은 처음에 시작한 것과 전혀 다른 것이다. 앞서 지적했듯이, 이 전략이 위험한 것은 그것이 작동하지 않을 수도 있다는 것이다. 30대 초반에 나는 살사 수업을 몇 번 들었고, 결국 조금 능숙하게 스텝을 밟았지만, 그저 해오던 대로 따라가서 반자동적으로 하는 마을의 젠체하는 사람의 단계를 결코 넘어서지는 못했다. 나는 진정으로 살사를 좋아하거나 즐기는 법을 배우지 못했고, 다른 사람들도 그것을 알아차릴 수 있었다. 사람들의 발을 더 이상 밟지 않게 된 후에도 나는 춤 파트너로 1순위가 아니었다. 어쩌면 이는 공자와 순자가 말하듯이 내가 충분히 버티지 못했기 때문이지만, 내 영혼은 살사를 품지 못했고, 영혼으로 살사를 품으려는 노력은 잘못된 이끌림이었다.

다른 한편으로, 맹자는 우리 모두의 영혼에 살사가 있다고 믿는다. 맹자는 옛 도덕적 본보기를 찬찬히 생각해 보고 도덕적으로 교훈이 되는 고전음악을 들을 때 경험하는 즐거움에 대해 이야기하면서 춤 은유를 이용해 다음과 같이 밝힌다. "그런 즐거움이 타고난 것이면 어떻게 그만둘 수 있겠는가? 그만둘래야 그만둘 수 없는 경지에 이르게 되면 자신도 모르게 발로 뛰고 손으로 춤을 추게 될 것이다."[32] 맹자가 교육에 대해 아무 말도 하지 않은 것에 주목해 보라. 맹자에게 있어서 여러분이 정말로 진정한 본성에 집중하는 법을 배웠다면 손과 발이 자발적으로 유교의 리듬에 맞추어서 움직이기 시작할 것이다.

물론 살사 수업이나 다른 유형의 예술과 레저 활동을 정지시키는 것은 권력을 잡으려는 묵가의 서막일 것이다. 묵가는 몸이 윤리학에 아무것도 기여하지 않는다고 보는데, 이는 신체적 힘이 전적으로 농업이나 제조업과 같은 실용적인 일로만 확장되어야 한다는 것을 의미한다.[33] 맹자는 그들을 '싹을 뽑아 올리는 사람'으로 비난한다. 사람들에게 합리주의적 도덕성을 강요하고, 선천적인 경향을 무시하여 결국에는 해만 끼치는 무식한 농부라는 것이다. 맹자는 이와 비슷하게 자아의 급진적 개조를 옹호한 동시대의 유가들을 반대한다. 맹자는 노자의 '통나무'를 게으른 후진성에 대한 핑계로 간주하지만, 똑같이 무위 달성을 위한 조각 전략도 비판하는데, 이는 고자告子라는 사람과의 유명한 대화에서 볼 수 있다. 학자들은 아직 고자가 누구인지에 대해 논쟁 중이다. 최근에 발견된 고고학 텍스트에서 나온 증거는 그도 맹자처럼 공자의 추종자였지만, 고자는 더욱 권위주의적이고 노력에 기반한 자아의 개조, 즉 갈고닦기 전략을 옹호했다는 점에서 차이가 있다. (다시 말해, 종교 역사가로서 나는 후기 순자처럼 고자가 맹자에 반대하는 진짜 유가였다고 말하고 싶다.)

몇 차례의 대화에서, 고자는 노력의 필요성과 외부 힘에 의한 개조를 암시하는 자기 수양의 은유를 제안한다.[34] 그는 유명한 조각 은유로 시작한다. "사람의 본성은 갯버들과 같고 의는 갯버들로 만든 그릇과 같으니, 사람의 본성으로 인과 의를 행하는 것은 갯버들로 그릇을 만드는 것과 같다." 공자는 찬성할 것이다! 선하다는 것은 옥이나 뼈를 갈고닦는 것과 같다. 하지만 맹자는 전혀 만족하지 않고 "그대는 갯버들의 본성을 그대로 살려서 그릇을 만드는가? 아니면 갯버들을 억지로 구부리고 꺾은 후에 그릇을 만드는가? 만일 갯버들을 구부리고 꺾어서 그릇을 만든다면, 마찬가지로 사람의 본성을 구부리고 꺾어서 인仁과 의義를 행한다는 것인가? 그래서 그러한 이론은 틀림없이 세상 사람들을 이끌어서 인과 의를 해치게 할 것이다"라고 말한다. 충분히 말이 된다. 고자는 조각 은유를 포기하고 물 은유로 전환하여 인간이 도덕성에 찬성하거나 반대하는 특별한 경향을 가지고 있지 않다는 주장을 납득시키고자 한다. "사람의 본성은 소용돌이치는 물과 같다. 동쪽 방향으로 물을 흐르게 하면 그 물은 곧장 동쪽으로 흐르고, 서쪽 방향으로 물을 흐르게 하면 그 물은 곧장 서쪽으로 흐른다. 사람의 본성이 착함이나 착하지 않음으로 나누어질 수 없는 것은 물의 본성이 동쪽이나 서쪽으로 나누어질 수 없는 것과 같다." 여기에서 유교 교육자는 차가운 인지를 사용하여 인간 행동에 대한 적절한 방향을 결정하고, 뜨거운 인지를 적절하게 교육한다. 다시 이것은 『논어』에서는 적절하겠지만, 맹자는 여전히 반대한다. "물에는 동서로 나누어짐이 결코 없고 상하로 나누어짐도 없다는 것인가? 사람의 본성이 선한 것은 마치 물이 아래로 흐르는 것과 같다. 인간은 누구나 선하고 물은 언제나 아래로 흐르는 법이다."

맹자는 은유적 유술柔術로 고자의 갈고닦기 전략의 무익함을 증명하기 위해 고자가 사용하는 이미지를 비틀고 있다.[35] 맹자에게 있어서 무위에 들어가는 유일한 방법은 선천적인 경향을 이용하고, 널리 퍼질 만큼 충분히 강할 때까지 그것을 연마하는 것이다. 당신이 이 지점에 이를 수 있다면 사회적으로 바람직한 행동은 아래로 흐르는 물과 같이 뜨거운 인지로부터 흐를 것이다. 그 결과는 『논어』에 있는 유연성과 수련된 품위와 같은 것이지만, 그것은 우리의 생물학적 자아에서 비롯되고 애초에 그것에 근거를 둔 것이다.

이런 유기적 토대에 숨은 한 가지 의미는 조상으로부터 물려받은 문화적 형태들이 무위에 이르는 데 덜 결정적이라는 것이다. 맹자는 유가로서 고대 주나라의 예법과 고전에 일신을 바쳤지만, 『맹자』에서 공자를 괴롭힐 문화적 진보주의에 대한 암시를 볼 수 있다. 한 구절에서 맹자는 『서경』 속에 있는 것을 모두 믿는다면 그 책이 없느니만도 못하다고 주장한다.[36] 고전의 가르침과 당신의 싹 간에 긴장이 있다면 싹과 조화를 이루어라. 전통적 유교 문화는 올바른 인간을 만들기 위한 필수적인 도구에서 유용한 지침으로 평가절하된다. 중국 사상 학자인 아이반호P. J. Ivanhoe는 이를 도덕적 싹을 위한 일종의 '격자 구조물(trellis)'이라고 불렀다.[37] 격자 구조물은 싹이 더 빨리 자라거나 과일을 더 많이 열리도록 도울 수는 있지만 반드시 필요한 것은 아니다.

실제로 맹자가 전통 규범을 농락하는 것을 발견할 수 있는 몇몇 실례들이 있다. 예컨대, 여러분도 기억하겠지만, 맹자는 제나라 선왕을 교화시키려고 왕이 소를 살려준 사건에 대해 신하들과 이야기하며 많은 시간을 보낸다. 맹자가 선왕의 음악에 대한 관심을 보고 비슷하게 고무되는 것을 보여 주는 구절이 있다.[38] 소 사건의 경우에서처럼 맹자는 그가 들은 것을 토대로 왕과 마주하여 "왕께서 언젠가 음악을 좋아한다고 말씀하셨다는데, 그런 사실이 있습니까?"라고 묻는다. 왕은 안색이 변하면서 "과인은 선왕先王의 음악을 좋아하는 것이 아니라 그저 세속에서 유행하는 음악을 좋아할 뿐입니다"라고 인정한다. 다시 말해, 왕은 베토벤보다 본 조비를 더 좋아한다. 실제로 선왕이 여자와 술, 성대한 잔치를 좋아했기에 그는 공자가 비난했던 아주 방탕한 정나라 음악의 열렬한 애호가로 추측된다.

우리는 공자가 어떤 반응이었을지 짐작할 수 있다. 분명, 매우 불쾌하고 퇴폐적인 이 음악을 포기하고, 고전에 대한 감각을 기르라고 했을 것이다. 하지만 맹자의 반응은 이와 달랐다. 맹자는 "왕께서 음악을 매우 좋아하신다니 제나라는 잘 다스려질 것입니다. 요즈음의 음악도 옛날의 것과 별반 다르지 않습니다"라고 말한다. "그렇소?" 왕은 스스로 놀란다. 그는 분명히 잔소리를 예상했다. 그는 잔소리를 듣지 않은 것에 안도하며 "그것에 관해 말씀을 들을 수 있겠습니까?"라고 묻는다. 맹자는 설명하기 시작한다.(『맹자』, 「양혜왕장구 하」 1) 왕이 어떤 종류의 음악을 좋아하든 간에 그가 어떻게 백성을 다루었는지를 명확히 자각한다면 음악을 한층 더 즐길 것이다. 그는 왕을 또 다른 시각화 연습(가령, 골프선수가 매 홀마다 머릿속으로 스윙을 리허설해 보고 샷을 날리는 것과 같은 심리적 연습을 말함)으로 안내한다. 당신은 궁궐에서 음악을 즐기고 있지만 밖에서는 백성들이 세금으로 투덜대고 자신들은 모두 고통을 받고 있는데 어떻게 당신은 음악을 들을 시간이 있는지 궁금해 하고 있다고 상상해 보자. 정말 그렇다면 당신의 즐거움은 줄어들지 않겠는가? 이제 여러분이 좀 더 훌륭한 왕이 되려고 노력한다고 상상해 보라. 어쩌면 여러분은 터무니없이 많은 세금을 줄이거나 여러분의 수영장 관리를 시키기 위해 추수기에 들판에 나간 농부들을 동원하는 일을 그만둘 것이다. 이제 백성들이 궁궐 담장 너머로 들려오는 음악 소리를 들을 때 그들은 서로를 보고 병실병실 좋아하면서 이렇게 생각할 것이다.

"아아, 우리 왕께서 편찮으신 데가 없으신 모양이야. 얼마나 다행인가! 왕께서 좋은 시간을 보내시길 원한다." 이것이 더 좋지 않을까? 그러면 여러분은 술과 여자, 음악을 훨씬 더 즐길 수 있지 않겠는가?

이 이야기는 소 이야기 다음에 등장하는데, 이쯤에서 나는 맹자가 선왕과의 전체 싹 일을 단념했던 것처럼 보인다고 생각했다. 맹자는 왕의 통치가 백성들에게 조금 덜 무섭도록 하는 데 효과가 있는 것은 무엇이든 받아들이는 것을 감수하는 듯하다. 하지만 선왕과 같은 심각하게 방탕한 경우에도 맹자가 행동을 제약하려는 노력이나 부끄러움에 현재 습관이 나쁘고 개선할 필요가 있다고 생각하도록 만들려 하지 않는다는 것은 의미심장하다. 묵자 스타일의 합리주의에 대해 이야기하든 공자-순자 스타일의 교양 교육에 대해 이야기하든 간에 분명한 것은 맹자는 강요하는 것을 질색했다는 것이다. 맹자가 무위를 우리의 본성 연마에 대한 자연스러운 결과물로 제시함으로써 실제로 노자와 공자 간의 차이를 등분해서 합의를 보고 싶어 한다는 것을 알 수 있다. 이는 우리가 자발성을 안내하는 과정 중에 그것을 파괴하지 않고서 그렇게 할 수 있는 방법에 대한 기대되는 모형이다.

## 왜 "자연스러운" 것이 그렇게 힘든 일인가?

공자는 동기부여와 갈고닦기 전략에 관한 문제에 직면했다. 예법과 고전 교육은 학생이 유교의 도를 초기에 인식하고 있어야만 작동한다. 도에 정통하기 위해서는 어느 수준에서 이미 그것을 사랑해야 한다. 하지만 공자 자신의 평가에 따르면 동시대인들 중 이런 사랑을 느꼈던 사람은 거의 없었다. 대부분은 『시경』을 외우기보다는 차라리 재물이나 육체적 안락, 섹스를 추구하고 싶어 한다. 이것은 내가 생각하기에 오늘날의 우리들 대부분이 공감할 수 있는 태도이다. 이것을 어떻게 바꿀 수 있는가? 어떻게 누군가에게 이미 사랑하지 않는 것을 사랑하게 할 수 있는가?

맹자는 우리가 이미 도를 사랑한다고 말하면서 이 문제를 '해결'한다. 사람의 본성이 선하다는 그의 말은 잘 알려져 있다. 우리는 마음 속에 도와주기만 하면 자라고 싶어 하는 싹의 형태로 모든 유교적 미덕의 초기 형태를 가지고 있다. 맹자는 제나라의 선왕에게 미덕의 싹들이 그의 태연하고 게으른 표면 아래에서 깨달을 수 있다는 것을 보여 주기 위해 애쓴다. 그가 허약하고 보잘것없는 미덕의 싹에 영양분을 주고 튼튼하게 한다면, 그것은 자연스럽게 그를 옛 시대의 진정한 왕처럼 만들어줄 만큼 충분히 강력한 무위 동정심, 즉 무위 상태에서 얻는 동정심으로 성장할 것이다.

하지만 우리는 왜 맹자가 우리의 진정한 본성이 무엇인지 환기시켜 줄 필요가 있는지 궁금해 할 수 있다. 우리는 맹자의 중재 없이도 즐거움과 안락에 대한 우리의 욕망과 조화를 완벽하게 이룰 수 있는 것처럼 보인다. 선왕과 같은 사람들은 자비롭게 행동하기보다는 먹고 마시며 사냥하고 여색을 자연스럽고 자발적으로 더 좋아한다. 그는 실제로 무위 파티, 즉 무위 상태에서 즐기는 파티의 광이다. 맹자는 기본적으로 왕에게 그가 좋아하는 것처럼 보이는 것이 정말로 마음속 깊이 바라는 것이 아니라고 말하려고 노력 중이다. 왕은 감각적 탐닉의 삶을 추구하면서 잘못하여 '사소한 부위들'(입, 위, 언급하고 싶지 않은 다른 부위들)을 고귀한 것(마음과 도덕적 싹)보다 더 좋아하고 있다. 하지만 이것이 사실이면 왜 고귀한 것을 자발적으로 따르는 사람들이 거의 없는가?

이런 긴장은 맹자의 한 제자에 의해 위기를 맞는다. 그는 자신의 도덕적 잠재력을 의심하고 선생을 찾아간다. 그는 맹자에게서 모두의 마음속에 완벽한 무위적인 도덕적 본보기가 되려는 경향이 있다고 들었다. 하지만 그는 제멋대로 하도록 내버려 뒀을 때 정말로 하고 싶은 것은 "하루 종일 빈둥거리고 수수를 먹는 것"임을 안다. 이것은 긴 의자에 대자로 누워 리얼 TV(배우가 아닌 사람들의 실생활을 담은 TV 프로그램)를 보면서 감자 칩을 먹는 것의 초기 중국판이다. 맹자는 개의치 않는다.

> 사람들은 어째서 감당하지 못할까 근심합니까? 문제는 스스로 그렇게 하려 하지 않는 데 있을 뿐입니다. 천천히 걸어서 어른보다 뒤에 가는 것을 공손하다고 하고, 빨리 걸어서 어른보다 앞서 가는 것을 공손하지 못하다고 하는데, 천천히 걸어가는 것이 어찌 사람이 할 수 없는 것이겠습니까? 하지 않는 것입니다 … 유교의 도란 큰 길과 같으니 어찌 이해하기 어려울 것이 있겠습니까? 사람들이 도를 추구하지 않는 것이 문제일 뿐입니다."[39]

선왕과의 대화에서처럼, 도덕적 동기가 부족하다고 고백하는 사람들에게 맹자는 그렇지 않다고 말한다. 도덕성이 너무 어려운 것처럼 보인다는 것이 그들의 대답이다. 상관없다, 그냥 하라! 사람들은 마음속에 도를 가지고 있고, 스스로가 도를 계발하는 것에 끌리지 않는다면 이는 단지 구하려는 노력을 하지 않기 때문이다.

이것은 만족스럽지 못한 설명이다. 내가 삐걱거리고 행동이 굼뜬 이상한 늙은 영감 뒤에서 꼼짝 없이 걷는 속도를 늦추고 공손히 그가 앞서가도록 하는 것은 확실히 나의 육체적 힘 내에 있지만 좋아서 그렇게 하는 것은 아니다. 가야할 곳이 있고 해야 할 일이 있는 나는 일반적으로 첫 번째 기회를 놓치고 만다. 그런 행동이 다소 눈살을 찌푸리게 하고 또는 적어도 눈살을 찌푸리게 했던 중국에 있을 때, 나는 더 끈기 있고 정중하고자 노력하지만, 그것은 무위가 아니라 애쓰기처럼 느껴진다. 맹자는 우리가 이미 유교의 도를 사랑하고, 그것을 실현하기 위해 도움만 필요할 뿐이라고 주장함으로써 『논어』에서 본 동기적 긴장을 '해결'한다. 하지만 우리는 도덕적 '사랑'의 자연스러움이나 심지어 그 존재에 대해 궁금해 하게 된다. 이런 도덕적 사랑은 보기가 매우 어렵고, 그것을 느끼기 위해서는 외부의 지도와 작업이 필요한 것이다. 도덕적 싹이 다소 파악하기 힘든 존재라는 사실은 맹자가 주장하는 것만큼 그 싹이 강하거나 선천적이지 않다는 것을 암시한다. 따라서 『논어』에서 본 기본적인 동기적 긴장은 겉으로 보기에 맹자의 싹 배양 전략에 의해 극복되었음에도 불구하고 여전히 남아 있다. 우리는 자연스럽게 좋아하고 싶지 않은 무언가를 좋아하도록 요구받고 있다.

 맹자의 농업 은유를 생각하면, 곡물 재배에서 자연스러운 것은 아무것도 없다고 지적할 수 있다. 해 본 사람은 누구든 알 수 있듯이, 곡물을 재배하는 것은 엄청나게 손이 많이 가는 일이다. 곡물보다는 차라리 잡초가 자연스럽다. 따라서 정성들여 돌본 맹자의 들판 경계 바깥에서 살고 번성하는 인간성의 잡초들 사이에서 무위에 이르는 진짜 비결을 발견할 수 있다. 그 비결은 집중하고 수련하는 것이 아니라, 세계가 원하는 곳으로 여러분을 데리고 가도록 놔두는 것이다.

## 제6장

## 잊어버리기
흐름 따르기

자신의 이름을 책 제목으로 삼은 것으로 추정되는 작가인 초기 도가 사상가 장자莊子는 특이한 친구들을 옆에 두었다.[1] 『장자』에는 말을 하는 동물과 곤충, 거대한 새로 변하는 신비한 괴물, 무당, 꼽추, 유령, 말을 하는 머리뼈로 가득하고, 옛 성군들은 환생한다. 하지만 『장자』에서 더욱 특이한 점은 장자와 혜자惠子 간의 우정이다. 비록 혜자의 글이 오늘날 전해지지 않지만, 그도 동시대의 유명한 사상가였다. 『장자』에서 그의 등장과 다른 초기 텍스트에서 그의 것으로 추정되는 단편적인 가르침에 기초해서 혜자는 특히 논리학에 능했던 묵가 사상가였던 것처럼 보인다. 혜자는 용어를 신중하게 정의하고 논리적 논법을 완벽하게 하면 묵가 공리주의의 합리적 우월성을 증명할 수 있다고 믿었다. 물론 그는 묵가였기 때문에 사람들에게 모두를 위한 공평한 보살핌을 실행하는 공리주의자여야 하고, 그런 방식으로 행동해야 한다고 합리적으로 설득시켜야 하는 것이 묵가가 해야 할 모든 것이었다고 믿었다. 언어와 논리학이 위험한 올가미라고 믿었던 장자와 같은 사상가에게, 혜자는 있음직하지 않은 가장 친한 친구처럼 보인다.

확실히 혜자는 일반적으로 장자의 조연이다. 즉, 그는 이성 하나만으로는 부족하다는 것을 이해하지 못하고 무위의 힘을 알아보지 못하는 꾸준한 노력형 지식인이다. 그는 항상 논쟁에서 지고 때로는 약간 어리석어 보이지만, 확실히 이 두 사람 사이에는 진정한 애정이 있다.² 혜자가 장자에게 왕이 자기에게 한 묶음의 조롱박 씨를 선물로 줬다고 말하는 것으로 시작하는 대화 장면이 있다. "내가 조롱박 씨를 심었더니 다섯 섬이나 담을 만큼 커다란 박이 열리더군. 그 박에 물을 담았더니 너무 무거워서 혼자서는 들어 올릴 수가 없고, 반으로 갈라서 바가지로 쓰려했더니 넓고 평평해서 아무것도 담을 수가 없더군. 크기로 말하자면 거대하다고 말할 수 있으나 내게는 쓸모가 없었기에 그것을 부숴버렸다네."³

그 당시 중국에서 조롱박은 그릇과 숟가락을 만드는 데 사용되었기에 혜자의 실망은 컸다. 하지만 이 이야기를 들은 장자는 못 믿겠다는 듯이 "자네는 크게 생각하는 데 서툴군"이라고 말한다. 그는 혜자에게 외관상 쓸모없거나 사소한 물품을 예상 밖의 목적으로 사용하여 그 과정에서 큰 보상을 받는 사람들에 대한 이야기를 해 준다. 장자가 계속 말하길, "지금 자네는 다섯 섬들이 조롱박을 가지고 있으면서 어째서 그것을 강이나 호수 위로 띄워볼 생각은 못하고, 넓고 평평하여 아무것도 담을 수 없다고 투덜대기만 한단 말인가. 자네는 생각이 꽉 막힌 사람일세."

혜자의 문제는 문화에 갇힌 가능성을 넘어서지 못한 것이다. 조롱박은 X나 Y를 위해 사용된다. 이런 조롱박은 어느 한 목적으로는 효과가 없다. 그러므로 그것은 쓸모가 없다. 심리학자들은 이것을 '범주적 비유연성(categorical inflexibility)'[4]이라고 부르는데, 이는 사회적으로 학습한 사물의 표상이 그 사물에 대해 새롭거나 독창적인 방식으로 생각할 수 있는 우리의 능력을 제약하는 경향을 말한다. 이런 정신적 비유연성은 장자가 무위에 대한 주된 장벽으로 간주한 한 가지이다. 즉, 그것은 '마음'의 지배를 받는 인간 경향성의 문제로서, 이는 장자에게 있어서 차가운 인지 체계로 간주되는 것을 가리키는 용어이다. 그가 말하듯이, "마음이 당신의 주인이 되도록 하는 것"은 사람들에게 엄격한 사회적 범주와 인위적인 가치관, 협소하게 유용한 추론의 함정에 빠지도록 하여, 세계를 명확히 보고 그 흐름에 들어가지 못하게 막는다.

혜자와 같은 묵가 학파는 확실히 문제의 일부이다. 그들은 적절한 행동이 논리와 계산에 의해서만 안내될 수 있다고 확신하면서 몸의 자발적 지혜는 완전히 무시한다. 하지만 유가들도 더 낫지는 않다. 자빌싱은 어떤 것이어야 하는지에 대한 미리 정해 놓은 생각과 그것을 연마하는 엄격한 기술에 둘러싸여 있는 유가는 결국 묵가만큼 세상과 자신의 진정한 느낌에서 멀어져 있다. 실제로 장자는 종종 묵가와 유가를 일종의 철학적 트위들덤Tweedledum과 트위들디Tweedledee, 즉 서로 다를 게 없는 두 사람으로 묘사하는데, 각 진영은 자신들의 도가 절대적으로 옳다고 선언하지만 두 진영 모두 그것의 결함을 보지 못한다.

장자는 이것이 그 시대의 사람들을 끔찍한 혼란에 빠뜨렸다고 느꼈다. 묵가와 유가가 비효율적임에도 불구하고 그들을 그나마 좋게 바라볼 수 있는 것은 적어도 다른 사람들을 돕고 세상을 개선하려 한다는 것이다. 문제는 장자가 '편협한 이해(petty understanding)'라고 말한 그들의 좁고 엄격한 세계관이다. 이 세계관은 겉으로는 번성하고 자신감에 차 있지만, 속으로는 비참하고 오만하며 젠체하는 사람들이 항상 미치지 않는 곳에 있는 행복에 대한 거짓된 환상을 열광적으로 추구하는 사회 풍조를 만든다. 이 책 처음부터 뇌리를 떠나지 않는 한 구절에서는 장자가 우리에게 받아들이기를 원하는 '위대한 이해(great understanding)'와 장자가 주변에서 목격한 영적인 파산 및 고통을 대조한다.

잠들어 있을 때는 혼들이 뒤섞여 꿈을 꾸고, 깨어 있을 때는 몸의 감각이 열려 사물과 접촉한다. 접촉하는 것마다 뒤엉켜 날마다 마음의 갈등을 일으킨다. 겉으로는 부드러운 척하면서 간교하고, 뛰어난 말재주 속에 함정을 숨기고 있으며, 속마음을 깊이 감춰 드러내지 않는다. 작게 놀라면 안절부절 못하고, 크게 놀라면 기절을 한다. 쏘아대는 말이 마치 활시위를 떠난 화살 같다는 것은 상대의 허점을 틈타 옳고 그름을 따지는 것을 가리키는 말이다. 굳

세게 지키는 것이 마치 맹세를 하듯 한다는 것은 필사적으로 승리를 쟁취하려는 태도를 이르는 말이다. 그들이 마치 가을과 겨울같이 시들어간다는 것은 날마다 참된 제 모습을 잃어가는 것을 말한다. 그들은 여러 가지 일을 처리하는 데 너무 깊이 빠져서 원래의 제 모습을 회복하도록 할 수 없게 되고 만다. 그들은 마치 끈으로 꽁꽁 묶듯이 마음의 문을 걸어 잠그고 있는데, 그것은 그들이 늙어가고 있음을 말한다. 거의 죽어버린 마음은 다시 되살아나게 할 수 없다.[5]

이것은 설득력 있지만 음산한 선견이며, 오늘날 애쓰고 있는 사회의 중심에 있는 문제의 분석으로서 다른 무엇보다 더 뛰어난 것이다. 따라서 그것이 2천 년 전 고대 중국에서 쓰여졌다는 것은 더욱 놀랍다. 이 구절이 실제로 전국시대 중국의 절망적인 백성들을 위한 것이라는 사실은 문명 생활에서 행복을 찾는 도전이 천 년 동안 많이 변하지 않았다는 것을 암시한다.[6] 회사의 무자비한 출세주의자들을 생각하지 않을 수 없다. 그들은 젊음과 건강, 가족을 희생하면서 정상에 오르고자 하지만, 결국 고급 사무실에 이르고 나면 진이 다 빠져 그것을 즐기지 못하고 만다. 《위기의 주부들 Desperate Housewives》에서 등장하는 부유한 교외 거주자들을 생각할 수도 있다. 이들은 끊임없이 더 많은 재산과 더 큰 집, 더 고급 자동차를 사고, 러닝머신 위에서 달리며, 필라테스를 배우고, 클럽에서 잡담을 하지만 궁극적으로는 알 수 없는 무의미함에 괴로워한다. 장자에 따르면, 쳇바퀴에서 벗어날 수 있는 방법은 더욱 열심히 노력하고 더 많이 배우고 애써서 자아를 수양하는 것을 그만두는 것이다. 일단 이렇게 할 수 있다면, 세계와 다른 사람들에게 진정으로 개방되고, 자연스럽게 무위에 이를 수 있을 것이다.

## 잊어버리고, 가자

전국시대에 대한 장자의 비판적 어조와 그가 차가운 인지와 노골적인 도덕성을 의심하는 것은 『노자』에서 본 것과 매우 비슷하게 들린다. 사회적으로 학습된 가치들은 우리를 미혹시킨다. 즉, 지식은 위험하고, 강요된 도덕성은 도덕적이지 않으며, 당신의 마음이나 눈보다는 배(腹)를 받아들이라는 것이 그런 가치관이다. 이는 훗날 사서들이 제국의 도서를 분류할 때 『노자』와 『장자』를 '도가' 텍스트로 함께 분류했던 이유이다. 이 분류는 오늘날까지 지속되고 있다. 하지만 유가와 달리 '도가들'이 스스로를 정규 학파의 구성원으로 여기지 않았고, 그들의 많은 유사성 뒤에는 중요한 차이들이 있다는 것을 인식하는 것이 중요하다. 예컨대, 장자는 인위적이고 소비자중심주의이며 생존을 위한 격심한 경쟁 사회를 우려함에도 불구하고, 도망가는 것이 정답이라고는 생각하지 않았다. 그는 자기 의식적으로 원시적인 생활양식에 틀어박히는 것은 전력을 다하는 유가나 묵가가 되는 것만큼 오도된 것이라고 생각했는데, 이는 거부된 '틀림'과 대조되는 구체적인 '올바른' 생활 방식을 설정하는 것을 포함했기 때문이다. 장자는 1960년대의 히피족뿐만 아니라 그들의 부모들도 놀려댔을 것이다.

장자의 핵심은 다른 사람을 비난하거나 자신이 옳다고 자랑하는 것이 아니라, 옳고 그름을 완전히 초월하는 것이었다. "옳음과 동시에 그름이 있고, 그름과 동시에 옳음이 있다. 참은 거짓에서 나오고 거짓은 참에서 나온다. 이 때문에 성인은 이런 것들에 따르지 않고 하늘의 도움으로 사물을 설명한다. 그는 여전히 '이것'을 따르지만, 그의 '이것'이 또한 '저것'이고, 그의 '저것' 또한 '이것'인 방식으로 그렇게 한다."[7] 우리는 장자의 본보기들이 종종 두드러지게 문명화된 활동에 종사하면서 다소 정상적인 삶을 살아가고 있음을 알아냈다. 『장자』에 나오는 백정 포정과 목수 경의 이야기는 주류였던 유교 문화에 단단히 끼워 넣어져 있다. 여기에서 포정은 제의에 제물로 쓸 소를 잘게 자르고, 경은 고전음악 공연을 위해 종 틀을 조각한다.

하지만 장자의 본보기들은 몇 가지 점에서 독특하다. 우선, 그 본보기들은 다양하다. 공자와 맹자는 제후나 왕과 허물없이 이야기를 나누었지만, 장자는 맹자가 군자라면 "거리를 두어야 한다"고 콧방귀를 뀌었던 작업장과 부엌에서 많은 시간을 보냈고, 그곳에서 자신이 본 것에 깊은 인상을 받았다. 이런 세상은 장자에게 기술공과 백정, 뱃사공과 제도공을 만나게 해 주었는데, 이들의 세상에 대한 힘들이지 않은 편안함과 반응은 불만을 품은 동료 지식인들에게는 본보기가 될 수 있다. 혜자와의 논쟁은 그의 친구가 머리에서 나와서 마음이 아니라 몸을 따를 수 있는 이 세상으로 들어오게 하는 것이 목표였다. 장자가 사회적 표준 가치관에 틀어박히는 것을 거부한다는 사실에 따르면, 장자의 성인들은 꼽추와 나병환자, 무당, 발이 잘린 범죄자를 포함한다. 이들은 정성들여 손질한 맹자의 도덕적 정원에서 자란 인간성의 '잡초'이고 맹자가 무시한 것이지만, 장자의 견해에서는 진정한 자연성을 너무나 잘 대표한다.

장자의 성인들은 또한 엄격한 가치관에 애착을 갖지 않는다는 사실 때문에 독특하다. 그들은 자신들의 삶을 살아가고 목표를 가지고 있지만, 상황에 따라 방향을 바꾸고, 선물이 부담이 되면 손에서 놓고 다른 것으로 옮겨가게 하는 개방성을 유지한다. 현대 용어로 설명하면, 그들은 의식적 마음의 간섭을 최소화하면서 뜨거운 인지가 다소 직접적으로 꾸려나갈 수 있도록 차가운 인지의 발현을 억제했다. 물론 비결은 차가운 인지를 어떻게 벗겨 내는가 하는가이다.

사회 규범으로부터 방해를 덜 받고, 그러해야만 하는 세상이 아닌 지금 그대로의 세상에 반응하기 위해 혜자는 무엇을 할 필요가 있는가? 그는 잊고 놓아 주어야 한다. 어떻게 그렇게 하는가? 의식적 마음의 지배에서 벗어나야 한다. 이것은 전형적으로 경박한 어조로 장자가 공자와 그의 애제자인 안회顔回 간의 대화를 자세히 얘기하지만, 실제로 공자가 매우 장자다운 (그리고 매우 유가답지 않은) 생각을 지지하고 있는 유명한 구절에서 가장 명확히 제시된다.[8] 백성을 억압하는 이웃 나라 임금에 대하여 들은 안회는 그를 찾아가 잘못을 바로잡아 주겠다고 결심한다. 공자는 그가 성공하거나 머리가 어깨에 그대로 붙은 채로 되돌아올지 확신을 못한다. 문제는 안회가 잘못된 것에 동기화된 것처럼 보인다는 것이다. 즉, 그가 들었던 추상적 가르침, 그가 그 임금보다 더 현명하고 더 낫다는 오만한 생각, 공자가 예리하게 지적했듯이 사악한 임금을 교화했다는 영웅의 명성을 얻으려는 숨기지 못한 욕망이 그런 잘못된 것들이다. 안회는 몇 가지 전략을 제안하지만, 공자는 이 모든 전략을 물리친다. "너는 여전히 마음의 지배를 받고 있구나"라고 공자가 계속 한탄한다. 안회는 "저는 더 이상 어떻게 해야 할지 모르겠습니다. 방법을 좀 가르쳐 주십시오"라고 한숨 쉬며 마침내 포기한다.

공자는 "단식을 하여라. 그것에 대하여 너에게 설명해주겠다. 마음에만 귀를 기울이려 한다면 아무것도 달성하지 못할 것이다. 마음에 의해서만 좌우되는 사람은 밝은 하늘과 합일될 수 없다"라고 가르친다.

안회가 대답한다. "저의 집은 가난하여 술을 마시지도 못할 뿐만 아니라 고기를 먹어본 지도 몇 달이 되었습니다. 이쯤 되면 단식했다고 할 수 있겠는지요?"

"아니다! 그것은 제사 지낼 때의 단식이다. 내가 말하는 것은 마음의 단식이다."

"그것은 무엇입니까?"

공자가 말한다. "네 마음가짐을 통일시켜라. 귀로 듣는 것보다 마음으로 듣는 것이 더 낫지만 기를 통해 듣는 것이 훨씬 더 낫다. 귀는 소리를 들을 뿐이며 마음은 분석하고 범주화만 할 뿐이지만, 기라는 것은 텅 비어서 모든 대상을 잘 받아들인다. 네가 스스로를 텅 비운다면, 오직 도만이 너에게 나타날 것이다. 이처럼 텅 비게 하는 것이 마음의 단식이다."[9]

많은 서양 사람들도 요즘은 기氣의 개념에 친숙하다. 초기 중국 사람들은 이 개념을 모든 살아 있는 것을 활동하게 하는 중추적인 힘으로 간주한다. 기원전 4세기, 장자가 글을 쓰고 있을 무렵, 기는 사람들에게 진정한 본성이나 하늘의 본성과 직접 연결시키는 물질이었다. 이것은 기를 자아 내의 신성한 힘에 연결하는 독특한 종교적 견해이다. 기는 백정 포정이 소를 교묘히 절단하도록 하는 '영적 욕망'과 같은 '영혼'이다. 마음의 지배에서 벗어날 수 있는 장인의 능력이 "그의 천성과 세계의 천성이 하나로 되게 한다"라는 목수 경의 이야기에서 보았듯이, 기는 또한 하늘과의 연결 때문에 사물의 하늘 구조에 특유하고 직접적으로 접근한다.

이 구절에서 세상을 '듣는 것' 또는 지각하는 것의 세 가지 층위들 간의 차이를 이해하는 한 가지 방법은 그것들이 뇌의 다른 부위를 사용하는 것으로 간주하는 것이다. 귀로 듣는 것은 앞에 있는 거대한 소를 단지 눈으로 보는 백정 포정과 조금 유사하다. 즉, 그는 감각 정보를 받아들이고 있을 뿐, 그것으로 무엇을 할지를 모른다. 마음으로 듣는 것은 이 정보를 의식적으로 분석하고 사전 지식에 관련시키는 외측전전두엽피질과 같은 부위와 관련이 있다. 기로 듣는 것은 의식적 마음으로 간주되는 뇌의 인지적 통제 부위를 차단하고, 적응 무의식(adaptive unconscious)이 뒤를 이어받도록 하는 것이다. 초기 중국 세계관에서 이런 무의식은 신성한 특성을 소유하기 때문에 우리를 밝은 방향으로 인도할 것이다. 백정 포정 이야기의 '영적 욕망'처럼 기는 하늘과 직접 연결되어 있는 힘이다. 실제로 장자에게 있어서 영혼과 기는 하늘의 인도로 들어가는 경로를 제공하는 다소 동의적인 것처럼 보인다.

우리는 비움에 대한 이 충고를 이해할 수 있고, 그것은 안회에게 즉각적이고 강력한 영향을 미쳐 즉각적으로 그를 깨닫게 한다. 깨달은 안회는 "제가 선생님의 가르침을 이해할 수 있기 전에는 나 자신의 사고들로 가득 찼었습니다. 그런데 이해하고 나니 나의 자아는 전혀 존재하지 않은 것처럼 보입니다. 이런 것을 비움이라고 할 수 있을 지요?"라고 묻는다. 선생이 말했다. "옳구나! 내 너에게 설명을 해주겠다. 너는 유복하나 자유가 없는 환경에 가서 노닐되 명성 따위에 신경 써서는 안 될 것이다. 위나라 임금이 네 말을 들어주거든 말을 하고, 네 말이 통하지 않거든 말을 그만두어라. 네가 배운 것은 모두 잊고 모든 개인적인 계획을 포기하라. 완전히 일체된 것에 거하고, 멈출 수 없는 것에 들어가라. 그러면 너는 거의 성공에 다다를 것이다."(『장자』, 「인간세」, 제2장)

안회가 말하는 자아의 상실은 자기 위주의 전략적 사고와 편견을 포기하는 것에 관한 것이다. 말하자면 스스로를 비움으로써 수용할 수 있는 공간을 만든다는 것이다. 그것은 지도자가 실제로 말해야 하는 것과 상황이 실제로 요구하는 것을 듣고자 하는 개방성이다. 그는 의식적이고 계산하는 마음을 멈춰 세우고 중추적 에너지 또는 기가 그 뒤를 이어받도록 한다. 그렇게 하여 자신보다 더 큰 무언가에 흡수된다. 그 무언가란 도의 활동이고, "멈출 수 없는" 순간이며, 그를 적절한 결과로 인도하는 신성한 힘이다. 느릿느릿하고 엄격하며 의식적인 계획은 빠르고 유연하며 무의식적인 세계에 대한 반응으로 교체된다.

전국시대 사상에서 장자는 누구보다도 의식적 사고의 한계를 인식했고 신체화된 마음의 특유한 힘을 찬양했다. 제1장에서 이런 뜨거운 과정들이 우리의 많은 행위를 안내하는 데 있어 얼마나 중요한지, 그리고 우리가 세상을 살아가는 데 있어서 얼마나 효율적인지를 논의했다. 점차 명확해지듯이, 장자가 동시대인들에게는 그렇게 치명적으로 부족한 것으로 보았던 인지적 유연성은 우리가 의식적 마음의 지배력을 약화시킬 때 가장 잘 성취할 수 있다.[9]

인지적 유연성은 성인보다 아이들에게 더 쉬운 것이다. 한 문제에 대한 다양한 해결책이나 한 사물의 새로운 용도를 상상할 수 있는 능력인 '발산적(divergent)' 창조성을 예로 들어보자. 그것을 실험에서 측정할 수 있는 일반적인 방법은 특이한 용도 테스트(UUT; Unusual Uses Test)이다. 실험대상자에게 평범한 물건을 주고 정해진 시간 내에 상상할 수 있는 가능한 한 많은 용도를 생각해 내도록 한다. 어린아이들은 이런 테스트에서 더 유연하고 창조적인데, 이는 그들에게 이런 물건이 무슨 '용도'인지를 가르치는 데 시간이 더 적게 들었기 때문일 뿐만 아니라 인지적 통제 부위가 덜 발달했기 때문이기도 하다. 흥미롭게도,

창조적인 재범주화를 요구하는 과제에서 성인의 성공적인 수행은 인지적 통제 부위의 상당한 발현억제를 동반하고, 전전두엽피질 손상이 있는 성인들은 건강한 통제집단보다 그런 과제를 더 잘 수행하는 경향이 있다.[11]

인지적 통제 능력을 일시적으로 마비시키는 매우 효과적인 수단인 술도 다양한 유형의 창조성을 향상시키는 것으로 밝혀졌다. 최근 한 연구에서는 실험대상자들에게 원격연상테스트*를 보게 했다.[12] 원격영상테스트에서 실험대상자들은 언뜻 보기에 관련이 없는 것처럼 보이는 세 개 단어(가령, peach, arm, tar)를 받고, 그것들을 연결하는 네 번째 단어(이 경우에, pit)를 생각해 내도록 한다. 원격영상테스트가 '발산적' 사고와 다른 것처럼 보이고 더 많은 인지적 통제를 요구하는 '수렴적(convergent)' 사고를 탐구하는 데 사용되지만, 첫 추측이 부정확하거나 실험대상자들이 정답을 즉시 '보지' 못할 때는 분명히 발산적 사고가 결정적이다. 해당 연구에서 연구자들은 어디에서 운전면허증을 잃어버렸는지 알지 못하는 정도인 0.075의 혈중 알코올 농도로 만취된 실험대상자들이 술 취하지 않은 통제집단들보다 원격영상

---

**원격연상테스트(RAT; Romote Associates Test)***
심리학자 메드닉(Mednic)이 창의성을 측정하기 위해 고안한 테스트로서, 그는 창의적인 사람일수록 관련성이 먼 단어들을 결합해 내는 능력이 있다고 가정했다. 이 테스트에서는 제시되는 세 개 단어와 관련 있는 단어를 찾아야 한다. 가령, worker, boiled, core라는 세 단어가 제시되면 이 세 단어와 공통적으로 관계가 있는 단어를 찾아야 한다. 정답은 hard이다.

테스트를 더 잘 했다는 것을 발견했다. 게다가 술에 취한 실험대상자들이 테스트를 더 잘 했다는 것은 꾸준한 분석적 전략 때문이라기보다는 돌연적 '통찰력' 때문인 것으로 여겨진다. 술에 조금 취하는 것은 인지적 통제를 약화시키고 통찰력에 기반한 창조성을 향상시키는 듯하다.

'배양(incubation)' 실험에서도 비슷한 효과가 발견되었다. 이 실험에서 실험대상자들은 일차 과제를 받지만 그 다음에 휴식이 주어지는데, 이를테면 또 다른 과제에 의해 주의가 다른 데로 돌려진다. 일차 과제의 목표를 두드러진 채로 있는 한, 즉 마음 한 구석에 있는 한, 잠깐의 쉼은 문제해결 능력과 물리적 과제의 능숙한 수행을 향상시키는 것처럼 보인다.[13] 그리고 이것은 뜨거운 인지가 인지적 도약을 하는 데 능숙하기 때문인 듯하다. 의식적 마음이 일시적으로 주의를 딴 데로 돌리면, 무의식적 마음이 자유롭게 그 일을 순조롭게 진행시킨다.

'하늘에 취하기(drunk on Heaven)' 구절을 생각해 보라. 이 구절에서 수레에 탄 술 취한 사람은 굴러 떨어져도 다치지 않는데, 이는 그의 "영혼이 온전하기" 때문이다. 즉, 그의 차가운 인지가 휴식을 취하고 있고 뜨거운 인지가 방해받지 않고 작동하기 때문이다. 술 취하지 않은 우리를 괴롭히는 의식적 두려움의 괴롭힘에서 벗어났기에 그는 떨어지면서 구르고 부상을 피할 수 있다. 안회와 공자 사이의 또 다른 가상의 대화에서도 비슷한 주제를 볼 수 있다.[14] 안회는 머리카락이 쭈뼛해지는 경험을 했다고 전한다. 그는 전혀 두려워하지 않는 것처럼 보이고 거의 초자연적인 기술로 작은 배를 다루는 뱃사공과 함께 위험하고 몹시 거친 강을 건너고 있었다. 안회가 뱃사공에게 비법을 묻자 뱃사공은 수영할 줄 아는 사람은 누구든 자신처럼 배를 다룰 수 있다고 대답했다. (많은 전통 사회에서 수영을 배우는 것은 드물기 때문에 물을 건너는 것은 항상 걱정이 따른다.) 장자의 대변자 역할을 하는 공자는 수영을 잘하는 사람은 "물을 잊어버렸다"고 대답한다. 즉, 그런 사람들은 더 이상 물을 두려워하지 않고 물은 그들의 의식에서 더 이상 공간을 차지하지 않는다는 것이다. 결과적으로, 그들은 작은 배에 완전히 숙달하는 것을 쉽게 배울 수 있는데, 이는 두려움과 주의산만함으로부터의 해방으로 인해 그들이 무의식적 기술로 긴장을 풀기에 가능하다. 공자는 "그런 사람은 깊은 물을 마치 언덕처럼 여기고 배가 뒤집어지는 것을 수레가 뒤로 밀리는 것처럼 본다. 뒤집어지거나 뒤로 밀리는 등 온갖 것들을 똑같이 걱정 없이 본다고 상상해 보라. 그러면 그런 것들은 깊은 마음까지 파고들지 못하고 너를 괴롭힐 수 없으니, 네가 여유롭지 않은 곳은 아무데도 없을 것이다."(『장자』, 「달생」, 제4장)라고 말한 후, 외부로부터 오는 걱정에 의식적으로 집중할 때 생기는 해로운 효과를 예증하기 위해 궁술 시합에 대해 이야기한다. "기왓장을 걸고 내기를 하는 사람은 잘 하지만, 띠쇠를 걸고 내기를 하는 사람은 겁을 내고, 황금을 걸고 내기를 하는 사람은 정신이 혼미해진다. 그 솜씨는 한 가지일지라도 상황에 따라 달라지는 것은 아까워하는 마음이 있기 때문인데, 즉 외물을 중시하는 것이다. 대개 외물을 중시하면 내면이 치졸해진다."

서론에서 만났던 운동선수와 공연자들이 직면하는 문제를 이것보다 더 잘 요약하는 것은 없다. 그런 사람들은 경기의 내적 선에 대한 평범한 무위 몰입에서 빠져 나왔다. 즉, 그들은 목표와 가치, 경기의 흐름에서 멀어지게 되었다. 그들의 실제 육체적 기술이 바뀐 것이 아니라 외물에 대한 걱정이 "내면을 치졸하게" 만들었다.

이 점에서 장자의 통찰력은 '숨막힘(choking)'에 관한 꽤 광범위한 심리학 문헌에서 입증된다.[15] 대부분의 경우에 좋은 공연에 대한 노골적인 요구, 명성이나 상에 대한 걱정과 같은 외부 압력 때문에 사람들이 무의식으로 다루어야 하는 활동에 의식적으로 집중하게 된다는 것이 공통된 의견이다. 그 결과는 분열, 즉 '역설적 수행(paradoxical performance)'[15]이다. 더 많이 노력할수록 더 못하게 된다는 것이다. 한 고전적인 실험(그 연도인 1984년은 이용한 기술로 대략 추측된다)에서 경험이 풍부한 팩맨* 선수들은 금전적 보상에 대해 들은 후에 성적이 상당히 저조했다.[17] 프로야구 선수에 대한 보다 최근 연구는 많은 압박에 노출될 때 경기력이 떨어졌다는 것을 보여 주었다.[18] 하지만 의미심장하게도, 가령 방망이를 특정 타이밍에 어떻게 향하도록 해야 하는 것처럼 그들이 무엇을 하고 있는지에 대한 의식적 자각은 향상되었다. 안회가 처음에 사악한 임금에게 가서 충고하려고 계획할

---

팩맨(Pac-Man)*
1980년 5월 22일 출시된 일본 남코(현 반다이 남코 게임스)사의 아케이드 게임으로서, 입을 살짝 벌린 모양의 주인공 팩맨을 조종해, 유령들의 방해를 피하며 미로에 떨어져 있는 쿠키를 주워 먹는 것이 게임 내용이다.

때처럼, 숨이 막히는 야구 선수들은 스스로가 의식적 마음의 통제를 받도록 하고 있고, 그 결과는 비참한 것이다.

장자에 따르면, 최악의 외적 방해요인은 무위에 이르기 위한 엄격한 유교 전략과 함께 유교에서 가르치는 노골적인 도덕성이다. 이것은 또 다른 공자-안회 대화에서 부각되는데, 이것은 앞서 논의한 "마음의 단식" 구절을 생각나게 하지만 『장자』의 몇 개 장 뒤에서 등장하는 대화이다.[19] 어쩌면 안회는 한 번 더 공자에게 부패한 임금을 교화시키고자 하는 오만한 잘못된 계획에 대해 이야기했고, 공자는 그를 맹비난했다. 하지만 이번에 공자는 구체적인 충고를 하지 않고 그냥 돌려보내서 우리가 정확히 듣지 않은 무언가를 하도록 한다. 안회는 두 번이나 갑자기 다시 방문해서 "제게 진전이 있었습니다"라고 말하고, 공자에게 자신의 발전을 알려준다. 처음에 그는 가장 중요한 유교의 가치인 인仁과 의義를 잊었고, 그 다음에는 유교 예법과 음악을 잊었다고 말한다. 이에 공자는 두 번 다 "그것이 나쁜 것은 아니지만, 너는 여전히 그곳에 있지 않구나"라고 대답한다. 세 번째 방문에서야 조금 진전이 있다.

> 그들은 다음날 다시 만났고, 안회는 말했다. "제게 진전이 있었습니다."
>
> "무슨 말이냐?"
>
> "저는 앉아서 모든 것을 잊었습니다."
>
> 공자는 놀란 듯이 보면서 말했다. "앉아서 모든 것을 잊었다는

것이 무슨 말이냐?"

안회가 대답했다. "저의 사지와 몸이 사라지게 하고, 지각과 사고를 몰아내어 나의 육체적 몸과 분리되게 하며, 지식을 없애고, 나 자신을 도와 조화를 이루게 합니다.[20] 이것이 제가 앉아서 모든 것을 잊는다고 할 때 의미하는 바입니다.

공자가 말했다. "도와 하나가 되면 편애偏愛가 없고, 그와 함께 변화하면 집착이 없어질 것이다. 너는 정말 총명하구나! 나도 겸손하게 너의 제자가 되겠다고 청한다."

목수 경의 이야기에서처럼, 우리는 '잊기'의 과정을 극단까지 가져갔다. 이것은 유교의 도덕 교육과 실행뿐만 아니라 몸과 지각 자체도 포함한다. 성공적으로 무위에 들어간다면 자신이 아니라 세상에 초점을 두어야 한다는 것이 이 대화가 말하고자 하는 바이다. 더 큰 하늘의 도에 몰입하기 위해 자아뿐만 아니라 심지어 몸을 포함에 모든 것을 잊어야 한다.

좋은 것처럼 들린다. 물론 의문은 어떻게 스스로를 잊어버리는가이다. 어떻게 의식적 마음의 통제를 몸으로 전이하는가? 더욱 구체적으로 안회는 '앉아서 잊어버릴 때' 무엇을 하고 있는가?

장자가 노자 학파 전략인 명상과 호흡법에 잠깐 손을 댔을 수 있고, 정신활성적 물질이 관여된다는 흥미로운 암시가 있다. 예컨대, 이 책의 앞부분에 남곽자기南郭子基(남곽자기는 가공의 인물로서, 남곽은 성곽의 남쪽에 거주하고 있음을 뜻하고, 자기는 이름이다)를 묘사하면서 시작하는 장이 있다. 그는 기대어 앉아 있다가 가끔씩 천장을 바라보면서 깊은 숨을 내쉬고, "벗을 잃은 듯 맥이 빠지고 멍한"[21] 것처럼 보인다. 그의 '벗'은 누구인가? 모르기는 피차 마찬가지이지만, 대부분의 주석자들은 그의 몸이라고 생각한다. 어쨌든 이 사람은 강렬한 명상이나 위험한 약을 하거나 또는 그 둘 다를 하고 있었다. 이것이 매우 이상한 이유는 그에게는 하인이 있었고, 분명 그들은 진행 중인 남곽자기의 행위를 지켜보거나 도우며 그를 수행하고 있었기 때문이다. (그가 호흡을 조절하도록 돕는가? 남곽자기가 약을 하고 환각 체험을 시작한다면 개입할 준비를 하는가? 다시, 우리는 미궁에 빠진다.) 분명히 그 하인은 감명을 받고 "야아, 어찌된 영문입니까? 몸은 진정 마른 나무처럼 될 수 있으며, 마음은 불 꺼진 재와 같이 될 수 있는 것입니까? 지금 책상에 기대어 계신 분은 아까 책상에 기대셨던 그 분이 아닌 것만 같습니다"라고 말한다.(『장자』, 「제물론」, 제1장)

　남곽자기는 자신이 심오한 변화를 경험했다고 인정한다. "내 친구야, 네 질문이 참으로 훌륭하구나. 지금 나는 나 자신을 잃었다. 너는 그것을 알아차렸구나." 상세히 설명해 달라는 부탁을 받고 그는 방금 경험했던 것을 꽤 길게 설명한다. 풍경 너머로 바람이 윙윙거리는 방식, 하늘과 땅의 날카로운 소리, 바람이 어디에서 일어나는지에 대한 질문은 모두 말도 안 되는 것들이다. 하지만 그런 경험은 분명히 자기에게 어느 정도 도움이 되었다. 왜냐하면 우리는 '원대한 이해' 대 '편협한 이해'에 대한 구절을 바로 접하기 때문이다. 우리는 남곽자기의 경험이 그를 성인으로 바꾸었다고 결론내린다.

장자라는 인물은 오늘날 중국 중심에 위치한 후베이성湖北省과 후난성湖南省에 있었던, 그 당시는 남방이었던 초楚나라와 역사적으로 연관이 있다. 하지만 전국시대의 초나라는 이상한 음식과 야생동물들로 가득한 이국적이고 야만에 가까운 왕국으로 묘사되는 변방 국가였다. 초나라는 또한 전통적으로 유체이탈과 몽환의 경지에 이르는 등 샤머니즘적 관행이 연상이 된다. 더욱이 매력적이지만 상대적으로 차분한 초기 텍스트에서 『장자』로 이동해 가면서 문체적 변이는 그야말로 충격적이다. 갑자기 동물들이 말을 하고, 사람들은 주변을 날아다니고 쥐의 간으로 환생한다. 이 텍스트의 한 가지 어려움은 장자가 전달하고자 하는 경험을 이해시키기 위해, 동시대의 중국 고전에서는 간단히 포착될 수 없는 완전히 새로운 형용사와 부사를 억지로 만들어낸다는 것이다. 『맹자』에서 『장자』로 옮겨 가는 것은 비틀즈의 초기 음악에서, 예를 들어 〈Can't Buy Me Love〉(1964)에서 〈Sgt. Pepper's Lonely Hearts Club Band〉(1967)로 옮겨 간 것과 별반 다르지 않다. 그리고 여러분은 누군가가 막 마약을 발견했다는 독특한 인상을 받을 것이다.

사실 장자는 실제로 그의 성인이 무엇인지 전혀 말해주지 않는 것은 아마 우연은 아니다. 환각제를 처방하고, 특정한 명상 훈련을 하며, 호흡 운동을 시키는 것은, 여러분이 할 수 있는 최악의 경우인 '틀린 것'에 대비하여 '옳은 것'을 설정하는 함정에 빠질 수 있다. 좋은 것과 나쁜 것에 대한 모든 엄격한 주장을 피하기 위해, 장자는 우리가 생각할 수 있는 이미지를 들어 보이는 것을 제한한다. 그것은 '편협한

〈Sgt. Pepper's Lonely Hearts Club Band〉(1967)
영국의 록 밴드 비틀즈의 여덟 번째 정규 음반으로서, 이 앨범은 동양철학과 마약에 대한 암시까지 사이키델릭적 요소를 고스란히 담고 있어서 당시 유행하던 히피문화와 사이키델릭 록 음악을 반영했다. 어떤 이는 이 앨범을 프로그레시브 음악의 선두로 보기도 한다.

〈Can't Buy Me Love〉(1964)

이해'에 사로잡혀 있는 것들로서, 노쇠와 어둠, 죽음으로 비참하게 표류하는 이미지이고, 백정 포정이나 목수 경이 삶을 부드럽고 쉽게 살아가는 것, 혜자가 놀랄 만큼 큰 조롱박을 박살냄으로써 강과 호수를 행복하게 떠다닐 수 있는 기회를 놓치는 것이 그런 이미지들이다. 명확하게도 이런 이미지들 중에서 어떤 것은 '좋은' 삶의 방식을 묘사하고 다른 이미지는 '나쁜' 삶의 방식을 묘사하지만, 장자는 그것을 솔직히 말하지 않을 것이다. 그는 우리에게 이야기를 해 주고 그런 이야기들이 영향을 미치도록 한다.

  내 생각에 이것은 어쩌면 사람들을 무위로 들어가게 하는 그의 전략이다. 그의 유머나 역설, 단순한 예언은 우리에게 충격을 주고, 평범한 사고에서 벗어나게 한다. 『장자』는 우리에게 무언가를 하려고 노력하고, 그 점에서 이 텍스트의 효율성을 전달하기는 어렵다. 우리는 그것을 경험해야만 알 수 있다. 단편적인 인용문은 느낌만 줄 뿐이다. 예컨대, 다음 구절을 고려해 보자. "시작이 있으면 시작이 아직 시작되기 이전이 있었을 것이고, 시작이 아직 시작되기 이전마저 아직 시작되기 이전이 있었을 것이다. 있음이 있다면 없음이 있었을 것이고, 또 없음이 시작되기 전이 있었을 것이고, 그 전에는 없음이 시작되기 전의 이전이 있었을 것이다."[22] 이와 같은 문체는 얼마간 계속된다. 이 텍스트의 전통 중국 주석자와 현대 학자들 중 일부는 이 구절을 마치 간단한 철학적 논법처럼 다루면서 이 진술에 관여하는 논리를 이해하기 위해 골머리를 앓았다. 그것은 거의 확실히 철학적 논법이 아니다. 여기에서 표현되는 지식의 가능성에 대한 회의주의는 종교적 교리가 아니라 영적인 치료로 의도된다.[23] 그것을 읽을 때 논리와 합리성이 우리가 원하는 곳으로 데려갈 수 있다는 우리의 확실성은 흔들리는데, 이는 장자가 달성하고 싶어 하는 효과이다.

언어를 사용해 그 자체를 손상시키는 이 전략은 장자가 가장 직접적이고 널리 영향을 미친 동아시아 불교의 한 종파인 선불교에서 열정적으로 받아들여졌다. 그들은 이 기법을 공안公案이라는 관행으로 형식화했다. 공안은 수수께끼와 무의미한 말, 논리적 의미가 없거나 불교가 무엇에 관한 것인지에 대한 우리의 생각을 동요시키려고 하는 개인 간의 만남들로 구성되어 있다. 그것은 자아에 대한 합리성의 통제력을 깨뜨리기 위해, 즉 "마음을 단식시키기 위해" 명상되어야 한다. 이런 만남에 대한 공통된 구조는 훌륭한 불교신자가 되려고 하는 한 학생이 교리에 대해 간단한 질문을 하는 것이다. 그리고 선사禪師는 그 학생의 개념적 체제를 뒤흔들려고 불합리한 추론으로 답을 한다. 그 학생은 혼돈스러워 하고 망설이며 어쩌면 또 다른 질문을 하기 시작하며, 그러면 선사는 영적인 신경 파손과 같은 무언가를 환기시키기 위해 (언어적으로나 신체적으로) 타격을 가한다. 목표는 언어적이든 물리적이든 사회적이든 간에 평범한 이성에 대한 다면적인 공격을 시작하는 것인데, 이는 차가운 인지의 한계로부터 신체화된 마음을 해방시키고 학생에게 충격을 주어 무위의 상태로 들어가게 하기 위함이다.

이런 많은 만남들은 급진적으로 비관습적인 행동(머리에 짚신 모양의 신발을 쓰거나 발가벗고 나가는 것)이나 어떤 종류의 물리적 폭력을 포함한다. 막대기로 사람을 찰싹 때리고, 치고, 후려치는 것이 많이 있다. 고양이는 두 동강 난다. 하지만 가장 설득력 있는 기법은 더욱 미묘하고, 학생의 주의를 추상적 교리나 미래 계획으로부터 딴 데로 돌려서 바로 앞에 있는 현실 쪽으로 향하도록 한다. 예컨대, 한 가지 유명한 공안 이야기는 이와 같이 시작한다.[24] "한 승려가 선사에게 말했다. '제가 선방에 처음 들어왔습니다. 선사께서 저를 가르쳐 주시길 부탁드립니다.'" 이 승려는 단식하기 이전의 안회처럼 보인다. 즉, 배움을 명확히 기대하고, 야심을 입증해 보이고 싶어하는 열렬한 보이스카우트 단원 같다. 캐나다에서 하는 말로 그는 keener(열성적인 사람)이다.

선사가 물었다. "너는 아침에 죽을 먹었느냐?"
승려가 대답했다. "예, 먹었습니다."
선사가 말했다. "그러면 가서 네 발우를 씻어라."
그 순간 승려는 깨우쳤다.

깨우친 무위의 열쇠는 교리에 대해 더 많은 것을 배우는 것이 아니라, 앞에 있는 것을 보고 그것에 적절히 반응하는 것이다. 이 공안이 수록된 책을 편찬한 중국의 선사는 이렇게 언급한다. "그것을 보기 어려운 것은 너무 명확하기 때문이다. 사람들은 불이 켜진 램프를 사용해서 불을 찾으러 간다. 램프 그 자체가 불이라는 것을 인식해야만 더 빨리 밥을 지을 수 있을 것이다."

## 자유롭고 쉽게 방랑하기

　공안 문헌에 등장하는 깨우친 승려처럼, 『장자』에 등장하는 예시들은 의식적 마음의 통제를 무의식적 마음으로 전이시킬 수 있다면 얼마나 행복하고 효율적인지를 보여 주고자 한다. 장자가 종종 이 논점을 예증하기 위해 기술공이나 직공의 활동을 사용하지만, 백정 포정과 목수 경의 본보기는 은유로 의도된 것이다. 진정한 목표는 "인생을 사는 비결"을 보여 주는 것이다. 백정 포정의 칼날에는 두께가 없기 때문에 힘줄과 뼈 사이의 공간에서 원활하게 움직일 수 있다. 동일한 방식으로 진정으로 자아가 없는 사람은 사회에서 거침없이 움직일 수 있다.

　장자는 다른 사상가들과 함께 무위가 덕으로 이어진다는 확신을 공유하는데, 물론 장자가 말하는 덕의 힘은 다른 사람들을 끌어들이는 것에 있다기보다는 그들의 긴장을 풀어주는 데 있다. 장자는 당신이 배를 타고 강을 건널 때 누군가가 노를 젓는 배와 부딪힌다면 화내면서 그에게 고함을 지르고 욕설을 퍼붓는다고 지적한다.[25] 바람이 불어서 당신이 가는 길목에 들어선 빈 배와 부딪힌다면 그냥 무시하고 가던 길을 간다. 장자의 성인이 목표로 하는 것은 다른 사람들과 부딪혀도 아무런 원한을 품지 않게 그의 배를 비우는 것이다.

　그럼에도 불구하고 장자의 성인이 스스로에게 주의를 돌린다면, 다른 사람들이 그의 강력한 덕을 명확히 볼 수 있어서 방해받지 않고서 자기 길을 계속 가도록 해 준다는 이야기도 있다. 한 이야기에는 임금을 위해 싸움닭을 훈련시키고 있는 한 남자가 등장한다. 훈련이 시작되고 열흘 후, 왕은 싸움닭들이 싸울 준비가 끝났는지 묻는다.[26]

"아직 덜 되었습니다. 지금 한창 허세와 교만을 부리고 육체적 기에 의존합니다."

열흘이 지난 뒤 임금이 또 묻자 대답했다.

"아직 덜 되었습니다. 다른 닭의 소리나 움직임을 보고 달려들려고 합니다."

열흘이 지난 뒤 임금이 또 묻자 대답했다.

"아직 덜 되었습니다. 다른 닭을 증오의 눈빛으로 보고 기가 흘러넘치고 있습니다."

마지막으로 열흘이 지난 뒤 임금이 또 묻자 대답했다.

"거의 다 되었습니다. 닭들 가운데 우는 녀석이 있어도 이미 아무런 흔들림도 없습니다. 그것을 바라보면, 임금님은 닭들이 마치 나무로 만들었고, 닭들의 덕이 완전하고 완벽하다고 생각하실 것입니다. 다른 닭은 감히 대응하지 못하고 몸을 돌려 도망갈 것입니다."

여기에서 장자의 목표는 성공적인 투계 사업을 운영하는 방식이 아니라 성공적인 삶을 살아가는 방식을 알려 주는 것이다. 완전한 긴장 풀기와 외부 염려로부터의 자유는 여러분의 덕을 완벽하게 하고 여러분을 얕잡아 볼 수 없게 만들어, 다른 사람들이 여러분에게 무모한

짓을 하기 전에 한 번 더 생각하도록 만드는 자신감과 여유를 준다.

안회의 '마음의 단식' 이야기의 마지막 부분은 이타심과 대인관계적 민감성, 사회적 성공이 어떻게 함께 어울리는지에 대한 좋은 예이다. 엄격한 가르침이나 사전에 생각한 목표에 의해 더 이상 미혹되지 않고 저의底意와 거만이 없기 때문에 그는 실제로 임금의 말을 듣고, 임금이 준비되었을 때만 '노래할' 수 있다. 이런 방식으로 그는 간신히 목이 떨어지지 않을 수 있을 뿐만 아니라 잠재적으로 임금을 자기편으로 끌어들일 수 있을 것이다. 원숭이를 기르는 사람에 대한 다음 이야기도 비슷한 주제이다.[27] "원숭이를 기르는 자가 원숭이들에게 도토리를 주면서 '아침에 세 되를 주고 저녁에 네 되를 주겠다'라고 하자 원숭이들이 모두 화를 냈다. 그가 다시 '그렇다면 아침에 네 되를 주고 저녁에 세 되를 주겠다'라고 바꿔 말했다. 그러자 원숭이들은 모두 기뻐했다. 겉에 드러난 이름이나 속에 있는 실상이 더함도 빠짐도 없는데 원숭이들은 그것을 기뻐하기도 하고 화를 내기도 한다. 이것은 융통성이 있다는 것이 의미하는 바이다."

물론 우리는 장자의 성인이 다루어야 하는 원숭이다. 초기 중국에서 원숭이는 무지막지함과 인지적 완고함의 상징이었고, 여기에서는 무엇을 원하고 원하지 않는지를 확실히 알고 있고, 실제로 완전히 가득 찬 배(船)를 가진 평범한 사람을 나타낸다. 인간이든 그렇지 않든 간에 원숭이를 다루는 방법은 원래 계획을 고집하기보다는 손해 볼 것이 없다면 그들의 방식대로 하게 하는 것이다. 이것을 "융통성 있다"고 한다. 『장자』에는 사회적으로 정통한 많은 예시들이 있으며,

그 중에는 계획이 없고 만나는 사람들의 정서와 필요에 응하는 능숙한 세리稅吏가 있다. 이것은 그에게 "털끝만큼의 저항도 없이 아침저녁으로 세금을 거둬들이는"[28] 강력한 덕을 부여해 준다. 이제 그것은 초자연적인 것처럼 보인다!

원숭이를 기르는 사람의 이 이야기는 언젠가 들었던 아프리카 어딘가에서 원숭이를 사냥하는 부족에 대한 이야기를 항상 생각나게 한다. 그 이야기의 출처는 알 수 없으나 세상을 보는 한 특별한 방식에서 함정에 빠지는 위험을 완벽하게 예증해 준다. 원숭이를 잡기 위해 음식이 든 조롱박을 빈터 중앙에 내놓는다. 그 구멍은 원숭이가 손을 뻗어 넣을 수 있을 만큼 충분히 크지만, 음식을 한 줌 쥐고서는 빼낼 수 없을 만큼 작게 만들어졌다. 부족민들은 수풀 속에 숨어서 원숭이가 조롱박 안으로 손을 뻗어 넣어 음식을 움켜쥐면 달려 나와 원숭이를 잡는다는 것이 이야기의 내용이다. 원숭이가 탈출할 수 있는 유일한 방법은 손에 쥔 음식을 놓고 도망가는 것이지만, 바뀐 상황에 따라 재평가를 못하기에 그곳에서 공포심을 느끼고 필사적으로 도망가려고 하지만 꽉 쥔 한 줌의 음식으로 인해 계속 조롱박에 묶여 있게 된다. 이것은 대기업 변호사가 일주일에 80시간을 일하면서 육체적 피로와 정신적 쇠약이 쌓여 궤양 초기이지만 월급이 많고 명성 있는 직업에 집착하는 것과 동일한 완고함이다.

불쌍한 원숭이와 스트레스로 지친 변호사는 "새 중에서 가장 지혜로운 새"인 제비에게서 배우는 것이 현명할 것이다. 『장자』에 따르면, "제비는 적절하지 않은 곳을 두 번 다시 보려하지 않는다. 비록 입에 물었던 먹이를 떨어뜨린다 해도 그곳에 버리고 그대로 날아간다. 그런데 제비는 이처럼 사람을 두려워하면서도 사람이 사는 속으로 들어오기도 하는데, 그것은 자신들의 사직을 그곳에 맡기고 있기 때문이다."[29] 장자의 성인은 사람들 사이에 살지만, 결국엔 올가미로 바뀔 수 있는 집착으로 끌려가지 않는 제비와 조금 비슷하다. 명확히 성인은 옆집 사람만큼 견과를 좋아한다. 그러나 그는 떨어진 견과를 얻기 위해 목숨을 버리기보단 그냥 땅에 내버려둔다. 장자는 "옛날의 진인은 잠 들었을 때 꿈을 꾸지 않았고, 깨어 있을 때는 근심하지 않았다. 그런 사람이 음식을 먹을 때는 맛을 추구하지 않았고, 숨을 쉴 때는 깊고 깊었다"[30]라고 말한다. 이것은 편협한 이해 속에서 함정에 빠진 채로 "목구멍으로 숨을 쉬고, 남에게 굴복당해 목에서 나는 소리가 물건을 토하듯이 하는 보통 사람들"과는 대조된다. 장자는 이렇게 한탄한다.

지금 세상 사람들의 형태나 행복해 하는 것을 보면 나는 정말 그것을 '행복'이라고 부를 가치가 있는 것인지 모르겠다. 내가 보기에는 세상 사람들이 행복해 하면서 쏜살같이 모두 모여드는 모습은 마치 어쩔 수 없이 그러는 것 같고, 모두들 행복하디고 하지만 그들이 정말 행복한지 모르겠다. 행복이라는 것이 정말 있는 것일까, 없는 것일까?

나는 무위만을 진정한 행복으로 여긴다 … 온 세상 사람들이 말하는 옳고 그름은 정말로 판정할 수가 없다. 말 나온 김에 무위가 당신의 옳고 그름을 판정하도록 하자! 당신은 오직 무위를 통해서만 진정한 행복과 활력에 다가갈 수 있다.[31]

이러한 장자의 무위는 완벽한 평정과 유연성, 반응성의 상태이다. 엄격한 의식적 마음과 달리 무위는 "옳고 그름을 판정할" 수 있는데, 이는 그것을 미리 결정하지 않기 때문이다. 무위에 있다는 것은 때때로 돌쩌귀에 비교된다. 그것은 모든 변화와 만일의 사태에 반응할 수 있는, 움직이지 않는 중심점이다. 우리가 듣기로, "'이것'과 '저것'이 서로 대립하지 않는 것을 '도의 돌쩌귀'라고 한다. 돌쩌귀는 고리의 중심축으로서 무궁한 변화에 호응한다."[32] 또 다른 유익한 은유는 마음을 거울에 비유하는 것이다.

명예의 주인이 되지 말고, 모략의 창고가 되지 말아라. 일의 책임자가 되지 말고, 지식의 주인이 되지 말아라. 몸은 무궁한 변화를 다 터득하고, 마음은 어떤 변화의 조짐도 없는 경지에 풀어놓아라. 하늘로부터 받은 것을 남김없이 향유하되 그 밖의 것을 추구하지 말고 그저 텅 비우도록 하여라. 지인至人의 마음가짐은 거울과 같다. 배웅하지도 않고 마중하지도 않으며, 호응은 하되 묻어두지 않는다. 그러므로 대상을 뛰어넘고 또 그로 인해 상처받지 않는다.[33]

글자 그대로의 거울은 앞에 있는 것을 수동적으로 비추고, 그 물건이 변하면 거울도 변한다. 거울은 과거 이미지를 '저장하지' 않고, 미래의 이미지를 예상하지도 않는다. 거울은 단순히 텅 비우고 수용적인 채로 기다릴 뿐이다. 이것은 단식 후의 의식과 비슷한 것으로서, 세상에 개방되어 있고, 무의식적 마음으로 바로 반응하며, 미묘하지만 강력한 덕으로 흘러넘친다.

결국 『장자』는 개인적 무위에 관한 텍스트이고, 한 사람으로서 당신이 자유롭고 편하게 세상을 살아가는 법을 배울 수 있도록 한다. 당신은 백정으로서 일을 하러 가거나 세금을 거둬들이기 위해 집집마다 돌아다니는 것처럼 겉으로는 모든 다른 사람처럼 보일 수 있지만 내면적으로는 매우 다른데, 이는 당신이 지금은 의식적 마음이 아니라 신체화된 뜨거운 인지의 안내를 받기 때문이다. 한 시점에서 이런 이상은 "인간적인 것은 밖에 있고 하늘은 안에 있는"[34] 것으로 기술된다. 그것은 "세상에 살고 있긴 하지만 세상에 속하는 것은 아니다"라는 「요한복음」 17장에 표현되는 신약성서의 이상과 어떤 면에서 닮았다. 초기 기독교처럼 장자는 구체적인 정치적 시각은 제공하지 않는다. 『노자』와는 아주 달리 그는 전국시대의 중국을 작고 외딴 원시적인 마을로 변형시키는 데는 관심이 없다.

이것은 어쩌면 장자가 삶의 방식에 대한 고정된 규범을 믿지 않기 때문이다. 하지만 어떤 사람들은 이것을 장자 선견先見에서 주된 결함으로 보았다. 그것은 완전히 이기적이고 개인적인 영적 완성과 개인적인 행복에만 관여한다는 것이다. 피터 싱어는 확실히 가난과 고통, 정치적 억압, 사회적 불평등을 다루기 위한 아무런 계획이 없는 장자의 제자에게 화를 낼 것이다. 장자는 정치적·사회적 현재 상태를 받아들이고,

그 안에서 성공적으로 살아가는 방법만 제시하는 것처럼 보인다.

하지만 이 텍스트에는 많은 수의 개개인이 무위에 들어갈 수 있으면 더 폭넓은 사회적 조화와 심지어 사회적 변화도 달성할 수 있다는 암시가 있다. 우선, 장자가 사회적 마찰을 제거하는 그 힘을 강조하는 경향이 있지만, 그의 덕은 확실히 매력적인 힘을 가지고 있다. 둘째, 안회와 공자의 두 번째 대화에서 안회가 "모든 것을 잊는데" 성공하는 것, 즉 완전한 평온과 이기심으로부터의 독립을 달성하는 것은 위대한 공자도 스스로를 그의 제자가 되겠다고 선언하도록 용기를 북돋운다. "온 세상을 놀라게 할 정도로 못생긴"[35] 것으로 묘사되는 애태타哀駘它라는 사람의 이야기에서 비슷한 주제를 볼 수 있다. 못생긴 외모에도 불구하고 그의 덕은 너무 강력해서 지도자들이 그에게 대신大臣이 되어 주길 애원하고, 사람들은 그의 친구가 되고자 애를 쓰며, 여자들은 다른 사람의 아내가 되느니 차라리 그의 첩이 되려고 할 정도이다. 이는 그가 "조화를 이루면서 우위를 취하려 하지 않고, 그의 의식을 오직 자신의 주변에 집중했기" 때문이다.

이 텍스트에는 덕이 다른 사람들의 가치관에 직접적인 영향을 미쳐서 변화를 초래할 수 있다는 암시도 있다. 당신이 진정으로 사심이 없다면 다른 사람들도 이타성을 달성하도록 도와줄 수 있다. 『장자』에는 이전에 법을 어겨서 형벌로 한쪽 발이 절단된 남자에 관한 이야기가 있다.[36] 초기 중국 형법은 가벼운 처벌로 빈둥거리며 시간을 보내지는 않았다. 그는 한 특별한 도가의 대가와 시간을 보내면서 자신이 어떻게 바뀌었는지를 이야기했다. 이 전과자는 대가와 만나기 전에는 시비를 걸고 자신의 상황에 빗대어 세상에 화가 나서 싸울 기세로 주변을 돌아다니곤 했다. 하지만 짧은 시간 동안 그 대가 앞에 있는 것만으로도 그는 완전히 바뀌었고, 내적 평화와 평온을 갖게 되었다. 그는 "그 대가는 그의 선으로 나를 깨끗하게 씻어 주었다"고 말한다.

그 생각은 장자 성인의 고요하고 영적인 평온이 너무 강력해서 주변 사람들의 영적인 장애를 사라지게 할 수 있다는 것처럼 보인다. 단순히 그가 존재하는 것만으로 당신의 기분은 더 좋아지고 스스로 무위에 더 잘 들어갈 수 있다고 느낀다. 장자의 선견이 공공연하게 정치적인 것은 아니지만, 한 번에 한 사람씩 세상을 바꿀 수 있는 가능성을 제시한다. 노자 성인의 덕은 거대하고 보이지 않는 견인광선처럼 모든 세상 사람들을 한 번에 자연스러움으로 데리고 가지만, 장자의 성인은 덕을 일대일 상호작용에서만 다른 사람들에게 전파한다. 그들과의 만남은 당신을 변화시키고, 당신은 또 다른 사람을 변화시킨다. 그 과정은 심리학자, 사회학자, 의료건강 전문가들이 입증하는

---

**사회 전염(social contagion)**

프랑스 사회학자 르 봉(Le Bon, 1895)은 합리적이고 사려 깊은 개인일지라도 군중의 구성원이 되어 집단행동을 하면 개인적인 특성과는 관계없이 충동적이고 비이성적이며 극단적으로 행동하기 쉬워진다고 주장하면서, 사회 전염의 개념을 제시했다. 사회 전염이란, 집단의 어느 한 지점에서 발생한 집단의식이 병균이 전염되듯 집단의 다른 부분으로 퍼지는 현상을 말한다. 사회 전염 현상이 발생하면 집단의 구성원들은 서로 매우 비슷한 감정을 느끼고, 비슷한 방식으로 행동하게 된다. 이에 군중은 집단정신에 따라 행동하며, 개인은 군중 속에 함몰되어 내적 규범 및 사회 규범의 통제로부터 벗어나게 된다.

'사회 전염'* 효과와 비슷한 것처럼 보인다.[37] 비만, 흡연, 과음, 우울증과 같은 행동이나 특성은 사회적 네트워크를 통해 확산되어서 세 다리 건너 아는 사람들에게 영향을 미치는 것 같다. 즉, 한 사람의 우울증은 그가 전에 전혀 만난 적이 없던 사람들, 그저 친구의 친구와 단순히 지내는 사람들 사이에서 우울증을 눈에 띄게 증가시킬 수 있다. 장자의 이상적인 최종상태는 모든 사람들이 차분히 자신의 자연스러움을 추구하고 다른 사람들과 자유롭게 상호작용하지만 항상 혼자의 길로 되돌아올 수 있는 세계인 것처럼 보인다. 이는 마치 물고기가 "강이나 호수에서 즐기면서 서로의 존재를 잊고 지내는 것"[38]과 비슷한 것이다.

  그것은 매력적인 선견이다. 나는 솔직히 『장자』가 지금까지 나온 책들 중에서 가장 심오하고 아름다운 책이라는 것을 인정한다. 미묘함과 인간 조건에 대한 통찰력, 단순한 천재성에 관해서는 상대할 책이 없다. 오직 니체만이 상대가 될 수 있으나, 니체의 매력적인 탁월함은 장자의 쾌활하고 건전한 낙관주의와 불리하게 대조되는 어둠과 초기의 광기에 의해 빛을 잃게 된다. 그렇긴 하지만, 장자는 이전 사상가들을 괴롭혔던 것과 동일한 긴장, 즉 어떻게 애쓰지 않도록 노력하는가라는 무위의 역설에서는 궁극적으로 벗어나지 못한다. 물론 모든 전국시대 사상가들 중에서 그가 그것을 가장 잘 의식하고 있었고, 그것을 해결하는 데 가장 직접적으로 관심이 있었던 것 같다.

## 왜 우리의 자아는 잃어야 하는 대상인가?

장자의 사고에 논리적 모순이 숨어 있다면, 그의 친구 혜자가 그것을 지적해 줄 것으로 예상되며, 혜자는 우리를 실망시키지 않는다. 그들이 나눈 한 대화에서[39] 옳음과 그름을 구분하는 경향과 마음의 통치자에게 굴복하는 경향이 사람의 본성이고, 우리와 다른 유생물을 구분해 주는 것이라는 맹자의 말에 장자도 본질적으로 동의한다는 것을 발견할 수 있다. 장자는 이것을 '사람의 정수精髓(human essence)'라고 부르지만 그것을 맹자처럼 좋은 방식으로 의미하지는 않는다. 장자는 그것을 우리의 결정적 흠으로 보고, 무위를 달성하고자 한다면 반드시 제거해야 할 것으로 생각한다. 그는 혜자에게 이렇게 설명한다. "성인은 사람의 모습을 하고 있으나 사람의 정수는 없다. 사람의 모습을 하고 있기 때문에 사람들과 더불어 살지만 사람의 정수가 없기 때문에 옳고 그름에 관여하지 않는다. 까마득히 작구나! 이런 식으로 그는 사람의 세계에 속한다. 위대하고 크구나! 그는 혼자서 자신의 하늘의 성질을 완벽하게 한다."(『장자』, 「덕충부」, 제5장)

이 구절에서 장자는 실제로 정수를 자신이 이용하는 이론들 중 하나인 묵가의 논리 이론에서 가져온 전문용어로 사용하고 있다. 묵가에게 있어서 '정수'는 X라는 사물의 범주가 소유하는 Y라는 특성으로서, 이것은 우리에게 X와 세계의 모든 다른 사물을 구분하도록 해준다. 따라서 장자는 논리에 회의적임에도 불구하고 논리에 매우 정통해 있다. 장자와 혜자의 우정은 함께 수학한 경험에서 나온 것일 것이다. 묵가 논리학자인 혜자는 장자가 이 전문용어를 남용하는 방식에 당황한다.

혜자가 장자에게 물었다. "사람에게 본디 사람의 정수가 없을 수 있는가?"

"그렇다네"라고 장자가 대답했다.

혜자가 되받아 치기로, "그렇다면 사람의 결정적 정수가 없는 사람을 어떻게 '사람'이라고 할 수 있겠는가?"[40]

이것은 완벽하게 합리적인 질문이다. 우리는 이 시점에서 혜자와 공감한다. 장자는 그 질문을 피하려고 "내가 '정수'라고 말하는 것은 옳고 그름을 구분하는 것이다. 그래서 내가 정수가 없다고 하는 것은 사람들이 좋아하고 싫어하는 것으로서, 안으로 자아를 해치지 않도록 하며, 꾸준히 자연을 따르기만 하고 자기 삶에 이익을 주려 하지 않는 사람을 말한다"라고 말한다.

혜자는 아직 납득이 되지 않는다.

"삶에서 의식적 노력을 발휘하지 않는다면, 어떻게 그럭저럭 해 나가는가?"

장자가 대답하기로, "도가 생김새를 주었고 하늘이 형체를 주었으니, 그는 좋음과 싫음이 들어가 실제 자아를 해치도록 하지 않는다. 지금, 자네를 한번 보게! 자네는 자네의 신기를 외면하고, 자네의 중추적 정수를 소모한 채 나무에 기대어 문장을 읊조리고 오동나무 책상에 기대어 낮잠을 자네. 하늘이 자네에게 이렇게 훌륭한 형체를 주었는데도, 자네는 그것을 사용해 편협한 논리적 구분에 대해 무의미하게 떠들어대고 있네!"[41]

대화는 여기에서 끝나고, 우리는 압도적인 인신공격이 건강하지 못한 책벌레 혜자에게 향하면서 장자가 이겼다고 느낄 것이다. 하지만 실제로 장자는 질문에 답하지 않았고, 이는 어쩌면 끈기 있고 논리적인 그의 친구가 장자 선견의 기본적인 결함에 가까이 감으로써 불편하게 했기 때문이다.

장자에 따르면, 인간은 의식과 언어, 명시적 가치관들의 짐을 특유하게 지고 있다. 우리는 차가운 인지로 괴로워하는 유일한 종으로서, 이런 차가운 인지는 세계의 모든 다른 창조물들의 행동을 만족스럽게 추진시키는 자연스러운 뜨거운 인지의 힘으로부터 우리를 차단시킨다. 우리는 도와 조화를 이루기 위해 차가운 인지를 벗어던지고 우리와 동물을 구분하는 바로 그 차가운 인지를 제거해야 한다. 동시에, 초기 중국의 모든 사상가들이 공유하는 종교적 체제에 따르면, 하늘이 우리를 만들었고, 하늘은 당연히 좋은 것으로 여겨야 한다. 이는 하늘이 그를 위해 골라준 이 훌륭한 형체를 낭비하고 있는 혜자를 장자는 호되게 꾸짖고, 다른 곳에서는 "당신이 하늘에게서 받은 것을 최대한 사용하도록"[42] 촉구하는 이유이다. 그러나 하늘이 우리에게 육체적 몸을 주었다면, 우리의 내적 정수도 주지 않았을까? 그리고 하늘이 우리에게 이 내적 정수를 주었다면 어떤 점에서 그것이 나쁠 수가 있는가? 당연히 그랬을 것인데, 그렇지 않다면 우리의 육체적 몸이 어디에서 왔겠는가? 하늘이 우리가 사용하도록 의도하지 않았다면, 왜 우리에게 의식적 마음과 '부자연스러운' 노력을 발휘할 수 있는 능력을 주었는지 알기란 어렵다. 『장자』는 하늘의 도가 심지어 '똥오줌'[43]을 포함해 모든 곳에 있다고 말한다. 그렇다면 왜 의식적 마음을 사용할 수 있는 한 특별한 인간 능력은 특유하게 하늘로부터 단절되는가?

초기 중국 신학은 차치하고, 무위에 이르기 위해 차가운 인지를 완전히 제거할 필요가 있다는 생각도 비슷하게 당혹스러운 것처럼 보인다. 제3장에서 상세히 논의했듯이, 인지적 통제는 타당한 이유 때문에 진화했는데, 우리에게 미래를 계획하고 가상 시나리오를 모형화하며 환경을 어떻게 조작할지 이해하도록 해준다는 것이 그 이유이다. 따라서 차가운 인지는 중요한 의미에서 우리에게 "자연스러운" 것이 아닌가? 나는 이것이 장자의 성인에 대해 혜자가 가진 불평의 요점이라고 생각한다. 사람은 물고기가 아니다. 사람은 생각하고 추론하고 살기 위해 노력을 해야 한다. 이것은 또한 전국시대 말기에 쓰여진 『순자』의 말미에서 발견되는 장자에 대한 불평의 힘이기도 하다. "장자는 '하늘'과 '자연'에 사로잡혀 있어서 인간의 중요성을 이해하지 못했다."[44] 인간의 본성은 자연적인 것이 아니다.

여기에서 우리는 기본적으로 『노자』와 『맹자』에서 본 것과 동일한 긴장을 볼 수 있다. 우리는 자연적이어야 한다고 듣고 있지만, 우리가 이미 하고 있는 것은 명확히 우리에게 '자연적인' 것이 아닌가? 우리가 이미 기로 듣지 않고 영혼에 의해 수동적으로 움직이고 있다는 사실은 어쩌면 우리가 그렇게 하도록 되어 있지 않다는 것을 암시한다. 다시 말해, 도의 강이 우리를 그 조류로 데려가려고 기다리고 있다면, 왜 우리는 조롱박을 타고 빈둥거리고, 물에서 발을 첨벙거리며, 맥주를 옆에 둔 채 이미 그 안에서 행복하게 떠돌아다니고 있지 않는가? 장자가 혜자에게 실제로 논리적인 문제에 대한 고민을 그만두고 마음을 사용해서 옳고 그름을 이해하려는 시도를 멈추라고 말할 때, 그 자신은 마음을 사용해서 '옳음'과 '그름'을 설정하려는 죄를 범하고 있는 것이 아닌가?

장자도 이런 함정을 알고 있고, 한 가지 존재 방식을 또 다른 존재 방식보다 노골적으로 선호하는 것을 들키고 싶어 하지 않는다. 그 결과는 인상적인 수사적 피하기이다.

> 말이란 단순히 바람인 것만은 아니다. 말에는 나타내고자 하는 뜻이 있다. 그런데 말이 가리키는 것이 전혀 고정될 수 없다면 실제로 무슨 말을 한 것일까? 아니면 말을 하지 않은 것일까?
> 
> 지금 나는 여기에서 무슨 말을 서슴없이 하려고 한다. 무슨 말을 할 때 내가 다른 사람들과 같은지, 아니면 다른지 나는 모른다. 내가 말하는 것이 다른 사람이 말하는 것과 비슷한 것이든 그렇지 않든 간에 그것은 확실히 특별한 범주를 설정할 때 그들이 말하는 것과 닮았다. 그런 의미에서 그것은 그들이 말하는 것과 다르지 않다. 그렇긴 하지만 나에게 어쨌든 무슨 말을 하도록 허용해 달라.[45]

장자는 배우고 의식적으로 실행해야 하는 특정한 관습을 정하는 것을 피한다. 공자와 노자 간의 한 가상 대화에서 이것은 매우 명확해 진다.[46] "공자가 노자에게 말한다. '선생님께서는 덕이 천지와 같지만 마음을 갈고닦기 위해 도의 완벽한 가르침에 의지해야 합니다. 옛날의 군자 가운데 누가 그런 노력에서 벗어날 수 있었겠습니까?'"

여기에서 공자는 장자의 대변인이 아니라 이번에는 공자로서 직분을 다하고, 과거의 가르침에 의지해서 자아를 갈고 개조하고 닦는 유교의 프로젝트라는 앞서 논의한 제1 무위 전략을 합당하게 지지하고 있다. 공자가 말하길, 노자가 지금 우리가 행동하는 것과 다른 방식으로 행동하도록 요청한다면, 그는 우리를 거기로 데리고 갈 관습과 가르침을 가지고 있어야 한다. 더욱이 그것들을 실행하기 위해서는 적어도 처음에는 노력이 필요하다. 하지만 이 견해는 노자에 의해 결정적으로 콧대가 꺾인다. "그렇지 않네. 물이 용솟음쳐 나올 때 아무것도 안 하고 그냥 두어야 비로소 자연스럽게 되지. 지인 역시 덕을 닦지 말아야 사물들이 그로부터 떨어져나가지 못하겠지. 그것은 마치 하늘이 저절로 높고, 땅이 저절로 두껍고, 해와 달이 저절로 밝은 것과 같아. 그것들이 무엇을 닦아서 그렇게 되었겠나?"

이것은 꽤 명확하다. 우리 도가들은 애씀은 받아들이지 않으려 한다. 그러나 물론 그것은 이야기의 끝일 수 없는데, 그렇지 않다면 도가는 없을 것이다. 이 텍스트에서는 두 번에 걸쳐 안회와 공자의 대화가 나오는데, 그 대화들은 같은 이야기에 대한 두 가지 버전인 것처럼 보인다. 자의식이 강한 안회가 어떻게 유교와 자신에 대해 잊고 장자의 성인이 되었는가하는 것이 그 이야기이다. 이 두 가지 버전을 나란히 놓고 보면 실제로 그 긴장을 정확히 지적하는 데 도움이 된다. 한 이야기에서 안회는 공자와 많아야 10분 정도 이야기하고 큰 충격과 함께 더 이상 안회는 없다. 충격을 받은 그는 돌연 텅 비게 되어 무위로 들어가며, 자기 일을 하러 자리를 뜬다. 무위가 우리의 실제 본성이고, 우리가 단지 그것을 인식할 필요가 있다면 뜻이 통한다. 두 번째 이야기에서 안회는 계속 자리를 뜨고 무언가를 한다. 그것은 공자와의 각 대화 사이에 적어도 하루라는 시간이 있었기에 시간이 걸리는 무언가이다. '앉아서 모든 것을 잊을 수 있는' 그의 능력은 어떤 종류의 관행에 참여하는 것을 통해 점진적으로 획득되고, 위 구절에서 노자의 주장에도 불구하고 이것은 자기 수양처럼 보인다.

나는 『장자』에 이 두 가지 버전이 있다고 추측한다. 왜냐하면 그의 제자들이 돈오적 진영과 점수적 진영으로 구분되었기 때문이다. 도가는 돈오적 접근법을 이론적으로 더 옹호할 수 있다. 그들은 애쓰는 것에 반대로 해야 할 것을 주지 않는다. 그들은 단지 깨어 있으라고 말한다. 돈오적 접근법의 문제점은 사람들을 제도적 진공상태에 남게 한다는 것이다. 즉, 해야 할 구체적인 것을 아무것도 주지 않는 집단은 실제로 종교가 아닌 것이다. 다른 한편으로, 장자 학파가 해야 할 구체적인 것을 준다면, 이것은 모든 애씀이 나쁘다는 주장을 약화시킨다. 여기에서 볼 수 있는 긴장은 "아는 사람은 말하지 않는다"라는 주장에서 요약되는 노자의 문제와 매우 비슷해 보인다. 좋지만, 이 생각을 받아들인다고 주장한 집단은 그럼에도 불구하고 그것에 관한 책 한 권을 집필할 필요가 있다고 느꼈다. 우리는 또한 맹자의 메아리를 듣는다. 그냥 자연스러워야 하는 것이지, 그런 종류의 자연스러움(당신이 정말로 하고 싶은 마음이 생기는 것)이 아니고 이런 종류의 자연스러움(약간의 일이 필요한 종류)이 아닌 것이다.

그래서 우리의 긴장은 떼어버릴 수 없는 것처럼 보이는 끈질긴 두통처럼 되돌아온다. 진통제를 맞지만 일시적 효과만 있을 뿐이다. 한두 시간 후에 머리의 다른 부위에서 진통이 다시 나타나지만, 그것은 곧 알아볼 수 있을 정도로 같은 두통이다. 의학계에서는 얼마 동안 지속되고 약이 들지 않는 고통은 깊은 병증으로 의심한다. 2주 연속으로 두통이 있다면 자기공명영상(MRI)를 찍어보고 싶을 것이다. 종교적 긴장이나 철학적 긴장도 마찬가지이다. 다음 장에서는 근본적인 장애의 윤곽을 식별하기 위해 표층 증상, 즉 지속되고 반복되는 역설 아래를 보면서 자기공명영상처럼 철학적인 일을 실시할 것이다. 곧 보겠지만, 무위의 역설이 사라지지 않는 것에는 이유가 있고, 그것은 우리의 문명화된 사회적 삶에 내재적인 도전에 대해 많은 것을 설명해 준다.

## 제7장

## 무위의 역설
자발성과 신뢰

　지금까지 무위에 도달하기 위한 네 가지 초기 중국 전략을 검토하고 일관된 긴장이 배경에 내재되어 있음을 보았다. 이 모든 사상가들은 우리가 완전한 자발성과 자기를 의식하지 않음의 상태로 들어갈 수 있다면 다른 모든 것이 잘 해결된다고 말한다. 우리는 하늘과 조화를 이루고, 사회적·정치적 성공을 가져다주는 카리스마적 힘인 덕을 소유하며, 초자연적인 편안함으로 물리적인 세계를 살아갈 것이다. 하지만 그 네 가지 전략은 모두 어떻게 진실되거나 힘들이지 않고자 의식적으로 노력할 수 있는가라는 질문에 직면한다. 우리는 본질상 의식적 노력을 통해서는 도달할 수 없는 것처럼 보이는 상태에 들어가도록 강요받고 있다. 이것은 무위의 역설이다.[1] 이는 어떻게 애쓰지 않도록 노력할 수 있는가라는 문제이다.

　역설이 늘 그러하듯이 무위의 역설도 다루기 어렵다. 앞서 보았듯이 한 전국시대 사상가가 이 역설을 "해결하자"마자 그것은 다른 형식으로 다시 나타난다. 그것은 머리 하나를 자르면 머리 둘이 돋아나는 그리스신화의 히드라와 같다. 실제로 이런 역설은 모든 동아시아 종교의 중심이고 결정적 논제이다. 선불교도는 기원후 8세기에 이 역설을 제거하려는 혼신의 노력을 기울인다. 그때 계몽주의의 '점수漸修' 학파(부처가 되기 위해 열심히 해야 한다고 주장한다; 유교에 대해 생각해 보라)가 우리는 이미 본질상 부처이므로 아무런 노력이 필요 없다고 주장하는 '돈오頓悟' 학파(도가나 더욱 급진적인 맹자를 생각해 보라)에 공식적으로 패배했다. 역설은 교리적 명령으로 해결되었다! 스스로를 선불교도라고 부르는 사람은 누구든 점수 학파를 옹호한다. 하지만 승리를 선언하자마자 돈오점수 학파와 돈오돈수 학파 사이에서 또 다른 분열이 생긴다.² 전자의 학파는 우리의 진정한 본성으로 "깨어나기" 위해서는 시간과 노력이 필요하다고 주장하고, 후자의 학파는 발을 구르고 우리는 아무것도 할 수 없거나 애쓰는 것에 대해 죄의식을 느끼고 우리 모두는 애쓰는 것이 나쁘다는 것을 안다고 말한다.

일본의 선불교는 전통의 묵조선默照禪(조동종)\*과 간화선看話禪(임제종)\*\* 사이에 간극이 있는데, 여기에 긴장감이 이어진다. 여러분이 이제 선불교도가 되려고 할 때, 양자 모두는 "돈오"를 이야기한다. 하지만 묵조선은 유교 스펙트럼의 끝을 향한다. 그렇다, 우리는 모두 이미 부처이지만, 모든 예법과 관습이 필요하다는 사실을 인식하기 위해서는 스승의 지도 하에 좌선할 필요가 있고, 이것은 시간이 오래 걸릴 것이다. 뭐랄까, 우리가 애쓰고 있기 때문이 아니다. 우리는 이 모든 관습을 행하는데, 이는 이 관습이 부처가 하는 것이기 때문이다. 이것은 더욱 도가처럼 들리는 소리로서 간화선 쪽을 격노케 한다. 그들은 부처를 죽이고, 신전을 태우며, 좌선과 의례적 인사, 작고 예쁜 종 치기를 잊고, 여러분의 부처 본성을 지금 인식하라고 말한다. 물론 지금 그것은 산에서 술 취한 채로 달을 보고 소리지르면서 발가벗고 주변을 달리는 것을 의미할 수는 있다. 제도나 관습에 관여하는 것, 즉 집중적인 노력은 여러분이 인식해야 하는 진정한 부처 본성을 더럽힌다. 그냥 깨어나라. 아하! 묵조선 쪽이 응수한다. 당신네 간화선 사람들은 깨어나는 것에 너무 사로잡혀 있어서 우리가 이미 깨어 있고, 우리의 부처 본성을 인식할 필요가 없으며, 아무 특별한 것 없이 방석에 앉아서 하고 있는 것을 하면서는 우리가 이미 부처라는 것을 인식하지 못한다. 우리는 실제로 여러분보다 더욱 돈오적이다. 여러분은 극적인 깨달음에 이르고 싶어 하지만, 우리는 실제로 이미 거기에 있다. 야호!

---

**묵조선(默照禪)**[*]
화두(話頭) 또는 공안을 갖지 않은 채 모든 생각을 끊고 행하는 참선법으로서, 묵묵히 말을 잊고 본성을 관찰하면 밝은 본성이 저절로 묘한 작용을 일으키게 된다는 것을 근거로 한다.

**간화선(看話禪)**[**]
화두를 근거로 수행하는 참선법이다.

현대 선불교 인물들은 역설에 계속 맞서 나간다. 예컨대, 샌프란시스코에서 수년 간 묵조선을 가르친 유명한 수행가 스즈키 순류鈴木俊隆(1904~1971)는 선禪 수행이 "특별한 것이 아니다"라는 메시지를 학생들에게 불어넣었다. 우리는 이미 부처이기 때문에 불교 수행에 너무 흥분할 필요가 없다. 묵조선은 어떤 예상이나 목표 없이 "그냥 앉아 있는 것"에 관한 것이다. 그는 "수행이 깨달음을 얻기 위한 수단이면, 실제로 깨달음을 얻을 수 없다"고 조언한다. 비결은 선 수행을 하는 것에 집착하지 않고 하는 것이다. "엄격하게 말해, 우리가 하는 노력은 마음속에 기복을 일으키기 때문에 수행에 도움이 되지 않는다. 하지만 아무런 노력 없이 마음의 절대적 고요함을 달성하는 것은 불가능하다. 노력은 해야 하지만 그 가운데 우리 스스로를 잊어야 한다."[3] 이것은 『장자』에서 나올 법한 이야기이다.

이 긴장이 역사상 매우 다양한 시기에 유사한 형태로 지속된다는 사실은 이런 긴장이 인간 삶의 근본적인 특징임을 암시한다. 실제로는 전국시대 중국에서 이 역설을 직접 계승한 후기 동아시아 사고뿐만 아니라 전 세계의 다른 전통에서도 이런 긴장을 볼 수 있다. 우리는 고대 그리스 플라톤의 저술에서 '메노 문제'*를 발견할 수 있다. 즉, 학생들은 무언가를 배우기 위해 그것을 배울 가치가 있는 것으로 인식할 필요가 있다. 배움의 사랑이 이미 존재하지 않는다면 어떻게 그런 사랑을 스며들게 할 수 있는가? 간단히 말해 그것은 공자의 문제이다. 고대 아테네의 가치에 대한 교육을 맡은 아리스토텔레스는 진정으로 정당한 행동을 수행하기 위해서는 이미 어떤 층위에서 당신이 정당해야 한다고 결론내리게 되었다. 당신의 마음에는 정의의 발단이 있어야 하고, 그런 경우에 당신에게 이런 움직임에 집중하고 그것을 강화하도록 돕는 것이 교사의 역할이다. 맹자와 비슷하지 않는가?

이런 긴장은 중세시대의 후기 기독교 철학에도 스며들어 있는데, 인간 본성이 타락했다고 믿는 성 아우구스티누스St. Augustine는 철학자 알래스데어 매킨타이어Alasdair MacIntyre가 말한 것에 고심했다. 그것은 "플라톤의 메노의 역설에 대한 기독교 버전: 텍스트가 가르쳐야 하는 것을 배워야만 독자는 텍스트를 바르게 읽게 되며, 뿐만 아니라 텍스트를 바르게 읽어야만 독자는 텍스트가 가르치는 것을 배울 수 있다"[4]는 것이다. 이것은 공자, 순자, 맹자가 해결하려고 고심했던 역설과 매우 비슷하게 들린다. 인도에서도 이런 역설을 피할 수 없다. 힌

> **메노 문제(Meno problem)**[*]
> 플라톤의 대화편 『메노』의 등장인물 '메노'가 제기하는 문제. 여기에서 메노는 다음의 논증을 근거로 소크라테스에게 무언가에 대한 탐구란 도대체 불가능한 것 같다고 말한다. (1) 만일 내가 X가 무엇인지를 알고 있다면, 나는 그것에 대해 탐구할 수 없다. (2) 만일 내가 X가 무엇인지를 모른다면, 나는 그것에 대해 탐구할 수 없다. (3) 따라서, 어느 경우든 탐구는 불가능하다. 가령, 내가 행복이 무엇인지를 알고 있다고 해보자. 이 경우 나는 행복이란 과연 무엇인지를 굳이 더 탐구하려 하지 않을 것이다. 이번에는 반대로 내가 행복이 무엇인지를 전혀 모른다고 해보자. 이 경우 나는 행복이라는 게 존재하는지조차 모를 것이므로 그것이 대체 무엇인지를 궁금해 할 수 없다. 따라서 나는 행복에 대해 탐구하지 않을 것이다. 이처럼 내가 행복에 대해 무언가를 알고 있든 혹은 아무 것도 모르든 간에, 행복에 대한 탐구는 불가능하다.

두교의 『바가바드 기따Bhagavad Gita』\*는 카르마 요가\*\*의 신비로움에 집중하는데,5 이것은 바라는 열매를 얻기 위해서는 진정으로 바람이 없어야 하고 그런 열매에 집착하지 않아야만 한다는 상태이다. 바로 노자가 아닌가?

서론에서 보았듯이, 영적 자발성의 상태를 어떻게 달성할지에 대한 이 모든 걱정은 완전히 세속적이고 철저하게 오늘날의 문제와 밀접한 관련이 있다. 왜 원하는 데이트 상대를 구하지 못하고, 스포츠 선수들이 슬럼프에서 벗어나지 못하며, 이기려고 간절히 노력하면 마인드볼 게임에서 이기지 못하는가를 생각해 보라. 실제로 무엇을 바라는지를 알면 모든 곳에서 역설을 마주하게 된다. 어느 날 밤 나는 다

---

**『바가바드 기따』\***
힌두교도들의 성경이라 할 수 있는 이 책은 속박성과 행위의 불가피성 간의 갈등을 행위에 대한 재해석을 통해 해결하려 했다.

**카르마 요가(karma yoga)\*\***
행위의 미덕과 행동의 법칙을 중심으로 한 사회활동에 대한 행동 규제의 요가, 즉 행위를 통해서 해탈에 이르려는 요가의 형태이다. 카르마 요가는 세속적인 삶과 행위가 부인되지 않으면서 해탈의 추구가 가능할 수 있도록 행위를 재해석한 해탈의 길이라고 할 수 있다. 즉, 본래 모든 행위는 업을 낳기 때문에 인간을 윤회의 굴레 속에 묶어두는 요인으로 인식되었으나 새로운 해석을 통하여 인간을 속박하는 요인을 행위 그 자체가 아니라 행위의 유발 요인인 욕망과 집착으로 해석하여, 제거되어야 할 대상을 행위가 아닌 욕망으로 제시하게 된 것이다. 다시 말해, 결과에 집착하지 않고 욕망 없이 하는 행위는 업을 낳지 않을 뿐만 아니라 해방에 이를 수 있는 도구가 될 수 있다는 것이다.

섯 살짜리 딸이 가장 좋아하는 책 『아이비 앤 빈*Ivy and Bean*』에서 다양한 고민에 빠져 있는 두 명의 초등학교 친구들에 관한 이야기를 읽어 주고 있었다. 〈Bound to Be Bad(!)〉라는 제목의 이 특별한 연재물에서 아이비는 아시시의 성 프란치스코(St. Francis of Assisi) 전설에 매혹되는데, 이 전설에서 배워야 할 교훈은 분명히 당신이 "매우 착하고 마음이 청결하다면 동물들은 당신이 그런 동물이라고 생각하고 당신을 사랑하고 따른다"[6]는 것이다. 동물적 덕이다. 이것은 일곱 살짜리 소녀에게는 매우 근사하게 들린다. 그래서 그녀와 빈은 이런 덕을 얻어서 벌새들이 따라다니도록 정말로 착해지고자 결심한다. 정말로 착하고자 노력하는 것은 생각만큼 쉬운 것이 아니기 때문에, 이들은 마침내 포기하고 나쁜 상태를 유지하기로 결심하는데, 이것은 어쨌든 훨씬 더 재미있다. "덕 … 무위의 역설 …" 나는 읽으면서 중얼거리고 있었다. ("아빠, 무슨 말을 하고 있어요?"라고 내 딸이 물었고, 그날 밤 취침시간은 아빠가 직업으로 무슨 일을 하는지에 대한 긴 대화로 이어졌다.)

그래서 역설은 실재하고 어디에나 있다. 질문은 왜냐는 것이다. 긴장을 풀지 않고 있다면 왜 진정으로 긴장을 풀고, 사랑하지 않는 원리를 사랑하며, 즐기시 않고 있는 활동에 빠져드는 것이 왜 그렇게 어려운가? 요컨대, 왜 무위는 그렇게 모호한 것인가?

우리는 타임머신의 학문적 등가물을 좀 더 타고 감으로써 이 수수께끼를 해결하는 데 한 발자국 더 가까이 다가갈 수 있다. 우리가 논의하고 있던 대부분의 중국 텍스트는 이른바 '표준' 텍스트이다. 즉,

수천 년 동안 알 수 없는 편집자와 저술가에 의해 무수히 복사되고 다시 복사되어 오늘날 우리에게 전해진 책들이다. 우리는 수백 년 된 오래된 원고를 소유하고 있을 수 있지만, 표준 원고가 어떻게 기원전 4세기의 원저자들이 쓴 작품과 관련이 있는지 확실히 말하는 것은 어렵다. 또 다른 더욱 희귀한 텍스트는 땅속이나 오래전에 봉해진 동굴에서 발견되는 '고고학 텍스트'이다. 이 텍스트들은 뼈와 청동에 새기고 대나무나 비단에 쓴 비문, 책, 그리고 책의 단편과 같은 것이다. 이런 텍스트는 필생筆生들이나 편집자들이 만지지 않은 것으로, 고대 중국의 개념적 세계에 대한 직접적인 창구를 제공한다는 점에서 흥분되게 한다. 지금까지 발견된 고고학 텍스트에서 가장 중요한 것은 특별히 간단한 방식으로 무위의 역설을 다루므로, 이 역설의 기원을 정확히 찾아내는 데 상당히 유익하다.

## 땅에서 나온 진리 : 갑골과 죽간에 담긴 무위의 역설

황허강 유역에서 발견된 중국의 최초 문자는 기원전 2천 년으로 거슬러 올라간다. 이것은 처음으로 집단적으로 읽고 쓰기 시작한 농업 문명이 이집트와 메소포타미아에서 발생하기 시작한 시기(대략 기원전 4000~500년)의 중간이다. 한 중국 학자가 1899년에 '갑골甲骨'을 발견한다. 그가 발견한 것은 현지 전통 약사가 약재로 쓰기 위해 갈던 소의 어깨뼈와 거북이 껍질 위에 실제로 글처럼 보이는 것이었다. 우

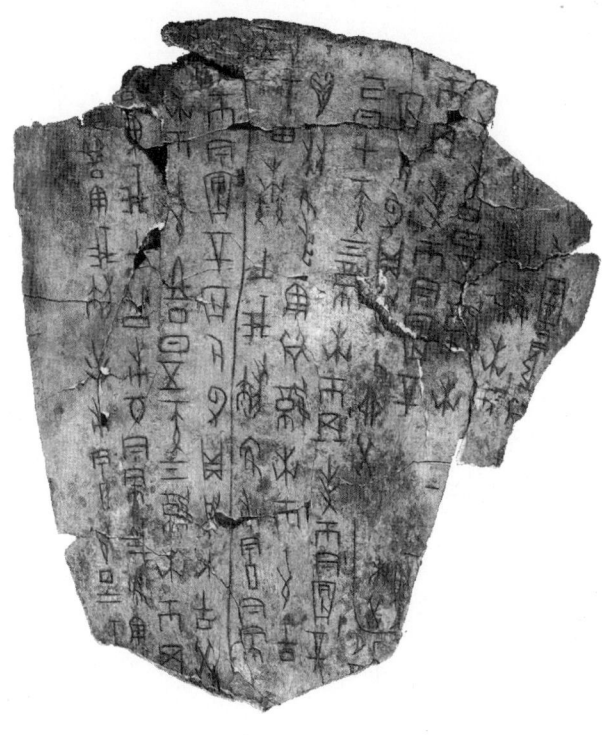

갑골문

갑골문자는 청나라 말기의 금석학자 왕의영(王懿榮)이 처음 발견한 것으로 알려져 있다. 그는 1899년 말라리아를 치료하기 위해 약재로 사들인 용골(龍骨)에 문자가 새겨져 있는 것을 발견하였다. 그는 이 용골들이 고대 상(商)나라 때에 점을 치는 일에 사용되었던 것이며, 여기에 새겨져 있는 문자가 중국의 고대 문자임을 밝혀냈다.

갑골문은 상나라의 17대 임금인 반경(盤庚)부터 마지막 임금인 주왕(紂王)까지 약 250년에 걸쳐 사용된 것으로 보인다. 그 내용은 대부분 제사(祭祀)·군사(軍事)·천상(天象)·전렵(田獵)·농경(農耕)·임금의 행행(行幸)과 안부(安否)에 관한 것이다.

리는 발견하기 전까지 고대 중국의 삶과 종교에 대한 얼마나 많은 개별적인 기록들이 먼지로 갈렸는지 모르지만, 그는 이런 단편들에서 발견된 이상한 자체字體를 해독하려고 노력했다. 우리는 이제 그 이후로 고대 무덤의 거대한 축적물에서 발견된 이런 갑골이 역사적으로 입증된 중국 왕조들 중에서 가장 초기인 상商 왕조(기원전 1600~1046년)의 왕들이 수행한 종교적 예언들에 대한 기록이라는 것을 안다. 이런 갑골은 대체로 상나라 왕들이 왕실의 가족, 전쟁, 병, 임신에 대해 최고신에게 던지는 질문들에 관한 것이다. 이 모든 질문은 우리가 일반적으로 초자연적 존재에게 의탁하는 것이다.

무위의 역설에 대한 나의 연구는 저명한 중국학자 겸 철학자인 데이비드 니비슨David Nivison의 논문들에서 직접적인 영감을 받았다. 그는 이 갑골문자에까지 거슬러 올라가 추적한 이른바 '덕의 역설'[7]에 대해 1980년대에 글을 썼다. 니비슨이 정의하는 덕의 역설은 『아이비 앤 빈』, 『노자』, 『바가바드 기따』의 독자들에게 친숙할 것이다. 덕, 즉 도덕적 카리스마는 그것을 획득하고자 의식적으로 노력하지 않는 사람만이 획득할 수 있다. 보상을 받으려는 의도로 덕을 행하면 덕은 효력이 사라지고 공허하게 된다. 예쁜 벌새를 유혹하는 것이든 우리가 알고 있는 전 세계를 정치적 질서로 끌고 가는 것이든 간에 이기적인 이득을 얻기 위해 착하고자 노력한다면 그것은 작동하지 않을 것이다.

이런 역설은 중국의 첫 번째 위대한 문명에서 나온 최초의 신비한 기록에서도 나타난다. 예컨대, 니비슨은 왕이 자신의 배우자에게 닥친 병과 아픈 그녀 대신 자신을 아프게 해달라고 신령에게 청원하는 것을 기술한 것 같은 갑골문을 조사하였다. 그는 신령들이 사랑하는 사람에게서 그들의 분노를 없애준다면 자신이 기꺼이 고통을 받겠다는 의지를 표현하였다. 니비슨은 이렇게 설명하였다. "자기를 희생하려는 왕의 제안은 이상적으로 이런 결과를 갖는다. 아픈 사람이 건강해질뿐만 아니라, 더 나아가 왕 자신도 아프지 않고, 더욱이 다른 사람을 대신하여 스스로를 위험에 빠뜨리려는 의지 때문에 그의 덕은 강화된다."[8] 니비슨이 'virtue'로 번역한 '덕'은 상왕조 텍스트에서는 전국시대 텍스트의 개념보다 더 협소한 개념처럼 보인다. 이 덕은 자연적이든 초자연적이든 간에 다른 존재들이 상나라 왕과 같이 덕을 가진 사람에게 빚을 졌다고 느끼게 하고, 결과적으로 복종하거나 돕고자 하는 욕구를 일으키는 일종의 정신 에너지를 말한다. 이것은 멋진 결말이다. 하지만 관련된 사람이 그러한 결말에 대해 전혀 생각하고 있지 않아야만 모든 일이 작동한다. 상나라 왕은 고통에서 벗어나기 위해서 진정으로 기꺼이 고통을 겪을 필요가 있다. 그는 실제로 덕을 원하지 않아야만 덕을 갖는 이득을 얻을 수 있다.

갑골은 어쩌면 사회 계층을 이루고 상대적으로 중앙집권적인 첫 번째의 대규모 동아시아 문화로부터 쏟아진다. 니비슨이 이런 갑골에서 찾은 긴장은 중요한데, 이는 그 긴장이 상왕조 문화로 이어졌고 또한 전 세계 몇 군데에서 거의 동일한 시기에 (대략 5천 년 전에) 독립적으로 발생한 인간 삶의 급진적 변화의 징후이기 때문이다.

인류 대부분의 역사 동안 우리는 비교적 작고 유대가 긴밀한 수렵-채집 집단에서 주로 친척들이나 잘 아는 사람들과 상호작용하면서 살았다.⁹ 진화생물학자들은 이런 조건 하에서 협동이 어떻게 작용하는지를 설명하는 매우 좋은 모형을 제시했다. 당신이 친척들을 돕는 것은 그들이 당신의 유전자를 공유하기 때문이고, 당신은 예의 주시할 수 있는 사람들과 협동한다. 나는 당신의 등을 긁고 당신은 내 등을 긁고, 당신이 긁어주지 않는다면 나는 기억하여 나중에 당신의 등을 긁어주지 않을 것이다. 이런 종류의 협동은 다른 사회적 종에서 볼 수 있는 것과 매우 비슷하다. 인간은 또한 이런 종류의 소집단 생활양식에 맞추어진 다양한 선천적인 심리적 적응을 소유하는 것처럼 보인다.¹⁰ 이런 적응들로는 일정 수의 얼굴을 인식하고 기억하는 능력, 사회적 기만을 볼 수 있는 예리한 눈, 긍정적 정서(공감)와 부정적 정서(불공평 대우에 대한 분노)를 포함한다. 이런 것들은 사회적 상호작용이 더욱 부드럽게 진행되도록 고안된 것처럼 보인다. 이것들은 모두 고전적인 뜨거운 인지 과정이다. 가족을 사랑하는 것, 친구에게 친절한 것, 누군가가 새치기를 할 때 짜증이 나는 것은 모두 우리에게 자연스럽다.

어쩌면 진화생물학에서 가장 큰 하나의 불가사의는 우리라는 한 특별한 영장류 동물이 어떻게 고대 수렵-채집 생활양식으로부터 농업으로 가능해진 대규모의 도시 생활양식으로 갑작스럽게 옮겨 갔는가 하는 것이다. 수백만 년 동안 우리가 진화시켰고, 다른 영장류 동물들과 공유하는 선천적이고 자발적인 심리적 기제는 주로 친척과 아는 사람들을 상대하도록 설계된 것처럼 보인다. 이런 도구를 가진 우리 조상들은 어떻게 밀집한 도시 생활에 적응할 수 있었는가? 이런 도시 생활에서 우리 조상들은 억지로 많은 낯선 사람과 협동하고 비개인적이고 중앙집권화된 정부와 같은 새로운 사회 기관에 참여해야 했다. 원숭이들은 세금을 내거나 재활용하지 않는다. 어떻게 우리는 고대의 부족 생활양식으로부터 서류가방과 법정, 고층건물로 도약했는가? 뜨거운 인지 자체만으로는 어쩌면 큰 도움이 되지 않았는데, 왜냐하면 관련된 시간 척도가 새롭고 복잡한 심리적 기제의 유전적 진화에 관해서는 너무 짧은 것처럼 보이기 때문이다. 뜨거운 인지가 빠르고 효과적이지만 상대적으로 완고하다는 것을 기억해 보라.

(비교적) 털이 없는 한 원숭이가 어떻게 부족에서 국가로 옮겨 갔는지에 대한 기본적인 두 가지 이론이 있다. 서양의 지배적인 입장은 그런 변화가 새로운 기관 때문에 가능해졌다는 것이다. 이 모형에 따르면, 우리가 아프리카 대초원에서 뛰기 시작한 이후로 우리의 뜨거운 인지는 전혀 변화하지 않았다. 우리의 마음속은 여전히 구식의 부족 영장류 동물이다. 변화한 것은 우리의 부족 본능을 전용하고 억누르도록 하는, 법과 처벌, 돈, 관료제도와 같은 외적인 사회적 기관이 만들어졌다는 것이다. 대규모의 사회에 산다는 것은 영속적인 스트룹 과제를 수행하는 것과 같다. 즉, 우리의 인지적 통제 센터는 문명 세계에서 우리를 국외로 추방하고 체포하게 하는, 다른 점에서는 자연스러운 행동을 하지 못하도록 뜨거운 인지를 끊임없이 무시해야 한다. 문명은 뜨거운 인지를 누르고 차가운 인지가 승리하는 것에 관한 것이다. 프로이트와 묵자도 이에 동의할 것이다.

최근 몇 십 년 동안 점점 더 많은 서양철학자들과 사회학자들은 지금은 명확해진 어떤 이유 때문에 이 견해에 의문을 제기하기 시작했다. 차가운 인지는 뜨거운 인지를 1년 내내 억제할 만한 힘과 지구력을 가지고 있지 않다. 사람들에게 스트룹 과제나 어떤 다른 인지적 통제 연습문제를 몇 번 하게 하면 15분쯤 지나면 완전히 기진맥진한다. 이것을 하루 종일 해야 한다고 상상해 보라. 라틴어 '키비타스'*, 즉 도시국가로부터 '문명'으로의 전환은 부족 정서를 의식적으로 억제하는 것이 아니라, 정서 교육의 과정을 통해 본능을 확장하거나 전용하기 위해 뜨거운 인지를 사용함으로써 관리될 것 같다. 누군가가 우리나 친척을 다치게 한다면 우리는 격렬하게 공격적이게 된다. 즉, 문화적·종교적 가르침은 '우리의 국가', 어쩌면 결코 개인적으로 만나지 못할, 관련이 없는 낯선 사람들이 공격을 받을 때에도 가족과 동일한 방식으로 반응하도록 우리를 교육한다. 이 견해에 따르면, 많은 낯선 사람들이 함께 일하도록 하는 열쇠는 새로운 법이나 기관을 끝없이 만드는 것이 아니라 공통된 가치관을 만드는 것이다. 법은 단지 복종을 위한 것이고, 가치관은 우리가 느끼는 것이다. 가치관이 일단 내면화되면 그것은 뜨거운 인지, 즉 빠르고 자동적이고 무의식적인 무위

> 키비타스(civitas)*
> 도시나 국가를 의미하는 라틴어로서, 원시 게르만인의 소규모 정치 단위이다. 키비타스에서는 왕제(王制) 또는 수장(首長) 합의제 중 어느 하나가 채용되었는데, 어느 것이든 간에 민회가 최고 의결기관이었다. 키비타스가 붕괴하고 부족 왕국으로 변질한 것은 민족 이동 이후이다.

의 다른 형식처럼 기능한다. 이런 방식에서 무위의 역설이 어떻게 수렵-채집자로부터 농부와 도시 거주민들로의 전환이 가져다주는 자연스러운 결과로 나타나는지를 볼 수 있다.

코넬대학교 경제학자이자 '정서의 전략적 역할'[11]에 대한 인식을 찬성하는 이론들만 받아들이고 차가운 인지를 거부한 첫 번째 학자인 로버트 프랭크Robert Frank는 왜 그러할 수 있는지를 감탄스러울 정도로 간단명료하게 제시한다. 그 당시 프랭크의 동료들 대부분은 사회적 협력이 주로 외적 동기를 조정하여 조작할 수 있는 합리적 자기 이익에 기초한다고 믿었다. 사람들이 X(그들이 하고 싶어 하고, 가령 1의 즐거움 이익을 주는 것)를 하는 것을 원하지 않는다면, 1보다 더 큰 불쾌한 결과로 X를 처벌하는 법을 만들어라. 그렇다! 여러분은 사회적 협력을 얻게 될 것이다.

프랭크가 말했듯이, 문제는 많은 협동 시나리오가 있다는 것이다.[12] 즉, 합리적 계산만으로는 진행할 수 없는 신뢰와 기본적인 경제적 교환, 연인, 배우자, 친구에 대한 믿음을 요구하는 협동 프로젝트가 있다는 것이다. 그는 비합리성이 이런 상황에서 협동을 순조롭게 시작하게 하는 유일한 방법이고, 사랑, 감사, 분노, 질투, 화, 명예, 충성과 같은 인간 정서가 우리에게 필요한 정확한 종류의 비합리성을 제공한다고 주장한다.

그의 요점을 이해하기 위해 간단한 경제 거래를 예로 들어보자. 예컨대, 여러분에게 농장에서 일주일 내내 일하면 다섯 마리의 닭을 주기로 약속한 뒤 세 마리만 준다고 하자. 여러분이 아주 합리적인 사람이라면 세 마리의 닭만 받고 가던 길을 가야 할 것이다. 왜? 싸워서 죽거나 심하게 다치는 위험은 닭 두 마리의 가치와 비교할 수 없기 때문이다. 아쉽게도, 아주 합리적인 행위자로 행동할 때 여러분은 스스로 경제적 샌드백*이 될 것이다. 여러분이 더 적게 받고 슬그머니 도망칠 것임을 안다면 왜 내가 약속한 것을 여러분에게 주겠는가? 이제 여러분이 의분에 차 있다고 상상해 보자. 내가 당신에게 닭을 더 적게 주려고 한다면 버럭 화를 내고 폭력을 행할 것임을 안다. 즉, 비합리적 폭력을 행할 것임을 안다. 여러분과 같은 사람은 처음에 약속한 수의 닭을 받아낼 것이다.

우리는 더 이상 닭 거래의 경제적 가치를 따지지 않지만, 여기에서의 논리는 앞에서 논의한 최후통첩 게임과 동일하다. 여러분과 나 사이에 나눠 가져야 할 100달러를 받고, 여러분에게 1달러를 주고 내가 99달러를 갖겠다고 제안한다면, 합리적인 것은 1달러를 받는 것이겠지만 여러분은 화를 내면서 거래 자체를 망칠 것이다. 달러이든 닭이든 간에 프랭크의 통찰력은 모든 사람들을 정직하도록 하는 강력한 정서가 배경에 내재해 있지 않다면 매우 기본적인 사회적 상호작용조차 작동할 수 없다는 것이다.

이런 의미에서, 이득보다 더 많은 단기적인 비용을 유발한다는 점에

> **경제적 샌드백***
> 경제 용어로서 두 이권 사이에 끼여 두 곳 모두에게서 공격받는 상황을 의미하고, 유사한 용어로 '경제적 샌드위치'라는 말이 있다.

서 단기적으로는 비합리적인 것처럼 보이는 정서는 장기적으로는 합리적이다. 전체적으로, 정서는 비용을 줄여준다. 하지만 바로 여기에 문제가 도사리고 있다. 정서는 정말로 비합리적이고 진심이어야만 작동한다는 것이다. 나의 의분은 실제로 비합리적인 폭력을 유발해야만 효과적인 억제책이다. 다시 말해, 내가 이득에 대해 의식적으로 신경 쓰지 않아야만 장기적인 이득이 나온다. 익숙한 것처럼 들리는가?

프랭크는 이런 긴장에 매우 관심이 많고, 심지어 그것을 '간단한 역설'로 언급하는데, 이는 구조적으로는 니비슨이 말하는 덕의 역설과 같은 것이다. 우리의 장기적인 이익은 개인들 간의 신뢰를 요구하지만, 자기 이익을 직접적으로 추구하는 것을 포기하는 사람만이 신뢰를 획득할 수 있다. 자기 이익을 의식적으로 추구하는 것은 실제로 그것을 달성하는 것과 모순된다.[13] 이와 비슷하게, 문명사회에서 도덕적 정서는 사람들이 최대의 물질적 이득을 얻는 열쇠이지만 진심이어야만 효력이 있다. 상나라 왕이 자기 아내의 병을 떠맡으려고 하는 것이든 7살짜리 아이비가 모든 유기물에 대해 사랑을 느끼는 진실성(또는 그것의 결핍)이든 간에, 어떤 종류의 사회적 헌신의 중심에 잠복해 있는 역설을 더 명확히 분석할 수 있는 희망은 없다.

1993년에 발견된 초기 중국의 또 다른 고고학 텍스트들(일명 궈뎬초간(郭店楚簡))에서 무위의 역설과 문명 발생 간의 긴밀한 관계에 대해 추가적으로 확인할 수 있다. 대나무 조각에 잉크로로 쓴 중국 궈뎬(후베이성)의 무덤에서 발견된 이런 텍스트들은 초기 중국 사상의 윤곽을 급진적으로 바꾸어 놓았다. 내가 보기에 이런 텍스트들의 가장 흥미로

**궈덴초간(郭店楚簡)**
전국시대 초나라 묘지군에서 발견된 죽간이다. 내용은 유가(儒家)와 도가(道家)의 전적(典籍)으로 이루어져 있다.

운 양상은 무위의 역설에 깊은 관심[14]과 가족에 대한 충성과 국가에 대한 더 큰 충성 간의 긴장에 집중하면서 명백히 그 역설을 사회적 협동의 문맥에 위치시킨다는 것이다.

우선 궈뎬 텍스트는 사람들이 가치관을 공유하고 서로를 근본적으로 신뢰하기 때문에 사회적 협동이 작동한다는 프랭크의 모형을 명확히 받아들인다. 이런 텍스트는 공공의 선을 진심으로 믿는 사람들이 제의나 법과 같은 문화적 기관을 이용하지 않는다면 그런 기관은 효율적이지 않을 것이라고 강조한다. 특히 이런 텍스트는 두 가지 종류의 관계 간의 대조에 집중하는데, 선천적인 부자父子 관계와 사회적으로 만들어진 주종主從 관계가 그것이다. 전자는 본질상 무위이기 때문에 작동한다. (적어도 이런 사상가들의 이상적 세계에서는) 부모는 자연스럽게 자식을 사랑하고, 자식은 자연스럽게 부모를 사랑하고 존경하며, 그들은 모두 서로에게 빠져 있다는 것을 안다. 이는 신뢰가 유기적으로 발달한다는 것을 의미한다. 한 텍스트에서 말하듯이, "아버지를 효로 대하고 자신을 보살핌으로 대하는 것은 노력을 발휘하는 문제가 아니다."[15]

다른 한편으로, 부하의 선천적인 뜨거운 인지가 정치적 상관을 신뢰하거나 복종하거나 사랑하게 하는 것이 아니라는 점에서 정치적 관계는 본질상 무위가 아니라 적절히 작동하기 위해서는 무위일 필요가 있기 때문에 문제가 있다. 궈뎬 텍스트는 어떻게 이런 전이를 할 수 있는지에 대한 걱정이 스며들어 있다. 우리는 도덕적이고자 의식적으로 노력할 수 없지만 또한 노력하지 않을 수 없는데, 이는 정치

질서가 장차 공무원이 되려는 자의 공적 미덕 발달에 의존하기 때문이다. 이런 텍스트들 중 하나는 인과 의는 애씀을 통해 달성할 수 없다고 노골적으로 선언한 후 다음과 같이 분명히 말한다. "당신이 효성스럽도록 노력한다면 이것은 진정한 효가 아니다. 복종하려고 노력한다면 이것은 진정한 복종이 아니다. 노력하면 안 되지만 그렇다고 노력하지 않을 수도 없다. 노력하는 것은 잘못된 것이지만, 노력하지 않는 것 또한 잘못된 것이다."[16] 궈뎬 텍스트의 전체 취지는 애씀이나 노력이 도덕적으로 의심스럽지만, 세상에 적절한 질서가 있고 인간이 자연 상태의 혼돈으로부터 벗어나고자 한다면 노력하지 않을 수 없다는 것이다. 따라서 사회를 규제하려고 한다면, 어떻게 노력하지 않고자 노력하는가라는 역설에서 벗어날 수 있는 길을 찾아야 한다.

근래에 발견된 이런 텍스트들에서 좋은 것 한 가지는 무위의 역설이 어떻게 필연적으로 가치관에 기초한 협동 모형과 연결되는지를 명확히 한다는 것이다. 당신이 합리적이고 자기 본위적이며 냉정한 인지 전략인 보상과 처벌을 사용한다면, 사람들이 내면에서 어떻게 느끼는지는 중요하지 않다. 당신은 인센티브를 설정하고, 사람들에게 그것을 이해시키고, 그런 다음 그들의 행동에만 입각해서 그들을 판단한다. 다른 한편으로, 가치관 모형에서는 사람들이 내면에서 실제로 무엇을 느끼고 있는지가 결정적이다. 당신이 내가 믿는 것과 동일한 이상을 믿는다고 신뢰할 수 없다면 우리는 함께 일할 수 있는 길이 없다.

## 문신과 쉽볼렛 : 우리가 신뢰하는 몸에서

여러분 중에서 더 현명하거나 더 사악한 사람은 지금쯤 내가 이 세상에서 성공하고자 한다면 더 큰 선에 헌신하는 사람이어야 한다고 생각해야 하는 것도 괜찮다. 따라서 가장 좋은 전략은 단순히 헌신하는 것처럼 보여 장기적인 헌신의 모든 이득을 거둬들이고 실제로 너무 많은 비용이 들 것 같은 거래는 포기할 의지를 가지고 마음속에서 합리적이고 자기 잇속만 차리는 놈으로 남아 있는 것이 아닐까?

그 답은 무조건 그렇다이다. 실제로 어떤 인구집단에서는 정확히 이 전략을 추구하는 집단이 있을 것이다. 협동 전략을 수학적으로 모형화하고 싶어 하는 사람들 사이에서 더욱 확고한 연구결과 중 하나는 헌신 전략 시나리오가 필연적으로 '협동자'(진정으로 헌신적인 개인)와 '이탈자'(협동자의 옷을 입은 이리)의 안정적인 혼합을 초래한다는 것인데, 다소 협동적인 사람은 스펙트럼의 가운데에 있다.[17] 전적으로 이탈자들로 구성된 공동체는 결코 순조롭게 출발하지 않을 것이다. 전적으로 협동자들로 구성된 공동체는 모든 이득을 즐기고 아무런 비용도 부담하지 않는 이탈자들의 공격을 매우 빨리 받아서 이러한 무임승객들의 압박을 받고 붕괴할 것이다. 전 세계적으로 대규모 인간 사회에 널리 퍼지게 된 상황은 협동이 매우 만연해 있지만, 완벽한 사기꾼 탐지의 비용이 매우 비싸기 때문에 어떤 이탈자들이 생존할 수 있는 상황이다. 맹목적인 신뢰가 남용될 수 있는 만큼 만연한 의심은 마비시킬 수 있다.

하지만 이런 균형이 작동하기 위해서 이탈자는 적절한 수로 유지되어야 한다. 다시, 이것이 발생하려면 협동자들은 선한 동료와 먼저 협동하고 나쁜 사람과의 접촉을 피하기 위해 서로를 신속하고 효율적으로 식별하는 데 사용하는 신뢰할만한 신호가 필요하다. 이런 신호가 효과적이기 위해서는 이탈자들이 모방하기 어려워야 한다. 여러분은 집단 외부 구성원들이 내부 구성원들과 명확히 구분되도록 보장하는 것처럼 집단 경계를 단속하고, 동료 집단 내부 구성원들 중에서 누가 진정한 협동자이고 이기적인 무임승객이 아닌지를 판단하기 위한 좋은 방법이 필요하다.

한 가지 가능한 해결책은 조작하기 불가능한 것은 아니지만 비교적 어려운 정직함의 신호에 초점을 두는 것이다. 이러한 신호발송[*]의 개념은 생물학자들이 당혹스러운 동물 행동을 이해하고자 하면서 생겨났다. 예컨대, 공작은 터무니없이 크고 화려한 꼬리를 가지고 있다.[18] 이런 꼬리는 만드는 데 비용이 많이 들고, 그들에게 애착을 느끼는 동물에게 "나를 잡아먹어"라는 큰 네온사인이 되고, 또한 어떤 육식동물이 그 초대에 응할 때는 이런 꼬리 때문에 달아나는 것이 매우 어려워진다. 또 다른 예로, 가젤은 육식동물이 대초원에서 접근할

> **신호발송(signaling)[*]**
> 정보가 상대적으로 풍부한 경제 주체가 거래 상대방에 자신이 가지고 있는 정보를 알리기 위해 행하는 행위를 말한다. 회사나 제품에 대한 광고가 신호발송의 대표적인 예이다.

때 즉각 달아나는 것이 아니라, 먼저 육식동물을 비웃고 자기를 쫓아오라고 권유하는 것처럼 제자리에서 '껑충껑충 뛰면서' 에너지와 시간을 낭비한다.

다른 점에서는 당혹스러운 이런 현상들에 대한 가장 그럴듯한 설명은 거대한 꼬리와 헛된 껑충껑충 뛰기가 믿을만한 신호의 역할을 한다는 것이다. 거대한 꼬리를 가진 공작은 "이봐, 봐, 나는 매우 건강하고 강해서 이렇게 터무니없는 꼬리를 만들어 질질 끌고 돌아다니면서도 여전히 생존할 수 있어. 나랑 교미하면 강한 아이를 낳을 수 있을 거야"라는 메시지를 암컷에게 내보인다. 껑충껑충 뛰는 가젤은 "나는 큰 엔진을 가지고 있어, 나와 경주하려고 하지마"[19]와 같이 정지 신호에서 자동차 엔진 마력을 올리는 십대가 나약함을 무심코 드러내는 것과 같은 신호를 보낸다.

이런 생물학적 신호의 핵심 자질은 물리적인 한계 때문에 내재적으로 조작할 수 없다는 것이다. 병든 공작은 크고 화려한 꼬리를 만들거나 그런 꼬리를 가지고서는 생존하지 못하고, 약한 가젤은 공중으로 매우 높이 뛰지 못한다. 많은 인류학자들은 사람들도 집단에서 사회적 신뢰성과 충성스러운 회원자격을 무심코 드러내기 위해 내재적으로 조작할 수 없는 이런 신호들을 사용한다고 믿는다.[20] 이것은 유전적 신호발송이라기보다는 문화적 신호발송의 경우일 것이다.

그런 문화적 신호발송의 적절한 예는 신체적 개조나 난절법亂絶法이라는 널리 퍼진 관행이다. 많은 사회에서 집단과 그 가치관에 대한 헌신을 신호로 발송하는 일반적인 방법은 영구적이고 더할 나위 없이 고통스러운 방식으로 몸을 물리적으로 개조하는 것이다. 음경의 포피를 자르거나 얼굴에 문신을 하거나 귓불을 과격하게 길게 늘이는 것이 그런 방법이다. 이런 선택을 되돌리기란 쉽지 않다. 나는 한 동료의 십대 아들이 다소 음란하고 반자본주의적인 문신으로 몸 전체를 덮으려 할 때 이것을 인식시키고자 했다. 나는 그에게 이렇게 말할 것이다. "넌 이제 십대야. 35살쯤 되었을 때 뚱뚱한 자본주의자가 세상으로부터 피를 짜내는 문신을 오른쪽 팔뚝에 하지 않았으면 좋았을 것이라고 결심하면 어떻게 할 거야?" 그의 대답은 매우 계몽적이었다. "나는 그 문신을 원하지 않을 그런 사람은 되고 싶지 않아요." 이것은 비용이 많이 드는 신호발송의 핵심이다. 이것은 영구적이기 때문에 특정 가치관들에 대한 강렬하고 진심어린 신념의 신호이다.[21]

집단 회원자격에 대한 다소 자명하고 조작하기 어려운 또 다른 신호는 악센트이다. 인간은 약 12살경에 새로운 언어를 완벽하게 습득하는 능력을 잃기 시작하는데, 이는 성인일 때 배운 외국어는 이목을 끌 정도로 악센트가 특이하다는 것을 뜻한다.[22] 이것은 어쩌면 인간 발달에서 진행되는 신경세포의 가지치기의 부산물인데, 이는 정상적인 진화적 환경에서 11살경에 필요한 모든 언어를 학습했고, 그래서 고비용의 언어 학습 신경세포는 흡수되어서 다른 곳에 더 잘 사용될 수 있기 때문이다. 하지만 문화적 진화는 믿을만한 신호로서의 인간 생리의 이 자질에 집중했던 것처럼 보인다. 당신이 우리와 함께 성장하지 않았다면 우리처럼 말하지 못하고, 우리는 당신과 협동할 것 같지 않다.[23] 이것은 성경의 「사사기士師記」(12:4~6)에서 길레아드

Gilead의 부족민들이 극적인 결과를 낳으면서 유명하게 사용했던 것이다. 길레아드와 싸움에서 패배한 에브라임Ephraim의 자손들을 죽이기 위해 가려내야 했을 때 그들은 강을 건너 도망가려는 사람은 누구든 '쉽볼렛shibboleth'([ʃ] 음의 발음을 할 수 있는지 없는지를 시험해 보는 말)이라고 말하도록 했다. 분명히 에브라임의 자손들의 방언에는 반전음 '쉬sh-' 소리가 없으므로 그들이 낼 수 있는 가장 비슷한 소리는 '십볼렛sibboleth'이었으며, 그 소리를 내는 순간 그들은 바로 죽음을 맞았다. 영어에서 단어 shibboleth는 그것이 가진 원래 의미와 전혀 다르게 집단 내부의 일원이라는 자의적인 기호를 가리킨다. 성경적 쉽볼렛shibboleth이 작동했던 이유는 그것이 전혀 자의적이지 않았기 때문이다. 모든 집단은 회원자격을 한정하는 것으로 결정적인 상황에서 쉽볼렛에 대한 자신의 버전을 사용한다.[24]

문신과 악센트 같은 명백한 집단 표지는 우리와 다른 사람을 명확히 구분하고, 어려운 일에 닥쳤을 때 배신하지 못하게 막는 장애물을 만들며, 낯선 사람을 신뢰할 수 있을 것 같다는 믿을만한 신호로 기능함으로써 사회집단을 안정시키는 데 도움이 된다. 이것만으로도 가치 헌신(value commitment)(자신이 속한 조직에 강한 자긍심을 느끼며 조직의 목표를 수용하고 조직을 위해 노력하려는 의사를 가진 상태) 모형에 내재해 있는 협동 문제를 해결하는 데 크게 도움이 된다. 그래서 가령, 성공적인 종교가 일반적으로 신자들에게 비밀스러운 지식을 습득하고(죽은 언어를 배우고 성서를 암기하고), 언뜻 보기에 무의미한 행동(농사를 짓거나 무역을 하는 것 대신에 지겨운 설교를 들으면서 일요일마다 교회에 앉아 있는 것)에 참여하는 데 많은 시간을 들일 것을 요구한다. 시간과 노력을 들이려는 의지는 집단에 대한 강한 헌신의 신호이다.[25]

하지만 그런 집단 내에서도 여전히 열심이고 진정으로 헌신적인 협동자와 소극적으로만 가담하는 사람들을 구분하는 문제가 있다. 진정한 헌신과 단순히 계몽된 자기 이익(enlightened self-interest)(자신의 이익뿐만 아니라 다른 사람의 이익까지도 염두에 두는 개념)을 구분할 수 있어야 한다. 예컨대, 이 공동체에서는 기독교 단체의 일원이 되면 인상적인 이득과 사회적 지원 네트워크, 대출과 계약의 우선적 이용, 자녀를 위한 더 좋은 학교를 누릴 수 있다는 것을 알기 때문에 성찬식에 참석하고 일요일마다 교회에 간다. 이런 경우에, 장기적인 이득이 지금의 비용보다 중요하다면 성경을 배우고 주기적으로 예배에 참석하는 것은 가치가 있다. 따라서 어떤 종교 이론가들이 모든 집단 표시 행동을 가리키기 위해 '신호발송'이라는 용어를 사용하지만, 교회 참석과 공작 꼬리 간에 완벽한 유사성은 없다. 인상적인 꼬리를 가진 공작은 육체적으로 건강하며 이것으로 끝이다. 하지만 종교적 제의와 같은 신호는 조작될 수 있는데, 이는 그것이 보내는 신호(나는 정말로 신에게 관심이 있고 이 공동체의 가치관을 공유한다)가 실제적인 심층의 동기를 정확히 반영하지 않을 수 있다는 점에서이다(나는 단지 무료 머핀과 커피에 대한 정보를 교환하기 위해 여기에 있다).

이런 경우에서는 더욱 미묘한 생리적 신호가 중요하다. 의식적 마음은 거짓말하고 공모하는 조작자일 수 있지만, 뜨거운 인지의 두드러진 특징은 전형적으로 의식적 통제를 받지 않는다는 것이다. 우리의 몸은 진리를 말하는 경향이 있다.[26] 우리 모두는 마음이 지어내는 뛰어난 거짓말에 동조하지 않는 성가신 몸에 배신당한 경험이 있을 것이다. 나는 거짓말할 때 또는 거짓말에 대해 생각하고 있을 때 이상한 미소를 짓는다. 나는 내면으로부터 그것이 어떤 느낌인지를 너무 잘 안다. 나는 거짓말을 할 때 의지와 상관없이 볼의 근육이 수축하는 것을 느낄 수 있고, 그것을 억제하려고 노력하면 더 악화될 뿐이다. 하지만 나는 그것이 정확히 내 딸에게서 표현되는 것을 보기 전까지는 외부로부터 그것이 어떻게 보였는지 전혀 몰랐다. 딸이 무슨 거짓말을 하고 있다고 의심할 때 나는 그녀에게 내 눈을 바로 보면서 다시 말해보도록 한다. 그녀가 진실을 말하고 있다면 진지한 표정을 하겠지만, 거짓말을 하고 있다면 입 주변에서 어색하고 부자연스러운 미소가 생기는 것을 볼 수 있다. 그 미소에 대해 딸에게 상기시키자 그것을 통제하려고 노력하면서 그것은 한층 더 뚜렷해진다. 어리숙한 '거짓 웃음'은 분명히 내 딸이 나에게 받은 많은 유전적 부하 (genetic burden)(생물집단 속에 불리한 유전자를 가진 개체 때문에 집단 전체가 생존하는 데에 가지게 되는 부담) 중 하나이다. 내 딸은 성장하면서 거짓말에 능숙해지겠지만 5살인 지금 당장은 나는 거의 100%에 가까운 효과적인 거짓말 탐지기를 가지고 있다.[27]

심리학자 폴 에크만Paul Ekman은 수백 개나 되는 인간의 정서적 미세 표정뿐만 아니라 실세계에서 이런 표정을 식별할 수 있는 숙련된 능력에 대한 생리적 기초를 분류하고 설명하는 연구로 유명하다.[28] 에크만의 가장 유명한 연구결과는 진정한 정서 표현을 의식적으로 통제하는 것이 불가능한 것은 아니지만 매우 어려운 근육계에 의해 실행되는 경향이 있다는 것이다. 우리는 모두 가족사진에서 볼 수 있는 거짓 웃음을 익히 알고 있다. 이런 어색한 미소는 확실히 에크만이 말하는 '진짜 웃음(Duchene smile)'과 구분될 수 있다. 이것은 우리의 뜨거운 자동적 체계로 선동되는 진정한 미소가 부자연스러운 미소와는 전혀 다른 근육을 사용한다는 것을 증명한 19세기 프랑스 신경학자의 이름을 딴 것이다. 사진 찍는 사람에게 "치즈라고 말하도록" 하는 것이 때때로 효과가 있는 이유는 그 요청이 너무 터무니없어서 진정한 즐거움을 유발하고, 그것이 다시 작고 진지한 미소가 나오도록 유발한다는 것이다. 정서적 반응이 믿을만한 신호인 것은 그 반응이 일반적으로 의식적 통제를 받지 않기 때문이다.

물론 조작하는 데 매우 능숙한 사람들도 있을 것이다. 로버트 프랭크는 감독 겸 배우인 우디 앨런을 찍은, 체념한 슬픈 표정으로 카메라를 바라보는 우디 앨런 풍(Woody-Allenesque)의 사진으로 이 점을 예증한다. 이런 표정은 결정적으로 이마근과 추미근, 추체근을 사용해 이마 중앙에서 눈썹을 들어 올리는 능력에 의존한다. 이것은 우리 모두가 슬픔이나 걱정을 경험할 때 자발적으로 짓는 표정이지만, 대부분의 사람들은 앨런처럼 의지적으로 그런 표정을 짓지는 못한다. 모든 사람들이나 심지어 많은 소수 집단들이 이런 근육을 쉽게 통제할 수 있다면, 이런 근육은 유용한 신호의 역할을 하지 못할 것이다.

우디 앨런의 능력을 이해할 수 있는 가장 좋은 방법은 그를 비롯한 그와 비슷한 사람들이 사기꾼과 사기꾼 탐지기 간의 진화적 경쟁에서 일시적으로 선두에 나선 소집단을 대표한다는 것이다. 한 특별한 영장류가 정서적 신호를 더 잘 조작할수록 우리는 그런 조작을 탐지하는 데 더 능숙하게 되며, 그래서 우리는 자연스럽게 능력들의 스펙트럼을 보게 된다. 예컨대, 전문 점쟁이나 점성가는 본질적으로 반反 우디 앨런일 가능성이 높다. 이 사람들은 몸짓언어와 미묘한 행동 단서를 능숙하게 읽어 내어 낯선 사람들을 놀라울 정도로 정확히 평가하게 된다. 그들은 우디 앨런이 이런 정서를 조작하는 데 능숙한 만큼 미묘한 얼굴 표정 이면에서 진짜 정서를 읽어내는 데 꼭 그만큼 능숙하다. 다섯 살 된 내 딸이 언제 거짓말을 하고 있는지 알 수 있는 나의 능력이나 내가 언제 거짓말을 하고 있는지 아는 아내의 능력은 침팬지에게는 마술 같고 믿기 어려운 것일 수 있다. 또 다른 수천 년 간의 진화 이후에는 우리 모두도 시무룩하고 침울하게 보이게 하는 데 우디 앨런만큼 능숙해질 것이다. 그래서 우리는 친밀감 있고 총명하게 보이게 할 것이다. 이렇게 되면 진심과 선의가 있지만 오해 받는 지식인을 분간할 수 있게 인류는 조작하기 어려운 새로운 신호를 찾아 나아가야 할 것이다.

우리는 또한 사람들의 진정한 헌신에 대한 믿을만한 신호를 찾을 때 전반적인 외모, 몸짓언어, 걸음걸이 등의 다른 육체적 자질을 사용하여 낯선 사람이 좋은 협동자인지를 빠르고 의외로 정확히 판단한다. 지금 '얇게 조각내기'*에 대한 문헌은 풍부하고 지속적으로 늘어나고 있다. 이것은 (약 몇 초간의) 매우 작은 행동 표본이나 심지어 정지 사진에 기초하여 사람들을 평가할 수 있는 능력을 말한다. 우리는 거의 즉각적으로 다른 사람들의 성격과 직무수행 능력, 성적 지향, 기만하거나 폭력에 가담하는 경향을 결정할 수 있다.²⁹ 이용하는 단서들은 (자세와 걸음걸이를 포함해) 동적인 미세표정과 얼굴 넓이나 턱의 크기와 같은 더욱 일정한 외모의 양상을 결합한 것처럼 보인다.

얇게 조각내기의 정확성은 정상적인 조건 하에서 더욱 나은 것처럼 보이지만 완벽하지는 않다. 어떤 사람들은 다른 사람들보다 그것에 더 능숙하고, 그런 능력은 훈련을 통해 향상될 수 있지만 조작자를 제거하려는 지속적인 압박이 있다. 자연스러운 얇게 조각내기 능력을 향상시키기 위해 인간은 이런 즉각적인 평가를 더욱 신뢰할 만하게 만드는 다양한 문화적 관행을 개발했다. 이런 기법은 기만이 근본적으로 차가운 인지 행동이고 인지적 통제 센터에 의존한다는 사실을 이용한다. 이것은 우리가 판단하고자 하는 사람들의 인지적 통제 능력을 손상시킬 수 있다면 그들을 더 잘 간파할 것임을 의미한다. 이렇게 되면 그들은 우리의 사기꾼 탐지 체계를 혼란시키는 능력이 떨어질 것이다.

> **얇게 조각내기(thin-slicing)**＊
> 의식과 무의식이 순간적으로 작동하여 이루어지는 순간적인 판단을 의미하는 '블링크'라는 개념을 밝힌 말콤 글래드웰(Malcom Gladwell)은 섬세하게 관찰하려면 대상을 얇게 조각내어 관찰할 것을 권한다. 얇게 조각내어 관찰하려면 수많은 정보 중에서 가지치기와 정수 추출이라는 방법으로 쓸데없는 가지들을 가차 없이 쳐내버리고 핵심이 되는 요소들만 뽑아내면 사물과 상황에 대한 통찰이 가능해지고, 시간과 같은 혜안을 가질 수 있다고 그는 설명한다.

법 집행 기관에 매우 유용한 것으로 입증된 한 연구에서 연구자들은 경찰관들이 용의자에게 가장 최근 사건으로 시작해서 가장 나중 사건으로 역순으로 나아가면서 알리바이를 증언하도록 하면 거짓 증언을 탐지하는 능력이 상당히 향상된다는 것을 발견했다.[30] 이것은 평범하게 이야기하는 방법이 아니므로, 그렇게 하도록 강요하는 것은 인지적 부담을 증가시킨다. 이런 방식으로 정직하지 못한 용의자의 의식적 마음을 방해한다면 그들의 거짓말은 들통나게 된다.

이러한 역순 알리바이 기법은 법 집행을 위한 대단한 도구이지만 잠재적인 사업 파트너를 평가하거나 평화 조약을 체결하려는 사람들이 진심인지를 결정할 때는 실용적이지 않다. 하지만 동일한 효과를 달성하는 다른 방법이 있다. 그것은 부담을 증가시켜서, 말하자면 더 많은 무게를 더함으로써 실험대상자의 인지적 통제 능력을 줄이는 것을 목표로 하는 경찰 연구이다. 대안적으로 인지적 통제 센터를 억압함으로써 그 부담을 일정하게 유지하지만 인지적 통제 능력을 줄이거나 정신적 근육을 약화시킬 수 있다. 이렇게 할 수 있는 한 가지 방법은 경두개 자기자극(TMS; transcranial magnetic stimulation)으로서, 이것은 두개골의 적절한 부위에 강력한 자력을 가하는 것이다. 하지만 경두개 자기자극은 매우 최근 기술이고 꼭 널리 이용되고 있는 것은 아니다. 또한 대부분의 문화에서 새로 알게 된 지인의 머리에 거대한 자석으로 충격을 주는 것은 좋지 않은 것으로 여긴다.

동일한 효과를 만들어낼 수 있는 저차원적 기술이고 사회적으로 수용 가능한 방법은 완전히 지치게 하는 것이다. 제6장에서 논의했듯이, 술을 비롯한 다른 알코올 음료는 주로 인지적 통제와 관련된 전전두엽피질의 영역을 '하향 조절(downregulate)'하거나 일시적으로 마비시키는 효과가 있다. 테킬라 몇 잔은 경두개 자기자극의 좋은 충격과 동등하다고 할 수 있다. 따라서 사람들이 술, 마취성 음료, 마리화나, 마법의 버섯 등의 다양한 종류의 알코올 음료를 사회적 윤활제로 사용하는 것은 우연이 아니다. 사람들이 손쉽게 손에 넣을 수 있는 알코올 음료는 어떤 것이든 공적 또는 사적인 사회적 행사에서 중심적인 역할을 하게 된다. 고대 중국에서는 처음에 장시간 음주에 젖는 연회에 참석하지 않고서는 중요한 계약이 성사되지 않았다. 실제로 이것은 4천 년 이상 조금도 변하지 않은 중국 문화의 한 가지 특징이다. 중국 파트너들과 거래를 성사시키고자 하는 현대 사업가들은 누구든 먼저 간을 건강하게 하는 것이 좋다.

덜 형식적인 층위에서 확실히 알코올 음료는 평범한 칵테일파티에서부터 남학생 사교 클럽 친목회에 이르기까지 온갖 종류의 사교 모임의 보편적인 특징이다. 술에 취하는 것은 유쾌한 것일 뿐만 아니라 흔히 사람들에게 더 자유롭고 쉽게 어울리도록 해주기도 한다(적어도 어떤 시점에서는 그러하고, 그 시점이 지난 후에는 취한 사람들끼리 싸움도 벌어진다). 술에 취하면 적어도 두 가지 방식으로 협동이 향상된다. 첫째, 술 취함은 인지적 통제 센터를 방해하여 사회적 조작을 줄여 준다. 둘째, 함께 술에 취한다면 신뢰를 더 쉽게 쌓을 수 있는 상호 취약성(mutual vulnerability)(상대의 공격 자체를 막지는 못해도 나중에 반드시 보복할 것임을 상대가 인식하도록 하여 섣불리 공격하지 못하게 한다는 개념)의 상황이 만들어진다.

술에 취한다는 것은 근본적으로 정신적 무장해제의 행동이다. 악수가 무기를 들고 있지 않다는 것을 상대방에게 확신시키는 것과 동일한 방식으로, 테킬라 몇 잔을 단숨에 들이켜는 것은 전전두엽피질을 입구에서 억제하는 것과 같다. 보이는가? 아무런 인지적 통제가 없다. 당신은 나를 믿어도 된다.

이와 비슷하게, 정서가 유용한 사회적 신호인 한 가지 이유는 정서가 의식적 통제를 비교적 넘어서는 생리적 통로를 활용하기 때문이다. 하지만 인지적 통제 부위의 범위를 완전히 벗어나는 통로는 인간에게 거의 없다. 깊이 자리 잡고 비교적 자동적인 정서도 연습과 훈련을 통해 의식적 통제 하에 놓일 수 있다. 우디 앨런의 경우가 예증하듯이, 슬프고 선의인 것처럼 보이는 사람들은 때때로 그렇지 않다. 정서는 불완전한 신호이다. 왜냐하면 어떤 사람들은 매우 능숙하게 정서를 의식적으로 통제하고, 특별히 재능이 없는 사람들도 때때로 무의식적 마음에서 시작되는 정직한 신호를 조작할 수 있기 때문이다.

하지만 중요하게도, 이런 의식적 노력 자체는 그 자체의 신호를 벗어던진다. 누군가가 수상한 짓을 꾸미고 있다는 것을 알기 위해 반드시 기능적 자기공명영상(fMRI) 기계가 필요한 것은 아니다. 대부분의 사람들은 부정직에 대한 뻔한 신호를 익히 알고 있다. 식은땀을 흘리거나, 눈동자가 빠르게 좌우로 움직이거나, 눈을 바로 쳐다보지 못하는 것이 그런 신호이다. 하지만 더욱 미묘한 신호들도 있다. 예컨대, 많은 실험 결과에서 정신적 노력을 발휘할 때 동공이 약간 팽창한다는 것을 보여 주었다.[31] 어쩌면 이것은 신뢰한다는 확신이 안 드는 사람의 눈을 보려고 할 때 그 사람이 시선 접촉을 피하는 이유이다. 어떤 수준에서 뜨거운 인지 체계는 "당신의 동공이 얼마나 큰지 사람들이 보지 못하게 하라!"고 말한다.

최근 뇌영상 연구는 부정직에서 인지적 통제의 역할을 구체적으로 설명한다.[32] 실험대상자들에게 이 연구가 미래를 예측하는 능력에 관한 것이라고 (잘못!) 믿게 한다. 그런 다음 실험자들은 기능적 자기공명영상 기계에 들어가 있는 실험대상자들에게 비디오 스크린으로 컴퓨터화된 동전 던지기를 보여 주며 앞 또는 뒤로 결과를 예측하도록 했다. 스크린에서 '앞'이나 '뒤'라는 불빛이 번쩍인 후 실험대상자들에게 결과를 정확히 예측했는지 질문하고, 정확히 예측했다면 상금을 주었다. 한 가지 조건에서 실험대상자들에게 예측을 공적으로 기록하여 속임수에 대한 여지를 전혀 남기지 않게 했다. 다른 (더욱 흥미로운) 조건에서는 그 예측을 개인적으로 기억하도록 했다. "정확히 예측했나요?"라는 질문을 받을 때 그들은 거짓말에 대한 금전적인 보상을 받았다. 그들이 아니라고 선택을 하면, 그 돈을 받지 않았다. 이 설계의 좋은 점은 충분한 시도로 인해 기만의 명확한 징후가 나타난다는 것이다. 이것은 상당히 정확한 것이었다. 이런 징후는 누가 거짓말을 하고 있고, 그가 얼마나 많은 거짓말을 하고 있는지 식별하도록 하는데, 물론 거짓말의 개별적인 실례를 골라내지는 못한다. 왜냐하면 실험대상자만이 실제로 그가 무엇을 예측했는지 알기 때문이다. 이런 실험들에서 발견한 것은 부정직한 실험대상자들이 거짓말을 하고 있었음에 틀림없었고 의식적으로 거짓말을 하지 않으려고 억제하고 있었을 때 그의 인지적 통제 부위에서 일어나는 활동의 패턴이었다. 그리고 이런 패턴들은 정직한 실험대상자에게는 전혀 나타나지 않았던 것이다.

비슷한 연구에서 적어도 산업화된 서양 문화에 사는 사람들은 즉각적인 결정을 해야 할 때 자발적으로 관대하지만 생각할 시간이 주어지면 전략적으로 더욱 이기적인 쪽으로 끌린다고 보여 주었다.[33] 이 모든 것은 정직한 행동은 자동적인 정신적 과정의 지배를 받지만, 거짓말과 조작에는 통제된 과정이 관여한다는 것을 암시한다. 다시 말해, 힘들이지 않고 자기를 의식하지 않는 행동, 즉 무위 행동은 우리의 진정한 성격을 들여다보는 창구 역할을 한다.

## 그것은 실재적 역설이다 : 무위와 덕

우리는 초기 중국 사람들이 무위의 경지에 이른 사람들은 덕, 즉 '카리스마적 힘' 또는 '미덕'을 가지고 있다고 생각한다는 것을 보았다. 또한 우리의 모든 사상가들에게서 덕은 무위의 사람들이 인생에서 성공하는 결정적인 요인인 것을 보았다. 유가들에게 있어서 신뢰 받는 지도자가 충성스러운 신하를 매혹시키기 위해 의지하고, 그런 신하들이 충성을 나타내기 위해 사용하는 것이 바로 그 힘이다. 도가들에게 있어서 덕은 다른 사람들에게 당신이 자발적이라는 것을 알리고, 그들을 편안하게 하고 자연스러움으로 긴장을 풀게 도와주기도 한다. 유교와 도가 모두 진정으로 도에 전념해야만 덕을 얻는다. 즉, 덕의 힘은 명백하고 조작할 수 없는 집단 가치관에 대한 신념의 신호 역할을 한다. 무위를 수반하는 물리적 효율성이 중요한 것 같지만, 결국엔 가장 귀중한 것은 다름 아닌 사회적 효과이다.

현대적 관점에서 볼 때, 덕은 사람들의 인지적 통제 센터가 발현이 억제되고 사람들이 진정으로 자발적일 때 보여 주는 몸짓언어로 다시 기술될 수 있다. 공자는 성격을 판단할 때 눈과 즉석에서 하는 말, 특히 주변에 아무도 없다고 생각할 때 나오는 미묘한 몸짓언어에 주의를 기울여야 한다고 조언한다. 공자는 그렇게 한다면 "진정한 성격을 어떻게 숨길 수 있겠는가?"라고 말한다.[34]

다시 말해, 사회 가치관에 진정으로 헌신하는 사람은 그런 가치관을 자기의 신체화된 마음으로 완전히 내려받기한다. 이런 내면화 과정이 완벽하다는 증거는 얇게 조각내기의 순간 몸에서 정확히 읽어낼 수 있다. 노자 성인은 갓난아기만큼 부드럽고 침착한 얼굴을 하고 있고, 장자 성인의 자유롭고 편안한 본성은 모든 이목구비에서 반영된다.

> 옛날의 진인은 잠이 들면 꿈을 꾸지 않았고, 깨어 있을 때는 근심하지 않았다. 그런 사람은 음식을 먹을 때는 맛을 추구하지 않았고, 숨을 쉴 때는 깊고 깊었다 … 이런 사람의 얼굴 표정은 평온하며 이마에서는 여유가 풍긴다 … 진인은 그 모습이 고고하지만 엄격하지는 않았고, 부족하나마 다른 것을 받아들이지 않았고, 무리에 섞이지 않고 혼자 한가하게 지내면서도 고집스럽지 않았고, 광

활하게 넓었지만 화려하지 않았다. 싱글벙글하여 기쁜 것 같았고, 부드럽고 온화하여 사람을 기분 좋게 하고, 느긋하여 사람의 덕성을 안정되게 해주었다. 호방하여 제어할 수 없었으며, 생각에 잠기어 말을 잊었다.[35]

누가 이와 같은 사람과 어울리고 싶지 않겠는가? 누가 그를 즉각적으로 신뢰하지 않겠는가?

따라서 덕은 당신이 진정으로 누구인지를 드러내기 때문에 강력하다. 즉, 당신의 의식적 마음이 생각하기로 이 특별한 순간에 이 특별한 관객을 위해 당신이 누구여야 하는지가 아니라, 당신이 뜨거운 인지로 긴장을 풀었을 때 정말로 어떠한지를 드러내기 때문이다. 실천에 초점을 둔, "홀로 있을 때 삼가야 한다(愼其獨)"라는 『대학大學』에 나오는 뛰어난 구절이 있다. 이런 실천은 야심이 있는 유교 군자가 가장 마음 놓고 있을 사적인 순간에 자신의 행동과 표정을 분석해서 진정한 무위에 이르는 데 얼마나 가까이 가 있는지를 정확히 인식할 수 있다는 신념에 기초를 둔다.

"자신의 뜻을 성실히 한다는 것"은 스스로를 속이지 않는 것을 말하는 것이다. 악을 미워하기를 악취를 싫어하듯이 하고, 선을 좋아하기를 여색을 좋아하듯이 해야 하니, 이를 일러 마음과 정신이 저절로 편안하고 고요해지는 것이라 한다. 그러므로 군자는 반드시 그 자신이 홀로 있을 때 삼가야 한다! 소인은 일 없이 홀로 있을 때 좋지 않은 일을 함에 못하는 짓이 없다. 그런데 군자를 본 뒤에 계면쩍어하면서 자신의 좋지 않은 점을 숨기고, 자기의 좋은 점을 드러내려 한다. 남이 자기 보기를 마치 그 마음속을 꿰뚫어 보듯이 하니, 그렇다면 (숨기는 것이) 무슨 보탬이 되겠는가? 이를 일러 마음속에 성실함이 가득하면 몸 밖으로 나타난다고 한다. 그러므로 군자는 반드시 그 자신이 홀로 있을 때 삼간다.[36]

우리들 대부분은 다른 사람이 "우리의 마음속을 꿰뚫어 보는" 불편한 느낌을 경험한 적이 있을 것이다. 이것은 우리가 아닌 것이 되고자 할 때 흔히 나타난다. 무위는 덕이나 덕의 결핍이라는 내적 성격을 드러내는데, 이는 무위가 자동적이므로 의식적인 여론조작자(spin-doctor)의 지배를 받지 않을 뿐만 아니라 당신이 인지적 통제를 발휘하고 있지 않다는 사실은 당신이 그럴 필요가 없다는 것을 암시하기 때문이기도 하다. 당신은 동전 던지기 연구의 정직한 실험대상자와 비슷하다. 당신은 속이겠다는 생각이 들지 않으므로 스스로 속이지 못하게 할 필요가 없다. 자신감은 당신이 행복하고, 당신에게 진정으로 유쾌한 활동에 참여한다는 것뿐만 아니라 당신이 원했던 사람이 되었다는 신호도 보낸다. 따라서 귀중하고 진정한 무위로 긴장을 풀고 몰입하는 것은 그 활동과 더 큰 체제에 대한 진정한 헌신의 신호이다. 당신이 찬송가를 즐겨 부르지 않는다면 진정한 기독교인이 아니다. 아마 당신은 단지 그 집단의 일원이 되면서 얻게 되는 이득 때문에 기독교인인척 하고 있다. 당신이 찬송가를 부르고 있고, 아무도 보지 않고 있다고 생각할 때 나는 당신을 지켜본다.

따라서 무위와 덕의 연결은 진화적 관점에서 완벽하게 뜻이 통한다. 덕은 정직하고 진심이고 자신감이 있고 긴장을 푼 사람들이 시작하는 매력적인 분위기로서, 이것은 몸짓언어와 미세정서(microemotion), 목소리 톤, 전반적인 외모의 결합이다. 덕은 신뢰할 수 있는 협동자의 비교적 조작하기 어려운 신호이기 때문에 매력적이고, 문명 생활의 논리는 우리에게 신뢰할 수 있는 협동자와 신뢰할 수 없는 이탈자를 구분하고 싶게 만든다. 그리고 이러한 신뢰성의 신호는 모든 사람들의 경계가 허술할 때 가장 잘 발견된다. 즉, 우리가 춤을 추고 노래하고 술을 마시고 놀고 있을 때가 바로 그런 때이다.[37] 제2장에서 보았듯이, 무위의 핵심 특징은 더 크고 소중한 전체에 몰입한다는 느낌으로서, 그것은 특별한 식사에 모인 특별한 친구 집단과 함께 있는 즐거움을 포함하든 특별한 모임에 있는 즐거움을 포함하든 특별한 풍경의 아름다움에 둘러싸여 있는 것을 포함하든 상관이 없다. 따라서 무위의 결핍과 그에 따른 덕의 결핍은 내가 관심이 없는 대화나 종교 제의에 쉽게 빠져 들지 않는다는 믿을만한 지표로서 도움이 된다.

우리는 이제 애쓰지 않으려는 노력의 긴장이 왜 특별한 철학적 전통이나 종교적 전통의 사건, 즉 중국이나 동아시아에서만 발견되는 기이한 일이 아니라 문명사회의 구조적 특징인지를 알 수 있다. 핵심은 결국엔 우리 집단에서 신뢰 받는 구성원이 우리와 함께 춤을 추고 술을 마시고 우리 언어를 잘 구사할 수 있다는 것만으로는 충분하지 않다는 것을 아는 것이다. 물론 그것은 확실히 부정적인 영향을 미치는 것은 아니다. 실제로 앞서 보았듯이 상대적으로 조작할 수 없는 신호는 어쩌면 '그는 우리의 일원인가?' 평가에 매우 유용하다. 하지만 결국엔 더 많은 것이 필요하다. 무임승객이 헌신을 조작하는 지속적인 위험 때문에, 즉 기회가 오면 공유된 가치관을 배신할 준비를 은밀히 하면서 우리의 문화적 기술을 배우기 위해 시간을 투자하는 지속적인 위험 때문에, 외적인 행동과 내적인 동기 간에 잠재적인 공백이 있다. 따라서 우리는 행동과 동기 간에 전혀 공백이 없는 특별한 유형의 바람직한 뜨거운 행동을 원한다. 우리는 잠재적으로 극악한 계획을 갖고서 막후에서 살금살금 나오는 외부의 차가운 인지가 없다는 것을 확신시키고 싶다. 우리는 단지 육체적인 기술에 흥미가 있는 것이 아니라 철학자들이 말하는 '미덕'에 관심이 있다. 미덕이란 공유된 가치관에 의해 성실하게 동기화되게끔 사회적으로 바람직한 행동을 수행하는 안정된 경향을 말한다.[38]

뜨거운 인지의 두 유형인 미덕과 기술의 차이를 설명하는 데 간단한 예 하나면 충분할 것이다. 피아노 연주와 같은 기술은 확실히 뜨거운 인지를 포함한다. 즉, 당신은 많은 행동을 상대적으로 자동적인 체계로 이관하지 않고서는 〈Mary Had a Little Lamb〉의 고통스럽고 느린 연주를 결코 초월할 수 없다. 하지만 피아노 연주의 가치는 궁극적으로 당신이 건반에 앉아서 무엇을 생산하는지에만 의존한다. 결국, 내적 동기는 관련성이 없다. 주어진 악곡의 연주 대부분을 당신의 기저핵(basal ganglia)과 감각운동계(sensorimotor system)로 내려받기했기 때문에, 당신은 남겨둔 뜨거운 인지 능력으로 원하는 것은 무엇이든 자유롭게 한다. 우리는 매우 감동적이고 아름답게 연주하는 피아노 소나타 연주자가 그 악곡에서 우리가 느끼는 것과 동일한 심오한 정서를 경험하면서 연주 중인 음악에 완전히 몰입된다는 것을 낭만적으로 가정할 수는 있지만, 그녀가 실제로는 그날 저녁 식사로 무엇을 먹을 것인지에 대해 대체로 생각하고 있었다는 것을 발견한다고 해서 그녀를 비난하거나 관람료를 돌려달라고 할 수는 없다. 공연은 공연자의 내적 상태와는 상관없이 진가를 발휘한다. 하지만 덕은 피아노 연주와 다소 다르다. 이는 덕이 근본적으로 무임승차에 내적으로 취약한 사회적 협동에 관한 것이기 때문이다. 덕이 진정한 덕으로 간주되기 위해서는 진심이어야 한다. 즉, 외적 행동과 내적 의도 간에 간극이 있어서는 안 된다.

2012년 11월 14일에 타임스 스퀘어에 있던 한 관광객은 어느 경찰관이 무릎을 꿇고 맨발인 노숙자에게 새 신발을 신겨주는 사진을 몰래 찍었다. 그 사진을 뉴욕경찰국(NYPD; New York Police Department) 페이스북에 올리자 바이러스처럼 퍼졌다. 로렌스 데프리모Lawrence DePrimo라는 그 경찰관은 맨발인 남자의 고통에 마음이 움직여서 근처 신발가게로 불쑥 들어가 자기 돈으로 신발을 사 주었다. 그는 그 일에 대해 질문을 받았을 때 "굉장히 추웠고 그 남자의 발에 발진이 있었습니다. 나는 양말 두 켤레를 신었는 데도 추웠습니다"[39]라고 말했다. 이 이야기는 뉴욕경찰국에게는 엄청난 홍보 효과가 있었지만, 사진의 매력은 그 경찰관의 자발적인 행동(행동의 자발성)과 누군가가 그것을 사진으로 찍은 우연한 일이었다. 로렌스 데프리모가 사진 찍는 사람이 있

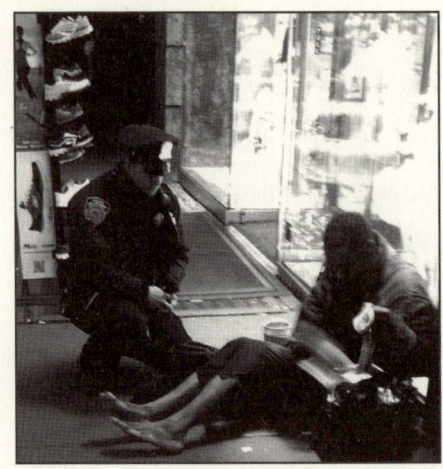

로렌스 데프리모의 자발성에 의한 친절
뉴욕경찰 로렌스 데프리모가 추운 날 노숙자에게 신발을 사준 친절은 도덕적 영역에서 이루어진 진정성과 자발성의 행위이다.

다는 것을 알았고, 인기를 노리면서 카메라를 향해 연기를 하고 있었다는 것이 나중에 밝혀졌다고 상상해 보라. 그렇다면, 그의 행동은 자발적 동정보다는 명예욕으로 동기화되었다는 것이다. 이것을 알게 되면 외관상 마음이 푸근해지는 친절의 행동은 즉시 끔찍하고 졸렬한 모조품으로 변형되고 만다. 물질적으로는 달라진 것이 아무것도 없겠지만, 바로 그 행동 자체는 마술처럼 변할 것이다. 그 경찰관은 여전히 75달러를 썼고, 그 노숙자는 여전히 전에 가져보지 못한 좋은 신발을 얻었다. 우리는 올바른 동기 없이 행해지는 '동정심이 있는' 행동은 그저 꾸민 것에 지나지 않고 덕의 모조품이라는 강력하고 뿌리 깊은 직관을 가지고 있다. 다른 면은 도덕적 영역에서 진정성과 자발성의 증거가 우리에게 영감을 주고 감동시킨다는 것이다.[40]

흥미롭게도, 고대 철학자 아리스토텔레스도 이 논제에 박식했는데, 그는 이 논제를 물리적 기술(그가 말하는 '기교(craft)')와 미덕 간의 구분에 의해 구조화했다.[41] 피아노 연주와 같은 기술에 관해 집중적인 훈련이 어떻게 궁극적으로 내면화되고 믿을만한 기술을 유발할 수 있는지 상상하는 데는 문제가 없다. 몇 년 동안 억지로 피아노 교습을 받은 많은 아이들이 결국은 피아노를 싫어하게 되지만, 운 좋은 몇 명의 아이들에게는 이런 갈고닦기가 결국에는 높은 수준의 재능과 진정한 즐거움을 만들어 낸다. 하지만 동정과 같은 덕의 경우에는 어떻게 훈련만으로 작동할 수 있는지 전혀 명확하지 않다. 내가 적어도 발에 발진이 생긴 노숙자에게 어느 정도의 동정을 자발적으로 느끼지 않는다면 그에게 새 신발을 사 주는 동작을 하나씩 거쳐 가도 나는 동정심 있는 사람으로 바뀌지 않을 것이라는 직관이 있다. 음계를 연습하는 것처럼 수백 번이나 억지로 동정심이 있는 행동을 실행한다고 하더라도, 어떻게 또는 언제 내가 그것에 의해 진정으로 동정심이 있는 사람이 될지 알기란 어렵다. 성격 미덕(character virtues)이 우리가 노력만 해서는 얻을 수 없는 것이라는 인상을 주는 중요한 의미가 있다. 당신은 그것을 가지고 있거나 가지고 있지 않을 뿐이다.

결국엔 기술과 덕 사이의 이런 차이가 무위의 역설을 유도하고 있는 것이다. 우연하게 아리스도텔레스도 그러했듯이, 중국 사상가들이 무위의 양상을 예증하기 위해 백정 포정이나 목수 경의 이야기를 사용했지만, 그들이 걱정하는 무위는 본질상 도덕적이다. 그들은 효과적인 도축이 아니라 협동과 미덕을 촉진하고 싶어 한다. 그래서 사람들이 다른 사람들에게서 관심을 갖고 귀중히 여기는 덕의 한 종류는 반드시 여러분이 무엇을 하는지가 아니라 여러분이 누구인지에 집중하기 때문에 그런 역설이 존재한다. 그런 덕은 단지 외부 행동이 아니라 안정적인 내부 상태에 관한 것이다. 덕은 단지 행동이 아니라 가치관에 관한 것인데, 그 이유는 대규모의 사회가 기능하도록 하는 것은 다름 아닌 공유된 가치관에 대한 신념이기 때문이다. 그래서 관대한 행동을 하는 것만으로는 충분하지 않고, 여러분은 관대한 사람이 될 필요가 있다. 이것을 훌륭하게 해내는 것이 엄청 힘들다는 것은 진정한 무위에 이르는 것이 본질적으로 쉽지 않고, 일단 그곳에 이르면 신뢰성에 대한 위대한 신호가 되는 것이다. 우리는 진정으로 무위인 사람들이 덕을 가지고 있기 때문에 그들에게 끌리는데, 진화가 의식적으로 시뮬레이션하는 것이 어렵고 요구가 있는 대로 경험하는 것이 더 어려운 진정성의 신호에 전념하도록 하고, 인간 협동에 내재적인 기본적인 도전에 반응해서 그렇게 하도록 우리를 형성시켰기 때문이다.

이로써 우리는 어디에 있게 되는가? 그 역설이 인간 문명사회의 기본적인 구조적 자질에서 발생하는 실재하는 역설이면, 중국 사상가들 중 누구도 그에 대한 단 하나의 확실한 해결책을 내놓을 수 없었고, 상당히 떨어져 있는 문화권의 사람들이 동일한 긴장으로 분투했다는 것은 놀라운 일이 아니다. 실제로 이는 그것을 '역설'이라고 부르는 이유이다. 정답이 있다면 그저 '문제'나 '수수께끼'라고 명명했을 것이다.[42] 역설은 해결할 수 있는 것이 아니고, 어떻게 더불어 살 수 있는지 우리가 배우는 것이다. 어떻게 그렇게 하는지는 이 책의 마지막 장인 다음 장에서 다룰 주제이다.

# 제8장

## 무위로부터 배우기
### 역설과 함께 살기

무위이고 싶지만 그렇지 않은 우리들을 위한 해결책은 무엇인가? 지금까지 초기 중국 사상에 대한 여정에서 결국 우리는 시작점으로 다시 돌아온 것 같다. 이러한 순환성은 후기 동아시아 종교 사상의 특징인데, 이런 사상에서 '노력하기'와 '노력하지 않기' 전략은 어느 하나가 결정적으로 이기지 않고서 서로의 뒤를 잇는다. 이런 긴장은 다른 세계의 종교적·철학적 전통에 널리 퍼져 있기도 한다. 수천 년 동안 종교 사상가들이 문제를 조금씩 해결할 것이라고 가정할 수 있다는 섬에서 겉으로 보기에 이것은 이상한 것처럼 보인다. 그러나 스즈키 순류가 20세기 샌프란시스코에 사는 미국 제자들에게 애쓰기는 나쁘지만 어쨌든 애쓸 필요는 있다고 말할 때, 궈뎬의 땅에서 파낸 2,300년 된 진흙투성이 대나무 조각에 쓰인 글 "당신은 애쓰면 안 되지만 그렇다고 애쓰지 않을 수도 없다. 애쓰는 것은 잘못된 것이지만,

애쓰지 않는 것 또한 잘못된 것이다"를 바로 바꾸어 말했을 수 있다. 그것은 약간 괴상하다. 오늘날의 우리는 기원전 4세기 죽간에 이런 글을 쓴 사람들보다 형편이 더 나은 것이 아닌가?

그렇지는 않지만 적어도 지금 우리는 왜 그렇지 않은지 꽤 잘 인식하고 있다. 무위의 역설은 인간의 협동과 신뢰를 둘러싼 문제들에서 발생하고, 무위의 역설적 본질은 우연적인 것이 아니라 설계 자질이다. 그런 역설을 교리적 혁신이나 새로운 자기 수양 기법을 통해 쫓아낼 수 있다면, 역설은 제 역할을 못할 것이다. 동시에 그 역설을 실제로 피해 가는 것이 가능해야 한다. 즉, 무위에 있지 않은 사람이 어느 정도 무위에 이르는 것이 가능해야 한다. 그렇지 않다면 힘들이지 않은 고결한 공자도 없고, 진정으로 욕망이 없는 노자의 성인도 없을 것이다. 불면증 환자는 결코 잠들지 못하고, 자기중심적인 아이들은 결코 타인을 진정으로 배려하는 법을 배우지 못하며, 절박한 미혼들은 결코 데이트 상대를 얻지 못할 것이다. 실제로 앞 장에서 보았듯이, 문명사회의 모든 계획은 실패할 것이다.

초기 중국 사람들이 사람들에게 소외된 애씀의 상태에서 완벽한 무위로 가는 모든 가능한 전략을 탐구했다는 것은 우리에겐 다행스러운 일이다. 당신은 갈고닦을 수 있다. 즉, 궁극적으로 올바른 기질을 주입시키도록 고안된 엄격하고 장기적인 훈련을 받을 수 있다는 것이다. 당신은 소박함을 받아들일 수 있다. 즉, 목표를 스스로 얻을 것이라는 희망으로 목표를 추구하는 것을 적극적으로 거부하라는 것이다. 당신은 당신의 싹을 재배할 수 있다. 즉, 당신 속에 있는 바람직한 행동의 초기 경향을 식별하여 뒤를 이을 수 있을 만큼 충분히 강해질 때까지 양육하고 확장하려고 노력할 수 있다는 것이다. 혹은 그냥 흐름을 따라갈 수 있다. 즉, 애쓰는 것을 잊고, 애쓰지 않는 것을 잊으며, 그냥 받아들이고 싶은 가치관이 당신을 태우고 가도록 하라는 것이다.

이런 전략들 중에서 어떤 것이 제일 좋은 전략인가? 현대를 사는 우리에게 더 적절하게도, 우리가 데이트 상대를 구하지 못하면 무엇을 할 수 있는가? 반발하는 힘의 장場 같은 반反 덕을 창조하지 않고서 어떻게 누군가를 만나려고 시도할 수 있는가? 우리가 긴장을 풀지 못하고 야구공을 다시 던지기 때문에 눈앞에서 인생의 꿈이 사라지는 것을 지켜본 스티브 블래스라면, 우리는 무엇을 선택할 것인가? 우리가 되고 싶은 것만큼 동정심이 없거나 현명하지 못하거나 용기가 없거나 이해심이 없다면 어떻게 되는가? 어쩌면 지금처럼 행복하지만 대부분은 그럴 것 같지 않다. 어쨌든, 내가 지금까지 연구한 종교는 무엇이든 우리 자신이나 관계에 대해 바꿀 필요가 있는 무언가가 적어도 있다는 깨달음에 의해 동기화된다. 문제는 어떻게 무위를 숙명적으로 차단하지 않고서 이렇게 하려고 의식적으로 애쓰는가 하는 것이다.

거의 2,500년 동안 온 인류의 진지한 노력에도, 어느 누구도 이 문제 대한 아주 확실한 해결책을 제시하지 못했다. 이는 그 역설이 진정한 역설이고, 우리가 탐구한 전략들마다 적어도 두 가지 방식에서 그 적절성이 서로 다르기 때문이다.

우선, 다양한 전략들은 서로 다른 유형의 사람들에게 적합할 것이다. 항상 그런 것은 아니지만 종종 정치적으로 보수적인 사람들은 일반적으로 인간 본성에 대한 희미한 견해를 가지고 있고, 전통과 권위, 규율의 중요성을 강조한다. 진보주의자들은 인간의 본성에 대해 더욱 밝은 견해를 가지므로 개인의 자립성과 창조성, 유연성에 더 많은 비중을 둔다. 이런 관점에서 무위에 이르기 위한 유교 전략과 도가 전략 간의 변동은 보수주의적 반응과 진보주의적 반응 간의 교체로 간주될 수 있다. 그리고 맹자는 중도적인 견해를 취하고자 한다. 선불교의 '점수' 대 '돈오' 논쟁도 동일할 것이다.

진보주의나 보수주의에 대한 기본적인 경향이 유전적 형질 때문이라는 많은 증거가 있다. 외향성이나 내향성과 같은 성격들처럼, 그런 경향은 부분적으로 유전적인 요인에 기인한다. 사람들이 새로운 경험에 상대적으로 개방적이거나 폐쇄적인 채로 또는 매우 성실하거나 패느긋하게 세상에 태어나듯이, 또한 진보주의 성향이나 보수주의 성향을 가지고 태어나는 것처럼 보인다.[1] 그래서 당신이 갈고닦기 전략에 끌리는지, 아니면 내버려두기 전략에 끌리는지는 이 스펙트럼의 어디에 속하는지와 관련이 있다. 서로 다른 전략들이 적어도 선천적인 성격 차이에 기초한다는 것은 왜 지금까지 어떤 단 하나의 전략이 특정 기간 동안 지배적이지 않은지를 설명하는 데 큰 도움이 된다. 한 전략이 정설로 확립되자마자, 다른 성향을 가진 사람들은 재빨리 반대 전략을 다시 주장한다. 인간 개체군이 각자 자신의 선천적 기질에 반하는 전략을 밀어내는 진보주의 경향과 보수주의 경향의 사람들의 혼합으로 구성되어 있다면, 이것은 이해가 될 것이다.

인생의 서로 다른 국면들마다 서로 다른 전략을 요구할 수도 있다. 갈고닦기는 인생의 초기 단계에서나 새로운 것을 배울 때 더 적절할 수 있다. 기술 습득에 있어서 기법과 분명한 피드백에 대한 의식적 주의가 실제로 유익하다는 풍부한 증거가 있다. 차가운 인지가 수행을 혼란케 하는 것은 단지 전문가 단계에 이를 때이다.[2] 도덕성도 마찬가지이다. 깊이 스며든 도덕적 기질은 나이가 들면서 아주 융통성 없게 될 수 있으며, 이런 경우에 싹 또는 내버려두기 접근법으로 전환할 필요가 있다. 흔히 말하듯이 과거 전통적인 중국에서 사람들은 관료로 채용될 때는 유가이지만 새로운 정권이나 왕실 당파에 의해 쫓겨나 시골로 내려갈 때는 도가이다. 어떤 전략이 무위에 있도록 하는 데 도움이 되는지는 서로 다른 경력이나 가족 요구에 따라 시간상에서 변할 수도 있다.

기질과 나이를 차치하면, 다양한 상황에 따라 실패한 무위의 문제에 대해 서로 다른 접근법이 필요하다는 것도 명확하다. 이것은 개인뿐만 아니라 사회에 대해서도 마찬가지이다. 예컨대, 어떤 사람들은 지금 이 순간의 문화가 건전한 유교를 요구한다고 믿는다. 역사상 명민한 사상가들은 새롭고 인위적인 본성을 창조하기 위한 유교 선략을 문명 생활에 결정적인 것으로 간주했다.[3] 현대 서양에서 사회적 제의가 제약하거나 소외감을 느끼게 하거나 필연적으로 위선적인 것으로 간주되었지만, 이와 관련해 유교를 좀 더 신뢰하고 싶을 수 있다. 실제로 1960년대에 서양의 대중문화를 휩쓸었던 선불교와 도교에 대한 계속된 열광은 케케묵은 공자에게서 배울 것이 있다고 주장하는 목소리에 의해 점점 보완되었다. 유교 학자인 로저 에임스Roger Ames와 헨리 로즈몬트Henry Rosemont Jr.는 오랫동안 유교에서 발견할 수 있는 역할 중심적이고 전통 결속적인 자아의 공동체주의 모형이 현대 서양 사회를 특징짓는 과도한 개인주의와 소외, 물질만능주의에 대한 중요한 개선책이 될 수 있다고 주장했다.[4] 우리 스스로를 풍자적으로 그리는 함정에 빠지고 싶지는 않지만 이 주장에는 결정적으로 무언가가 있는데, 그것은 우리가 전통적 제의의 가치를 다시 구상하려는 광범위한 운동이 일어난 것을 본 이유이다. 또 다른 예로, 『뉴욕 타임스New York Times』 칼럼니스트 데이비드 브룩스David Brooks는 무뚝뚝함과 직언에 대한 현대의 찬사 때문에 우리는 옛것의 공손함과 예법의 도덕적 기능을 보지 못하게 되었다고 주장했다. 『논어』의 유교적 주석가 같은 브룩스는 "이에 대해 생각했던 똑똑한 사람들은 흔히 우리가 실행하는 습관이 결국에는 우리가 속한 민족을 형성한다고 이해한다"라고 지적한다.[5]

우리 주변 사람들도 이런 습관에 영향을 받는다. 철학자 하곱 사르키시안Hagop Sarkissian은 유교적 예법 전략이 "우리의 도덕적 삶에서 주된 이득을 이끌 수 있는 얼굴 표정, 자세, 목소리 톤, 외관상 대수롭지 않은 거동의 세부사항들과 같은 우리 자신의 행동에 대한 사소한 조정들"로 구성되어 있는 것으로 기술했다. 이것은 "도덕적 자력(ethical bootstrapping)"[6] 때문이다. 이것은 수련된 행동이 다른 사람들에게 작은 긍정적인 영향을 미치고, 이는 다시 우리에게 되돌아온다는 개념이다. 심리학의 학술적 관점에서 외관상 사소해 보이는 사회적·물리적 환경의 양상들이 행동에 심오한 영향을 미칠 수 있다는 것은 점차 명확해졌다.[7] 이는 당신 아이들이 무슨 음악을 듣고 무엇을 입고 누구와 어울리는지에 주의를 기울이는 것이 그들과 사회 모두에 많은 도움이 될 수 있다는 것을 의미한다. 보수주의자들에게는 뉴스속보가 아니지만, 어쩌면 나와 같은 진보주의자에게는 약간의 모닝콜이다.[8]

 기본 예의는 또한 우리가 간과하고 있는 근본적으로 중요한 이런 사회적 현상에 속한다. 내가 캘리포니아에서 밴쿠버로 이사했을 때, 가장 먼저 눈에 띄었던 것은 버스에서 뒷문으로 내리는 토착민들이 항상 버스 운전자에게 큰소리로 기운차게 감사합니다!라고 외친 것이다. 처음에는 약간 과하다는 생각이 들었지만, 캐나다인들은 정말로 미국인들, 적어도 해안가의 대도시 미국인들보다 더 친절하다. 그 이후로 나도 그것을 근본적으로 더욱 유쾌한 대중의 표현일 뿐만 아니라 더욱 유쾌한 사람들을 창조하도록 돕는 예법으로 간주하게 되었다. 인식하든 하지 않든 간에 버스 운전사는 감사를 받는 것이 더 기분 좋다. 그는 이제 친절하게 운전하거나 늦게 뛰어오는 사람이 탈 수 있도록 정류장에 잠시 정차하고 싶은 마음이 생길 것이다. 공자가 이야기하는 불가사의한 덕의 힘처럼, 바람이 풀 위를 스쳐 지나가듯이 사람들을 덕으로 기울게 하는 이런 행동은 내가 사는 비가 잦은 도시에 미묘하게 잔물결을 일으킨다.

 더욱이 인지심리학은 사람들을 특정한 문화적 전통에 몰입시키는 것이 이미 사랑하지 않고 있던 무언가를 사랑하게 하는 것을 배우도록 한다고 제안한다. 누군가가 단순히 글씨체나 노래, 그림과 같은 새로운 자극에 반복적으로 노출되면 시간이 지나면서 그것에 대한 사랑이 발전하게 된다. 친밀함은 경멸이 아니라 사랑을 낳는다. 그것은 또한 (좋든 싫든) 더욱 믿게 한다. 여러 번 반복해서 들었던 말은 새로운 말보다 더 높은 '진실스러움(truthiness)'(직감으로 무언가가 사실일 것이라고 믿는 믿음)을 갖는 것으로 판단된다. 친숙하거나 더욱 읽기 쉬운 글씨체로 인쇄된 텍스트에서도 동일한 효과를 발견할 수 있다. 이것은 예컨대, 처음에 번거롭고 이상한 것으로 간주되는 종교 제의나 처음에 싫고 어려운 것처럼 보이는 고전이 결국 단순히 집중 교육을 통해 자발적인 기쁨으로 신봉되고 귀중하고 참인 것으로 받아들여진다는 것을 암시한다.[9] 이것이 집단 환경에서 일어날 때 그 결과는 정확히 공자가 독려하고 싶어 했던 사회적 응집성이다.

이것은 일상생활을 처리하는 방식에 즉각적이고 실용적인 영향을 미친다. 초기 유교는 유교의 도의 가치기준을 반영할 수 있도록 옷, 색깔, 생활공간의 배치도, 음악과 같은 당면한 미적 환경을 수정하는 데 엄청난 노력을 기울였다. 우리들 대부분이 더 이상 유교의 도를 받아들이지 않지만 자신의 특별한 가치관을 조성하기 위해 동일한 기법을 사용할 수 있다.[10] 당신의 기호와 가치관, 그리고 기분 좋고 편하게 느끼게 하는 것을 반영할 수 있도록 당신이 통제 가능한 정도의 집과 직장을 마련한다면, 당신은 형편이 더 나을 것이다. 당신은 더 많은 무위와 더 많은 덕을 가질 것이다. 색깔, 풍경, 레드 제플린의 불가시 광선의 포스트, 가족사진, 종교적 성화, 당신의 더 큰 가치관에 대한 환경적 환기물들은 신념을 강화시키고 그 과정에서 몰입, 여유, 자신감을 조성할 것이다.

갈고닦기 전략이 가장 잘 작동할 수 있는 다른 상황을 상상할 수도 있다. 예컨대, 다이어트를 위해서는 소시지와 스콘에 대한 편애를 잎이 많은 녹색 채소에 대한 진정한 사랑으로 바꾸어야 한다. 그리고 우리는 다른 분야에서도 새로운 기질을 개발하고 싶어 한다. 더욱 인내심이 있는 배우자나 부모가 되는 것, 더욱 친절한 운전자, 더욱 유익한 친구가 되는 것이 그런 분야이다. 기본적인 생각은 간단하다. 당신은 바람직한 모형을 선택하고, 환기물과 환경적 단서에 당신 스스로를 몰입시킴으로써 뜨거운 인지를 어울리도록 개조하면 된다.[11] 이런 반복이 결국 어떻게 새로운 내적 기질을 진실하고 자기 활성적이게 되도록 하는지는 조금 믿기지 않고, 지적으로 역설이 남아 있지만 실제로는 작동하는 것처럼 보인다.

하지만 문화적 교육이 가식으로 변하거나 집중적인 노력이 역효과를 낳는 고된 일로 변할 때가 있다. 바로 이때가 노자의 '아무것도 하지 않기' 전략을 따라야 하는 순간이다.

지각심리학의 많은 문헌에서는 어떤 어려운 시각적 과제, 즉 실험 대상자들에게 목표물을 큰 배열 중간에 놓게 하는 연습문제에 관해서, 그저 긴장을 풀고 정답이 "불쑥 튀어나오게 하는 것"이 적극적으로 노력하는 것보다 훨씬 더 효과가 있다는 것을 증명했다.[12] 이와 비슷하게, 한 문제가 막힐 때는 그냥 두고 다른 것을 하는 것이 종종 그 문제를 해결하는 가장 좋은 방법이다.[13] 아무것도 하지 않게 되면 무의식이 이어받게 되고, 앞서 보았듯이 무의식은 종종 특별히 복잡한 특정 유형의 문제를 푸는 데 더 능숙하다. 정신요법의 분야에서, 내방자들이 원하지 않는 생각이나 기억이 흘러넘치게 하거나 마음의 눈앞에서 행진해 가도록 지시를 받는 '수용' 전략은 적극적 억압 전략보다 더 효과적인 것으로 입증된다.[14] 의식적 마음은 능력이 제한되어 있고, 종종 어려움에 직면할 때 할 수 있는 최선의 일은 그것을 잠시 폐쇄하고 몸이 이어받도록 하는 것이다. 노자는 지도자에게 "대국을 다스리는 것은 작은 고기를 요리하는 것과 같다"[15]라고 충고한다. 다시 말해, 당신은 도를 지나치는 것을 원하지 않는다. 어려운 경영 결정이나 다루기 힘든 전문적인 문제에 직면할 때 가장 좋은 접근법은 그냥 내버려두고 가는 것이다. 즉, 잠을 자거나 산책을 하거나 정원에서 잡초를 뽑는 것이다.[16]

너무 열심히 애쓰는 것은 사회에서 역효과를 낳을 수 있다. 제4장에서 『노자』에 나오는 '도구적' 구절에 대해 이야기했다. 이것은 실용적이고 어느 정도 사악하게 지도자들과 다른 사람들이 세상에서 성공하게 돕도록 설계된 것처럼 보이는 구절이다. 이 구절은 이득을 얻기 위해 어떻게 무위를 조작하는지에 대한 충고처럼 보인다. 나는 『노자』의 이 구절을 읽을 때마다 『규칙: 남자 이상형의 마음을 손에 넣기 위한 오랜 사용으로 보증된 비밀 *The Rules: Time-Tested Secrets for Capturing the Heart of Mr. Right*』이라는 1990년에 출간된, 논란의 여지가 있는 책이 생각난다. 그 충고는 『노자』나 『손자병법』에 있는 도구적 구절에서 직접 따온 것일 수 있다. 전진하기 위해서는 후퇴하라. 관심 없는 척하면서 관심을 끌어라. 다시 말해, 인위적인 덕을 창조하도록 노력하는 것이다. 『규칙』에서 논란이 되는 부분은 명백히 위선적이고 조작적인 충고의 양상 때문일 수 있다. 관심의 수준과 정서를 조작하는 것은 지금은 명백해진 이유 때문에 사람들을 괴롭힌다. 더욱이 이 책이 저자들과 사람들에게 '규칙'을 가르치기 위해 생긴 가내 수공업에 엄청나게 많은 돈을 벌게 해주었지만, 그것이 효과가 있는지는 전혀 명확하지 않다. 예컨대, 유명한 'Doc Love'가 저술한 『체계 the System』인 남성을 위한 비슷한 가이드라인도 똑같이 성공을 거두지 못한 것처럼 보인다. 애쓰지 않으려고 적극적으로 노력하는 것의 긴장이 두드러져 보이고, 우리가 그것을 보면, 그것은 엄청나게 매력이 없는 것이다.

농업의 시작과 대규모 인간 사회의 기원은 Doc Love가 아쉽게도 침묵으로 넘긴 주제이지만, 그것은 어쩌면 체계에 담긴 어떤 것보다 낭만적 거부를 이해하는 데 더 본질적이다. 여러분은 덕을 조작하지 못한다. 인간이 아주 훌륭한 거짓말쟁이란 것은 확실하지만, 최고의 사기꾼 탐지기이기도 하다. 이는 4천 년된 중국 갑골문에 담긴 '덕의 역설'에서부터 우리 사회의 많은 사람들이 '규칙(the Rules)'이나 '체계(the System)'를 쉽게 활용할 수 있음에도 불구하고 불행하게 독신으로 남아 있는 이유에 이르기까지의 모든 것을 설명하는 매우 타당한 신화적 이유 때문이다. 이것은 모두 노자가 예측한 것이다. "덕이 높은 사람은 덕을 내세우지 않으니, 이 때문에 오히려 덕을 지니게 된다." 당신이 인仁에 대해 이야기할 필요가 있다면 당신은 인과는 거리가 먼 사람이다.

데이트나 직장 인터뷰 또는 풍기는 인상이 중요한 상황에서는 어쩌면 통나무를 끌어안는 것이 가장 좋다. 노자의 충고를 따르고 너무 애쓰는 것을 자제한다면 확실히 더 좋을 것이다. 불은 당신을 태우지 않고, 야생동물은 공격하지 않으며, 데이트를 한 번 더 할 수도 있다. 위대한 성인들과 음악가 조너선 리치먼Jonathan Richman은 그런 상황에서 애쓰기의 역효과를 낳는 본성을 직관적으로 이해했으며, 그는 Doc Love보다 인간의 마음에 대해 상당히 더 뛰어난 통찰력을 소유하고 있다. 걸작 『모던 러버스The Modern Lovers』 앨범에서[17] 그는 밉살스러운 '나팔바지 건달(bellbottom bummers)'을 다룬다. 이것은 여자를 낚으려고 열심히 노력하지만 결국은 냉혹하게 바람을 맞게 되는 유행을 따르는 천박한 남자를 가리킨다. 조너선 리치먼은 최신 유행에 민감한 사람들이 힘들이지 않지만 자석처럼 여성을 매혹하는 파블로 피카소Pablo Picasso의 예를 기억하게 했다. 그가 마을을 어슬렁어슬렁 거닐거나 카페에 들어갈 때 "여자들은 그의 매력적인 눈빛을 거부하지 못하지 / 파블로 피카소는 결코 멍청한 녀석이라고 불린 적이 없지."

이것은 역사적인 이야기로서는 논쟁의 여지가 있지만(피카소는 세상에서 가장 매력 있는 남자는 아니고 어쩌면 여자들은 그를 온갖 종류의 화려한 것으로 불렀다), 덕의 힘에 대한 묘사로서는 이것이 최고이다. 진정한 덕, 진정한 매력은 계산된 옷 선택이나 작업 멘트가 아니라 더 크고 귀중한 좋은 것, 즉 예술적 창조, 머핀 굽기의 진정한 몰입으로부터 나온다. 전략적 이유 때문이 아니라 진정으로 하고 있는 것이라면, 무엇을 받아들이고자 선택하는지는 중요하지 않다. 현재 맛보고 있는 것에는 전혀 관심이 없는 미혼 남성과 여성으로 가득 찬 와인 감별 수업보다 더 나쁜 것은 없다. 자포자기의 냄새는 너무 진해서 샤르도네의 바닐라 향을 식별하는 것을 어렵게 만든다.

확실히 이것은 당신의 개인적 삶에 영향을 미치지만, 회사 문화와 심지어 국가적 자기 정체성으로도 확장된다. 요즈음 회사가 '인지도 관리 자문위원(reputation management consultant)'을 채용하는 것은 유행이다. 회사를 위해 덕을 창조하는 것이 주된 업무인 공보 비서관(spin doctor)과 홍보 담당자(publicist)가 그런 사람들이다. 하지만 최근 한 기사에서 지적했듯이, 이런 서비스가 효과가 있다는 증거가 거의 없는데, 이는 해당 회사들의 실제 행동이나 그들이 인식한 심층의 동기가 평판관리 노력을 압도하는 것처럼 보이기 때문이다.[18] 예컨대, 한 큰 석유화학 회사는 앨버타의 역청사瀝靑砂 오일(tar sands oil)을 해안으로 수송하도록 설계된 송유관에 대한 브리티시콜럼비아의 저항을 완화시키기 위해 세간의 이목을 끄는 광고 캠페인을 하고 있었다. 그 전면 광고에서 편안함을 주는 파스텔 색깔, 즐겁게 뛰어 노는 범고래, 수수하고 능숙한 유조선 도선사가 등장하지만 그 광고에는 거짓처럼 들리는 끈질기게 지독한 포템킨 마을* 같은 느낌이 있다. 그 회사가 상세

---

**포템킨 마을(Potemkin village)**\*
종종 잔혹한 정권이 그 나라 안에 사는 사람들과 밖에서 들여다보는 사람들 모두를 속이기 위해서 만든 기만적인 가짜 구조물로서, 바람직하지 못한 겉치레의 의미로 사용되는 전시행정의 대명사이다.

하고 진지하며 독립적으로 입증된 위험 평가를 발표했거나, 과거의 안전 기록이 좀 더 좋았다면 나는 개인적으로 훨씬 더 안심이 되었을 것이다. 생태학적으로 민감한 네브래스카의 모래언덕을 가로질러 앨버타의 원유를 파이프를 통해 나르는 것이 안전하다는 것을 미국인들에게 안심시키려는 유사한 노력도 이와 비슷하게 무시되었다. 사람들에게 의도가 좋다는 것을 설득시키기 위해, 말을 번지르르하게 잘하는 것은 실지로 행동으로 보여 주는 것만큼 결코 효과적이지 않다. 이런 증거들은 영속적으로 긍정적인 회사 평판을 획득하는 가장 좋은 방법이 그저 영속적으로 긍정적인 회사가 되는 것이다.

국가도 덕을 만들어내는 데 똑같이 힘들어 한다. '소프트 파워의 기술'*에 관한 최근 한 보고서에서는 미키마우스와 할리우드 영화를 비롯한 다양한 미국 문화의 표면적인 현상들이 심지어 중국 내에서도 5천 년간의 중국 문화를 지속적으로 그늘지게 한다는 것에 격노한 중

> **소프트 파워의 기술(the art of soft power)***
> 정보과학이나 문화·예술 등이 행사하는 영향력으로서, 군사력이나 경제제재 등 물리적으로 표현되는 힘인 하드 파워(hard power)에 대응하는 개념이다. 강제력보다는 매력을 통해, 명령이 아닌 자발적 동의에 의해 얻어지는 능력을 말하는 것으로, 하버드대학교 케네디 스쿨의 조지프 나이(Joseph S. Nye)가 처음 사용한 용어이다. 21세기로 들어서면서 세계는 부국강병을 토대로 한 하드 파워, 곧 경성(硬性) 국가의 시대로부터 문화를 토대로 한 소프트 파워, 곧 연성(軟性) 국가의 시대로 접어들었다. 여기서 문화는 교육·학문·예술·과학·기술 등 인간의 이성적 및 감성적 능력의 창조적 산물과 관련된 모든 분야를 포함한다.

국 정부가 고대 중국 문화를 더욱 매력적인 것으로 끌어올리고자 몇몇 캠페인에 착수했다고 언급했다. 최근 중국의 두 지역에서 『손자병법』의 저자 손자에 관한 거대하고 엄청나게 사치스러운 테마공원을 개장했거나 개장할 계획이다. 이 고대 중국 성인의 신비적인 매력이 2015년경에 개장하는 디즈니랜드 상하이의 유치를 제압할 것이라는 것이 그들의 생각이다.[19] 나는 미키에게 돈을 건다. 아이러니하게도, 우리에게 『노자』를 준 바로 그 문화는 "인기를 얻고자 애쓴다면 반드시 실패하기 마련이다"라는 이 책의 가장 중요한 교훈을 잊은 것처럼 보인다. 중국의 문화적 '소프트 파워', 본질적으로 정치적 덕을 하향식 정부 자금조달이나 법령을 통해 향상시키고자 적극적으로 공을 들이는 것은 전적으로 역효과를 낳는다. 동아시아의 소프트 파워에 관해 가장 큰 성공 이야기는 일본 애니메이션과 만화나 한국 드라마나 K-pop의 물결 같은 현상으로서, 이것들은 대중문화에서 유기적이고 예상할 수 없게 갑자기 발생했다. 〈강남스타일〉의 형언할 수 없을 정도로 바보 같은 춤 동작을 관료주의자들이 만들었다고 상상하기란 어렵다.[20]

## 내성內省의 역설

심리학자 조너선 스쿨러Jonathan Schooler, 댄 애리얼리Dan Ariely, 조지 로웬스타인George Loewenstein은 내서니얼 호손Nathaniel Hawthorne을 인용하여 행복에 관한 최근 논문에 서문을 썼다. "행복은 쫓으면 손에 잡히지 않지만 가만히 앉아 있으면 살며시 내게 내려앉는 나비와 같다."[21] 이것은 행복이나 즐거움과 같은 어떤 결과를 직접 쫓으면 역효과를 낳을 수 있다는 이전 연구에서 뒷받침한 현상을 가리킨다. 이 저자들은 즐거움을 적극적으로 추구하고 어떤 활동을 즐기려는 계획적인 의도가 실제로는 즐거움을 감소시킨다는 것을 암시하는 두 가지 새로운 연구를 제시한다. 언뜻 보면 이것은 통나무에 앉아서 행복의 나비가 도착하기를 기다리는 노자 전략을 지지하는 것처럼 보일 수 있다.

하지만 이 저자들은 더욱 복잡한 메시지로 결론을 내린다. 그들은 이른바 '내성의 역설(paradox of introspection)'을 식별하는데, 이것은 힘들인 자기 반성과 즐거움이나 행복의 달성 사이에서 존재하는 것 같은 긴장을 말한다. (가령, 와인이나 잼의 맛에 대한) 적극적인 추구와 과도한 심사숙고는 확실히 감각적 즐거움에 파괴적이고 부정적인 영향을 미칠 수 있지만, 내성의 완전한 부재는 진정으로 즐거움을 주는 경험의 요소를 인정하지 못하게 할 수 있다.[22] 흥미롭게도, 전문 지식이 어떤 수준에 이르면 내성의 부정적 효과는 사라진다. 즉, 지적 분석과 풍부한 기술적 어휘는 결국 잼 전문가와 와인 전문가 모두에게 자산이 된다.[23]

이것은 노력과 자연스러움을 섞는 맹자 전략이 특별히 도움이 되는 것처럼 보이는 부분이다. 음식이나 와인 감식안이 선천적인 미각에 의존하지만 그런 미각을 다듬고 확장하듯이, 도덕성과 행복도 우아하게 양성될 수 있다. 우리는 모두 배우자나 친한 친구, 치료 전문가와 대화를 하는 동안 통찰력의 순간을 경험해 보았을 것이다. 소 이야기에 나오는 선왕처럼, 우리는 종종 우리 자신의 동기에 불완전하게만 접근한다. 맹자의 일은 내성을 통해 왕이 소를 아끼는 것 이면의 진정한 동기를 식별하고, 미래에 다시 이 느낌을 정확히 인식하는 것을 배워서 그것을 강화하고 확장하도록 돕는 것이다.

이 전체 과정은 훨씬 더 잘 작동하고, 경험이 풍부한 코치나 선생님의 안내를 받으면 더 빨리 진행된다. 와인 감별 능력을 다듬는 가장 좋은 방법은 당신의 직관과 전문가들의 직관을 대조하고 그런 다음 그들의 의견에 비추어 당신의 경험을 재평가하면서 다양한 와인들을 심사숙고하며 시음하는 것이다. 그 결과는 다듬기 위한 순환 고리(feedback loop)로서,[24] 여기에서 전문가의 충고가 당신의 지각을 집중시키고 재설정하도록 도와서(나는 연필깎이로 연필을 깎을 때 처음에는 연필심을 보려고 생각하지 않았지만 연필깎이가 피드백처럼 계속 돌아감에 따라 확실히 연필심이 드러났다.), 더욱 폭넓고 더욱 미묘한 기술적 어휘를 제공하고, 이런 어휘는 다시 이전에 주목되지 않은 경험의 양상을 열어 주는 역할을 한다.

도덕적 발달에 관해 그것은 『맹자』에서 볼 수 있는 대화의 형식을 취할 수 있다. 이 대화에서 선왕은 그의 경험을 통해 이야기되고, 동정의 싹을 어떻게 인식하는지에 대한 구체적인 조언을 받는다. 또한 개인적인 도덕적 훈련자의 도움을 받지 않는 사람들에게는 도서관으로 가거나 전자책을 집어 드는 것이 해결책이 될 수 있다. 심리학자 조너선 하이트는 토머스 제퍼슨이 위대한 문학의 도덕적 기능을 주장하고, 저속하고 도덕적으로 위험할 수 있는 것으로 간주되는 소설을 몬티첼로Monticello(토마스 제퍼슨이 살았던 고택)의 개인 소장품에 포함하는 것을 옹호했다고 말한다.[25] "예컨대, 우리의 상상력에 자선이나 감사의 모든 행동이 제시되면, 우리는 그 아름다움에 깊은 인상을 받고 자비롭고 감사하는 행동을 하려는 강한 욕구를 느낀다. 다른 한편으로, 흉악한 행동을 보거나 읽을 때는 그 추함에 불쾌감을 느끼고, 악을 몹시 싫어하게 된다. 이제 이런 종류의 모든 정서는 우리의 덕스러운 기질의 발휘이고, 기질은 몸의 사지처럼 훈련을 통해 힘을 얻는다." 몸의 사지가 운동을 통해 강화되듯이, 적절한 무위 행동의 네 가지 싹도 문헌에서 제공하는 상상적 연습을 통해 키워진다. 제퍼슨이 『맹자』를 읽은 것이 아닌지 궁금하다.

유교의 음악처럼 내면에 직접 닿아서 정서를 바꾸는 것처럼 보이는 연극이나 영화에서도 동일한 효과를 얻을 수 있다. 예컨대, 공감을 불러일으키는 동영상을 보면 관대함과 보호 행동이 증가한다는 증거가 있다.[26] 이 모든 것은 수학이나 과학, 경제학에서 더욱 '실용적인' 교육을 위해 문학과 예술 프로그램을 약화시키거나 없애려는 학교 개혁자들을 잠깐 중단시켜야 한다. 단지 초합리주의적 묵가의 싹을 뽑아 올리는 사람들을 생산하는 것에 만족하지 않는다면, 예술은 사회적으로 바람직한 무위의 형태를 발생시키는 데 결정적이다.

일대일 치료와 예술 형식의 교화에 대한 몰입 외에, 유도 명상의 다양한 유형들은 싹에 기초한 무위를 개발하는 것을 도울 수 있다. 철학자 데이비드 웡David Wong은 (적어도 1만 시간의 명상을 경험했던 사람들로 정의되는) 16명의 전문 명상가 집단을 대상으로 한 신경영상 연구를 인용한다. 이들은 특별히 사랑하는 사람의 이미지에 집중하고, 동정심이 "마음을 휩싸게 하며" 그 후에 이 느낌을 "모든 존재"로 확장하는 사랑-친절-동정 명상에 참여하도록 했다. 명상 후에 실험대상자들은 긍정적(아기 웃음), 부정적(곤란함에 처한 여자), 중립적(배경이 되는 식당 대화) 유발성과 같이 다양한 정서적 유발성을 담은 오디오 녹음에 노출되었다. 초보 명상가들과 비교해 이 전문가들은 뇌 부위(특히 뇌섬엽피질)에서 정서 처리와 공감과 관련된 부정적인 소리에 뚜렷하게 증폭된 반응을 보였다.[27] 이것은 동정이 발육 가능한 싹이나 이미지 연상 훈련이나 명상을 통해 강화될 수 있는 근육 같은 것임을 보여 준다.

이런 통찰력을 1만 시간의 여유가 없을 수도 있는 사람들에게 적용하려는 시도로, 에모리대학교의 연구자들은 대도시 애틀랜타 지역의 초등학교와 가정위탁 아이들에게 '인지 기반적 동정 훈련(cognitive-based compassion training)' 프로그램을 시험적으로 실시했다. 8주에서 10주 동안 1주일에 2번 이루어지는 이 훈련은 전통적인 티베트 불교 명상 수행의 세속화된 형식이고, 선왕에게 유익했던 것과 비슷하다. 예비적 관찰에서는 그것이 동정을 경험하고 표현할 수 있는 아이들의 능력에 상당한 영향을 미친다는 것을 보여 주었다.[28]

맹자는 싹 발육 치료에서 유교적 예법의 역할을 강조하지 않지만, 명상 외의 구조적이고 형식화된 실천이 도덕적 싹을 성장하게 할 수 있다. 행복 연구자들은 1주일에 한 번 임의로 친절의 행동을 하도록 했던 사람들의 행복이 전체적으로 증가했다고 보고했고, 5달러 기부와 같은 간단하고 관대한 행동이 행복의 주관적인 느낌을 증가시킬 수 있다는 것을 발견했다.[29] 이와 비슷하게, 우리가 강제적으로 동정적인 행동을 수행한다고 즉각적으로 동정심이 생기는 것은 아니지만, 무료급식소에서 정기적으로 자원 봉사하고, 특히 그 일에 대해 상상으로 스스로를 되돌아보면 시간이 지나면서 '공감의 싹'이 강화될 수 있다. 심리학자 로버트 에몬스Robert Emmons와 동료들의 비슷한 연구에서도 삶의 긍정적인 양상을 곰곰이 생각하게 하는 감사 일기를 쓰게 되면 육체적·정신적 건강이 향상되고 다른 사람에 대한 동정도 증가하게 된다고 제안한다.[30]

그럼에도 불구하고, 확실히 분석과 내성이 결정적으로 역효과를 낳는 때도 있다. 우리는 수행의 역학에 의식적 자각을 집중하는 것이 기술 습득의 매우 초기 단계에서는 유용하지만 경험이 풍부한 선수나 공연자들에게는 지장을 준다는 것을 보았다.[31] 이와 비슷하게, 전문 지식의 수준에 관계없이 환경과 그것에 미치고 싶어 하는 영향에 초점을 두는 것(외적 초점)은 자신의 신체적 동작이나 내적 상태에 초점을 두는 것(내적 초점)보다 더 효과적이다. 예컨대, 손을 뒤로 당기는 것(내적 초점)이 아니라 물을 뒤로 밀치는 것(외적 초점)에 집중하라는 말을 들은 수영하는 사람들은 더 빨리 헤엄치고, 이런 효과는 다양한 영역에서 입증되었다. 왜 주의를 안으로가 아니라 밖으로 돌리는 것이 학습과 육체적 기술을 수행하는 데 더 효과적인지에 대한 다양한 가설이 있지만, 그것이 무위와 관련이 있다는 것이 더욱 설득력이 있다.[32] 당신이 스스로의 동작에 집중할 때, 당신의 의식적 마음은 애초 마음에 없었던 것을 마음에 넣는다. 이는 부드럽고 자동적인 운동 프로그램을 파괴하고, 사회적 압박, 개인적인 걱정들, 약속된 금전적 보상과 같은 방해물들이 당신의 행동에 침입해서 그 행동을 질적으로 저하시킨다. 기술에 적절한 환경에 초점을 두게 되면, 하나하나의 동작에 '몰입'할 수 있는 능력이 향상된다.[33]

압력이 가해지고 큰 이권이 걸려 있는 이런 상황에서 장자의 내버려두기 전략은 정말로 돋보인다. 목수 경은 성공적으로 자기 몸을 잊고 자기 기술을 환경에 집중하기 전에 1주일 동안 제의에 참여해야 하고, 앉아서 하는 명상과 호흡법이 관여한다는 암시도 다른 곳에 있다. 이러한 장자의 본보기들은 티베트 불교의 시각화 연습보다 장자의 종교적 직계 후계자인 선불교에서 수행하는 '목적이 없는' 명상과 더 비슷해 보이는 것에 참여하는 것 같다. 목적이 없는 명상은 전형적으로 간단하고 안정적인 자세를 취하고, 호흡과 고정된 자세를 환경에 집중하는 것을 통해 마음을 텅 비우려는 것이다. 이런 유형의 명상에 관한 증대하는 실증적 문헌에서는 그것이 정신 집중, 반응 시간, 운동 기술, 환경에 대한 지각적 민감성에 긍정적인 영향을 미친다고 암시한다.[34] 이것은 어쩌면 명상이 뇌의 의식적이고 차가운 인지 센터의 발현을 억제하여 뜨거운 인지가 자기 일을 할 수 있는 여지를 만들기 때문이다.[35]

중요하게도, 명상은 또한 자기 존중, 공감, 신뢰, 대인관계에 결정적인 특성을 증가시키는 것으로 밝혀졌고, 물론 이것은 실제로 장자가 마음을 단식시키는 목표이다.[36] 즉, 다른 사람들과 상호작용할 때 무위에 들어가고 덕을 소유하도록 하는 것이다. 사회적 상황에서 '외적 초점'을 가지는 것은 자신에게 초점을 두기보다는 개성과 대화, 몸짓 언어로 주의를 돌린다는 것을 의미할 것이다. 당신이 대화에 기여하는지를 곰곰이 생각하거나 사람들이 어떻게 반응하는지를 의식적으로 모니터하는 것 대신에 실제로 대화에 관심을 갖는 것은 정말로 중요한 것이다.[37] 핵심은 흐름을 따르고, 환경을 통제하려고 애쓰기보다는 환경에 의해 움직이게 되는 것이다. 명상은 이런 상태에 들어가도록 도울 수 있다. 원기 왕성한 연습이나 보드카 한잔도 동일한 일을 할 수 있다.[38] 여러분에게 가장 효과적인 것은 어쩌면 시행착오를 통해 해결될 것이다.

## 몸을 진지하게 여기기

나는 이 책에서 무위와 덕의 현상이 인간 번영과 협동에 핵심이라고 주장했다. 이런 말을 들어야 하는 유일한 이유는 최근 서양 사상이 비신체화된 합리성에 너무 사로잡혀 신체화된 자발성과 그것이 제시하는 특유한 긴장이 관심의 대상에서 제외되었기 때문이다. 도덕적 완벽성을 규칙 따르기나 유용성을 계산하는 문제로 간주하는 것은 확실히 상황을 단순화시킨다. 신중하게 추론하고 약간의 의지력을 더하면 해야 할 일은 끝난 것이다. 문제는 비신체화된 모형이 철저하게 틀렸다는 것이다. 인간의 몸-마음이 작동하는 방식에 대한 우리의 지식을 고려하면, 이 모형은 심리적으로 실행 불가능하다. 더욱이 이 모형은 우리가 실제로 삶을 어떻게 경험하는지를 완전히 반영하지도 못한다.

상황은 조금씩 변하고 있다. 최근 몇 십 년 동안 과학자들은 인간 인지에 대한 추상적 모형에서 벗어나 신체화된 모형으로 움직이기 시작했다.[39] 그들은 우리가 가장 많이 의존하는 지식이 차갑고 감정에 좌우되지 않는 '내용에 관한 지식'이기보다는 뜨겁고 정서에 기초하는 '방법에 관한 지식'이라는 것을 인식하기 시작했다. 우리는 생각하는 것이 아니라 행동하도록 만들어졌다. 이것은 사람들을 교육시키는 방법에서부터 공적인 논쟁을 행하고 공적인 정책 결정을 하며 개인적 관계에 대해 생각하는 방법에 이르기까지 모든 것에 상당한 영향을 미친다. 그것이 인간에게 가능한 경우에는 비신체화된 추상적 입장을 취하려고 노력하는 것에는 장점이 많다. 즉, 단지 통계적 도구를 엄청난 양의 데이터에 적용해서 많은 추세를 식별할 수 있는 것이다.[40] 하지만 본질적으로 정치적 결정에 관해 서로 다른 선택권이 수학 방정식으로 요약될 수 있다는 생각은 잘못된 것일 뿐만 아니라 분명히 해로운 것이기도 하다. 우리는 정서가 담긴 신체화된 이미지로 생각하고, "우리가 더불어 사는 은유"[41]를 알아차리지 못하고 있는 한은 그런 은유에 투옥된 채로 남아 있게 된다.

조기 중국철학자들은 완벽함에 대한 행동 지향적 모형을 목표로 했기 때문에, 육체적 실행, 시각화 연습, 음악, 제의, 명상을 통해 신체화된 마음을 훈련시키는 것에 집중했다. 추상적인 이론화나 일반 원리의 학습은 거의 강조하지 않았다. 학생들이 어릴 때 고전을 암기할 것으로 예상되었듯이 기억이 역할을 했지만, 일반적인 목표는 이런 정보를 실생활에서 유연하고 창조적으로 사용하는 법을 배우는 것이었다. 공자는 다음과 같이 지적했다. "시 삼백 편을 외우되, 그에게 정치를 맡겼을 때 잘 해내지 못하고, 사방에 사신으로 가서 독자적으로 응대하지 못하면, 많이 외울지라도 무슨 소용이 있겠는가?"[42] 그저 고전을 암기한다고 해서 진정한 군자가 되는 것은 아니다. 이런 지식을 통합하여 신체화된 존재의 부분으로 만들어야 한다. 이것은 초기 중국 교육이 초점을 두었던 것이다. 그 목표는 세상에 효과적으로 참여함으로써 실현되는 유연한 노하우를 만들어내는 것이었다. 교육은 아날로그이고 전체적이며 행동 지향적이어야 하는 것이다.

개인적 삶에 관해, 미하이 칙센트미하이와 동료들은 인간 행복에서 '흐름' 상태의 역할에 주의를 기울여서 매우 귀중한 기여를 했다. 하지만 흐름 덕분으로 여겨졌던 특성들이 복잡성과 도전보다는 귀중한 전체로의 몰입에 더 의존한다는 것을 인식할 필요가 있다. 물론 성격적으로 더욱 험한 암벽에 올라가거나 더욱 복잡한 계약을 체결함으로써 무위에 가장 잘 이를 수 있는 사람들도 있다. 하지만 정원을 가꾸거나 좋아하는 풍경에서 편안한 길을 걷고, 자녀들과 두서없이 놀면서 시간을 보내는 것에서도 무위가 발견된다. 더욱이 미묘한 신체적 신호에서 발생하는 매력인 덕을 발생시키는 것은 단지 이런 종류의 가치에 기반한 자발성이다. 인간의 신뢰와 협동에서 덕의 역할을 인정하는 것은 왜 무위의 역설이 우선 존재하는지 이해하는 데 도움이 될 뿐만 아니라, 인간관계의 역학에 대한 새로운 통찰력을 제공하기도 한다. 이것은 왜 매력적이고자 애쓰는 것이 결국 매력적이지 않도록 만들고, 근사하고자 애쓰는 것이 결국 어리석게 보이게 만들 뿐인지를 설명해 준다.

만약 묵가나 다른 초기 중국 합리주의 학파가 유교를 누르고 이겼거나 더욱 신체화된 아리스토텔레스 모형이 서양에 우세하게 남아 있었다면, 아시아와 유럽의 지적 궤도가 어떻게 달라졌을지 궁금해 하는 것은 가치가 있다. 추상적인 합리주의 전략에는 확실히 장점이 있다. 우선, 그런 전략은 서양 과학의 발달에 중심이었고, 서양 과학은 다시 거꾸로가 아니라 유럽의 배들이 식민지를 만들기 위해 중국에 나타나도록 유발했던 전문적·경제적 혁명을 촉진시켰다. 왜 현대 과학이 대부분의 인류 역사에서 훨씬 더 기술적으로 진보적이었고 인구도 더 많았고 훨씬 더 많이 배운 중국이 아니라 서양에서 발생했는가라는 질문에 굉장히 많은 양의 학술적 잉크가 사용되었다.[43] 어쩌면 하나의 결정적인 이유는 없지만, 추상적 사고 그 자체에 대한 고질적인 의심과 그에 따른 세상에 대한 비신체화된 도구적 입장을 중국이 개발하지 못한 것이 한 가지 중요한 요인이었을 것 같다.

지식인들이 현대 과학을 멀리 하는 것의 위험을 많이 이해하고 있음에도 불구하고 나 자신은 그런 현상의 팬이다. 나는 항생제, 전등, 비행기, 따뜻한 수돗물, 외과수술 없이 이 세상에서 산다는 생각은 굉장히 매력 없다고 생각한다. 하지만 비신체화된 과학적 합리성이 최근 몇 년 동안 우리의 체험(lived experience)에 관해 추상적 사고의 심오한 한계를 드러내기 시작했다는 것은 역설적이다. 특히 한 인간이 또 다른 인간과 관련되는 것이나 한 사람이 자신의 사회적 세계에서 거주하는 것에 대해 이야기할 때 차가운 논리는 간접적으로는 매우 유용하지만 실행하기에는 실제로 신뢰할 수 없다고 생각하는 것에는 매우 타당한 과학적 이유가 있다. 이는 초기 중국에서 발견할 수 있는 더욱 신체화되고 통합적인 완벽성의 모형을 복원하여 가져오는 것이 가치가 있는 이유이다.

인간 우수성에 대한 현대의 개념은 너무 빈약하고 냉담하고 냉혹하다. 성공이 항상 더욱 엄격하게 생각하거나 더욱 열심히 애쓰는 것에서 나오는 것은 아니다. 입시준비 학원과 (문자적이든 그렇지 않든 간에) 쳇바퀴 같은 일상, 밤낮 없는 영구적인 연결성, 엄청나게 많은 스트레스의 지배를 갈수록 더 받는 세계에서 자발성의 힘과 매력에 의해 세계를 보게 되면, 우리의 세상과 목표, 우리의 관계를 더 잘 이해하는 데 도움이 될 수 있다. 아쉽게도, 무위의 역설은 아무런 성과를 못보고 있다. 애쓰지 않으려고 노력하는 것에는 반드시 긴장이 관여한다. 하지만 실제로 종종 해결책이 있다. 어색한 첫 소개팅은 자발적인 대화가 이루어지는 저녁과 진실된 관계로 변할 수 있다. 경기 전의 불안감은 경기 중의 흥분과 도전에 몰입하게 되면 녹아버린다. 살사 댄스조차도 즐거울 수 있다. 우리의 삶은 자기를 의식하지 않고 힘들이지 않은 즐거움의 이런 순간들로 가득하다. 애쓰는 것이 나쁠 때 너무 강하게 밀어붙이지 않고, 심사숙고하는 것이 해를 끼치는 것일 때 너무 많이 생각하지 않을 수 있다면, 삶의 흐름은 항상 그것에 있고, 우리를 그것이 지나간 자리로 끌어당긴다.

## 감사의 글

여러 가지 면에서 이 책은 초기 중국, 그리고 중국 사상과 현대 과학의 교차에 관한 거의 20년간의 사유를 증류한 것이므로, 나의 영향력과 지적 채무를 완벽하게 기록하는 것은 불가능하다. 아마 놓친 것이 많겠지만 이에 대해 미리 양해를 구한다.

무위의 역설에 관한 나의 학위논문(Slingerland, 1998)은 '덕의 역설'에 관한 데이비드 니비슨의 연구에서 영감을 받았고, 스탠포드대학교의 지도 교수인 아이반호P. J. Ivanhoe와 리 이어리Lee Yearley의 지도를 받고 수행되었다. 이 책에서는 학문적 주석을 최소로 유지하려고 했기 때문에 독자에게 내가 의지하고 있는 학술 문헌의 완벽한 참고문헌에 대해서는 이런 주제들에 대한 나의 학문적 논의(Slingerland, 1998, 2000, 2003b, 2008)를 참고하기를 권한다. Slingerland(2003b)의 번역을 다시 사용하도록 허락해 준 신시아 리드Cynthia Read와 옥스퍼드대학출판부(Oxford University Press)(뉴욕시), 그리고 Slingerland(2003a)의 번역을 다시 사용하도록 허락해 준 드보라 윌크스Deborah Wilkes와 해킷출판사(Hackett Publishing Company)에 감사드린다.

무위의 중국식 개념과 현대 인지과학의 연결에 대해서는 브리티시컬럼비아대학교(UBC)의 피터 월 고등연구소(Peter Wall Institute for Advanced Studies) 초빙특훈교수(Distinguished Visiting Professor)인 유명한 프랑스 신경과학자 알랭 베르토즈Alain Berthoz와 2009년 한동안 함께 시간을 보낸 것은 큰 행운이었다. 알랭은 무위와 신체화된 행동에 대한 자신의 연구와 무위의 관련성에 즉각적인 관심을 가졌고, 스스럼없는 우리의 한담은 콜레주 드 프랑스Collège de France와 피터 월 연구소에서 주최한 무위-인지과학 연결에 관한 두 차례의 워크숍으로 이어졌다. 나는 현대 문맥에서 무위의 중요성을 통한 사고에 집중한 우리의 연구에 대해 알랭과 두 기관(특히 전자의 피터 월 연구소장인 다이안 뉴웰Dianne Newell), 그리고 워크숍 참가자(욘 엘스터Jon Elster, 로메인 그라지아나Romain Graziani, 안느 챙Anne Cheng, 쟝-뤽 쁘띠Jean-Luc Petit, 브라이언 브루야Brian Bruya, 짐 엔스Jim Enns, 론 렌싱크Ron Rensink, 토드 핸디Todd Handy, 피어 자카라우스카스Pierre Zakarauskas)에게 매우 많은 은혜를 입었다. 짐이 소개해 준 '자동조종장치(automatic pilot)'에 관한 연구는 특별히 도움이 되었다. 브리티시컬럼비아대학교의 엄청나게 풍부한 지적 공동체를 통해 교환교수인 인지심리학자 롤프 레버Rolf Reber와 만날 수 있었다. 『논어』에 등장하는 무위의 역설에 대한 그의 관심 덕택에 매우 적절하고 중요한 그의 연구를 접했을 뿐만 아니라 그 주제에 대해 우리는 공동 연구를 하게 되었다(Reber & Slingerland, 2011). 롤프는 또한 이 원고에 유익한 의견을 주었다. 마지막으로, 중국철학-현대 과학의 연결에 관한 나의 생각은 지난 5, 6년 동안 학술 토론 모임과 데이비드 웡David Wong, 오언 플래너건Owen Flanagan, 브라이언 브루야Brian Bruya, 하곱 사르키시안Hagop Sarkissian, 석봉래와 같은 동료들과의 대화에서 매우 많은 도움을 받았다. 특히 데이비드와 하곱의 연구는 유교 전략의 심리적 정교화에 대한 새로운 통찰력을 제공해 주었고, 매트 배드크Matt Bedke는 중요하면서 보편적인 철학적 충고를 제공해 주었다.

 브리티시컬럼비아대학교 심리학과의 동료들이 안내해 주지 않았다면 인지과학으로 전환한 것이 그렇게 생산적이지 못했을 것이다. 이들은 예외 없이 시간과 전문 지식을 공유하는 데 굉장히 관대했다. 특히 조너선 스쿨러(그 이후로 그는 산타바바라의 캘리포니아대학교로 자리를 옮겼다), 리즈 던Liz Dunn, 토니 슈메이더Toni Schmader, 조 헨리히Joe Henrich, 아라 노렌자얀Ara Norenzayan에게 감사드린다. 나의 신경과학에 도움을 준 칼리나 크리스토프Kalina Christoff에 대한 감사는 주체할 수 없다. 특히 존 하이트Jon Haidt, 댄 웨그너Dan Wegner, 사이언 베일락Sian Beilock과 같이 다른 분야에 종사하는 분들 역시 충고와 참고문헌에 매우 관대했다. (『행복 가설The Happiness Hypothesis』로) 지적 내용을 희생하지 않고도 여전히 전문 문헌에 기여할 수 있는 대중도서를 집필할 수 있다는 것을 보여 준 존에게 큰 은혜를 입었다. 실증적 문헌에 대한 오류들은 모두 나의 책임이라는 것은 아무리 강조해도 지나치지 않다. 친구들의 도움 또한 컸다. 전반적인 프로젝트에 충고를 해 준 에릭 마고리스Eric Margolis, 마크 콜라드Mark Collard, 하비 화이트하우스Harvey Whitehouse에게도 감사드린다.

브리티시컬럼비아대학교의 동료이자 친구인 아라 노렌자얀으로부터 대중도서를 집필하는 것이 대단한 생각이라고 설득 받았고, 그런 책에 대해 매우 막연한 생각을 가지고 있었기 때문에 최종 에이전트인 브룩만 사Brockman, Inc.의 카팅카 맷슨Katinka Matson의 검토를 거쳐야 했다. 카팅카는 비평이 필요한 곳에 혹평을 하고, 두서없는 학술적 용어를 읽기 쉽게 무자비하게 바꾸었으며, 낯선 출판계에서 나를 익숙하게 안내해 주었다. 그녀의 도움이 없었다면 이 프로젝트는 결코 달성되지 못했을 것이다.

이 책의 많은 부분은 브리티시컬럼비아대학교 킬람 연구단체(UBC Killam

Research Fellowship)에서 일부 지원을 받아 로마에서 안식년 동안 집필되었다. 킬람 트루스트Killam Trust뿐만 아니라 안식년에서 되돌아온 뒤에 강의 면제와 연구지원을 얻게 해준 캐나다 연구장(Canada Research Chairs) 프로그램에 감사드린다. 이 원고의 꽤 많은 부분을 집필하고 퇴고했던 곳인 에노테카 일 피콜로Enoteca Il Piccolo에 근무하는 사람들뿐만 아니라, 나를 온전하게 있도록 해 주었고, 모든 와인과 파스타를 통해 긴장을 풀도록 해 주었으며, 엠마 로 비안코Emma Lo Bianco가 행동자의 관점에서 무위의 역설에 대한 통찰력을 주었고 적절한 문헌을 소개해 준 장소였던 치마토리Cimatori 거리에 있는 Moves 체육관에도 감사드린다. 꽤 훌륭한 테니스 선수이자 훌륭한 산문 문장가인 나의 오랜 친구 안드레아 애스코위츠Andrea Askowitz는 내성에 관해 유익한 의견을 주었다.

전체 원고를 과감하게 검토한 이런 친구들과 친척, 동료들에게 매우 감사드린다. 학자이자 신사인 훌륭한 친구 조셉 불불이아Joseph Bulbulia는 몇몇 심각한 개념적·과학적 큰 실수에서 나를 구해주었고, 처남 도널드 람머스Donald Lammers(자수성가한 유명한 퇴임한 대학교수)는 예리하고 유용한 의견을 주었다. 라틴어, 프랑스어, 이탈리아어 교사인 장모 지오반나 코로넬리 람머스Giovanna Colonelli Lammers는 매우 복잡한 이탈리아어 통사론을 해결하도록 도와주었다. 오랜 친구이자 성공한 뉴욕시 변호사이고 한때 탁월한 저작권 대리인이었던 토드 키슬리Todd Keithley에게 특별히 감사드린다. 그는 바쁜 와중에서 시간을 내어 행 편집에서부터 전체적인 문제와 심오한 개념적 문제까지 모든 것을 망라하여 전체 원고에 상세한 의견을 주었다. 종종 평소와 다른 명쾌하고 솔직한 산문체를 접한다면, 토드가 대단히 난해한 나의 설명을 교정하거나 여백에 더 나은 설명을 제안했기 때문이다. 나머지 문체적 오류는 모두 순전히 나의 게으름이나 완고함 때문이다.

여러분이 지금 읽은 이 책을 만들 때 크라운Crown 출판사의 편집자인 아만다 쿡Amanda Cook의 역할은 아무리 강조해도 지나치지 않다. "이것은 나에게 매우 무위처럼 느껴지지 않는다"는 이 책의 초고에 대한 아만다의 실망한 의견이었고, 아쉽게도 그녀의 말이 매우 옳았다. 안식년이 시작되면서 열광적으로 썼던 매우 만족스러운 네 개 장은 무자비하게 한 개의 장으로 요약되었고, 이 장은 나아가 그녀의 지도로 다른 후속 장과 결합되고 또 다른 후속 장과 또 결합되었다. 아만다는 대중도서를 집필하려는 나의 첫 시도의 엉성한 작업을 사람들이 즐겁게 읽을 수 있도록 다듬어주었다. 그녀의 뛰어난 보조와 문체 감각은 과학 문헌에 대한 심오한 지식, 현대적 예시들에 대한 뛰어난 제안, 무엇을 자르고 무엇을 유지할지에 대한 확실한 감각과 결합해서 내가 직접 교정하려고 했었던 것보다 대단히 우수한 책을 만들어내도록 도움을 주었다. 이것이 과학적 출판물이라면 아만다는 공동저자로 이름을 올렸을 테지만, 출판업계의 관습으로 인해 이 프로젝트를 독려하고 모양을 갖추기 위해 그녀가 했던 모든 것에 대해 그녀에게 아낌없이 감사할 수밖에 없다. 아만다의 조수인 엠마 베리Emma Berry와 도메니카 아리오토Domenica Alioto에게도 도움을 준 것에 대해 감사드린다. 특히 엠마의 최종 원고 편집은 매우 통찰력이 있고 훌륭했다.

마지막이자 항상 그러하듯이 이 책을 작업하면서 자주 근심 걱정에 싸여 있고 마음이 산란한 남편/아빠와 상대해 준 아내 스테파냐 버크Stefania Burk와 딸 소피아Sofia에게 감사한다. 힘들이지 않음에 대한 책을 집필한다는 것은 생각보다 더 힘들었다. 아내와 딸은 지난 10년 동안 더없이 행복한 자발성의 주된 원천이었다. 그리고 나는 로마의 태양과 좋은 음식, 이탈리아 와인으로 부추긴 자발성과 재즈에 대해 끝없이 함께 토론한 처남 그레그 버크Greg Burk에게 무위하라고 권한다.

# 부록

이 책의 많은 부분은 초기 중국 사상가들이 개발한 무위와 덕에 이르기 위한 전략을 설명하는 데 할애했다. 아래 표는 이런 논의에 도움이 되도록 누가 누구인지에 대한 기본 사항을 정리한 것이다.

초기 중국 사상가들과 문헌

| 사상가 | 학파 | 관련 문헌 | 전략 |
|---|---|---|---|
| 공자<br>순자 | 유교 | 『논어』<br>『순자』 | "갈고닦기"<br>정말로 오랫동안 정말로 열심히 노력하라 |
| 노자 | 도가 | 『노자』 또는<br>『도덕경』 | "통나무"<br>애쓰기를 즉각 멈추고 집으로 가라 |
| 맹자 | 유교 | 『맹자』 | "싹을 재배하라"<br>노력하지만 억지로 하지는 마라 |
| 장자 | 도가 | 『장자』 | "내버려두라"<br>애쓰거나 애쓰지 않는 것을 모두 잊으려고 노력하고 흐름을 따라라 |

서론의 주석에서 설명했듯이, 유교와 도가라는 용어는 약간 시대착오적이지만, 무위를 연마하기 위한 매우 폭넓은 두 가지 전략을 식별한다는 점에서 유익한데, 애쓰기(교육, 문화적 훈련)와 애쓰지 않기(탈양성, 잊기)가 그런 두 가지 전략이다.

| 주석 |

〈서문〉

1 Safire & Safir(1989: 79).
2 Caine(1990: 28~29)
3 Sports Illustrated(2005)
4 내가 지금까지 읽은 것 중에서 이런 애쓰기에 대한 가장 생생하고 몹시 고통스러운 이야기는 실제로 소설 『수비의 기술The Art of Fielding』(Harbach 2011)에서 나온 허구적인 이야기이다. 주인공 헨리(Henry Skrimshander)는 에이전트와 스카우터들로부터 적극적으로 러브콜을 받는 신인 슈퍼스타 대학 유격수였지만 갑자기 마법을 잃는다. 그리고 이 소설은 많은 부분 다시 몰입으로 들어가는 데 관여하는 역설적 기장을 중심으로 한다. 예컨대, 불안이 한창일 때 헨리는 한밤중에 2루와 3루 사이의 어느 지점에 혼자 앉아 있고, 머리는 긴장을 풀어라, 생각하지 마라, 평소의 모습을 유지하라, 공이 되어라, 그렇게 애쓰지 마라 등과 같이 매우 쓸모없을 것 같은 모든 충고들로 현기증이 난다. "너는 단지 되돌아와서 너무 열심히 노력하기 전에 너무 열심히 애쓰지 않도록 그렇게 열심히 노력할 수 있다. 그리고 열심히 애쓰는 것은 완전히 잘못되었다"(305).
5 Hattenstone(2012). 블래스는 최근에 자기 경험에 대한 회고록을 출판했다(Blass & Sherman 2013). 몇 십 년 일찍이 나온 관련 예는 랠프 굴달(Ralph Guldahl)의 유명한 붕괴이다. 굴달은 1930년대 후반에 젊은 골프 슈퍼스타였으며, 1937년과 1938년에 U.S. 오픈 승리로 그의 골프 경력은 매우 순조롭게 출발했고 1939년에는 마스터 대회에서 우승을 했다. 하지만 골프의 테크닉에 대한 책을 집필한 후에, 주요 대회에서 한 번도 우승하지 못했다. 일부는 굴달이 실제로 골프를 잘하기 위해 골프에 대해 너무 많이 생각했다고 추측한다(Collins 2009; 이 예에 관심을 갖게 해준 에릭 마고리스(Eric Margolis)에게 감사드린다). 콜린스는 굴달의 정신적 방해의 본질을 설명하려고 하면서 흉내낼 수 없는 요기 베라(Yogi Berra)의 논평을 인용한다. "어떻게 치면서 동시에 생각할 수 있는가?" 하지만 그는 결국 더욱 세속적인 걱정이 굴달의 몰락에 책임이 있을 수 있다고 결론내린다. 어쨌든 의식적 반성이 전문적인 수행에 부

정적인 영향을 미친다는 것은 명확한데, 이는 아래에서 상세히 탐구할 주제이다. 또한 이전 세계 수준의 운동선수(Syed 2010)와 심리학자(Beilock 2010)에게서 나온 경기장과 경기장 바깥에서 행위와 숨막힘의 현상에 관한 최근의 유익한 책을 보라.

6   Holden(1987)에서 나온 사이먼의 인용이다. 사이먼의 재기는 분명히 신경과민을 넘어서도록 하는 주의분산 전략의 발달로 가능해졌다. 적어도 공연 직전에 밴드의 멤버들이 바닥을 찰싹 때렸다(사이먼은 무대 공포증 2006을 바닥을 찰싹 때리듯이 없애버린다). 무엇이든 작동한다.

7   우리가 검토할 사상가들과 그들의 학파(유교나 도가), 그들의 가르침을 전달하는 텍스트를 목록으로 만든 표에 대해서는 부록을 보라. 특히 전국시대의 학파 제휴에 대해 이야기할 때는 주의할 필요가 있다. "도가"는 노자가 설립하고 그의 제자인 장자가 이어받은 고대 중국 학파라는 것은 시대착오적이고 철학적으로 틀린 것이다. Daoism은 왕실 도서관을 조직하기 위해 후대 학자들이 만든 용어이고, 『노자』나 『장자』를 저술한 사람들은 전혀 사용하지 않은 용어이다. 자칭 "도가" 학파를 전국시대에서는 볼 수 없었고, 곧 보겠지만 장자의 사상은 많은 면에서 노자의 것으로 추정되는 책에서 볼 수 있는 것과는 다르다. 그럼에도 불구하고, 나는 노자와 장자를 기술하기 위해 도가라는 용어를 계속 사용하는데, 이는 그것이 널리 알려진 용어이고, 두 사상가가 중요한 특징을 공유하기 때문이다(이들을 같은 제목 하에 놓는 학자들은 멍청이들이 아니었다). 더욱 까다로운 내 동료들은 최근에 공자나 맹자, 순자와 같은 초기 사상가들을 가리키기 위해 Confucian이라는 용어를 피하기 시작했다. 스스로를 가리키기 위해 순자와 같은 전국시대의 사상가들이 사용하는 용어는 종종 처음에 간단히 "erudite"나 "scholar"를 의미했던 "Confucian"(ru, 儒)로 표현되고, 공자 자신은 전국시대까지는 위대한 문화적 인물로 등장하지 않았다. 하지만 나는 "유교"에 대해 이야기하는 것보다는 "도가"에 대해 이야기하는 것이 너 석정된다. 왜냐하면 맹자와 순자는 공자와 그의 도리의 추종자로 자체 식별되기 때문이다. 당신이 역사적 정확성에 대해 꽤 까다롭다면, 편하게 이 책을 읽으면서 "Confucian"을 "Ru-ist"로 마음속으로 교체하면 된다.

8   개인은 여전히 때때로 다양한 선택권을 평가하고 앞으로 나올 상황을 고려하기 위해 잠시 멈출 수 있지만, 이런 반성은 훨씬 수월하게 수행된다. 그래서 무위는 "머리를 쓰지 않는" 행동이 아니라 신체화된 사고로부터 직접 나오는

행동이다.
9   이 두 글자 모두는 번역하기 어렵고 어색하기 때문에, 간단히 음성적으로 철자화되는 형태로 언급할 것이다.
10  전문적으로, 전국시대의 시작은 공자의 죽음으로 구분되지만, 그의 가르침을 담고 있는 텍스트인 『논어』는 초기 전국시대에 그가 죽은 후에 집필되었다. 나는 또한 이런 인물들이 실제로 존재했거나 해당 텍스트를 집필했다는 것이 역사적으로 그럴듯한지의 여부와는 상관없이 이들의 이름이 붙은 표준이 되는 텍스트의 저자(들)를 가리키기 위해 "노자"와 "장자"와 같은 이름을 사용할 것이다. 이런 사상가들과 텍스트의 개관뿐만 아니라 발음 가이드에 대해서는 부록을 보라.
11  "신속하고 간결한" 발견법(heuristics)에 대해서는 Gigerenzer(2002)를 참조하고, 무의식적 마음의 힘에 관해서는 Wegner & Bargh(1998), Wilson(2002), Kahneman(2011)을 보라.
12  fMRI(기능적 자기공명영상) 분석에서 만들어내는 이미지는 복잡하고 때때로 논란의 여지가 있는 통계 기법으로 상당히 조정된 산물에 대한 도식적 표상이다. fMRI에서 실제 인지적 기능을 추론할 수 있는 능력의 한계에 대해서는 Poldrack(2006)을 보라.
13  이 문헌은 제6장에서 개관할 것이다.
14  곧 보겠지만, 현대 과학은 따라잡고 있고, 초기 중국의 자발성의 역설과 대단히 비슷해 보이는 일련의 문제들과 마주쳤다. 당신이 이미 자발적이고 자기를 의식하지 않는 사람이 아니라면, 어떻게 그곳에 도달하기 위해 노력할 수 있는가? 인지과학자들은 행동의 자발성과 무의식적 형식에 관심이 있었기 때문에 (과학자들이 늘 그러하듯이) 이런 긴장을 지각하고 자신들의 도구로 그것을 공격하기 시작했다. 무의식적 과정의 효율성, 이 연구를 대중화시킨 말콤 글래드웰(Malcolm Gladwell)의 책(Gladwell 2005) 제목을 빌리자면 "블링크(blink)" 순간의 힘에 관심이 있는 사회심리학자들은 또한 과도한 생각(overthinking)의 해로운 효과를 우연히 발견했다. 그렇게 교육을 받으면 백곰을 생각하지 않기란 어렵다는 러시아 속담에 고무된 심리학자들은 무위의 역설과 매우 비슷해 보이는 현상을 탐구하고 있었다. 하나의 생각을 의식으로 억누르거나 억지로 긴장을 풀거나 억지로 잠을 자려는 것은 얼마나 어려운가가 그런 현상이다(Wegner, 2011). 압박 하에 있는 "숨막힘(choking)"의 현상

에 집중하는 실험 문헌이 계속 증가하고 있는데, 이는 또한 특히 어떤 요인이 프로선수들과 공연자들이 대단히 두려워하는 현상에 기여하는지에 대한 흥미로운 암시를 제공한다(Beilock, 2010). 인지신경과학자들도 이를테면 운동선수들이 "격렬한 운동 후에 맛보는 도취감(runner's high)"(Dietrich 2003)을 경험하거나 재즈 음악가가 음계 연주에서 자유로운 즉흥연주로 전환할 때 어떤 일이 진행되고 있는지 발견하기 위해 인간 뇌를 조사하기 시작했다(Limb & Braun 2008). 이 연구는 현대에서 고대 무위의 역설을 바라볼 수 있는 유익한 창구이다.

15 주목할 가치가 있는 예외가 있다. 예컨대, 고대 그리스의 아리스토텔레스나 프리드리히 니체(Friedrich Nietzsche)와 같은 더욱 최근의 사상가들, 현상학자 모리스 메를로퐁티(Maurice Merleau-Ponty), 윌리엄 제임스(William James)나 존 듀이(John Dewey)와 같은 미국 실용주의자들이 그런 예외이다.

16 "통속적인" 마음-몸 이원론에 대한 실증적 증거의 좋은 개관에 대해서는 Bloom(2004)을 보고, 심지어 초기 중국인들도 대부분의 후기계몽주의적 서양 사상에서 보는 것보다는 훨씬 덜 극단적인 버전이기지만 마음-몸 이원론의 약하거나 "엉성한" 형식을 받아들였다는 주장에 대해서는 Slingerland(2013)를 보라.

17 예컨대, 초기 인지과학적 연구에서는 사고를 완전히 "범양식적(amodal)"(즉, 구체적인 이미지나 신체적 지각과 아무런 관련이 없음)이고, 몸과 불가사의한 방식으로 연결되어 있는 유령 같은 물질인 "마음" 안에서 발생하는 것으로 다루었다(데카르트는 이런 연결이 송과선(pineal gland)을 통해 이어진다고 생각했지만, 이 이론을 받아들이는 사람은 그리 많지 않았다). 이를테면 인지과학자들이 지적으로 비신체화된 모형에 깊이 빠져 있기 때문에 이것이 얼마나 심오하게 잘못되었는지를 이해하는 데 시간이 좀 필요했다. 하지만 여전히 대체로 새로운 사실에 둔감한 철학자들보다 유리한 점은 그들이 실험을 통해 실증적인 데이터를 수집한다는 것이다. 즉, 그들은 단순히 모형만 받아들이는 것이 아니라 실세계에서 그 모형들을 테스트한다. 과학철학자들이 단지 자신들의 흥에 겨워 말하지 못하지만, 그런 테스트로부터 정답을 얻는 것은 어렵지만 우리가 우연히 알 수 있는 것은 인간이 실제로 어떻게 생각하고 행동하는지를 비신체화된 모형이 설명하지 못하는 것이다. 그들이 빈약한 철학적 모형으로 꼼짝 못하게 되었다는 것을 인식한 1980년대 1990년대의 과학자들은

대안을 찾기 시작했다.
18 이른바 "1세대" 대 2세대 인지과학과 신체화된 인지 운동의 유익함에 대한 소개는 Gibbs(2006)를 보고, "몸을 다시 마음속에 넣으려는" 철학적 노력에 대해서는 Johnson(1987)을 보라.
19 사고의 이미지적 본질에 관해서는 Kosslyn, Thompson & Ganis(2006)를 보고, 정서와 이성에 대해서는 Damasio(1994)와 Berthoz(2006)를 보며, 사고의 행동 지향적 본질에 대해서는 Gibson(1979)과 Noë(2004)를 보라.
20 가령, Varela, Thompson & Rosch(1991), Thompson(2007), Flanagan(2011)을 보라.
21 인지과학이나 진화심리학 연구에서 직접 영감을 받은 예에 대해서는 Munro(2005), Bruya(2010), Slingerland(2011a), Seok(2012)를 보라. 미국 실용주의와 최근 서양 사상에서 신체화된 운동으로 고무된 관련 있는 (하지만 실증적인 기반이 약한) 연구에 대해서는 로저 에임즈(Roger Ames)와 헨리 로즈먼트(Henry Rosemont Jr.)의 연구(가령, Rosemont & Ames 2009)를 보라.
22 "내용에 관한 지식(knowing that)" 대 "방법에 관한 지식(knowing how)"에 관한 고전적인 연구에 대해서는 Ryle(1949)과 Polanyi(1967)를 보라.
23 무위에 대해 생각하는 유익한 방법은 완벽성에 대한 현대 서양의 비신체화된 이상의 신체화된 대안으로 생각하는 것이다. 약간 과장하자면, 최근 서양 사상 유형에 대한 이상적인 사람은 몸에서 시작된 정서와 산만함 없이 큰 통에서 떠다니는 단절된 뇌일 것이다. 으스스하고 떠다니는 이 뇌는 전자 감지기를 통해 환경으로부터 정보를 수집하고, 처리하며, 최고의 합리적인 결정을 추정하고, 그 의지를 수행할 똑 같이 으스스한 로봇 장치로 명령을 내린다. 이것은 자연스럽지 않기 때문에 모두 혐오스러운 것처럼 보인다. 우리는 어떤 층위에서 그것이 실제로 우리가 작동하는 방법이 아니라고 느낀다. 이것은 대중문화가 전문적인 전통이 놓친 것에 대한 통찰력을 제공하는 부분이다. 즉, 어떤 소설이나 영화에서도, 냉정하고 합리적이며 도구적인 조종자와 같은 이상적인 서양의 철학적 행위자는 항상 악인(villain)이다. 우리는 이런 이상을 신뢰하지 않고, 그것이 과장되게 제시될 때 모호하며 혐오스러운 것으로 생각한다. 왜냐하면 우리는 어떤 층위에서는 우리가 신체화된 뇌가 아니고, 우리의 사지가 단순히 기계적인 장치가 아니라는 것을 인식하기 때문이다. 우리는 통합적이고 조율이 잘 되어 있는 몸-마음 체계로서, 이런 체계는 상대적으로

감정에 좌우되지 않는 사고를 할 수 있고, 주로 지적인 정서와 지각적 습관, 자발적 충동의 안내를 받는다. 이것은 항상 결국에는 사악한 악인을 이기는 영웅이 무위 상태에 있는 사람처럼 보이는 이유이다. 그는 용감하지만 무모하지 않고, 열정이 있지만 어리석을 정도로 그런 것은 아니며, 현명하지만 교묘하지는 않다.

24 Baier(1994: 114). 이런 에세이의 집합체는 신뢰의 태만과 최근 서양 사상에서 암시적이고 정서적인 협동의 형식들을 탐구하는 몇몇 영향력 있는 에세이를 포함한다.

25 최근에 발견된 고고학 텍스트들에 비추어 이런 논쟁에 대한 소개에 대해서는 Cook(2004)과 Slingerland(2008)를 보라.

### 〈제1장〉

1 『장자』, 「양생주」, 제2장
庖丁爲文惠君解牛, 手之所觸, 肩之所倚, 足之所履, 膝之所踦, 砉然嚮然, 奏刀騞然, 莫不中音. 合於桑林之舞, 乃中經首之會

2 『장자』, 「양생주」, 제2장
始臣之解牛之時, 所見无非全牛者. 三年之後, 未嘗見全牛也. 方今之時, 臣以神遇而不以目視, 官知之而神欲行. 依乎天理, 批大卻 導大窾因其固然, 技經肯綮之未嘗微礙, 而況大軱乎!

3 『장자』, 「양생주」, 제2장
良庖歲更刀, 割也. 族庖月更刀, 折也. 今臣之刀十九年矣, 所解數千牛矣, 而刀刃若新發於硎. 彼節者有閒, 而刀刃者無厚. 以無厚入有閒, 恢恢乎其於遊刃必有餘地矣. 是以十九年而刀刃若新發於硎.

4 『장자』, 「양생주」, 제2장
雖然, 每至於族, 吾見其難爲, 怵然爲戒, 視爲止, 行爲遲. 動刀甚微, 謋然已解, 如土委地

5 『장자』, 「달생」, 제11장
然後入山林, 觀天性. 形軀至矣, 然後成見鐻, 然後加手焉. 不然則已. 則以天合天, 器之所以疑神者, 其由是與!

6 미켈란젤로의 것으로 추정되는 소네트에서 나온 발췌문은 다음과 같다.
"Non ha l'ottimo artista alcun concetto / Ch'un marmo solo in se non

circoscriva / Col suo soverchio, e solo a quello arriva / La man che obbedisce all'intelletto"
"아무리 뛰어나다 할지라도, 예술가의 손이 제거할 수 있는 불필요한 대리석에 담긴 생각을 소유하는 예술가는 없다."
(Buonarroti 1821: 1; 번역에 도움을 준 지오반나 람머스(Giovanna Lammers)에게 감사드린다).

7 『노자』, 제73장
天之道, 不爭而善勝, 不言而善應, 不召而自來, 繟然而善謀, 天網恢恢, 疏而不失.

8 『노자』, 제47장
不出戶知天下, 不闚牖見天道. 其出彌遠, 其知彌少. 是以聖人不行而知, 不見而名, 不爲而成.

9 나는 Slingerland(1998, 2003b)에서 이런 주장을 했다.

10 『논어』, 「위정」, 4
子曰, '吾十有五而志于學, 三十而立, 四十而不惑, 五十而知天命, 六十而耳順, 七十而從心所欲, 不踰矩'

11 실제로 이런 초기 중국 이야기들에서 무위라는 용어는 전혀 등장하지 않는다. 이런 이야기들에서, 무위의 특징은 긴장 풀기(relaxing), 따르기(following), 잊기(forgetting), 흐름(flowing)과 같은 다양한 용어들이나 은유들로 전달된다. 궁극적으로 무위가 이런 다양한 종류의 이야기와 경험을 가리키는 포괄적 용어로 사용된 이유는 풀어주거나 자기를 의식하지 않는 쉬움이라는 일반적인 의미에 대한 가장 추상적인 표현이기 때문이다(Slingerland 2003b).

12 조지 레이코프(George Lakoff)와 마크 존슨(Mark Johnson)의 은유 이론에서는 "주체(Subject)"("I," 정체성과 의식의 중심지)와 하나 또는 그 이상의 저항하는 "자아(Selves)", 즉 모호한 실체("myself")나 특정한 신체부위나 신체적 기능("my tongue," "my emotions")을 구분하는 이러한 언어의 기본적인 경향을 입증했다. 내가 나 자신을 둘인 것처럼 은유적으로 경험할 수 있다는 사실에도 불구하고, 주체-자아 관계는 나(me)라고 하는 단지 한 사람만 관여한다는 의미에서 은유적이다(Lakoff & Johnson 1999: 268~70). 이러한 주체-자아 이분법은 왜 무위, 즉 "아무것도 하지 않기(no doing)"나 "애쓰지 않기

(no trying)"가 다른 식으로는 세상과의 매우 적극적인 연동처럼 보이는 것을 가리키는 일반 명칭으로 사용될 수 있는지를 이해하도록 돕는다. 무위는 은유적으로 어떤 행동이 세상에서 일어나고는 있지만, 의식적 "I(나)"인 "주체"는 힘을 발휘하고 있지 않거나 그것에 적극적으로 주의를 집중시키지 않고 있는 상태를 은유적으로 가리킨다. 일어나는 일은 무엇이든 주체의 적극적인 참여 없이 일어나고 있다.

13 『장자』,「추수」, 제8장
夔謂蚿曰, 吾以一足趻踔而行, 予无如矣. 今子之使萬足, 獨奈何? 蚿曰, 不然. 子不見夫唾者乎? 噴則大者如珠, 小者如霧, 雜而下者不可勝數也. 今予動吾天機, 而不知其所以然.
蚿謂蛇曰: 吾以衆足行, 而不及子之无足, 何也?
蛇曰: 夫天機之所動, 何可易邪? 吾安用足哉!
蛇謂風曰: 予動吾脊脅而行, 則有似也. 今子蓬蓬然起於北海, 蓬蓬然入於南海, 而似无有, 下野?
風曰: 然. 予蓬蓬然起於北海而入於南海也, 然而指我則勝我, 鰌我亦勝我. 雖然, 夫折大木, 蜚大屋者, 唯我能也, 故以衆小不勝爲大勝也. 爲大勝者, 唯聖人能之.

14 현대 심리학에서 인지의 양-체계 모형 또는 이중 처리 모형에 대한 중요한 초기 표현은 Sloman(1996)에서 발견되는데, 물론 용어 "체계 1"과 "체계 2"라는 용어는 Stanovich & West(2000)에서 처음 만든 것이었다. 일반 독자를 위해 이중 처리 연구에서 가장 유명한 인물인 대니얼 카드먼(Daniel Kahneman)은 이 주제에 대한 매우 철두철미하고 접근이 가능한 입문서를 집필했다(Kahneman 2011). 가장 최근에, 아프 데이크스테르하위스(Ap Dijksterhuis)와 동료들은 우리가 일반적으로 상황을 곰곰이 생각하거나 오랫동안 그대로 둔 후에 내리는 중요하고 복잡한 인생 결정을 하는 데 관여하는 인지 과정을 "체계 3"이나 "유형 3"으로 구분하자고 제안했다(Dijksterhuis et al. 2013). 이런 과정들은 (체계 2처럼) 의식적으로 결정되는 목표를 가지고 있지만, (체계 1처럼) 대체로 무의식적으로 작동하고 (체계 2처럼이나 단지 더 느리게) 매우 느린 경향이 있다. 데이크스테르하위스는 이런 인지의 세 가지 유형을 "blink"(체계 1), "think"(체계 2), "sleep on it"(체계 3)으로 요약하자고 제안했다. 체계 3이 별도의 범주로 구분할 가치가 있는 과정을 구성하는지, 또는 단

지 체계 1과 체계 2 간의 상호작용의 특별한 윤곽을 나타내는지를 결정하기 위해 추가 연구가 필요하다.
15 LeDoux(1996: 181~82)에서 보고되듯이, 압핀 실험은 처음에 에두아르드 클라파레드(Edouard Claparede)가 했던 것이다. 명시적 인지 대 암시적 인지에 대한 일반적인 논의를 위해서는 LeDoux(1996), Zajonc(1980), Pessoa(2005)를 보라.
16 "방법에 관한 지식" 대 "내용에 관한 지식"의 고전적인 철학적 논의에 대해서는 Ryle(1949)을 보라. 대표적인 현대 과학적 논의에 대해서는 LeDoux(1996)를 보라. 이것은 "two-stream" 시각적 처리(Goodale & Milner 2004) 또는 브리티시컬럼비아대학교의 동료인 제임스 엔스(James Enns)가 몸의 "자동조정장치(automatic pilot)"(Enns & Liu 2009)라고 부르는 것에 관한 연구이다.
17 Chase & Simon(1973).
18 Zen(선)은 단지 현대 만다린어로 chan으로 발음되고, "명상(meditation)"을 뜻하는 중국어 글자를 일본어로 발음한 것이다.
19 선(Zen)은 주로 무사도(bushido; 일본 사무라이의 도덕 체계)의 이상을 통해서 루카스에 영향을 미쳤던 것처럼 보이고, 이것은 다시 구로사와(Kurosawa)의 영화에 의해 전달되었다(Baxter 1999: 제7장).
20 『논어』, 「술이」, 13
子在齊聞韶, 三月不知肉味, 曰, 不圖爲樂之至於斯也.
21 Wegner(2002: 제1장).
22 스트룹 과제의 이 변이형은 Kahneman(2011: 25)으로부터 수정된 것이다.
23 인지적 통제에 관한 많은 연구가 행동의 인지적 조정에 핵심적인 역할을 하는 것처럼 보이는 외측전전두엽피질(LPFC)에 집중했지만, [복내측전전두엽피질(VMPFC)과 같은] 전전두엽피질의 다른 부위도 정서적·신체적 조정에 중요하다는 것은 명확하다. 인지적 통제에 관한 유익한 연구 논문에 대해서는 Miller & Cohen(2001), Banich(2009), Stout(2010), Braver(2012)를 보라.
24 흥미롭게도, 외측전전두엽피질이 실제로 통제력을 발휘하는 부위인 것처럼 보이지만, 전두대상피질(ACC)은 정신적 노력을 동반하는 의식적 원기(oomph)의 느낌에 대한 원천인 것처럼 보인다. 라이오넬 나카쉬(Lionel Naccache)와 동료들은 인지적 통제를 요구하는 스트룹 과제는 수행할 수 있지만 주관적 노력의 느낌은 보고하지 않은 전두대상피질을 포함하는 큰 좌뇌 전두골 장애

(left hemisphere frontal lesion)가 있는 환자의 사례를 보고한다. 그는 인지적 통제는 발휘할 수 있었지만, 흔히 그것과 함께 가는 원기는 없었다. 다른 연구들에서도 전두대상피질이 노력과 어려움이라는 주관적 느낌과 매우 밀접하게 연결되어 있다는 것을 암시했다(Naccache et al. 2005).

25  Limb & Braun(2008).

26  이 연구에서 촉진된 내측전전두엽피질의 특별한 부분의 기능에 대해서는 많은 것이 알려져 있지 않지만, 일반적인 부위는 자아에 대한 정보를 저장하고 회수하는 데 결정적인 것 같다. 내측전전두엽피질에 관한 어떤 초기 기능적 자기공명영상 연구에서는 실험대상자들에게 타인("이 성격 특성은 조지 부시를 묘사하는가?")이 아닌 스스로("이 성격 특성은 당신을 묘사하는가?")에 대해 생각하도록 했을 때 다르게 활성화된다는 것을 발견했다(Kelley et al. 2002). 실험대상자들이 "마음 챙김(mindfulness)" 명상에 대한 다른 연구에서는 외측 PFC의 활동은 감소하지만 ACC와 내측 PFC에서는 활성화가 증가한다는 것을 밝혀내어, 의식적 마음의 협소한 관심을 회피하는, 무의식적 자아에 바탕을 둔 유연한 개방성을 암시한다(Cahn & Polich 2006; Siegel 2007). 재즈 연구를 집필한 림과 브라운은 지속적인 전두대상피질과 내측전전두엽피질 활성화와 함께 외측전전두엽피질이 "자발적이고 계획되지 않은 연상을 허용하는 초점이 흐리고 자유롭게 떠다니는 주의와 갑작스러운 통찰력이나 인식을 초래할 수 있다"고 추측하는데, 이는 마음의 인지적 통제 센터가 더 이상 적극적으로 의식의 내용을 규정하지 않기 때문이다(Limb & Braun 2008: 4).

27  인지적 통제에 관한 더욱 최근 연구는 이런 준비 상태를 "순행(順行)적(proactive)"이 아니라 우리가 높은 수준의 주관적 노력을 경험하고 있고, 외측전전두엽피질과 전두대상피질 모두 매우 활동적인 "반동적(reactive)" 인지적 통제라고 불렀다(Braver 2012).

28  재즈 즉흥연주와 같은 활동에서 이어받는 몸이 단지 어떤 몸일 뿐만 아니라 의식적 마음에 의해 이전에 형성되고 훈련된 몸이기도 하다는 것을 인식하는 것이 중요하다. 훈련과 긴장완화 간의 이러한 긴장은 앞으로 논의할 논란의 중심에 있다.

29  심리학자 존 바그(John Bargh)는 우리의 행위 중 99.44%가 무의식적인 뜨거운 사고의 결과라는 매우 도발적인 의견을 제시했다(Bargh 1997: 243). 이것

은 우습게도 정확하지만, 확실히 신뢰할 만한 수치이다.
30 Wilson(2002), Gladwell(2005), Kahneman(2011), Duhigg(2012).
31 Gladwell(2005). 또한 "주의 없는 숙고(deliberation without attention)"에 관한 Ap Dijksterhuis et al.의 연구(Dijksterhuis et al. 2006)뿐만 아니라, 사회적 인지에서 자동성에 대한 바그와 동료들(Bargh et al. 2012)의 유익한 최근 개관을 보라.
32 The Way In, 483 Music, 2006 (Copyright 482 Music and Greg Burk)에서 나온 CD 해설. 영감을 받은 음악가이자 나의 처남인 그레그는 무위 개념이 자신의 예술적 과정을 완벽하게 표현한다는 것을 발견했다. 트랙 "Wu-wei Out"을 수록하고 있는 CD를 하나 구입해 보라.

<제2장>

1 『장자』, 「달생」, 제2장
夫醉者之墜車, 雖疾不死. 骨節與人同而犯害與人異, 其神全也.
2 『장자』, 「달생」, 제2장
乘亦不知也, 墜亦不知也, 死生驚懼不入乎其胸中, 是故遻物而不慴. 彼得全於酒而猶若是, 而況得全於天乎. ... 其神全也.
3 『논어』, 「위정」, 1
子曰, 爲政以德, 譬如北辰, 居其所而衆星共之.
4 공자와 노자의 정치적 덕 간 차이에 대해서는 Ivanhoe(1999)를 보라.
5 무위가 근본적으로 종교적인 이상이라는 주장은 나의 1998년 박사학위논문에서 장황하게 다루었으며, 논문(Slingerland 2000a)과 책(Slingerland 2003b)을 통해 더 쉽게 접근 가능하다.
6 더욱 주관적인 서양 개념과 반대로 중국에서 자발성의 객관적 본성에 대해서는 Graham(1983: 9~13)을 보라.
7 이 개념은 『흐름: 최적 경험의 심리학』(Csikszentmihalyi 1990)(『몰입: 미치도록 행복한 나를 만난다』, 최인수 번역)의 출판으로 대중의 의식에 들어왔지만, 칙센트미하이는 실제로 1960년대 이후로 공저자들과 함께 흐름을 탐구하고 있었고, 스스로를 "긍정심리학(positive psychology)" 운동에 독창적인 인물로 확립했다. 학술적인 심리학의 다양한 접근법들이 정신병이나 인지적 기능의 협소한 역학에 초점을 두는 경향이 있었지만, 긍정심리학은 더욱 전체적

접근법과 인간 번창을 강화하기 위해 심리학 연구를 사용하려는 야심에 의해 스스로를 두드러지게 하고자 했다. 칙센트미하이의 연구는 특히 심리학자들에게 우리가 말하는 "신체화된 마음"의 힘에 주의를 기울이도록 했다. 그것은 추상적인 합리적 사고나 맹목적인 물리적 반사능력이 아니라, 힘들이지 않고 자기를 의식하지 않는 몸과 마음의 조화로부터 발생하는 행동이다. 칙센트미하이 자신은 흐름과 내가 말하는 무위에 대한 초기 중국 설명 간의 유사성을 알고 있고, 그리고 그는 심지어 자신의 1990년의 연구에서 백정 포정의 이야기를 한다. 흥미로운 것은 그의 아들 마크가 스탠포드대학교 시절 내 급우였다는 것이다. 이 대학에서 우리는 함께 초기 중국 사상을 연구하고, 나는 처음으로 흐름의 개념에 노출되었다. 마크는 지금 캘리포니아대학교 버클리캠퍼스에서 중국 사상의 저명한 교수이다.

8  Csikszentmihalyi(1988a: 30).
9  Csikszentmihaly(1990: 32).
10 Csikszentmihalyi(1990: 146).
11 Csikszentmihalyi & Csikszentmihalyi(1988b)에 수록된 논문들을 보라.
12 흥미롭게도, 칙센트미하이의 비서양 동료들의 흐름 연구는 사회적 경험과 공통된 가치관에 더 집중하는 경향이 있었다. 예컨대, 일본의 보소주쿠 오토바이 폭주에 관한 사토 이쿠야 사토의 연구를 보라(佐藤, 1988).
13 "is"와 "ought" 간의 구분은 서양철학의 오래된 주제이고, 이 책의 범위를 훨씬 넘어선다. 이에 대해서는 데이비드 흄의 원문(Hume 1739/1888: bk. 3, pt. 1, sec. 1), 관련된 "미결 문제(open question)"에 관한 무어(G. E. Moore)의 연구(Moore 1903)와 Sayre-McCord(2012)에서 둘의 논의를 보라. 사실을 초월하는 가치 몰입에 인간이 의존하는 것은 "신 무신론자(New Atheist)" 중에서 더욱 열광적인 무신론자가 놓친 인간 심리학의 중요한 요소이다. 신 무신론자는 인간이 전적으로 실증적이 과학적 증거와 공리주의적 숙고에 의해서만 안내받을 수 있다고 믿는 사람들이다. (아이러니한 것은 이런 과학의 옹호자들이 종교나 도덕 심리학의 인지과학에서 이루어진 기본 연구를 전혀 모르는 것처럼 보인다는 것이다.) 나는 샘 해리스(Sam Harris)의 연구를 철학적으로 가장 소박하고 실증적으로 알려지지 않은 이 장르의 예로 선택할 것이다(가령, Harris 2004, 2010).
14 도덕적 체제의 "불가피한" 본성에 대해서는 Taylor(1989: 특히 제1~3장)를 보

고, "세속적" 사회의 본질에 관한 더욱 최근 연구에 대해서는 Taylor(2007)를 보라. 테일러의 견해와 그런 견해가 과학적 관점에서 어떻게 보이는지에 대한 덜 전문적인 소개에 대해서는 Slingerland(2008: 제6장)나 강연 비디오 〈Confucius as Secular Savior〉(Slingerland 2007)를 보라.

15 근본적으로 종교적 이상으로서 흐름과 무위 사이의 이러한 구분에 관한 더 많은 내용에 대해서는 Slingerland(2000a, 2003b)를 보라. 물론 이 주제에 대한 선행 연구를 항상 참고한 것은 아니지만 몇 년 동안 일부 젊은 학자들도 흐름과 무위 간의 유사성과 차이를 지적했다(가령, De Prycker 2011; Barrett 2011 참조).

16 종교학에서 더욱 고전적인 연구에 바탕을 두지만 현대 인지과학에서 활기를 띤 "특별하게 만들기"로서의 종교적 설명에 대해서는 Taves(2009)를 보라.

17 따라서 미국 보수주의자들은 적어도 한 가지 점에서 진보주의자들보다 더 정확한 세계관을 가지고 있다. 즉, 자유와 인간 존엄성과 같은 가치관은 세계의 다른 가치관들과 양립하지 않는 폭넓은 가치 체계의 일부이다. 다른 한편으로, 미국 진보주의자들은 진보적인 가치관을 받아들이는 것을 단순히 인간의 기본 입장이라고 생각하는 경향이 있는데, 그릇된 의식에서 벗어난 사람들은 이런 기본 입장에 자연스럽게 끌리게 된다. 유명한 캐나다 철학자 찰스 테일러(Charles Taylor)(1989, 2007)는 오랫동안 현대의 세속적 인본주의가 체제를 전적으로 초월했다는 자부심에도 불구하고 여전히 가치 판단을 지지하는 것에 관해서는 꼭 전통적 종교처럼 기능한다고 주장했다. 이러한 테일러의 주장은 자신의 역사적인 연구와 로버트 벨라(Robert Bellah)와 동료들(Bellah et al. 1996)과 같은 사회학자들의 연구, 도덕심리학과 사회심리학에서 예술의 현 상태(개관에 대해서는 Haidt 2012 참조)에 의해 실증적으로 입증된다. 저명한 철학자들과 심리학자들이 이 논제에 대해 논쟁하면서 (은유적으로) 서로의 눈알을 후벼내는 유익하면서 다소 즐거운 광경에 대해서는 서던캘리포니아의 솔크연구소(Salk Institute)에서 개최된 〈Beyond Belief〉라는 2007년 컨퍼런스의 비디오 회의록을 보라(http://thesciencenetwork.org/programs/beyond-belief-enlightenment-2-0). 이것은 또한 내가 신 무신론자들에게 공격받는 좋은 기회이다.

18 현대 서양 삶에서 역사적으로 전례 없는 특징 중 한 가지는 상대적으로 협소한 여러 가지 개인적 체제들을 포용함으로써 발생하는 의미의 분열로서, 이것

은 개인들이 자신들의 가치관을 표현하거나 정당화하려고 할 때 일종의 비일관성으로 이어진다. 현대 미국 생활에 대한 잘 알려진 분석인 『마음의 습관 *Habits of the Heart*』에서, 버클리대학교 사회학자 로버트 벨라(Robert Bellah)와 동료들은 많은 현대 미국인들이 다양한 근원으로부터 특정한 그날그날의 지침을 이끌어내고 종종 그것들을 포함하는 세속적인 인본주의의 매우 중요한 체제에 대한 명확한 인식이 결핍되어 있기 때문에 자신들의 도덕적 직관을 일관성 있게 옹호하는 데 어려워한다는 사실을 입증했다(Bellah et al. 1996).

⟨제3장⟩

1  다양한 연대기적 순서를 어떻게 정확히 추정할지에 대해 학문적인 논란이 있긴 하지만, 확실히 『논어』는 공자가 죽고 난 직후에 정리되기 시작한 텍스트들의 모음집이다(논의에 대해서는 Slingerland 2000b 참조). 이 텍스트의 대부분은 다음에 살펴볼 텍스트인 『노자』보다 약간 이르거나 어쩌면 거의 동시대적이고, 우리는 이 책을 매우 초창기의 유교 학파의 사상을 반영하는 합당하게 통일성 있는 책으로 다룰 것이다.

2  『논어』,「위령공」, 41
師冕見, 及階, 子曰, "階也.", 及席, 子曰, "席也.", 皆坐, 子告之曰, "某在斯, 某在斯.", 師冕出. 子張問曰, "與師言之道與?", 子曰, "然, 固相師之道也."

3  『논어』,「헌문」, 46
原壤夷俟. 子曰, '幼而不孫弟, 長而無述焉, 老而不死, 是爲賊.' 以杖叩其脛.

4  맹자 또한 스스로 공자의 제자라 했지만, 5장에서 보듯이 무위를 연마하는 중요한 접근법에서는 공자와 달랐다. 순자의 접근법은 역사적으로 공자가 제시한 것과 매우 유사하고, (전국시대 말에 집필을 한) 순자 자신은 맹자를 "가짜" 유가로 비난했다. 공자와 순자이기보다는 공자와 맹자가 전형적으로 오늘날 한 쌍이 된다는 사실은 전국시대 유교 사상의 실제 풍경과는 아무런 상관이 없는 후기 역사적 사건의 결과이다. 그렇긴 하지만, 나는 편리를 위해 이 장에서 공자와 순자를 하나로 정리하지만, 그들은 하늘(天)의 본성과 유교의 도의 기원을 포함해 다양한 주제에서 매우 다른 견해를 가지고 있었다. 예컨대, 공자는 도를 하늘이 주나라 왕들에게 맡긴 것으로 간주했지만, 순자는 하늘을 신이 아니라 (어쩌면 "자연"으로 더 잘 번역되는) 자연의 힘으로 간주했다. 그는 도를 오랫동안 도덕적으로 뛰어난 자들이 조잡하게 맞춘 문화적 인

공물로 묘사한다. (하늘에 대한 공자와 순자의 서로 다른 견해에 관해서는 Ivanhoe 2007a 참조.) 이런 점에서, 인간을 자연에서 문명으로 데려간 문화적 기술과 같은 대규모 사회의 기원에 대한 순자의 설명은 실증적으로 더욱 타당하다. 당신이 축척된 문화적 혁신을 우연적 과정으로 간주한다면 특히 그러하다. 그래서 나는 주로 이 장에서는 순자의 도에 대한 개념으로 연구를 할 것이다.

5 『논어』, 「위령공」, 30

吾嘗終日不食, 終夜不寢, 以思無益, 不如學也.

6 『순자』, 「권학」

吾嘗終日而思矣, 不如須臾之所學也. 吾嘗跂而望矣, 不如登高之博見也. 登高而招, 臂非加長也, 而見者遠; 順風而呼, 聲非加疾也, 而聞者彰. 假輿馬者, 非利足也, 而致千里; 假舟楫者, 非能水也, 而絶江河. 君子生非異也, 善假於物也.

7 지난 몇 십 년 동안 심리학은 무의식적 힘에 초점을 두었다. 하지만 지적 중심은 다른 방향으로 흔들리기 시작했다. 최근의 중요한 몇몇 목소리는 의식적 마음의 중요성을 재차 강조하고, 의식이 단지 "부수현상(epiphenomenon)"이라는 제안을 거부했다. 의식은 자기 일을 하는 실제 마음, 무의식적 마음의 부산물이다. 심리학자 로이 바우마이스터(Roy Baumeister)와 동료들의 최근 논문 〈Do Conscious Thoughts Cause Behavior?〉는 어쩌면 신체화된 관점에서 의식의 기능에 대한 현재의 논의를 가장 잘 요약한다(이 제목에서 제시한 질문에 대한 답은 신중한 예이다.) Baumeister, Masicampo & Vohs(2010)를 보라.

8 Dennett(1991).

9 Grouios(1992)를 보라.

10 자아 정체성의 구성에 서사가 하는 역할에 대한 접근 가능한 신경과학적 설명에 대해서는 Gazzaniga(1998)를 보라.

11 Dennett(1995: 379~380).

12 다양한 상황에서 차갑고 통계적인 추론이 어떻게 뜨거운 인지, 즉 무위 기질을 능가하는지에 관해서는 특히 Kahneman(2011: 239~241)을 보라.

13 McCauley(2011).

14 이런 방식으로 이해되는 문화는 물리적 지시 및 사물(모형화된 기술, 측정용 도구, 책, 문화적으로 변형된 환경)과 (자연주의적 방식으로 이해되는 문화에

관해서는 Sperber 1996 참조) 언어적 의사소통을 포함하는 사회적 환경에 다양한 정보를 포함한다. 모든 다양한 구체화에서 인간 문화가 유전적 진화와 특징을 공유하지만 중요하게 차이가 나는 과정에서 시간상에서 발전하는 문화적 진화의 과정에 대해 최근에 많은 연구가 있었다(문화적 진화에 관해서는 특히 Richerson & Boyd 2005를 보라). 문화는 변형시킬 힘을 가지고 있다. 진화된 이런 문화적 체계는 심오하고 일반적으로 알아채기 힘든 방식으로 우리를 형성하고, 우리의 암시적 연상, 우리의 기본적인 동기, 우리의 선호와 기호, 심지어 우리의 공간 인지를 바꾼다. 인간 인지에서 문화의 근본적인 역할에 관한 전통적인 인류학적 설명에 대해서는 Geertz(1973)를 보고, 최신의 진화적으로 알려진 설명에 대해서는 Henrich, Heine & Norenzayan(2010)을 보라.
15  피지의 금기에 관해서는 Henrich & Henrich(2010)를 보고, 더 많은 예는 Henrich & McElreath(2003)와 Katz, Hediger & Valleroy(1974)을 보라. 이 주제에 대한 상세한 의견을 준 조 헨리히(Joe Henrich)에게 감사드린다.
16  Boyd, Richerson & Henrich(2011).
17  『순자』,「권학」

積土成山, 風雨興焉, 積水成淵, 蛟龍生焉, 積善成德, 而神明自得, 聖心備焉. 故不積蹞步, 無以至千里, 不積小流, 無以成江海.
18  침팬지와 비교해 인간 아이들이 매우 정확한 모방자라는 것은 의미심장하다. 즉, 아이들에게 새로운 기술을 보여 주면, 심지어 보여 주는 중에 코를 긁는 비본질적인 것도 그들은 목격한 모든 단계를 재생산할 것이다. 침팬지는 많은 세부사항을 무시하고 단지 인과적으로 효과적인 단계만을 모방할 것인데, 이것은 인과적 효과성을 쉽게 식별할 수 있을 때 훨씬 더 효과적이다(Nagell, Olguin & Tomasello 1993). 인간이 서로에게 전파하는 복잡한 문화적 정보는 생각만큼 유용하지는 않다. 이런 경우, 문화적 정보가 매우 복잡하기에 본질적 단계와 비본질적 단계를 분리하는 것이 매우 어렵지만, 불가능한 것은 아니다. "Monkey-see, monkey-do"는 실제로 어떤 원숭이가 아니라 인간을 묘사하는데, 아마 인간의 문화 학습이 우리에게 가하는 특정한 진화적 도태 압력(陶汰壓力)의 결과이다.
19  이 말장난은 주의적 통제 비용(attentional control cost) 문헌에 대한 유익한 최근 연구 Schmeichel & Baumeister(2010)에서 나온 것이다.
20  Baumeister et al.(1998), Muraven, Tice & Baumeister(1998). 이 현상에 대

한 있을법한 생리적 기반을 탐구한 최근 연구는 뇌가 글루코오스를 이용할 수 있다는 것이 속도조절(rate-limiting) 요인인 것처럼 보인다. 인지적 통제의 발휘는 글루코오스를 감소시키고, 추가 글루코오스 제공은 실험대상자들이 자기통제를 더욱 빨리 회복하는 데 도움이 될 수 있다는 것이다(Gailliot et al. 2007). Gailliot et al.가 지적하듯이, 글루코오스를 욕심내는 인지적 통제의 본성은 어떤 의지의 행동에 관해 흥미로운 함축을 가지는데, 다이어트를 하는 것이 의지력의 발휘와 글루코오스 섭취의 제약을 동시에 포함한다는 점에서이다. 그 결과는 다이어트 제약이 더 낮은 글루코오스를 생산하고, 이것이 다시 먹기를 자제하는 데 필요한 의지력을 훼손시키는 "아이러니한 충돌(ironic conflict)"일 수 있다.

21 순치에 대한 이런 초점은 최근의 서양 사상을 지배했던 인지적 통제 모형과 반대로 일반적으로 도덕 교육과 의사결정에 대한 이른바 "품성의 도(virtue ethical)" 접근법에도 적용된다. Haidt(2005), Slingerland(2011a)를 보라.
22 이것은 Dietrich(2004: 752~753)에서 나온 예이다. 무위나 흐름 상태의 기초가 되는 신경 기제에 대한 뛰어나고 매우 읽기 쉬운 묘사에 대해서는 이것을 보라.
23 기저핵은 행동을 실행하는 다양한 범위의 네트워크의 중심에서 출입구나 유발 기제와 같은 것으로 기능한다. Gazzaniga, Mangun & Ivry(1998: 78~81, 300~307)를 보라.
24 자동화의 신경과학에 관한 더 많은 내용에 대해서는 Berthoz(2006: 103~106)를 보라.
25 Grafton, Hazeltine & Ivry(1995). 기저핵의 퇴화는 파킨슨(Parkinson)병과 헌팅던(Huntingdon)병에 걸린 환자가 의식적 기억이 상대적으로 영향을 받지 않을 때에도 운동 기술을 획득하고 유지하지 못하는 것에 책임이 있을 것 같다(Grahn, Parkinson & Owen, 2009).
26 M. Smith, McEvoy & Gevins(1999), Poldrack et al.(2005).
27 이런 배열의 장점은 이전에 조종, 제동, 가속의 요구에 의해 압도된 우리의 제한된 인지적 자원이 지금은 다른 과제를 위해 해방된다는 것이다. 결정적으로, 이것은 비숙련자에게 이용 가능하지 않은 어느 정도의 유연성과 획기적 변화를 허용한다. 자동 전달을 이끄는 기초를 다소 숙달했기 때문에, 나는 어떤 레드 제플린의 불가시 광선의 포스트를 쇼핑센터에서 구입할지 고려하는 데 더 주의를 기울일 뿐만 아니라 효과적이고 부드럽게 교통으로 합쳐지고,

얼음 조각이나 공격적인 뉴저지 운전자가 끼어드는 것과 같은 예상 밖의 조건을 극복할 수도 있다. 확실히 기술을 뜨거운 인지로 옮기는 것에는 한계가 있다. 즉, 자동화된 운동 상례는 조건이 변할 때 보유하는 데 시간이 걸린다. 몇 개월 동안 수동 변속기가 달린 이탈리아 렌터카를 운전한 후에, 나는 집으로 돌아와 자동 변속기의 차를 운전할 때 흔히 없는 클러치 페달을 왼발로 찾으면서 바닥을 짓밟는 것을 멈추는 데 1, 2주가 걸렸다. 하지만 나는 결국 멈추고, 그 몇 주나 사소한 두 번의 조정 대가는 자동화의 이익보다 더 중요한 것 이상이다. 내가 어떻게 클러치판을 조작하는지에 대해 끊임없이 의식적으로 생각했었다면 로마 운전의 특유한 위험에서 빠져나올 수 없었을 것이다.

28 순자는 서양철학자 토마스 홉스(Thomas Hobbes 1588~1679)가 말하는 정부와 국가를 창조하기 전에 존재했던 "만인의 만인에 대한 싸움(the war of all against all)"(Hobbes 1651/1985: 189)과 비슷한 말로 문명이전의 최초의 국가를 묘사한다. 자연의 상태에서 모든 개인은 공공의 선에는 관심을 두지 않고서 자신의 욕구를 충족시키려 노력하는데, 그 결과는 보편적인 고통이다. 홉스와 순자 모두는 어쩌면 과대한 개인주의적 관점으로부터 자연의 상태를 바라보았다. 실제로 우리는 무리 동물이므로 최초의 전쟁은 실제로 가족 대 가족 전쟁이나 씨족 대 씨족 전쟁이었다.

29 『순자』, 「예론」
先王惡其亂也, 故制禮義以分之, 以養人之欲, 給人之求, 使欲必不窮乎物, 物必不屈於欲, 兩者相持而長, 是禮之所起也.

30 유교 윤리학에서 사회적 역할의 기능에 관해서는 Ames(2011)를 보라. 자아에 대한 중국 개념의 급진적 차이를 다루는 에임스의 극단적인 일부 견해에 당황하지 않기 위해서는 Ihara & Nichols(2013)을 보라.

31 『논어』, 「향당」, 6·9~10·17
君子不以紺緅飾, 紅紫不以爲褻服. 當暑, 袗絺綌, 必表而出之. 緇衣, 羔裘. 素衣, 麑裘. 黃衣狐裘. 褻裘長, 短右袂. 必有寢衣, 長一身有半. 狐貉之厚以居. 去喪, 無所不佩. 非帷裳, 必殺之. 羔裘玄冠不以弔. 吉月, 必朝服而朝. 齊必有明衣, 布.
席不正, 不坐. 鄕人飮酒, 杖者出, 斯出矣.
升車, 必正立, 執綏. 車中, 不內顧, 不疾言, 不親指.

32 실제로 위에서 인용한 행 "더운 여름, 그는 가는 홑겹의 삼베옷을 입되, 외출

할 때에는 반드시 상의를 걸쳐 입으셨다"는 본질적으로 공자가 티셔츠만 입고는 밖에 나가지 않으려고 했다는 것을 의미한다. 이것은 현대 유럽이나 라틴 아메리카에서는 전혀 진귀한 것이 아닌 에티켓이다.

33  이 주제에 대한 고전적인 논의는 Goffman(1959)이다. 또한 무의식적인 대인적 단서화(cueing)에 대해서는 Sarkissian(2010)과 Wegner(2002: 193~94)를 보라.

34  de Sousa(1987: 182~183)에서 논의한 Stern(1977).

35  이를 표현하는 또 다른 방법은 정서적 반응의 이러한 성숙이 신경과학자 로널드 드 수사(Ronald de Sousa)가 "모범적 시나리오(paradigmatic scenario)"라고 부르는 것의 지도 아래에서 발생한다는 것이다. de Sousa(1987)를 보라.

36  『논어』, 「양화」, 10
其猶正牆面而立也與!

37  그의 사회적·지적 환경이 그의 훗날 성공에 미친 영향에 대해서는 잡스의 전기를 보라(Isaacson 2011). 또한 이 점을 강조하는 잡스의 전기에 대한 짧은 논의에 대해서는 Yglesias(2011)를 보라. 이글레시아스는 다음과 같이 말한다. "이 책의 앞 장들을 읽으면 명확해지듯이, 잡스가 태어나서 실리콘 밸리에서 성장했다는 사실이 없었다면 애플 컴퓨터는 없었을 것이다. 이는 잡스가 적당한 시기에 적당한 장소에 있었던 것은 개인적으로 행운이었다는 의미에서뿐만 아니라, 장소 그 자체가 기본 요소들의 올바른 결합을 위해 존재해야 했었다는 의미에서이기도 하다."

38  초기 유교에서 상황적 완충장치의 중요성에 관해서는 Hutton(2006)과 Slingerland(2011b)를 보라.

39  『논어』, 「안연」, 1
非禮勿視, 非禮勿聽, 非禮勿言, 非禮勿動.

40  『시경』, 「정풍」 참조.

41  Bargh, Chen & Burrows(1996).

42  Macrae & Johnston(1998). 이와 관련된 문헌에 대해서는 Bargh & Chartrand(1999)와 Wilson(2002)을 보라. 이전에 출판된 결과를 반복하려는 시도가 계속 실패했기 때문에 최근에 논쟁이 일어났고(가령, Pashler, Coburn & Harris 2012), 지금은 기폭제가 되는 전체 문헌을 엄격하게 재검토하려는 요청이 있다(Yong 2012). 초기 연구에서 제안된 방식은 아니지만 실패한 반

복 시도 중 일부는 점화가 실제로 작동한다고 제안한다. 예컨대, 매우 흥미로운 최근 연구(Doyen et al. 2012)는 Bargh, Chen & Burrows(1996)의 정확한 결과를 복사하지 못했으며, "old person" 점화가 실험대상자들에게 결과적으로 더 천천히 걷도록 예상했던 실험자가 있는 조건에서는 예외이다. 이것은 개념적 점화가 미묘한 대인적 단서를 수반할 때는 행동에 인과적 영향을 미친다는 것을 제안한다. 개념적 점화와 대인적 단서화의 이러한 결합은 물론 유교 교육의 특징일 것이다.

43  Dijksterhuis & Van Knippenberg(1998). 이 문헌의 개관에 대해서는 Dijksterhuis & Bargh(2001)를 보라.
44  Strack, Martin & Stepper(1988).
45  Alcorta & Sosis(2007).
46  이것은 제7장에서 논의할 〈궈덴초간(郭店楚簡, Guodian text)〉 중 하나에서 나온다(Xing Zi Ming Chu, strip 22).
47  실제로 3, 4세의 어린아이들은 better-than-chance 정확성에서 이것을 할 수 있는 것처럼 보이고, 이런 재주는 기본적인 인간 감정에 대응하는 리듬과 음조 같은 보편적인 청각적 패턴인 것처럼 보인다. 이것과 음악이 감정에 미치는 영향에 관한 연구를 위해서는 Juslin & Västfjäll(2008)의 문헌 개관을 보라.
48  Durkheim(1915/1965). 초기 중국 텍스트와 유사한 한 구절에서 인류학자 로이 라파포트(Roy Rappaport)는 춤추고 노래할 때 종교 공동체의 구성원들이 "귀와 눈을 통해서뿐만 아니라 노래할 때 자신의 몸에서도 나오거나 춤출 때 사지를 움직이게 하는 드럼 비트를 통해 몸 안으로 강제로 들어오는" 그들의 신념에서 가르친 진리를 경험한다고 말한다(Rappaport 1999: 388).
49  McNeill(1995), Wiltermuth & Heath(2009), Konvalinka et al.(2011).
50  『순자』, 「권학」
51  『순자』, 「해폐」
聖人縱其欲, 兼其情, 而制焉者埋矣. 夫何彊? 何忍? 何危
순자는 심지어 완벽한 윤리적 행동과 지각이나 기본적인 운동 프로그램과 같은 전형적인 뜨거운 과정을 비교한다. "그는 여러 성왕들의 법도를 흰 것과 검은 것을 분별하듯 수월하게 닦고, 변화하는 환경에 '하나' '둘'을 세듯 힘들이지 않게 대응하며, 기본적인 예법을 자기 손발을 움직이듯 완전히 손쉽게 실천한다(脩百王之法, 若辨白黑, 應當時之變, 若數一二, 行禮要節而安之, 若生四

枝)"(『순자』,「유효」).
52 『논어』,「술이」, 8
 不憤不啓, 不悱不發. 擧一隅, 不以三隅反, 則不復也.
53 『논어』,「자한」, 17
 吾未見好德如好色者也.
54 『논어』,「술이」, 29
 仁遠乎哉? 我欲仁, 斯仁至矣.
55 『논어』,「옹야」, 10
 力不足者, 中道而廢, 今女畫.
56 『맹자』,「진심장구 하」, 37
 非之無擧也, 刺之無刺也, 同乎流俗, 合乎汚世, 居之似忠信, 行之似廉絜, 衆皆悅之, 自以爲是, 而不可與入堯舜之道, 故曰'德之賊'也. 孔子曰, 惡似而非者, 惡莠, 恐其亂苗也, 惡佞, 恐其亂義也, 惡利口, 恐其亂信也, 惡鄭聲, 恐其亂樂也, 惡紫, 恐其亂朱也, 惡鄕原, 恐其亂德也.
57 『논어』,「위정」, 7
 子游問孝. 子曰, "今之孝者, 是謂能養. 至於犬馬, 皆能有養, 不敬, 何以別乎?"

〈제4장〉

1 Slingerland(2003a: 216~217).
2 『논어』,「미자」, 6
 曰, "是魯孔丘之徒與?" 對曰, "然." 曰, "滔滔者天下皆是也, 而誰以易之? 且而與其從辟人之士也, 豈若從辟世之士哉?" 耰而不輟. 子路行以告.
3 『논어』,「헌문」, 42
 曰, "有心哉, 擊磬乎!" 旣而曰, "鄙哉, 硜硜乎! 莫己知也, 斯己而已矣"
4 이 텍스트의 기원에 관한 전통적인 이야기는 부패한 사회와 부절제에 싫증난 옛 거장(Old Master)이 중국을 떠나 더 나은 사회로 가고자 결심하지만, 후세를 위해 자신의 지혜를 기록할 때까지는 떠나지 못하도록 거부한 국경 경비대에 의해 저지당했다. 그가 적어 둔 대략 5천 년 전의 등장인물들은 『노자』가 되었다. 이 이야기의 다른 버전은 그가 먼 인도까지가 사람들의 스승이 되어 석가모니라는 다른 이름으로 알려졌다는 것이다. 다시 말해, 그는 역사상의 부처가 되었다는 것이다. 이 버전은 불교가 서력기원의 초기에 중국에 들어온

이후에 인기를 얻었고, 불교와 도교 간의 유사성을 설명하는 데 사용되었다. 인도인들이 불교를 노자에게서 얻었기에 불교와 도교가 비슷하다는 것은 완전히 공상적인 이야기이다. 최근의 고고학적 발견은 "그" 『노자』의 각 구절들이 어쩌면 특별한 편집자의 개인적인 필요에 맞도록 다양한 방식으로 결합되어서 전국시대의 유동적인 텍스트였다는 오랫동안 지속된 다소간 반문화적이고 무정부주의적 운동에서 나올법한 막연한 느낌을 확인시켜주었다. 즉, 고정된 텍스트가 없고 자유로운 차용이 많은 다양성이 있다. 그럼에도 불구하고, 우리의 논의는 주로 표준 텍스트에 기초를 둘 것이다.

5  『노자』, 제53장
　　朝甚除, 田甚蕪, 倉甚虛
　　服文綵, 帶利劍, 厭飮食, 財貨有餘
　　是謂盜夸,
　　非道也哉.

6  『노자』, 제12장
　　五色令人目盲,
　　五音令人耳聾,
　　五味令人口爽,
　　馳騁畋獵令人心發狂,
　　難得之貨令人行妨.
　　是以聖人爲腹, 不爲目, 故去彼取此.

7  『노자』, 제2장
　　天下皆知美之爲美, 斯惡已

　　Ivanhoe(2003: 2), 이 행은 또한 "모든 세상 사람들이 아름다운 것이 '아름다운' 것임을 알 때 그것은 추한 것이기 때문이다"나 "모든 세상 사람들이 아름다운 것이 '아름다운' 것임을 알 때 그것은 추함이 일어날 때이다"로 표현될 수도 있다.

8  『노자』, 제56장
　　言者不知

9  언어적 뒤덮기라는 용어는 Schooler & Engstler-Schooler(1990)가 만든 것이다.
10  Wilson & Schooler(1991).
11  Wilson et al.(1993). 언어화의 부정적인 효과는 전문가들(Wilson, Kraft &

Dunn 1989; Melcher & Schooler 1996)의 경우에는 사라지는 것처럼 보인다는 것을 지적하는 것은 중요한데, 이것은 공자를 반격할 수 있는 무기이기도 하다.

12 『노자』, 제46장
禍莫大於不知足, 咎莫大於欲得.
故知足之足, 常足矣.

13 Thoreau(1854/1949: 23). 그런 다음 그는 고전적 문구 "나는 때때로 이 세상에서 사람의 도움으로 매우 간단하고 정직한 것이 실천되는 것에 절망한다"를 추가한다. 소로는 『노자』를 좋아했을 것이다.

14 이 연구에 대해서는 Frederick & Loewenstein(1999)을 보라. 더욱 최근 연구는 이 분야 초기의 더욱 강한 결론을 누그러뜨렸다. 예컨대, 기초적인 행복이 실제로 시간이 지나면서 변할 수 있고, 사람들의 체질에 따라 행복의 기초가 다를 수 있으며, "행복" 그 자체가 모두 주어진 순간에 서로 다른 방향으로 움직일 수 있는 서로 다른 많은 하위성분들을 가진 복잡한 현상이라는 것은 명확하다. (이에 대해서는 Diener, Lucas & Scollon 2006을 보라.)

15 이른바 "이스털린의 역설(Easterlin paradox)"은 사회에서 주어진 시간에 대한 상대적 수익은 행복을 예측하지만 사회 전체의 수익 증가가 행복의 증가를 초래하지는 않는다는 것이다(Easterlin 1974). 예컨대, 소득 순위 대 절대 소득의 중요성에 관해서는 Boyce, Brown & Moore(2010)를 보라.

16 『노자』, 제9장
持而盈之, 不如其已. 揣而銳之, 不可長保.
金玉滿堂, 莫之能守. 富貴而驕, 自遺其咎.
功遂身退, 天之道也.

17 『노자』, 제38장
上德不德, 是以有德.
下德不失德, 是以無德.
上德無爲, 而無以爲.
下德爲之, 而有以爲.
上仁爲之, 而無以爲.
上義爲之, 而有以爲
上禮爲之, 而莫之應, 則攘臂而扔之.

故失道而後德,
失德而後仁,
失仁而後義,
失義而後禮,
夫禮者, 忠信之薄, 而亂之首.
이 장은 실제로 마왕두이(Mawangdui) 백서본(帛書本)에서 첫 번째 장으로 나온다.

18 『노자』, 제18장
大道廢, 有仁義,
慧智出, 有大僞,
六親不和, 有孝慈,
國家昏亂, 有忠臣.
19 Wegner(2002: 311).
20 역설적 효과에 관해서는 Wegner(2002, 2009)를 보라.
21 Wegner, Ansfield & Pilloff(1998)에서 보고된 처음 연구에 기초하는 Wegner(2009)의 논의를 보라.
22 Ansfield, Wegner & Bowser(1996)에서 인용한 Frankl(1965: 253)을 보라.
23 Ascher & Turner(1980).
24 Dietrich(2004: 756).
25 Monin & Miller(2001).
26 Khan & Dhar(2007).
27 Sachdeva, Iliev & Medin(2009). 흥미롭게도 도덕적 정체성이 greedy(탐욕스러운), mean(비열한), selfish(이기적인) 같은 부정적 점화에 의해 위협을 받는 사람들은 인상적인 평균 5.30달러로 기부금을 올렸다(Sachdeva, Iliev & Medin 2009).
28 『노자』, 제19장
絶聖棄智, 民利百倍.
絶仁棄義, 民復孝慈.
絶巧棄利, 盜賊無有.
此三者, 以爲文不足.
故令有所屬.

見素抱樸, 少私寡欲.

하지만 나는 이 구절의 더욱 오래된 궈뎬 판을 사용하고 있다. 아래는 궈뎬초간의 《노자 갑(老子甲)》에 나오는 구절이다.

絶智棄辯, 民利百倍.
絶巧棄利, 盜賊亡有.
絶僞棄慮, 民復季子.
三言以爲文不足, 或令之或乎屬.
視素保樸, 少私寡欲.

29 『노자』, 제48장
爲學日益, 爲道日損,
損之又損, 以至於無爲,
無爲而無不爲.

30 『노자』, 제1장
玄之又玄, 衆妙之門.

31 『노자』, 제10장
載營魄抱一, 能無離乎?
專氣致柔, 能嬰兒乎?
滌除玄覽, 能無疵乎?
……
天門開闔, 能爲雌乎?

32 Dietrich(2003)를 보라.

33 Dietrich(2003).

34 『노자』, 제81장
聖人不積
旣以爲人, 己愈有
旣以與人, 己愈多.

35 『노자』, 제22장
曲則全, 枉則直, 窪則盈, 敝則新, 少則得, 多則惑.
是以聖人抱一爲天下式.
不自見, 故明,
不自是, 故彰,

不自伐, 故有功,
不自矜, 故長.
36 『노자』, 제57장
내가 무위하면 백성은 저절로 변화되고　　我無爲而民自化,
내가 고요하면 백성은 저절로 바르게 되며　我好靜而民自正,
내가 무사하면 백성은 저절로 부유하게 되고　我無事而民自富,
내가 무욕하면 백성은 저절로 통나무가 되네　我無欲而民自樸.
37 Csikszentmihalyi & Csikszentmihalyi(1988a: 184).
38 Redfield(1953)를 인용하는 Csikszentmihalyi & Csikszentmihalyi(1988a: 184). 흥미롭게도, 이 저자들은 또한 이런 종류의 꾸준한 흐름을 고대 로마나 인도, 중국과 같은 다른 고대 문화의 것으로 추정하는데, 이런 곳에서는 적어도 엘리트들이 "발레 댄스들의 섬세한 우아함으로 삶을 살아갔고, 어쩌면 확장된 춤으로부터 갖게 되는 것과 동일한 즐거움을 그들 행동의 힘든 조화로부터 이끌어냈을 수 있었다"(186).
39 적어도 그들이 계층화를 누군가가 애쓴 만큼의 보람이 있게 만들 만큼 충분한 부를 축적할 수 있는 한 그러하다. 수렵-채집 사회가 상대적으로 인류평등주의이고, 한 개인이 너무 강력한 힘을 갖는 것을 막기 위한 내장된 사회적 기제를 가지고 있다는 증거가 있다(Boehm 1999). 하지만 많은 천연자원을 가진 태평양 연안 북서부와 가까운 지역이나 농업 발명의 결과로 부의 수준이 충분히 높아지면, 사회적 계층화가 즉각적으로 뒤따라 나올 것 같다.
40 현대 인류학에서 고귀한 야만인(Noble Savage) 신화에 대해서는 Horton (1993: 88~97, 133~136)을 보고, 소규모 사회가 자연과 조화를 이룬다는 생각에 대해서는 N. Smith(2001)를 보며, 소규모 사회가 평화롭다는 신화에 대해서는 Keeley(1996), Le Blanc(2004), Pinker(2011)를 보라.
41 『노자』, 제80장
小國寡民.
使有什佰之器而不用
使民重死而不遠徙.
雖有舟輿, 無所乘之,
雖有甲兵, 無所陳之.
使人復結繩而用之.

　　　　甘其食,
　　　　美其服,
　　　　安其居,
　　　　樂其俗.
　　　　隣國相望, 鷄犬之聲相聞
　　　　民至老死, 不相往來.
42　『노자』, 제29장
　　　　將欲取天下而爲之, 吾見其不得已.
　　　　天下神器, 不可爲也.
　　　　爲者敗之, 執者失之.
43　『노자』, 제66장
　　　　是以聖人欲上民, 必以言下之,
　　　　欲先民, 必以身後之.
　　　　是以聖人處上而民不重,
　　　　處前而民不害.
　　　　是以天下樂推而不厭.
　　　　以其不爭, 故天下莫能與之爭.
44　Csikszentmihalyi(1988b: 374). 자기목적적(autotelic)이란 활동 그 자체를 제외한 외부 목표는 갖지 않고서 참여하는 활동을 가리킨다.
45　『노자』, 제20장
　　　　衆人熙熙, 如享太牢, 如春登臺.
　　　　我獨泊兮其未兆, 如嬰兒之未孩.
　　　　儽儽兮, 若無所歸.
　　　　衆人皆有餘, 而我獨若遺.
　　　　我愚人之心也哉! 沌沌兮.
　　　　俗人昭昭, 我獨昏昏.
　　　　俗人察察, 我獨悶悶.
　　　　澹兮其若海, 飂兮若無止.
　　　　衆人皆有以, 而我獨頑似鄙.
　　　　我獨異於人, 而貴食母.

## 〈제5장〉

1　『맹자』, 「공손추장구 상」, 제2장
　　宋人有閔其苗之不長而揠之者, 芒芒然歸, 謂其人曰, '今日病矣! 予助苗長矣!' 其子趨而往視之, 苗則槁矣.

2　『맹자』, 「공손추장구 상」, 제2장
　　以爲無益而舍之者, 不耘苗者也, 助之長者, 揠苗者也, 非徒無益, 而又害之.

3　순자는 초기 제국주의 시대에 공자의 핵심 제자였지만, 맹자의 사상은 서기 12세기에 부활되었다. 그때 이른바 "신유교(neo-Confucian)"는 맹자를 공자의 정통파 제자로 선언했다. 따라서 대부분의 현대 중국 사람들은 공자와 맹자를 초기 유교와 연상시키고, 순자는 상대적으로 알려지지 않았다. 이것은 우연히 "Mengzi/Mencius"가 Kongfuzi/Confucius처럼 이름을 라틴 문자로 바꿔 썼지만 순자는 그렇지 않은 이유이다. 17세기에 유교에 대한 처음 지식을 유럽으로 다시 가져온 제수이트(Jesuits) 수사들은 순자에 대해서는 듣지 못했다.

4　오늘날 인구과잉의 세계에서, 인구를 증가시키는 것은 바람직한 목표처럼 들리지 않지만, 묵자의 시대의 중국 영토는 개간할 수 있지만 사용하지 않은 땅이 많았으므로, 사람들이 더 많다는 것은 농업 산출량이 더 많을 뿐만 아니라 군대도 더 강하다는 것을 의미했다.

5　묵가 대 유가 논쟁을 특별히 참조한 결과주의-공리주의(묵자) 대 윤리학(유가)에 대한 유익한 논의에 대해서는 Van Norden(2007)을 보라.

6　Singer(2011: 175~217, 191~195).

7　『맹자』, 「공손추장구 상」, 제6장
　　今人乍見孺子將入於井, 皆有怵惕惻隱之心, 非所以內交於孺子之父母也, 非所以要譽於鄕黨朋友也, 非惡其聲而然也.

8　『맹자』, 「고자장구 상」, 제10장
　　一簞食, 一豆羹, 得之則生, 弗得則死, 嘑爾而與之, 行道之人弗受, 蹴爾而與之, 乞人不屑也.

9　나중에 논의하겠지만, 이런 지지는 또한 옛 묵가에서부터 현대 공리주의까지 윤리학의 합리주의적 모형을 훼손하기도 한다. 이른바 맹자와 같은 "도덕가(virtue ethicists)"와 공리주의자나 의무론자와 같은 윤리학에 대한 합리주의적 접근법의 옹호자들 간의 논쟁은 기원적 4세기 이후로 줄지 않고 사

남게 몰아쳤으므로, 현대 과학이 그 논쟁의 한쪽을 결정적으로 도울 수 있다는 사실은 커다란 진전이다. 이 주제에 대한 더 많은 내용을 위해서는 Slingerland(2011a)를 보라.
10  맹자 사상과 진화심리학 간의 유사성에 대한 흥미로운 논의에 대해서는 Munro(2005)를 보라.
11  Preston & de Waal(2002).
12  Rizzolatti, Fogassi & Gallese(2001); Umiltà et al.(2001).
13  Blair(2001).
14  전체 범위의 정치적·경제적 스타일을 대표하는 다섯 대륙의 실험대상자들에 대한 연구에서 나온 Henrich et al.(2006)의 연구결과는 문화적으로 조정되고, 최후통첩 게임 제안-거절 한계가 문화마다 상당히 다른 공정치 못한 제의를 처벌하려는 만연한 경향이 존재한다고 제안한다.
15  de Quervain et al.(2004).
16  Brosnan & de Waal (2003).
17  도덕적 정서로서 혐오에 대해서는 Rozin, Haidt & Fincher(2009)를 보고, 맹자의 싹과 진화된 인간 심리학에 대해서는 Flanagan & Williams(2010)를 보라.
18  가령, Nichols(2004)와 Prinz(2007)를 보라.
19  Haidt(2001). 하이트와 동료들의 대표적인 연구에 대해서는 Haidt, Koller & Dias(1993)와 Wheatley & Haidt(2005)를 보라.
20  Damasio(1994, 1999).
21  어떤 연구자들은 무언가가 해롭다는 단순한 합리적인 지식이 사람에게 곤란함에 처하는 것을 피하도록 동기화하는 데 반드시 타당한 것은 아니라는 점에서, 복내측전전두엽피질(VMPFC)이 손상된 환자의 상황과 알코올중독자나 강박적 도박꾼의 상황을 비교했다. 따라서 병리적으로 충동적인 행동의 문제는 너무 많은 정서가 아니라 충분한 정서가 아닐 수 있다.
22  『맹자』, 「등문공장구 상」, 제4장
23  『맹자』, 「양혜왕장구 상」, 제7장
曰, "無傷也, 是乃仁術也. 見牛未見羊也. 君子之於禽獸也, 見其生, 不忍見其死, 聞其聲, 不忍食其肉. 是以君子遠庖廚也." 王說曰, "詩云, '他人有心, 予忖度之.' 夫子之謂也. 夫我乃行之, 反而求之, 不得吾心. 夫子言之, 於我心有戚戚焉. 此心之所以合於王者."

24 『맹자』, 「양혜왕장구 상」, 제7장

"不識有諸?" 曰, "有之." 曰, "是心足以王矣. 百姓皆以王爲愛也, 臣固知王之不忍也."

王曰, "然, 誠有百姓者. 齊國雖褊小, 吾何愛一牛? 卽不忍其觳觫, 若無罪而就死地, 故以羊易之也."

25 『맹자』, 「양혜왕장구 상」, 제7장

曰, "有復於王者曰, '吾力足以擧百鈞, 而不足以擧一羽, 明足以察秋毫之末, 而不見輿薪', 則王許之乎?" 曰, "否." "今恩足以及禽獸, 而功不至於百姓者, 獨何與? 然則一羽之不擧, 爲不用力焉, 輿薪之不見, 爲不用明焉, 百姓之不見保, 爲不用恩焉. 故王之不王, 不爲也, 非不能也."

26 8트랙의 극단적 견해에 대해서는 Barsalou(1999)와 Kosslyn, Thompson & Ganis(2006)를 보고, 디지털의 극단적 견해에 대해서는 Pylyshyn(2003)을 보라. 이 논란의 개요가 궁금하다면 Barsalou(1999)에 대한 반응을 보라.

27 일상생활에서 은유의 만연한 역할에 대해서는 Lakoff & Johnson(1980, 1999)과 Johnson(1987)을 보라. 영상적 사고에 관한 광범위한 연구의 훌륭한 개관에 대해서는 Kosslyn, Thompson & Ganis(2006)를 보라.

28 메아의 상상적 확장에 관해서는 Ivanhoe(2002)를 보라.

29 Haidt(2005: 165).

30 『맹자』, 「공손추장구 상」, 제2장

31 『순자』, 「악론」

曰; 目不自見, 耳不自聞也, 然而治俯仰, 詘信進退遲速, 莫不廉制, 盡筋骨之力, 以要鐘鼓俯會之節, 而靡有悖逆者, 衆積意驔驔乎.

32 『맹자』, 「이루장구 상」, 제27장

生則惡可已也, 惡可已, 則不知足之踏之手之舞之.

33 실제로 묵가 학파 설립자의 가르침을 기록한 『묵자』에는 "비악(非樂, Against Music)"이라는 제목의 장이 있다.

34 『맹자』, 「고자장구 상」, 제1장

孟子曰, "子能順杞柳之性而以爲桮棬乎? 將戕賊杞柳而後以爲桮棬也? 如將戕賊杞柳而以爲桮棬, 則亦將戕賊人以爲仁義與? 率天下之人而禍仁義者, 必子之言夫!"

35 고서를 중심으로 수집한 도서관의 색인목록에 따르면, 『장자』라 불리는 책이

있었지만, 지금은 그 행방을 알 수 없다. 맹자가 고자에 대한 이미지를 방향 수정한 것에 대한 고자의 반응을 결코 듣지 못한 것이 부끄러울 뿐이다.

36 『맹자』, 「진심장구 상」, 제3장
　　子曰, "盡信書, 則不如無書. 吾於武成, 取二三策而已矣"

37 Ivanhoe(1990: 94).

38 『맹자』, 「양혜왕장구 상」, 제1장
　　莊暴見孟子, 曰, "暴見於王, 王語暴以好樂, 暴未有以對也." 曰, "好樂何如?" 孟子曰, "王之好樂甚, 則齊國其庶幾乎!"

39 『맹자』, 「고자장구 상」, 제1장
　　"… 夫人豈以不勝爲患哉? 弗爲耳. 徐行後長者謂之弟, 疾行先長者謂之不弟. 夫徐行者, 豈人所不能哉? 所不爲也. … 人病不求耳. 子歸而求之, 有餘師"

## 〈제6장〉

1 전통적으로 장자가 『장자』의 저자로 추정되지만, 이 주장을 지지하는 역사적 증거는 거의 없다. 하지만 이 표준 텍스트의 처음 일곱 개의 장(내편)은 (우수한) 단 한명이 쓴 것처럼 보이는데, 우리는 그를 "장자"라고 부르는 편이 나을 수 있다. 이 책의 나머지는 온갖 종류의 집합이고, 어쩌면 서로 다른 시기와 심지어는 서로 다른 사상에서 나온 자료를 담고 있다. 나는 『장자』를 논의하면서 내편과 학자들이 동일한 일반 학파에서 나온 것으로 느끼는 장들에 집중할 것이다(이것들은 때때로 "장자 학파" 장이라고 불린다).

2 혜자의 죽음은 장자의 신경을 뒤흔들어 놓은 몇 가지 사건 중 하나이다. 그는 혜자의 죽음에 대해 "이야기할 상대가 없어졌다"(『장자』, 「서무귀」, 제7장)고 한탄한다. 장자 아내의 죽음도 그렇게 충격적이지는 않았다(『장자』, 「지락」, 제3장).

3 『장자』, 「소요유」, 제6장
　　魏王貽我大瓠之種, 我樹之成而實五石, 以盛水漿, 其堅不能自擧也. 剖之以爲瓢, 則瓠落無所容. 非不呺然大也, 吾爲其無用而掊之.

4 지금쯤 어렴풋이 느낄 수 있듯이, 이런 경우들에서 악인은 뇌의 뜨거운 인지의 자리인 외측전전두엽피질이다. 어린아이들이 이런 조건에 훨씬 덜 취약하다는 것은 의미심장하다. 그들은 아직 머릿속에서 덤불을 재배할 시간을 갖고 있지 않았고, 특별한 범주에 집어넣기보다는 모든 잠재력으로 사물

을 관찰할 수 있다. 범주적 비유연성의 중심지인 외측전전두엽피질에 관해서는 Thompson-Schill, Ramscar & Chrysikou(2009)를 보고, 아이들에 관해서는 German & Defeyter(2000)를 보며, 소규모 사회에서 "기능적 고정성(functional fixedness)"에 관해서는 German & Barrett(2005)를 보라.

5  『장자』,「제물론」, 제2장

其寐也魂交, 其覺也形開, 與接爲搆, 日以心鬪. 縵者·窖者·密者. 小恐惴惴, 大恐縵縵. 其發若機栝, 其司是非之謂也. 其留如詛盟, 其守勝之謂也. 其殺若秋冬, 以言其日消也. 其溺之所爲之, 不可使復之也. 其厭也緘, 以言其老洫也. 近死之心, 莫使復陽也.

6  실제로, 우리는 위대한 유대인 신학자 마르틴 부버(Martin Buber, 1878~1965)의 글에서 "현대" 시대, 실제로는 20세기 초 유럽의 병에 대한 현저하게 비슷한 진단을 발견한다. 일반적으로 I and Thou로 번역되지만 어쩌면 I and You로 더 잘 번역되는 부버의 걸작 〈Ich und Du〉(1923)는 현대 세계에서 증가하는 물질주의에 집중한다. 그는 이런 물질주의가 그에 상응하는 대인관계의 얕음과 진정한 영성의 감소를 가져왔다고 생각했다. 부버는 과학과 세계적인 자본주의의 발생으로 우리의 삶이 무자비한 애씀과 순수하게 도구적 추론의 지배를 받게 되었고, 우리의 가치관은 객관화와 싸구려 만족감에 의해 희박해진다는 위험성을 지적했다. 오늘날 "변덕스러운 사람(capricious man)"은 『장자』에서 나온 "편협한 이해" 구절과 매우 닮았다. "'그것이 발생하도록 하기' 위해 끊임없이 그리고 항상 어떤 특정한 목표를 방해한다 … 변덕스러운 사람의 믿으려 하지 않는 골수는 신의 부재와 우연한 추구 외에는 어떤 것도 진지하게 받아들일 수 없고, 사소한 목표를 설정한 뒤 그것을 어떻게 달성할지를 계획한다. 그의 세계에는 진정한 희생과 품위, 진정한 관계나 단지 지금 이 순간에 살 수 있는 능력이 없다. 그는 단지 목표와 수단으로만 구성된 세계에서 산다. 그것은 운명이라고 부를 수밖에 없다"(Buber 1923/1985: 58~59, Kaufmann에서 수정된 번역[Buber 1970: 109~110]). 흥미롭게도, 부버는 『장자』에 친숙했고, 심지어 그에 대한 잘 알려지지 않은 책 『Talks and Parables of Zhuangzi』(1910)도 집필했다. 부버는 무위를 흥미롭다고 생각했던 것처럼 보이고, 무위와 매우 비슷한 것은 수수하고 진정한 나-너 관계의 후기 이상에 영향을 미쳤던 것처럼 보인다. 부버는 이러한 나-너 관계를 스스로가 느끼기에 너무 일반적이게 되었던 도구적이고 착취적인 "나-그것" 관계와 대조시켰

다. 실제로, 장자와 노자 모두에게서 나온 온갖 종류의 영향은 Ich und Du 전체에서 어렴풋이 나타나지만, 전형적으로 부버 학자들은 중국 자료나 중국 사상과 부버의 관계에 대해 거의 알지 못하기 때문에 그런 영향은 거의 주목되지 않는다. 한 가지 예외에 대해서는 Herman(1996)을 보라.

7   『장자』, 「제물론」, 제5장
    方可方不可. 因是因非, 因非因是. 是以聖人不由, 而照之於天, 亦因是也. 是亦彼也, 彼亦是也. 彼亦一是非, 此亦一是非.

8   장자가 공자를 자기 대변인으로 사용하는 것의 의의에 대해 논쟁이 있는데, 어떤 사람은 그것이 단지 공자를 놀리는 방법일 뿐이라고 느끼지만, 다른 사람은 그것이 공자의 입장에 대한 공감을 반영한다고 느낀다. 이 이야기는 『장자』 「인간세」에 나온다.

9   『장자』, 「인간세」, 제2장
    顔回曰: "吾无以進矣, 敢問其方."
    仲尼曰: "齋, 吾將語若! 有心而爲之, 其易邪? 易之者, 暭天不宜."
    顔回曰: "回之家貧, 唯不飮酒, 不茹葷者數月矣. 如此, 則可以爲齋乎?"
    曰: "時祭祀之齋, 非心齋也."
    回曰: "敢問心齋."
    仲尼曰: "若一志, 无聽之以耳而聽之以心, 无聽之以心而聽之以氣! 耳止於聽, 心止於符. 氣也者, 虛而待物者也. 唯道集虛. 虛者, 心齋也."

10  물론 인지적 통제는 목표 지향적 활동에 집중을 유지하거나 더욱 추상적인 다른 우선사항을 추구하는 데 있어서 바람직하지 않은 자동적인 경향을 뒤엎는 것에서 결정적이다. 제1장에서 나온 스트룹 과제를 생각해보라. 여기에서 우리의 의식적 마음은 단어 자체가 아니라 단어가 인쇄된 상자를 명명하도록 지시받았다. upper로 제시될 때, 성공적인 수행은 우리의 인지적 통제 부위가 그것을 "upper"로 읽으려는 자동적인 경향을 뒤엎고, 우리의 말 중심이 대신에 "lower"를 생산하도록 지시한다. 이것은 매우 유용한 능력이다. 하지만 그것은 거래를 포함한다. 외측전전두엽피질과 같은 부위와 관련된 네트워크가 우리의 행동을 통제하고 있다면, 특히 인지적 유연성을 요구하는 어떤 창조성의 유형은 상처를 입는 것처럼 보인다.

11  Thompson-Schill, Ramscar & Chrysikou(2009)에 수록된 문헌 개관을 보라.

12  Jarosz, Colflesh & Wiley(2012).

13. 창조성과 무의식적 사고에 대해서는 Zhong, Dijksterhuis & Galinsky(2008)를 보고, 또한 "마음 방랑(mind wandering)"과 창조성에 관한 조너선 스쿨러와 동료들의 연구(Smallwood et al. 2008)도 보라. 산만함과 육체적 과제에 관해서는 Jefferies et al.(2008)를 보라.
14. 『장자』, 「달생」, 제4장
    顏淵問仲尼曰: 吾嘗濟乎觴深之淵, 津人操舟若神. 吾問焉, 曰: 操舟可學邪? 曰: 可. 善游者數能. 若乃夫沒人, 則未嘗見舟而便操之也. 吾問焉而不吾告, 敢問何謂也?
    仲尼曰: 善游者數能, 忘水也. 若乃夫沒人之未嘗見舟而便操之也, 彼視淵若陵, 視舟之覆猶其車却也. 覆却萬方陳乎前而不得入其舍, 惡往而不暇!
15. 유익할 학술적 개관에 대해서는 Beilock et al.(2002)와 DeCaro et al.(2011)를 보고, 이해하기 쉬운 단행본 길이의 개관에 대해서는 Beilock(2010)을 보라.
16. Lewis & Linder(1997).
17. Baumeister(1984).
18. Gray, Wiebusch & Akol(2004).
19. 『장자』, 「대종사」, 제9장
    他日, 復見, 曰: "回益矣." 曰: "何謂也?" 曰: "回坐忘矣." 仲尼蹴然曰: "何謂坐忘?" 顏回曰: "墮肢體, 黜聰明, 離形去知, 同於大通, 此謂坐忘." 仲尼曰: "同則無好也, 化則無常也. 而果其賢乎! 丘也請從而後也."
20. 여기에서 "위대한 통로(the Great Thoroughfare)"는 글자 그대로 "도"와 동의어이다.
21. 『장자』, 「제물론」, 제1장
    南郭子綦隱机而坐, 仰天而噓, 荅焉似喪其耦. 顏成子游立侍乎前, 曰: 何居乎? 形固可使如槁木, 而心固可使如死灰乎? 今之隱机者, 非昔之隱机者也. 子綦曰: 偃, 不亦善乎? 而問之也! 今者吾喪我, 汝知之乎? 汝聞人籟而未聞地籟, 汝聞地籟而未聞天籟夫!
22. 『장자』, 「제물론」, 제8장
    有始也者, 有未始有始也者, 有未始有夫未始有始也者. 有有也者, 有无也者, 有未始有无也者, 有未始有夫未始有无也者. 俄而有无矣
23. 장자의 "치료적 회의주의(therapeutic skepticism)"에 대해서는 Ivanhoe(1996: 200~201)를 보라.

24 중국 승려 무문혜개(無門慧開, 1183~1260)가 편찬한『무문관(無門關)』에 수록된 "조주세발(趙州洗鉢)".

25 『장자』,「산목」, 제2장
方舟而濟於河, 有虛船來觸舟, 雖有惼心之人不怒, 有一人在其上, 則呼張歙之. 一呼而不聞, 再呼而不聞, 於是三呼邪, 則必以惡聲隨之. 向也不怒而今也怒, 向也虛而今也實. 人能虛己以遊世, 其孰能害之!

26 『장자』,「달생」, 제9장
紀渻子爲王養鬪鷄, 十日而問, 鷄可鬪已乎? 曰: 未也. 方虛憍而恃氣.
十日又問, 曰: 未也. 猶應嚮景. 十日又問, 曰: 未也. 猶疾視而盛氣.
十日又問, 曰: 幾矣. 鷄雖有鳴者, 已无變矣, 望之似木鷄矣, 其德全矣, 異鷄无敢應, 見者反走矣.

27 『장자』,「제물론」, 제6장
狙公賦芧, 曰 朝三而暮四, 衆狙皆怒, 曰, 然則朝四而暮三, 衆狙皆悅, 名實未虧, 而喜怒爲用, 亦因是也. 是以聖人和之以是非, 而休乎天鈞, 是之謂兩行狙公賦芧, 曰 朝三而暮四, 衆狙皆怒, 曰, 然則朝四而暮三, 衆狙皆悅, 名實未虧, 而喜怒爲用, 亦因是也. 是以聖人和之以是非, 而休乎天鈞, 是之謂兩行

28 『장자』,「산목」, 제3장
故朝夕賦斂, 而毫毛不挫
덴마크의 실존주의자 쇠렌 키에르케고르(Søren Kierkegaard)의 글에서 흥미로운 사실을 드러내는 유사성이 있다. 어떻게 당신이 길에서 만나는 사람은 누구든 "믿음의 기사(knight of faith)"라고 불리는지에 대해 의견을 말하면서 그는 "하느님 맙소사, 이 사람이 그 남자인가요? 정말로 그인가요? 왜 그는 세금 징수관처럼 보이는가!"라고 외친다(Kierkegaard 1954: 49).

29 『장자』,「산목」, 제7장
目之所不宜處. 不給視, 雖落其實, 棄之而走. 其畏人也, 而襲諸人間, 社稷存焉爾.

30 『장자』,「대종사」, 제1장
古之眞人, 其寢不夢, 其覺無憂. 其食不甘, 其息深深.

31 『장자』,「지락」, 제1장
今俗之所爲, 與其所樂, 吾又未知樂之果樂邪, 果不樂邪? 吾觀夫俗之所樂,

擧群趣者, 誙誙然如將不得已, 而皆曰樂者, 吾未知之樂也, 亦未知之不樂也. 果有樂无有哉? 吾以无爲誠樂矣, 又俗之所大苦也. 故曰: 至樂无樂, 至譽无譽.

32 『장자』,「제물론」, 제5장
彼是莫得其偶, 謂之道樞. 樞始得其環中, 以應无窮. 是亦一无窮, 非亦一无窮也. 故曰莫若以明.

33 『장자』,「응제왕」, 제6장
無爲名尸, 無爲謀府, 無爲事任, 無爲知主, 體盡無窮, 而遊無朕, 盡其所受乎天, 而無見得, 亦虛而已.
至人之用心, 若鏡, 不將不迎, 應而不藏, 故, 能勝物而不傷.

34 『장자』,「추수」, 제7장
天在內, 人在外

35 『장자』,「덕충부」, 제4장
魯哀公問於仲尼曰: 衛有惡人焉, 曰哀駘它. 丈夫與之處者, 思而不能去也. 婦人見之, 請於父母曰: 與爲人妻, 寧爲夫子妾者, 十數而未止也. 未嘗有聞其唱者也, 常和人而矣. 无君人之位以濟乎人之死, 无聚祿以望人之腹. 又以惡駭天下, 和而不唱, 知不出乎四域, 且而雌雄合乎前. 是必有異乎人者也. 寡人召而觀之, 果以惡駭天下

36 『장자』,「덕충부」, 제1장
魯有兀者王駘, 從之遊者, 與仲尼相若, 常季問於仲尼曰: 王, 兀者也, 從之遊者, 與夫子中分魯. 立不敎, 坐不議, 虛而往, 實而歸. 固有不言之敎, 無形而心成者邪? 是何人也?
仲尼曰: 夫子, 聖人也, 丘也直後而未往耳. 丘將以爲師, 而況不若丘者乎! 奚假魯國! 丘將引天下而與從之.
常季曰: 彼兀者也, 而王先生, 其與庸亦遠矣. 若然者, 其用心也獨若之何?
仲尼曰: 死生亦大矣, 而不得與之變, 雖天地覆墜, 亦將不與之遺. 審乎無假而不與物遷, 命物之化而守其宗也. 常季曰: 何謂也?

『장자』,「덕충부」, 제2장
仲尼曰: 自其異者視之, 肝膽楚越也. 自其同者視之, 萬物皆一也.
夫若然者, 且不知耳目之所宜而遊心乎德之和. 物視其所一而不見其所喪, 視喪其足猶遺土也. 常季曰: 彼爲己, 以其知得其心, 以其心得其常心, 物何爲

最之哉.

仲尼曰: 人莫鑑於流水, 而鑑於止水, 唯止能止衆止. 受命於地, 唯松柏獨也正, 在冬夏靑靑. 受命於天, 唯堯舜獨也正, 在萬物之首. 幸能正生, 而正衆生. 夫保始之徵, 不懼之實. 勇士一人, 雄入於九軍, 將求名而能自要者, 而猶若是, 而況官天地, 府萬物, 直寓六骸, 象耳目, 一知之所知, 而心未嘗死者乎! 彼且擇日而登假, 人則從是也. 彼且何肯以物爲事乎!

37 최근 논의에 대해서는 Christakis & Fowler(2012)를 보라.

38 『장자』, 「대종사」, 제2장
不如相忘於江湖

39 『장자』, 「덕충부」, 제6장
惠子謂莊子曰: 人故无情乎? 莊子曰: 然. 惠子曰: 人而无情, 何以謂之人? 莊子曰: 道與之貌, 天與之形, 惡得不謂之人?

惠子曰: 旣謂之人惡得無情. 莊子曰: 是非吾所謂情也. 吾所謂无情者, 言人之不以好惡內傷其身, 常因自然而不益生也.

惠子曰: 不益生, 何以有其身? 莊子曰: 道與之貌, 天與之形, 无以好惡內傷其身. 今子外乎子之神, 勞乎子之精, 倚樹而吟, 據槁梧而瞑. 天選之形, 子以堅白鳴!

40 『장자』, 「덕충부」, 제6장
惠子謂莊子曰: 人故无情乎? 莊子曰: 然. 惠子曰: 人而无情, 何以謂之人?

41 『장자』, 「덕충부」, 제6장
惠子曰: 不益生, 何以有其身?
莊子曰: 道與之貌, 天與之形, 无以好惡內傷其身. 今子外乎子之神, 勞乎子之精, 倚樹而吟, 據槁梧而瞑. 天選之形, 子以堅白鳴!

42 『장자』, 「응제왕」, 제6장
无爲名尸, 无爲謀府. 无爲事任, 无爲知主. 體盡无窮, 而遊无朕, 盡其所受乎天, 而无見得, 亦虛而已. 至人之用心若鏡, 不將不迎, 應而不藏, 故能勝物而不傷.

43 "오줌과 똥에 있다." 글자 그대로의 번역으로, 이것은 장자가 의도적으로 충격을 주고자 한 것이다.
『장자』, 「지북유」, 제6장
東郭子問於莊子曰: 所謂道, 惡乎在? 莊子曰: 無所不在. 東郭子曰: 期而後可. 莊子曰: 在螻蟻. 曰: 何其下邪? 曰: 在稊稗. 曰: 何其愈下邪? 曰: 在瓦甓. 曰: 何其愈甚邪? 曰: <u>在屎溺</u>.

44  『순자』,「해폐」
莊子蔽於天而不知人.

45  『장자』,「제물론」, 제4장
夫言, 非吹也. 言者有言, 其所言者, 特未定也. 果有言邪, 其未嘗有言邪. … 故有儒墨之是非, 以是其所非而非其所是, 欲是其所非, 而非其所是, 則莫若以明.

46  『장자』,「전자방」, 제4장
孔子曰: 夫子, 德配天地, 而猶假至言, 以修心, 古之君子, 孰能脫焉?
老聃曰: 不然. 夫水之於汋也, 無爲而才自然矣. 至人之於德也, 不修而物不能離焉, 若天地自高, 地之自厚, 日月之自明, 夫何修焉?

〈제7장〉

1  나는 "덕의 역설"에 관한 데이비드 니비슨의 논문(Nivison 1996: 31~43)에서 영감을 받아 1998년 나의 박사학위논문에서 이 용어를 만들었고, Slingerland (2000a, 2003b)에서 이 역설을 상세히 설명하고, Slingerland(2008)에서 최신 증거를 제시했다. 그 이후로 점점 더 많은 학자들이 덕의 역설이나 무위의 역설과 매우 비슷한 초기 중국 사상의 긴장에 이끌리고, 선행 학문에 대한 다양한 인식과 함께 이 주제를 탐구했다(Meyer 2008; Graziani 2009; Bruya 2010; De Prycker 2011를 보라).

2  돈오-점수 논란에 대해서는 Gregory(1987)를 보라.

3  Suzuki(1970: 37, 100).

4  MacIntyre(1990); 메노 문제와 아리스토텔레스에 대해서는 Slingerland (2003b)를 보라.

5  Embree(1988: 281~286).

6  Barrows & Blackall(2008: 29).

7  Nivison(1996: 17~56). 니비슨은 나의 박사학위논문 심사위원인 아이반호(P. J. Ivanhoe)의 박사학위논문 심시위원이었고 나의 지적 조상이다. 즉, 나는 다양한 수준에서 두 학자의 연구에서 영향을 받았다.

8  Nivison(1996: 23).

9   Klein(1989). 인간 사회성에 관한 더욱 최근 연구(Hill et al. 2011; Chudek, Zhao & Henrich 2013)에서는 인간의 친사회적 심리학이 문화적으로 형성된 것이 도시 생활로의 전환보다 먼저 일 수 있다고 제안했다. 수렵·채집자 집단 구성은 많은 수의 무관한 개인들을 포함할 수 있기 때문에 이런 집단은 종종 더욱 큰 부족 네트워크에서 상호작용할 수 있고, 낯선 사람들과의 단 한 번의 상호작용은 비농업 민족들에서 결코 드물지 않다. 이런 경우에, 문명화된 도시 생활로의 전환을 만들어 내는 데 관여하는 도전은 단순히 특유한 사회적 종의 문화적·유전적 진화에서 단순히 하나의 특별한 극적인 단계를 나타낸다.

10  이런 종류의 논쟁에 대한 소개를 위해서는 Barkow, Cosmides & Tooby(1992)와 Buss(2005)에 수록된 논문들을 보라.

11  Frank(1988, 2001).

12  Frank(1988: 255).

13  Frank(1988: ix). Randolph Nesse(2001)와 Joyce, Sterelny & Calcott(2013)가 편집한 독창적인 단행본에 수록된 논문들을 보라.

14  Slingerland(2008).

15  『語叢』〈三〉-8. (郭店楚墓竹簡)
    父孝子愛, 非有爲也.

16  『語叢』〈一〉-55~58. (郭店楚墓竹簡)
    爲孝, 此非孝也; 爲弟, 此非弟也; 不可爲也, 而不可不爲也. 爲之, 此非也;
    弗爲, 此非也.

17  협동에 대한 진화론 문헌의 유익하고 이해하기 쉬운 짧은 개관에 대해서는 Pennisi(2009)를 보라.

18  Zahavi & Zahavi(1997).

19  껑충껑충 뛰기(stotting)가 작동한다는 증거가 있다. 인상적이게 껑충껑충 뛰는 사자는 더 쉬운 먹잇감을 찾아 자리를 뜨고, 사자와 가젤 모두에게 많은 근심을 덜어준다. 호르몬 수치와 억누를 수 없는 경쟁력은 인간 남성 십대들에게서 엔진 크기를 알리는 신호법은 실제로 경고라기보다는 초대로 기능하지만, 어쩌면 드래그 레이스(특수 개조된 자동차로 짧은 거리를 달리는 경주)가 단지 페달을 최대로 밟는 것을 포함하고, 최소의 생존 결과를 가지기 때문이다. 십대들이 걸어서 서로 경주를 해야 하고, 지는 사람이 굶주림이나 산 채로 먹히는 것에 직면한다면, 당신은 출발선에서 더 많은 패배 인정을 볼 것이

라고 확신할 것이다.
20  다양한 종에서 신호법과 협동에 대해서는 Maynard Smith & Harper(2003)를 보라.
21  데스 메탈 가사가 어느 교외 고립된 십대들의 집단을 이런 가치관에 물들게 할 때, 그 결과는 다소 일시적이고 어리석은 것처럼 보일 수 있다. (나는 지금은 30대의 교양 있는 교수인 내 동료의 아들이 적어도 한 두 개의 이런 문신을 후회할 것이라는 느낌이 어렴풋이 든다.) 하지만 한 특별한 집단에 자신이 회원이고, 그 집단의 가치관은 받아들이고 다른 집단의 가치관을 거부한다는 것을 극적으로 알리고 싶은 강력한 욕구는 일반적인 인간 충동이다. 당신은 스스로를 영구적으로 표시함으로써 당신 팀에 대한 헌신을 입증하고 또한 변경할 수 없는 방식으로 당신의 운명과 나의 운명을 맺어주기도 한다. (특정한 유형의 옷을 입는 것과 같은 일시적인 표시와는 반대로) 영구적인 표시 관행의 만연성은 집단간 전쟁의 강도와 상관성을 이룬다는 몇몇 증거가 있다. 부족들이 끊임없이 이웃 부족들과 전쟁을 하는 지역에서, 잠재적인 변절을 줄이려는 압력은 영구적인 집단 표시로 사람들을 단결시키는 관행이 발생하여 계속 전해질 것임을 의미한다(Sosis, Kress & Boster 2007).
22  악센트가 없는 언어 습득을 위한 "결정적 시기"가 언제 끝나는지에 대한 (6세에서 16세에까지 걸치는) 다양한 평가가 있으며, 이것은 어쨌든 개인마다 다른 것처럼 보인다. 그것을 단지 "민감한" 시기로 간주하는 것이 더 좋을 수 있는데, 왜냐하면 첫 노출의 나이에 따라 눈에 띄는 악센트의 증가가 어떤 특별한 나이에 급격하게 뛰어오르기보다는 선형적인 것처럼 보이기 때문이다. 개관에 대해서는 Piske, MacKay & Flege(2001)를 보라.
23  캐서린 킨즐러(Katherine Kinzler)와 동료들의 연구는 악센트가 아이들에게 매우 두드러진 집단 표시라는 것을 증명한다. 아이들은 자신의 모국어 악센트를 공유하는 사람들을 선택적으로 신뢰하고 그들과 협동한다는 것이다. 이것은 흥미롭게도 인종과 같은 육체적 외모를 이기는 효과이다(Kinzler, Dupoux & Spelke 2007; Kinzler, Corriveau & Harris 2011).
24  2차 세계대전 동안 미국인들은 유명하게도 야구에 대한 지식을 진짜 미국인과 미국인인 체하는 외국 행위자들을 구분하기 위한 구호로 사용했다. 어쩌면 당신은 이중언어 환경에서 자란 독일인이기 때문에 미국영어를 완벽하게 구사하지만, 누가 1939년 월드시리즈에서 우승했는가? 이 특별한 구호는 악센

트와 다르지 않은 방식으로 조작할 수 없다. 당신이 나의 문화적 환경에서 성장하지 않았다면, 간단히 나의 야구 지식을 공유할 수 있는 방법은 없다는 것이다. 나는 안식년 동안 로마에서 살 때 현지 로마인들과 어울리고 나의 이탈리아어를 향상시킬 수 있는 능력에서 위험 부담은 덜하지만 구조적으로 비슷한 문제에 직면했다. 당신이 세리에(Serie) A 축구의 구석구석을 알지 못하면 어쩌면 이야기할 시간을 낭비할 가치가 없다. 다른 한편으로, 노자 vs. 로마의 가장 최신 노작勞作에 대한 약간의 지식을 가지고 말할 수 있다면, 악센트는 웃기겠지만 그렇게 나쁘지는 않을 것이다.

25 Norenzayan et al.
26 Bulbulia(2008); Schloss(2008).
27 흥미롭게도 위대한 자연주의자 겸 진화 이론의 형성자인 찰스 다윈(Charles Darwin)은 자기 아이에게서 동일한 현상을 지적했다. 그는 확실히 거짓말을 하고 있는 한 아기에게서 식별한 미묘한 얼굴 표정에 대해 이야기하고, 그것을 "부자연스러운 눈의 빛남 … 묘사하기 불가능한 이상하고 부자연한 방식"(Darwin 1872/1998: 261)으로 특징짓는다. 자기 아이의 "이상하고 부자연한 방식"에 대한 다윈의 관심은 동물 종들의 정서 표현에 대한 더 큰 관심의 일부였다. 그의 책은 정서 표현에서의 유사성에 대한 심오한 통찰력과 마음 상태를 나타내는 데 있어서 그런 정서 표현의 가능한 진화적 역할 때문에 오늘날 읽을 가치가 매우 많다.
28 Ekman(1985).
29 이런 방식으로 읽을 수 있는 것들 중 하나는 바람직하거나 바람직하지 않은 사회적 결과를 일으키는 호르몬의 존재라는 몇몇 증거가 있다. 예컨대, 최근 연구에서는 테스토스테론이라는 남성 호르몬의 수치와 그에 따라 폭력 경향을 얼굴 표정과 신체적 단서의 얇은 조각들에서 빠르고 정확히 결정할 수 있다는 것을 암시했다(Stillman, Maner & Baumeister 2010). 사회적 바람직성 스펙트럼의 반대 끝단에서, 다른 최근 연구들은 실험대상자들이 그들을 인간 신뢰와 협동, 공감에 관한 핵심 호르몬인 옥시토신의 높은 수준을 가지도록 만드는 유전자형 변이를 가진 사람을 식별할 수 있다고 제안했다(Kosfeld et al. 2005; Kogan et al. 2011).
30 Vrij et al.(2008).
31 눈동자가 약간 커진다. Hess(1965), Kahneman(2011: 32~38)에서 인용하고 논

의하였다.

32　Greene & Paxton(2009).

33　Rand, Greene & Nowak(2012). 도덕적 위선이 인지적 짐에 의해 짧아질 수 있는 의식적 과정이라고 제안하는 Tomasello(2012)에 수록된 최근 개관과 Valdesolo & DeSteno(2008)의 연구를 참조해 보라.

34　『논어』,「위정」, 제10장
視其所以, 觀其所由, 察其所安. 人焉廋哉? 人焉廋哉?

35　『장자』,「대종사」, 제1장
古之眞人, 其寢不夢, 其覺無憂, 其食不甘, 其息深深. 眞人之息以踵, 衆人之息以喉. 屈服者, 其嗌言若哇. 其耆欲深者, 其天機淺. … 古之眞人, 其狀義而不朋, 若不足而不承. 與乎其觚而不堅也, 張乎其虛而不華也. 邴邴乎其似喜也! 崔乎其不得已也! 滀乎進我色也, 與乎止我德也. 厲乎其似世也! 謷乎其未可制也. 連乎其似好閉也, 悗乎忘其言也.

36　『대학』, 傳六章 釋誠意
所謂誠其意者 毋自欺也 如惡惡臭 如好好色 此之謂自謙 故君子 必愼其獨也 小人閒居爲不善 無所不至 見君子而后厭然 揜其不善 而著其善 人之視己 如 見其肺肝然 則何益矣 此謂誠於中 形於外 故君子必愼其獨也 曾子曰 十目所視 十手所 其嚴乎 富潤屋 德潤身 心廣體胖 故君子必誠其意

37　이는 전 세계와 전 역사에서 사상가들이 자발성과 헌신, 신뢰 간의 연결을 인간 공동생활의 중심으로 간주했던 이유이다. 매우 흥미로운 한 가지 예는 독일 사상가 한스-게오르그 가다머(Hans-Georg Gadamer, 1900~2002)가 개발한 "놀이(play)"(Spiel)의 개념이다. 가다머가 말하는 놀이는 힘들이지 않음, 의도성의 소실, 자신보다 더 큰 무언가에 몰입한다는 느낌과 같은 무위의 모든 현저한 특징을 공유한다. 가다머에게 있어서, 놀이는 "무아경의 자기망락(ecstatic self-forgetfulness)"을 포함하는데, 여기에서 사람은 게임의 구조에 완전히 몰입되고 그것에 휩쓸리고, 제한된 이기적인 자아의 초월을 허용한다(Gadamer, 2004). 놀이와 종교, 집단에 대한 전념 간의 연결은 또한 네덜란드 학자 요한 하위징아(Johan Huizinga 1872~1945)의 연구에서도 나타나는데, 그의『놀이하는 인간: 문화의 놀이 요소에 관한 연구 *Homo Ludens: A Study of the Play Element of Culture*』(Huizinga 1939/1955)에서는 놀고자 하는 본능이 문화로 함께 모일 수 있는 우리의 능력에 중심적이라고 주장한다. 가다

머처럼, 그도 놀이의 핵심 요소가 자아를 자아보다 더 큰 무언가로 넘겨주는 것으로 간주한다. 호이징하는 "그가 신성한 사물의 질서에 내포되어 있다는 인간의 의식은 놀이의 형태와 기능에서 가장 높고 가장 신성한 첫 번째 표현을 발견한다"(1939/1955: 17)라고 했다. 개인들의 집단이 독립적인 단위들의 집합체 그 이상인 무언가로 통일되기 위해서 그들은 함께 놀고 새롭고 공유된 실재에 몰두할 필요가 있다.

38  미덕 윤리학(virtue ethics)과 그것이 최근 서양 사상에서 더욱 지배적인 윤리학의 차가운 인지 스타일과 어떻게 다른지에 대한 소개는 MacIntyre(1985)이나 Crisp & Slote(1997)에 수록된 논문들을 보라. Van Norden(2007)과 Angl(2009)은 이런 주제들을 중국 문맥과도 연결하는 좋은 논의를 담고 있다.
39  Goodman(2012).
40  노숙자의 실제 빈곤과 심지어 품성을 의심하는 그 이후의 보도(Santora & Vadukul 2012; Jones 2012)는 단지 이른바 도덕적 행동처럼 보인 것에 관해 "진실한 불안(sincerity anxiety)"의 다른 증거가 된다.
41  『니코마코스 윤리학*Nicomachean Ethics*』(1105a, 27~31; Aristotle(1999: 39~40). 실제로 미덕에 관해 내적 동기의 결정적 중요성 때문에 아리스토텔레스는 이 장의 시작 부분에서 지적했던 견해를 취하게 되었다. "만약 우리가 공정하거나 온건한 것을 한다면, 우리는 이미 공정하거나 온건해야 한다." 즉, 누군가가 적어도 초기 형태로 이미 갖고 있지 않은 미덕을 획득하도록 훈련시키는 것은 불가능하다는 것이다.
42  (나의 이전 논문 심사위원을 포함해) 나의 동료들은 이것이 정확히 우리가 해야 하는 것이라고 주장했다. 무위의 역설이 진정한 역설이라는 생각에 대한 비판을 위해서는 Fraser(2007)와 Ivanhoe(2007b)를 보라. 나의 학술적 반응뿐만 아니라 Knightly(2013)에서 이루어진 유익한 논의를 위해서는 Slingerland(2008)를 보라. 이 책은 또한 Slingerland(2003b, 2008)에서 나온 주장들에 대한 더욱 정교하고 과학에 근거한 확장을 구성한다.

〈제8장〉

1  유전학과 보수주의-진보주의 구분에 관한 최근 연구에 대해서는 Hatemi & McDermott(2012)를 보라.
2  DeCaro & Beilock(2010)에 수록된 논문과 참고문헌을 보라.

3   영국 철학자 화이트헤드(Alfred North Whitehead, 1861~1947)는 그의 문화가 의식적 반성과 자기통제를 강조하는 것을 공공연히 비난했다. "우리가 하고 있는 것에 대해 생각하는 습관을 배양해야 한다는 것은 모든 책과 연설을 하는 유명한 사람들이 반복하는 매우 잘못된 자명한 이치이다. 정확히 반대가 참이다. 문명은 우리가 생각하지 않고서 수행할 수 있는 작용의 수를 확장함으로써 발전한다. 사고의 작용은 전쟁에서 기병의 돌격과 비슷하다. 즉, 기병의 돌격은 수가 엄격히 제한되어 있고, 건강한 말을 요구하고 결정적인 순간에만 만들어져야 한다"(Bargh & Chartrand 1999에서 인용한 Whitehead 1911). 차가운 인지의 한정성은 빠르고 신뢰할 만한 대부분의 행동도 이런 식으로 자동화될 필요가 있다는 것을 의미한다. 프랑스 신경과학자 알랭 베르토즈는 뇌가 원래 에너지를 쏟는 많은 운동 프로그램을 아름답고 부드러운 한 가지 "단순한" 작용으로 압축하는 현상을 가리키기 위해 simplexité("simplex")라는 신조어를 만들어내었다(Berthoz 2009). 뜨거운 인지를 이런 식으로 갈고닦지 않았다면 우리는 이 세상에서 활동할 수 없다.

4   예컨대, Rosemont & Ames(2009)에 수록된 서론을 보라. 하지만 자아에 대한 유교의 개념에서 "타자성(otherness)"에 관한 더욱 강력한 주장에 관한 견해에 대해서는 Ivanhoe(2008)를 비교해 보라.

5   Brooks(2013b); 유교를 주제로 한 칼럼에 대해서는 Brooks(2013a)를 보라.

6   Sarkissian(2010). 또한 Hutton(2006)을 보라.

7   상황주의 문헌에 대한 대중적인 소개에 대해서는 Sommers(2012)를 보라. 상황주의 비평과 유교 윤리학의 논의에 대해서는 Slingerland(2011b)를 보라.

8   실제로, 오늘날의 많은 사회적 불행들이 전통을 거부해서 유발된다고 주장하는 윌리엄 베네트(William Bennett)와 같은 문화적 보수주의자들이 우리와 같은 연안의 대도시 진보주의자들이 생각하는 경향이 있는 만큼 미치지 않을 수 있다는 것이 가능하다. 애국심을 부추기는 사람들과 허풍쟁이들 사이에서 유교 스타일의 통찰력이 잠복해 있다. 예컨대, 『미덕의 책 *Book of Virtues*』(Bennett 1993)은 전통적인 유교 텍스트와 유사하고, 전통적인 실례를 통해 도덕적 미덕을 전달한다.

9   논의와 참고문헌에 대해서는 Reber & Slingerland(2011)를 보라.

10  이것은 풍수(fengshui)처럼 들릴 수 있지만, 그것을 그렇게 불러서는 안 된다. (어쩌면 중국철학 교수로서 가장 성가신 점은 풍수에 대해 끊임없이 질문 받

는 것이다.) 다소 기적적으로 면하게 된 사람들에게, 풍수(글자 그대로 "바람과 물") 이면의 기본적인 생각은 당신 집이나 사업의 기를 조화롭게 하는 것이 번창과 행복을 가져다줄 수 있다는 것이다. 나는 풍수를 중히 여기지 않으며, 그것이 내가 공부하는 중국철학의 시기 이후에 발생했기 때문에 나에게 심지어 전문적으로 그것에 관심이 있는 척할 의무가 없다. 하지만 나는 다른 식으로는 엉뚱한 관행의 중심에 진리의 핵이 있고, 그것이 실제로 초기 유교에 뿌리를 두고 있다고 주장할 것이다.

11  "습관의 힘(power of habit)"에 관해서는 Duhigg(2012)를 보라.
12  Smilek et al.(2006); M. Watson et al.(2010).
13  Dijksterhuis & Meurs(2006); Zhong, Dijksterhuis & Galinsky(2008).
14  Marcks & Woods(2005); Wegner(2011).
15  『노자』, 제60장.
    治大國, 若烹小鮮
16  "자면서 생각하기" 접근법에 관해서는 "유형 3"이나 "체계 3" 인지 과정에 관한 아프 데이크스테르하위스의 최근 연구를 보라(Dijksterhuis et al., 2013).
17  1976년 앨범 《모던 러버스 *Modern Lovers*》(비저클리 음반사)에 수록되어 있는 조너선 리치먼 작사의 〈파블로 피카소〉.
18  Schumpeter(2012).
19  Economist(2011).
20  실제로 한국의 이미지를 전 세계에 알리기 위해 〈강남스타일〉을 사용하길 바랐던 한국 관료들은 스스로 결코 예측하거나 조직화할 수 없었던 열풍을 따라잡기 위해 앞을 다투는 것처럼 보인다(Fackler, 2013).
21  Schooler, Ariely & Loewenstein(2003).
22  Wilson & Schoole(1991); Wilson et al.(1993).
23  Melcher & Schooler(1996).
24  대중적인 도시 신화(그것이 엘리트 죽이기(elite-bashing)이기 때문에 대중적이라는 것이 나의 추측이다)는 와인 전문가가 블라인드 시음회에서 심지어 화이트와인과 레드와인 차이를 구분하지 못하고, 와인 순위와 선호도가 모두 사회적 제안과 마케팅 때문이라고 주장한다. 실증적 연구에서는 초보자들은 등급과 묘사에서 남의 영향을 많이 받고 가변적이지만, 전문가들은 특히 경험이 풍부한 와인의 스타일에 관해 훨씬 덜 그러하다고 제안한다. 이 연구에 대해

서는 Lehrer(2009)와 Ashton(2012)을 보라.
25  Haidt(2005: 195).
26  이 행위의 매개물은 인간 신뢰와 협동에서 작동하는 핵심 호르몬인 옥시토신인 것처럼 보이고, 인과성은 양 방향으로 진행된다. 사람들에게 코로 옥시토신을 주입하면 그들은 사회적 상호작용에서 더 관대하고 사람을 의심하지 않게 만든다(Kosfeld et al. 2005; Zak, Stanton & Ahmadi 2007). 다른 경우로는, 정서를 유발하는 동영상을 보여줌으로써 사람들에게 공감을 유도하면 옥시토신 수치가 증가하고, 이것은 다시 그 다음 경제 게임에서 사람들을 더 관대하게 만들고(Barraza & Zak 2009), 모유 수유하는 어머니에게 유전자 단백질 합성과 보살피는 행동을 증가시킬 수도 있다(Silvers & Haidt 2008).
27  Lutz et al.(2008).
28  Ozawa-de Silva & Dodson-Lavelle(2011). 하지만 실제 측정 가능한 영향을 평가하는 것은 대대적이고 적당하게 임의로 추출한 현재 진행 중인 연구의 결과를 기다리고 있다. 이 프로그램의 더 많은 배경과 성과에 대해서는 Emory-Tibet Partnership(2013)을 보라.
29  Sheldon & Lyubomirsky(2004); Dunn & Norton(2013).
30  Emmons & McCullough(2003, 2004).
31  Beilock et al.(2002).
32  Wulf & Lewthwaite(2010)에 수록된 논문을 보라. 또한 로빈 잭슨(Robin Jackson)과 동료들의 관련 연구를 보라. 이들은 운동선수들이 드리블을 할 때 발의 어떤 면을 사용할지 또는 얼마나 정확히 무릎을 움직일지와 같은 동작의 실제 세부사항보다는 전략적인 최종 목표나 전체적인 신체적 전략에 집중할 때 더 효과적이라고 제안한다(Jackson, Ashford & Norsworthy 2006).
33  "숨막힘"에 관한 스포츠 심리학 문헌의 풍부한 내용뿐만 아니라 "'머리 바깥이나' 적어도 전전두엽피질 바깥에서 어떻게 경기할지"와 관련된 특정한 충고에 대해서는 Beilock(2010)을 보라.
34  이 연구에 대해서는 Shapiro, Schwartz & Santerre(2005)와 Siegel(2007)을 보라.
35  Austin(2001).
36  Shapiro, Schwartz & Santerre(2005).
37  미하이 칙센트미하이는 너무 수줍어하거나 너무 "겉만 번드르르한" 것처럼 보

이지 않고 파티에 참가하기를 원하는 사람들에게 이와 같은 유용한 충고를 한다. 이것은 기본적으로 덕으로 어떻게 사교적 모임에 참석할지에 대한 충고이다. 그는 흐름 속에 있는 사람이 "방에 들어가자마자 주의를 자신으로부터 그가 들어가고자 하는 '행동 체계'인 파티로 돌리고자 한다"고 말한다 (Csikszentmihalyi 1990: 210~211). 그는 마음을 터놓고 군중에게 말을 하여, 스스로가 흥미롭고 기여할 무언가를 가지고 있던 대화에 끌려 들어가도록 할 것이다. 부정적인 의견에 부닥칠 때 그는 뒷걸음질 치고, 긍정적인 의견으로 환영받을 때는 나아갈 것이다. 이것은 공자나 활동하고 있는 장자 성인과 매우 비슷하게 들린다. 칙센트미하이의 결론은 "사람의 행동이 행동 체계의 기회와 적절하게 일치될 때만 그는 진심으로 관여된다." 즉, 그것은 모두 복잡성과 도전의 적절한 수준에 관한 것이다. 무위에 대한 우리의 이해는 오히려 그것이 자아를 상실하여 더 큰 무언가에 몰입하는 것에 대한 것이라는 것을 암시한다.

38 서론에서 논의한 야구 투수 스티브 블래스의 경우를 생각하면, 블래스가 정신적 방해로부터 벗어나서 진짜 경기에서 효과적으로 던질 수 있었던 것은 와인 한 병을 다 마시고 난 후였다고 지적하는 것은 아마 여기에서 적절하다. 그가 궁극적으로 결심한 기법은 자신의 문제에 대한 장기적으로 유익한 해결책은 아니었다(Hattenstone 2012). 우리는 술과 다른 알코올음료가 우리의 의식적 통제 부위를 강제적으로 발현을 억제하면서 무위로 가는 화학적 지름길로 기능할 수 있다는 것을 보았다. 알코올음료가 우리의 의식적 마음을 인위적이고 일시적으로 억압하는 것은 어떤 상황에서는 정확히 사회적 상황에서 무위의 역설을 통과하기 위해 필요한 작은 점프 스타트(즉, 차의 배터리가 다 됐을 때 다른 차의 배터리에 연결시켜 시동걸기)이다. 다른 사람들 주변에서 무위에 들어가지 못하게 하는 대인적 걱정이나 어색함은 전형적으로 당신을 대화나 수행의 흐름에 몰두하게 하여 스스로부터 주의를 전환함으로써 극복된다. 그것은 가장 어려운 첫 번째 단계이지만, 다소 긴장 풀기를 시작할 수 있다면 그 긴장 풀기는 긍정적 고리에서 스스로에 기반을 둘 것이다. 와인 한 병이나 보드카 한잔은 어쩌면 야구에서 9회까지 투구를 하거나 시속 100마일 서브를 받아야 하는 사람에게는 유용한 선택권이 아니지만, 무대공포증이 있는 여배우나 칵테일 파티 대화에 함께 하는 것을 불안해하는 낯선 사람이나 내가 직접 26살에 발견했듯이 사람들로 가득 찬 큰 강의실에서 (역시 장자의 무위에 관한) 첫 강의를 하려는 긴장한 대학원생에게는 의사가 지시한

것일 수는 있다.
39  고전 연구에 대해서는 Neisser(1976)와 Gibson(1979)을 보고, 더욱 최근 연구에 대해서는 Clark(1997)와 Noë(2004)를 보라.
40  Kahneman(2003, 2011).
41  Lakoff & Johnson(1980).
42  『논어』, 「자로」, 5
43  "왜 중국은 결코 과학을 발달시키지 못했는가"라는 질문은 조지프 니덤(Joseph Needham)이 처음 제기했고, 1954년에 시작된 지금은 거의 30권이나 되는 시리즈와 함께 중국의 과학과 문명에서 탐구된 중국의 과학과 기술에 관한 거대한 프로젝트에 만연한 질문이다. 고대 중국과 고대 그리스에서 과학과 이성에 대한 비교 연구에 대해서는 Lloyd & Sivin(2002)을 보라.

| 참고문헌 |

Alcorta, Candace Storey, and Richard Sosis. 2007. Why ritual works: A rejection of the by-product hypothesis. *Behavioral and Brain Sciences* 29 (6): 613-614.

Ames, Roger. 2011. *Confucian role ethics*. Hong Kong: Chinese University of Hong Kong Press.

Angle, Stephen. 2009. Defining "virtue ethics" and exploring virtues in a comparative context. *Dao* 8 (3): 297-304.

Ansfield, Matthew, Daniel Wegner, and Robin Bowser. 1996. Ironic effects of sleep urgency. *Behavior Research and Therapy* 34 (7): 523-531.

Aristotle. 1999. Nicomachean ethics. Translated by Terence Irwin. Indianapolis: Hackett.

Ascher, L. Michael, and Ralph Turner. 1980. A comparison of two methods for the administration of paradoxical intention. *Behavior Research and Therapy* 18 (2): 121-126.

Ashton, Robert. 2012. Reliability and consensus of experienced wine judges: Expertise within and between? *Journal of Wine Economics* 7 (1): 70-87.

Austin, James. 2001. *Zen and the brain*. Cambridge, MA: MIT Press.

Baier, Annette. 1994. *Moral prejudices: Essays on ethics*. Cambridge, MA: Harvard University Press.

Banich, Marie. 2009. Executive function: The search for an integrated account. *Current Directions in Psychological Science* 18 (2): 89-94.

Bargh, John. 1997. Reply to the commentaries. In *The automaticity of everyday life: Advances in social cognition*, edited by R. Wyer, 231-246. Mahwah, NJ: Erlbaum.

Bargh, John, and Tanya Chartrand. 1999. The unbearable automaticity of being. *American Psychologist* 54: 577-609.

Bargh, John, Mark Chen, and Lara Burrows. 1996. Automaticity of social behavior: Direct effects of trait construct and stereotype activation on action. *Journal of Personality & Social Psychology* 71 (2): 230-244.

Bargh, John, Kay Schwader, Sarah Hailey, Rebecca Dyer, and Erica Boothby. 2012. Automaticity in social-cognitive processes. *Topics in Cognitive Science* 16 (12): 593-605.

Barkow, Jerome H., Leda Cosmides, and John Tooby, eds. 1992. *The adapted mind: Evolutionary psychology and the generation of culture.* New York: Oxford University Press.

Barraza, Jorge, and Paul Zak. 2009. Empathy toward strangers triggers oxytocin release and subsequent generosity. *Annals of the New York Academy of Sciences* 1167: 182-189.

Barrett, Nathaniel F. 2011. Wuwei and flow: Comparative reflections on spirituality, transcendence, and skill in the Zhuangzi. *Philosophy East and West* 61 (4): 679-706.

Barrows, Annie, and Sophie Blackall. 2008. *Ivy and Bean: Bound to be bad.* San Francisco: Chronicle Books.

Barsalou, Lawrence. 1999. Perceptual symbol systems. *Behavioral and Brain Sciences* 22: 577-609.

Baumeister, Roy. 1984. Choking under pressure: Self-consciousness and paradoxical effects of incentives on skillful performance. *Journal of Personality and Social Psychology* 46: 610-620.

Baumeister, Roy, Ellen Bratslavsky, Mark Muraven, and Dianne Tice. 1998. Ego depletion: Is the active self a limited resource? *Journal of Personality and Social Psychology* 74: 1252-1265.

Baumeister, Roy F., E. J. Masicampo, and Kathleen D. Vohs. 2010. Do conscious thoughts cause behavior? *Annual Review of Psychology* 62 (1): 331-361.

Baxter, John. 1999. *George Lucas: A biography.* London: HarperCollins.

Beilock, Sian. 2010. *Choke: What the secrets of the brain reveal about getting it right when you have to.* New York: Free Press.

Beilock, Sian, Thomas Carr, Clare MacMahon, and Janet Starkes. 2002. When paying attention becomes counterproductive: Impact of divided versus skill-focused attention on novice and experienced performance of sensorimotor skills. *Journal of Experimental Psychology* 8 (1): 6-16.

Bellah, Robert, Richard Madsen, William Sullivan, Ann Swidler, and Steven Tipton. 1996. *Habits of the heart: Individualism and commitment in American life*. Berkeley: University of California Press.

Bennett, William, ed. 1993. *The book of virtues: A treasury of great moral stories*. New York: Simon & Schuster.

Berthoz, Alain. 2006. *Emotion and reason: The cognitive neuroscience of decision-making*. New York: Oxford University Press.

Berthoz, Alain. 2009. *La simplexité*. Paris: Odile Jacob.

Blair, James. 2001. Neurocognitive models of aggression, the antisocial personality disorders, and psychopathy. *Journal of Neurology, Neurosurgery, and Psychiatry* 71: 727-731.

Blass, Steve, and Erik Sherman. 2013. *A Pirate for life*. New York: Triumph Books.

Bloom, Paul. 2004. *Descartes' baby: How the science of child development explains what makes us human*. New York: Basic Books.

Boehm, Christopher 1999. *Hierarchy in the forest: The evolution of egalitarian behavior*. New York: Macmillan.

Boyce, Christopher. J., G. D. Brown, and S. C. Moore. 2010. Money and happiness: Rank of income, not income, affects life satisfaction. *Psychological Science* 21 (4): 471-475.

Boyd, Robert, Peter Richerson, and Joseph Henrich. 2011. The cultural niche: Why social learning is essential for human adaptation. *Proceedings of the National Academy of Sciences* 108, suppl. 2: 10918-10925.

Braver, Todd. 2012. The variable nature of cognitive control: A dual mechanisms framework. *Trends in Cognitive Science* 16 (2): 106-113.

Brooks, David. 2013a. The learning virtues. *New York Times*, February 28, 2013.

Brooks, David. 2013b. Suffering fools gladly. *New York Times*, January 3, 2013.

Brosnan, Sarah, and F. B. M. de Waal. 2003. Monkeys reject unequal pay.

*Nature* 425: 297-299.
Bruya, Brian. 2010. The rehabilitation of spontaneity: A new approach in philosophy of action. *Philosophy East and West* 60 (2): 207-250.
Buber, Martin. 1923/1985. *Ich und Du*. Stuttgart: Philipp Reclam.
Buber, Martin. 1970. *I and Thou*. Translated by W. Kaufmann. New York: Charles Scribner's Sons.
Bulbulia, Joseph. 2008. Free love: Religious solidarity on the cheap. In *The evolution of religion: Studies, theories and critiques*, edited by J. Bulbulia, R. Sosis, E. Harris, R. Genet, C. Genet, and K. Wyman, 153-160. Santa Margarita, CA: Collins Foundation Press.
Buonarroti, Michelangelo. 1821. *Rime e prose di michelagnolo buonarroti, pittore, scultore, architetto, e poeta fiorentino*. Milan: G. Silvestri.
Buss, David, ed. 2005. *Handbook of evolutionary psychology*. New York: Wiley.
Cahn, B. Rael, and John Polich. 2006. Meditation states and traits: EEG, ERP, and neuroimaging studies. *Psychological Bulletin* 132 (2): 180-211.
Caine, Michael. 1990. *Acting in film: An actor's take on moviemaking*. New York: Applause Theatre Book Publishing.
Chan, Wing-Tsit. 1963. *A source book in Chinese philosophy*. Princeton: Princeton University Press.
Chase, William, and Herbert Simon. 1973. Perception in chess. *Cognitive Psychology* 4: 55-61.
Christakis, Nicholas, and James Fowler. 2012. Social contagion theory: Examining dynamic social networks and human behavior. *Statistics in Medicine*.
Chudek, Maciej, Wanying Zhao, and Joseph Henrich. 2013. Culture-gene coevolution, large-scale cooperation and the shaping of human social psychology. *In Signaling, commitment, and emotion*, edited by R. Joyce, K. Sterelny, and B. Calcott. Cambridge, MA: MIT Press.
Clark, Andy. 1997. *Being there: Putting brain, body and world together again*. Cambridge, MA: MIT Press.
Collins, Paul. 2009. How the world's greatest golfer lost his game. *New Scientist*,

June 13, 44-45.

Cook, Scott. 2004. The debate over coercive rulership and the "human way" in light of recently excavated Warring States texts. *Harvard Journal of Asiatic Studies* 64 (2): 399-440.

Crisp, Roger, and Michael Slote, eds. 1997. *Virtue ethics*. New York: Oxford University Press.

Csikszentmihalyi, Mihaly. 1988a. The flow experience and its significance for human psychology. In *Optimal experience: Psychological studies of flow in consciousness*, edited by M. Csikszentmihalyi and I. Csikszentmihalyi, 15-35. New York: Cambridge University Press.

Csikszentmihalyi, Mihaly. 1988b. The future of flow. In *Optimal experience: Psychological studies of flow in consciousness*, edited by M. Csikszentmihalyi and I. Csikszentmihalyi, 364-83. New York: Cambridge University Press.

Csikszentmihalyi, Mihaly. 1990. *Flow: The psychology of optimal experience*. New York: Harper and Row.

Csikszentmihalyi, Mihalyi, and Isabella Csikszentmihalyi. 1988a. Flow as a way of life: Introduction to part III. In *Optimal experience: Psychological studies of flow in consciousness*, edited by M. Csikszentmihalyi and I. Csikszentmihalyi, 183-192. New York: Cambridge University Press.

Csikszentmihalyi, Mihalyi, and Isabella Csikszentmihalyi, eds. 1988b. *Optimal experience: Psychological studies of flow in consciousness*. New York: Cambridge University Press.

Damasio, Antonio. 1994. *Descartes' error: Emotion, reason, and the human brain*. New York: G. P. Putnam's Sons.

Damasio, Antonio. 1999. *The feeling of what happens: Body and emotion in the making of consciousness*. New York: Harcourt.

Darwin, Charles. 1872/1998. *The expression of emotions in man and animals*. With introduction, afterword, and commentaries by Paul Ekman. New York: Oxford University Press.

DeCaro, Marci, and Sian Beilock. 2010. The benefits and perils of attentional control. In *Effortless attention: A new perspective on the cognitive science of attention and action*, edited by B. Bruya, 51-73. Cambridge, MA: MIT Press.

DeCaro, Marci, Robin Thomas, Neil Albert, and Sian Beilock. 2011. Choking under pressure: Multiple routes to skill failure. *Journal of Experimental Psychology* 140 (3): 390-406.

Dennett, Daniel. 1991. *Consciousness explained*. Boston: Little, Brown.

Dennett, Daniel. 1995. *Darwin's dangerous idea: Evolution and the meanings of life*. New York: Simon & Schuster.

De Prycker, Valérie, 2011. Unself-conscious control: Broadening the notion of control through experiences of flow and wu-wei. *Zygon* 46 (1): 5-25.

de Quervain, Dominique J., Urs Fischbacher, Valerie Treyer, Melanie Schellhammer, Ulrich Schnyder, Alfred Buck, and Ernst Fehr. 2004. The neural basis of altruistic punishment. *Science* 305: 1254-1258.

de Sousa, Ronald. 1987. *The rationality of emotion*. Cambridge: Cambridge University Press.

Diener, Edward, Richard Lucas, and Christie Scollon. 2006. Beyond the hedonic treadmill: Revising the adaptation theory of well-being. *American Psychologist* 61 (4): 305-314.

Dietrich, Arne. 2003. Functional neuroanatomy of altered states of consciousness: The transient hypofrontality hypothesis. *Consciousness and Cognition* 12: 231-256.

Dietrich, Arne. 2004. Neurocognitive mechanisms underlying the experience of flow. *Consciousness and Cognition* 13: 746-761.

Dijksterhuis, Ap, and John Bargh. 2001. The perception-behavior expressway: Automatic effects of social perception on social behavior. In *Advances in experimental social psychology*, edited by M. P. Zanna, 1-40. San Diego: Academic Press.

Dijksterhuis, Ap, and A. Van Knippenberg. 1998. The relation between perception and behavior, or how to win a game of Trivial Pursuit. *Journal of Personality and Social Psychology* 74: 865-877.

Dijksterhuis, Ap, Maarten Bos, Loran Nordgren, and Rick van Baaren. 2006. On making the right choice: The deliberation-without-attention effect.

*Science* 311: 1005-1007.

Dijksterhuis, A., and T. Meurs. 2006. Where creativity resides: The generative power of unconscious thought. *Consciousness and Cognition* 15: 135-146.

Dijksterhuis, Ap, Madelijn Strick, Maarten Bos, and Loran Nordgren. 2013. Proposing system 3. Paper presented at the annual meeting of the Society for Social and Personality Psychology, *January* 19, New Orleans, LA.

Doyen, Stéphane, Olivier Klein, Cora-Elise Pichon, and Axel Cleeremans. 2012. Behavioral priming: It's all in the mind, but whose mind? *PLoS ONE* 7 (1): e29081.

Duhigg, Charles. 2012. *The power of habit: Why we do what we do in life and business.* New York: Random House.

Dunn, Elizabeth, and Michael Norton. 2013. *Happy money: The science of smarter spending.* New York: Simon & Schuster.

Durkheim, Émile. 1915/1965. *The elementary forms of the religious life.* Translated by J. W. Swain. New York: George Allen and Unwin.

Easterlin, Richard. 1974. Does economic growth improve the human lot? Some empirical evidence. In *Nations and households in economic growth: Essays in honour of Moses Abramovitz*, edited by P. David and M. Reder, 89-125. New York: Academic Press.

*Economist.* 2011. Sun Tzu and the art of soft power. December 17, 71-74.

Ekman, Paul. 1985. *Telling lies.* New York: Norton.

Embree, Ainslie, ed. 1988. *Sources of Indian tradition.* Vol. 1. *From the beginning to 1800.* 2nd ed. New York: Columbia University Press.

Emmons, Robert, and Michael McCullough. 2003. Counting blessings versus burdens: Experimental studies of gratitude and subjective well-being in daily life. *Journal of Personality and Social Psychology* 84: 377-389.

Emmons, Robert, and Michael McCullough, eds. 2004. *The psychology of gratitude.* New York: Oxford University Press.

Emory-Tibet Partnership. 2013. "Compassion Meditation Study." May 1. www.tibet.emory.edu/cbct/research.html.

Enns, James, and Geniva Liu. 2009. Attentional limits and freedom in visually guided action. In *Progress in brain research*, edited by N. Srinivasan, 183-194. Amsterdam: Elsevier.

Fackler, Martin. 2013. Trendy spot urges tourists to ride in and spend, "Gangnam style." *New York Times*, January 1, A1.

Flanagan, Owen. 2011. *The bodhisattva's brain: Buddhism naturalized*. New York: Bradford Books.

Flanagan, Owen, and Robert Anthony Williams. 2010. What does the modularity of morals have to do with ethics? Four moral sprouts plus or minus a few. *Topics in Cognitive Science* 2 (3): 430-453.

Frank, Robert H. 1988. *Passions within reason: The strategic role of the emotions*. New York: W. W. Norton.

Frank, Robert H. 2001. Cooperation through emotional commitment. In *Evolution and the capacity for commitment*, edited by R. M. Nesse, 57-76. New York: Russell Sage.

Frankl, Viktor. 1965. *The doctor and the soul*. 2nd ed. New York: Knopf.

Fraser, Chris. 2007. On wu-wei as a unifying metaphor. *Philosophy East and West* 57 (1): 97-106.

Frederick, Shane, and George Loewenstein. 1999. Hedonic adaptation. In *Well-being: The foundations of hedonic psychology*, edited by D. Kahneman, E. Diener, and N. Schwartz, 302-329. New York: Russell Sage.

Freud, Sigmund. 1930/1969. *Civilization and its discontents*. Translated by J. Strachey. New York: W. W. Norton.

Gadamer, Hans-Georg. 2004. *Truth and method*. Translated by J. Weinsheimer and D. G. Marshall. 2nd rev. ed. New York: Crossroad.

Gailliot, Matthew, Roy Baumeister, C. Nathan DeWall, Jon Maner, F. Ashby Plant, Dianne Tice, Lauren Brewer, and Brandon Schmeichel. 2007. Self-control relies on glucose as a limited energy source: Willpower is more than a metaphor. *Journal of Personality and Social Psychology* 92 (2): 325-336.

Gazzaniga, Michael. 1998. *The mind's past*. Berkeley: University of California Press.

Gazzaniga, Michael S., G. R. Mangun, and Richard B. Ivry. 1998. *Cognitive* neuroscience: *The biology of the mind*. New York: W. W. Norton.

Geertz, Clifford. 1973. *The interpretation of cultures: Selected essays*. New York: Basic Books.

German, Tim P., and H. Clark Barrett. 2005. Functional fixedness in a technologically sparse culture. *Psychological Science* 16 (1): 1-5.

German, Tim P., and Margaret Anne Defeyter. 2000. Immunity to functional fixedness in young children. *Psychonomic Bulletin and Review* 7: 707-712.

Gibbs, Raymond. 2006. *Embodiment and cognitive science*. Cambridge: Cambridge University Press.

Gibson, James. 1979. *The ecological approach to visual perception*. Boston: Houghton Mifflin.

Gigerenzer, Gerd. 2002. *Adaptive thinking: Rationality in the real world*. New York: Oxford University Press.

Gladwell, Malcolm. 2005. *Blink: The power of thinking without thinking*. New York: Little, Brown.

Goffman, Erving. 1959. *The presentation of self in everyday life*. New York: Anchor.

Goodale, Melvyn, and A. David Milner. 2004. *Sight unseen: An exploration of conscious and unconscious vision*. New York: Oxford University Press.

Goodman, J. David. 2012. Photo of officer giving boots to barefoot man warms hearts online. *New York Times*, November 28.

Grafton, Scott, Eliot Hazeltine, and Richard Ivry. 1995. Functional mapping of sequence learning in normal humans. *Journal of Cognitive Neuroscience* 7: 497-510.

Graham, A. C. 1983. Taoist spontaneity and the dichotomy of "is" and "ought." In *Experimental essays on the Chuang-tzu*, edited by V. Mair, 2-23. Honolulu: University of Hawai'i Press.

Grahn, J., J. Parkinson, and A. Owen. 2009. The role of the basal ganglia in learning and memory: Neuropsychological studies. *Behavioral Brain Research* 199 (1): 53-60.

Gray, S. J., B. Wiebusch, and H. A. Akol. 2004. Cross-sectional growth of pastoralist Karimojong and Turkana children. *American Journal of Physical Anthropology* 125 (2): 193-202.

Graziani, Romain. 2009. Optimal states and self-defeating plans: The problem of intentionality in early Chinese self-cultivation. *Philosophy East and West* 59 (4): 440-466.

Greene, Joshua, and Joseph Paxton. 2009. Patterns of neural activity associated with honest and dishonest moral decisions. *Proceedings of the National Academy of Science* 106 (30): 12506-12511.

Gregory, Peter, ed. 1987. *Sudden and gradual approaches to enlightenment in Chinese thought*. Honolulu: University of Hawai'i Press.

Grouios, George. 1992. Mental practice: A review. *Journal of Sport Behavior* 15 (1): 42-59.

Haidt, Jonathan. 2001. The emotional dog and its rational tail: A social intuitionist approach to moral judgment. *Psychological Review* 108 (4): 814-834.

Haidt, Jonathan. 2005. *The happiness hypothesis: Finding modern truth in ancient wisdom*. New York: Basic Books.

Haidt, Jonathan. 2012. *The righteous mind: Why good people are divided by politics and religion*. New York: Pantheon Books.

Haidt, Jonathan, Silvia Koller, and Maria Dias. 1993. Affect, culture, and morality, or is it wrong to eat your dog? *Journal of Personality and Social Psychology* 65: 613-628.

Harbach, Chad. 2011. *The art of fielding*. New York: Little, Brown.

Harris, Sam. 2004. *The end of faith: Religion, terror and the future of reason*. New York: W. W. Norton.

Harris, Sam. 2010. *The moral landscape: How science can determine human values*. New York: Free Press.

Hatemi, Peter K., and Rose McDermott. 2012. The genetics of politics: Discovery, challenges, and progress. *Trends in Genetics* 28 (10): 525-533.

Hattenstone, Simon. 2012. Choke therapy: The sports stars who blew their big chance. *Guardian*, June 23, 14.

Henrich, Joseph, Steven J. Heine, and Ara Norenzayan. 2010. The weirdest people in the world? *Behavioral and Brain Sciences* 33 (2-3): 61-83.

Henrich, Joseph, and Natalie Henrich. 2010. The evolution of cultural adaptations: Fijian food taboos protect against dangerous marine toxins. *Proceedings of the Royal Society: Biological Sciences* 277 (1701): 3715-3724.

Henrich, Joseph, and Richard McElreath. 2003. The evolution of cultural evolution. *Evolutionary Anthropology* 12 (3): 123-135.

Henrich, Joseph, Richard McElreath, Abigail Barr, Jean Ensminger, Clark Barrett, Alexander Bolyanatz, Juan Camilo Cardenas, Michael Gurven, Edwin Gwako, Natalie Henrich, Carolyn Lesorogol, Frank Marlowe, David Tracer, and John Ziker. 2006. Costly punishment across human societies. *Science* 312: 1767-1770.

Herman, Jonathan. 1996. *I and Tao*. Albany: State University of New York Press.

Hess, Eckhard. 1965. Attitude and pupil size. *Scientific American*, April, 46-54.

Hill, Kim, Robert Walker, Miran Božičević, James Eder, Thomas Headland, Barry Hewlett, A. Magdalena Hurtado, Frank Marlowe, Polly Wiessner, and Brian Wood. 2011. Co-residence patterns in hunter-gatherer societies show unique human social structure. *Science* 331: 1286-1289.

Hobbes, Thomas. 1651/1985. *Leviathan*. London: Penguin.

Holden, Stephen. 1987. Carly Simon triumphs over her own panic. *New York Times*, June 17.

Horton, Robin. 1993. *Patterns of thought in Africa and the West*. New York: Cambridge University Press.

Huizinga, Johan. 1939/1955. *Homo ludens: A study of the play element in culture*. Boston: Beacon Press.

Hume, David. 1739/1888. *The treatise concerning human nature*. Edited by L. A. Selby-Bigge. Oxford: Oxford University Press.

Hutton, Eric. 2006. Character, situationism, and early Confucian thought. *Philosophical Studies* 127 (1): 37-58.

Ihara, Craig, and Ryan Nichols. 2013. Review of Ames, Roger, Confucian Role

Ethics. *Dao: A Journal of Comparative Philosophy* 11: 521-526.
Isaacson, Walter. 2011. *Steve Jobs*. New York: Simon & Schuster.
Ivanhoe, P. J. 1990. *Ethics in the Confucian tradition*. Atlanta: Scholar's Press.
Ivanhoe, P. J. 1996. Was Zhuangzi a relativist? In *Essays on skepticism, relativism, and ethics in the Zhuangzi*, edited by P. Kjellberg and P. J. Ivanhoe, 196-214. Albany: State University of New York Press.
Ivanhoe, P. J. 1999. The concept of de ("virtue") in the Laozi. In *Religious and philosophical aspects of the Laozi*, edited by M. Csikszentmihalyi and P. J. Ivanhoe, 239-257. Albany: SUNY Press.
Ivanhoe, P. J. 2002. Confucian self-cultivation and Mengzi's notion of extension. In *Essays on the moral philosophy of Mengzi*, edited by X. Liu and P. Ivanhoe, 221-241. Cambridge, MA: Hackett.
Ivanhoe, P. J. 2003. *The Daodejing of Laozi*. Indianapolis: Hackett.
Ivanhoe, P. J. 2007a. Heaven as a source for ethical warrant in early Confucianism. *Dao* 6 (3): 211-220.
Ivanhoe, P. J. 2007b. The paradox of wu-wei? *Journal of Chinese Philosophy* 34 (2): 277-287.
Ivanhoe, P. J. 2008. The shade of Confucius: Social roles, ethical theory, and the self. In *Polishing the Chinese mirror: Essays in honor of Henry Rosemont Jr.*, edited by M. Chandler and R. Littlejohn, 34-49. New York: Global Scholarly Publications.
Jackson, Robin, Kelly Ashford, and Glen Norsworthy. 2006. Attentional focus, dispositional reinvestment, and skilled motor performance under pressure. *Journal of Sports and Exercise Psychology* 28: 49-68.
Jarosz, Andrew, Gregory Colflesh, and Jennifer Wiley. 2012. Uncorking the muse: Alcohol intoxication facilitates creative problem solving. *Consciousness and Cognition* 21: 487-493.
Jefferies, Lisa, Daniel Smilek, Eric Eich, and James Enns. 2008. Emotional valence and arousal interact in attentional control. *Psychological Science* 19 (3): 290-295.
Johnson, Mark. 1987. *The body in the mind: The bodily basis of meaning,*

*imagination, and reason.* Chicago: University of Chicago Press.

Jones, Jonathan. 2012. The homeless man and the NYPD cop's boots: How a warm tale turns cold. *Guardian,* December 4.

Joyce, Richard, Kim Sterelny, and Brett Calcott, eds. 2013. *Signaling, commitment, and emotion.* Cambridge, MA: MIT Press.

Juslin, Patrik, and Daniel Västfjäll. 2008. Emotional responses to music: The need to consider underlying mechanisms. *Behavioral and Brain Sciences* 31: 559-621.

Kahneman, Daniel. 2003. A perspective on judgment and choice: Mapping bounded rationality. *American Psychologist* 58 (9): 697-720.

Kahneman, Daniel. 2011. *Thinking, fast and slow.* New York: Farrar, Straus, Giroux.

Katz, S. H. , M. L. Hediger, and L. A. Valleroy. 1974. Traditional maize processing techniques in the new world: Traditional alkali processing enhances the nutritional quality of maize. *Science,* May 17, 765-773.

Keeley, Lawrence H. 1996. *War before civilization.* New York: Oxford University Press.

Kelley, W. M., C. N. Macrae, C. L. Wyland, S. Caglar, S. Inati, and T. F. Heatherton. 2002. Finding the self? An event-related fMRI study. *Journal of Cognitive Neuroscience* 14 (5): 785-794.

Khan, Uzma, and Ravi Dhar. 2007. Licensing effect in consumer choice. *Journal of Marketing Research* 43: 259-266.

Kierkegaard, Søren. 1954. *Fear and trembling and The sickness unto death.* Translated by W. Lowrie. Princeton: Princeton University Press.

Kinzler, Katherine, Kathleen Corriveau, and Paul Harris. 2011. Children's selective trust in native-accented speakers. *Developmental Science* 14: 106-111.

Kinzler, Katherine, Emmanuel Dupoux, and Elizabeth Spelke. 2007. The native language of social cognition. *Proceedings of the National Academy of Sciences* 104: 12577-12580.

Klein, Richard G. 1989. *The human career: Human biological and cultural origins*. Chicago: University of Chicago Press.

Knightly, Nickolas. 2013. The paradox of wuwei? Yes and no. *Asian Philosophy* 23 (2): 115-136.

Knoblock, John. 1988. *Xunzi: A translation and study of the complete works*. Vol. 1. Stanford: Stanford University Press.

Knoblock, John. 1990. *Xunzi: A translation and study of the complete works*. Vol. 2. Stanford: Stanford University Press.

Knoblock, John. 1994. *Xunzi: A translation and study of the complete works*. Vol. 3. Stanford: Stanford University Press.

Kogan, Aleksandr, Laura Saslow, Emily Impett, Christopher Oveis, Dacher Keltner, and Sarina Saturn. 2011. Thin-slicing study of the oxytocin receptor (OXTR) gene and the evaluation and expression of the prosocial disposition. *Proceedings of the National Academy of Sciences* 108 (48): 19189-19192.

Konvalinka, Ivana, Dimitris Xygalatas, Joseph Bulbulia, Uffe Schjødt, Else-Marie Jegindø, Sebastian Wallot, Guy Van Orden, and Andreas Roepstorff. 2011. Synchronized arousal between performers and related spectators in a fire-walking ritual. *Proceedings of the National Academy of Sciences* 108 (20): 8514-819.

Kosfeld, Michael, Markus Heinrichs, Paul Zak, Urs Fischbacher, and Ernst Fehr. 2005. Oxytocin increases trust in humans. Nature 432 (2): 673-676.

Kosslyn, Stephen, William Thompson, and Giorgio Ganis. 2006. *The case for mental imagery*. New York: Oxford University Press.

Lakoff, George, and Mark Johnson. 1980. *Metaphors we live by*. Chicago: University of Chicago Press.

Lakoff, George, and Mark Johnson. 1999. *Philosophy in the flesh: The embodied mind and its challenge to Western thought*. New York: Basic Books.

Le Blanc, Steven. 2004. *Constant battles: Why we fight*. New York: St. Martin's Griffin.

LeDoux, Joseph. 1996. *The emotional brain: The mysterious underpinnings of emotional life*. New York: Simon & Schuster.

Lehrer, Adrienne. 2009. *Wine and conversation*. 2nd ed. New York: Oxford University Press.

Lewis, Brian, and Darwyn Linder. 1997. Thinking about choking? Attentional processes and paradoxical performance. *Personality and Social Psychology Bulletin* 23 (9): 937-944.

Limb, Charles, and Allen Braun. 2008. Neural substrates of spontaneous musical performance: An fMRI study of jazz improvisation. *PLoS ONE* 3 (2): e1679.

Lloyd, Geoffrey, and Nathan Sivin. 2002. *The way and the word: Science and medicine in early China and Greece*. New Haven: Yale University Press.

Lutz, Antoine, Julie Brefcynski-Lewis, Tom Johnstone, and Richard Davidson. 2008. Regulation of the neural circuitry of emotion by compassion meditation: Effects of meditative expertise. *PLoS ONE* 3 (3): e1897.

MacIntyre, Alasdair. 1985. *After virtue*. 2nd ed. London: Duckworth.

MacIntyre, Alasdair. 1990. *Three rival versions of moral inquiry: Encyclopedia, genealogy, and history*. Notre Dame: University of Notre Dame Press.

Macrae, C. Neil, and Lucy Johnston. 1998. Help, I need somebody: Automatic action and inaction. *Social Cognition* 16 (4): 400-417.

Marcks, B., and D. Woods. 2005. A comparison of thought suppression to an acceptance-based technique in the management of personal intrusive thoughts: A controlled evaluation. *Behavioral Research and Therapy* 43: 433-445.

Maynard Smith, John, and David Harper. 2003. Animal signals. *Oxford Series in Ecology and Evolution*. Oxford: Oxford University Press.

McCauley, Robert. 2011. *Why religion is natural and science is not*. New York: Oxford University Press.

McNeill, William. 1995. *Keeping together in time: Dance and drill in human history*. Cambridge, MA: Harvard University Press.

Melcher, Joseph, and Jonathan Schooler. 1996. The misremembrance of wines past: Verbal and perceptual expertise differentially mediate verbal overshadowing of taste memory. *Journal of Memory and Language* 35:

231-245.

Meyer, Dirk. 2008. Writing meaning: Strategies of meaning-construction in early Chinese philosophical discourse. *Monumenta Serica* 56: 55-95.

Miller, Earl, and Jonathan Cohen. 2001. An integrative theory of prefrontal cortex function. *Annual Review of Neuroscience* 24: 167-202.

Monin, Benoît, and Dale Miller. 2001. Moral credentials and the expression of prejudice. *Journal of Personality and Social Psychology* 81 (1): 33-43.

Moore, G. E. 1903. *Principia ethica.* Cambridge: Cambridge University Press.

Munro, Donald. 2005. *A Chinese ethics for the new century: The Ch'ien Mu lectures in history and culture, and other essays on science and Confucian ethics.* Hong Kong: Chinese University of Hong Kong Press.

Muraven, Mark, Dianne Tice, and Roy Baumeister. 1998. Self-control as a limited resource: Regulatory depletion patterns. *Journal of Personality and Social Psychology* 74: 774-789.

Naccache, Lionel, Stanislas Dehaene, Laurent Cohen, Marie-Odile Habert, Elodie Guichart-Gomez, Damien Galanaud, and Jean-Claude Willer. 2005. *Effortless control: Executive attention and conscious feeling of mental effort are dissociable. Neuropsychologia* 43: 1318-1328.

Nagell, K., Raquel Olguin, and Mark Tomasello. 1993. Processes of social learning in the tool use of chimpanzees (Pan troglodytes) and human children (Homo sapiens). *Journal of Comparative Psychology* 107: 174-186.

Neisser, Ulrich. 1976. *Cognition and reality: Principles and implications of cognitive psychology.* San Francisco: W. H. Freeman.

Nesse, Randolph, ed. 2001. *Evolution and the capacity for commitment.* New York: Russell Sage.

Nichols, Shaun. 2004. *Sentimental rules: On the natural foundations of moral judgment.* New York: Oxford University Press.

Nivison, David. 1996. *The ways of Confucianism.* Edited by B. Van Norden. La Salle, IL: Open Court.

Noë, Alva. 2004. *Action in perception.* Cambridge, MA: MIT Press.

Norenzayan, Ara, Azim Shariff, William Gervais, Aiyana Willard, Edward

Slingerland, and Joseph Henrich. Under review. The cultural evolution of prosocial religions. *Behavioral and Brain Sciences.*

Ozawa-de Silva, Brendan, and Brooke Dodson-Lavelle. 2011. An education of heart and mind: Practical and theoretical issues in teaching cognitive-based compassion training to children. *Practical Matters*, no. 4, 1-28.

Pashler, Harold, Noriko Coburn, and Christine Harris. 2012. Priming of social distance? Failure to replicate effects on social and food judgments. *PLoS ONE* 7 (8): e42510.

Pennisi, Elizabeth. 2009. On the origin of cooperation. *Science* 325 (5945): 1196-1199.

Pessoa, Luiz. 2005. To what extent are emotional visual stimuli processed without attention and awareness? *Current Opinion in Neurobiology* 15: 188-196.

Pinker, Steven. 2011. *The better angels of our nature: Why violence has declined.* New York: Viking.

Piske, Thorsten, Ian MacKay, and James Flege. 2001. Factors affecting degree of foreign accent in an L2: A review. *Journal of Phonetics* 29: 191-215.

Polanyi, Michael. 1967. The tacit dimension. *Garden City*, NJ: Doubleday.

Poldrack, Russ. 2006. Can cognitive processes be inferred from neuroimaging data? *Trends in Cognitive Science* 10: 59-63.

Poldrack, Russell, Fred Sabb, Karin Foerde, Sabrina Tom, Robert Asarnow, Susan Bookheimer, and Barbara Knowlton. 2005. The neural correlates of motor skill automaticity. *Journal of Neuroscience* 25: 5356-5364.

Preston, Stephanie, and Frans de Waal. 2002. Empathy: Its ultimate and proximate bases. *Behavioral and Brain Sciences* 25: 1-72.

Prinz, Jesse. 2007. *The emotional construction of morals.* New York: Oxford University Press.

Pylyshyn, Zenon. 2003. Mental imagery: In search of a theory. *Behavioral and Brain Sciences* 25: 157-237.

Rand, David, Joshua Greene, and Martin Nowak. 2012. Spontaneous giving and calculated greed. *Nature* 489 (7416): 427-430.

Rappaport, Roy A. 1999. *Ritual and religion in the making of humanity*. Cambridge: Cambridge University Press.

Reber, Rolf, and Edward Slingerland. 2011. Confucius meets cognition: New answers to old questions. *Religion, Brain and Behavior* 1 (2): 135-145.

Redfield, Robert. 1953. *The primitive world and its transformations*. Ithaca: Cornell University Press.

Richerson, Peter J., and Robert Boyd. 2005. *Not by genes alone: How culture transformed human evolution*. Chicago: University of Chicago Press.

Rizzolatti, Giacomo, Leonardo Fogassi, and Vittorio Gallese. 2001. Neurophysiological mechanisms underlying the understanding and imitation of action. *Nature Reviews Neuroscience* 2: 661-670.

Rosemont, Henry, Jr., and Roger Ames. 2009. *The Chinese classic of family reverence: A philosophical translation of the Xiaojing*. Honolulu: University of Hawai'i Press.

Rozin, Paul, Jonathan Haidt, and Katrina Fincher. 2009. Psychology: From oral to moral. *Science* 323 (5918): 1179-1180.

Ryle, Gilbert. 1949. *The concept of mind*. London: Hutchinson.

Sachdeva, Sonya, Rumen Iliev, and Douglas Medin. 2009. The paradox of moral self-regulation. *Psychological Science* 20 (4): 523-528.

Safire, William, and Leonard Safire, eds. 1989. *Words of wisdom: More good advice*. New York: Simon & Schuster.

Santora, Marc, and Alex Vadukul. 2012. Homeless man is grateful for officer's gift of boots. *But he again is barefoot*. New York Times, December 2.

Sarkissian, Hagop. 2010. Minor tweaks, major payoffs: The problems and promise of situationism in moral philosophy. *Philosopher's Imprint* 10 (9): 1-15.

Sato, Ikuya. 1988. Bosozoku: Flow in Japanese motorcycle gangs. In *Optimal experience: Psychological studies of flow in consciousness*, edited by M. Csikszentmihalyi and I. Csikszentmihalyi, 92-117. New York: Cambridge University Press.

Sayre-McCord, Geoff. 2012. Metaethics. In *The Stanford Encyclopedia of*

*Philosophy* (Spring 2012 ed.), edited by E. Zalta. http://stanford.library.usyd.edu.au/archives/spr2012/.

Schloss, Jeffrey. 2008. He who laughs best: Involuntary religious affect as a solution to recursive cooperative defection. In *The evolution of religion: Studies, theories and critiques*, edited by J. Bulbulia, R. Sosis, E. Harris, R. Genet, C. Genet, and K. Wyman, 197–207. Santa Margarita, CA: Collins Foundation Press.

Schmeichel, Brandon, and Roy Baumeister. 2010. Effortful attention control. In *Effortless attention: A new perspective in the cognitive science of attention and action*, edited by B. Bruya, 29–47. Cambridge, MA: MIT Press.

Schooler, Jonathan, Dan Ariely, and George Loewenstein. 2003. The pursuit and assessment of happiness can be self-defeating. In *Psychology and economics*, edited by J. Carrillo and I. Brocas, 41–70. Oxford: Oxford University Press.

Schooler, Jonathan, and Tonya Engstler-Schooler. 1990. *Verbal overshadowing of visual memories: Some things are better left unsaid*. Cognitive Psychology 22 (1): 36–71.

Schumpeter. 2012. What's in a name? *Economist*, April 21, 69.

Seok, Bongrae. 2012. *Embodied moral psychology and Confucian philosophy*. New York: Rowman and Littlefield.

Shapiro, Shauna, Gary Schwartz, and Craig Santerre. 2005. Meditation and positive psychology. In *Handbook of positive psychology*, edited by C. R. Snyder and S. Lopez, 632–645. Oxford: Oxford University Press.

Sheldon, K., and S. Lyubomirsky. 2004. Achieving sustainable new happiness: Prospects, practices, and prescriptions. In *Positive psychology in practice*, edited by P. Linley and S. Joseph, 127–145. Hoboken, NJ: Wiley.

Siegel, Daniel. 2007. *The mindful brain: Reflection and attunement in the cultivation of well-being*. New York: W. W. Norton.

Silvers, Jennifer, and Jonathan Haidt. 2008. Moral elevation can induce lactation. *Emotion* 8 (2): 291–295.

Simon spanks away her stage fright. 2006. *Contactmusic.com*, August 29. www.

contactmusic.com/news/simon-spanks-away-her-stage-fright_1006576.

Singer, Peter. 2011. *Practical ethics*. 3rd ed. New York: Cambridge University Press.

Slingerland, Edward. 1998. *Effortless action: Wu-wei as spiritual ideal in early China*. PhD diss., Stanford University.

Slingerland, Edward. 2000a. Effortless action: The Chinese spiritual ideal of wu-wei. *Journal of the American Academy of Religion* 68 (2): 293.

Slingerland, Edward. 2000b. Why philosophy is not "extra" in understanding the Analects. Review of The Original Analects, by E. Bruce Brooks and A. Taeko Brooks. *Philosophy East and West* 50 (1): 137-141.

Slingerland, Edward. 2003a. *Confucius: Analects: With selections from traditional commentaries*. Indianapolis: Hackett.

Slingerland, Edward. 2003b. *Effortless action: Wu-wei as conceptual metaphor and spiritual ideal in early China*. New York: Oxford University Press.

Slingerland, Edward. 2007. Confucius as secular savior? A problem with Enlightenments 0.5-2.0. Paper presented at the conference "Beyond Belief: Enlightenment 2.0," Salk Institute for Biological Studies, San Diego, CA, October 31-November 2, http://thesciencenetwork.org/programs/beyond-belief-enlightenment-2-0/edward-slingerland.

Slingerland, Edward. 2008. The problem of moral spontaneity in the Guodian corpus. *Dao: A Journal of Comparative Philosophy* 7 (3): 237-256.

Slingerland, Edward. 2011a. "Of what use are the Odes?" Cognitive science, virtue ethics, and early Confucian ethics. *Philosophy East and West* 61 (1): 80-109.

Slingerland, Edward. 2011b. The situationist critique and early Confucian virtue ethics. *Ethics* 121 (2): 390-419.

Slingerland, Edward. 2013. Body and mind in early China: An integrated humanities-science approach. *Journal of the American Academy of Religion* 81 (1): 6-55.

Sloman, Steven. 1996. The empirical case for two systems of reasoning. *Psychological Bulletin* 119: 3-22.

Smallwood, J., M. McSpadden, B. Luus, and Jonathan Schooler. 2008. When attention matters: The curious incident of the wandering mind. *Memory and Cognition* 36: 1144-1150.

Smilek, Daniel, James Enns, John Eastwood, and Philip Merikle. 2006. Relax! Cognitive strategy influences visual search. *Visual Cognition* 14: 543-564.

Smith, Michael, Linda McEvoy, and Alan Gevins. 1999. Neurophysiological indices of strategy development and skill acquisition. *Cognitive Brain Research* 7: 389-404.

Smith, Natalie. 2001. Are indigenous people conservationists? Preliminary results from the Machiguenga of the Peruvian Amazon. *Rationality and Society* 13: 429-461.

Sommers, Sam. 2012. *Situations matter: Understanding how context transforms your world*. New York: Riverhead.

Sosis, Richard, Howard Kress, and James Boster. 2007. Scars for war: Evaluating alternative signaling explanations for cross-cultural variance in ritual costs. *Evolution and Human Behavior* 28: 234-247.

Sperber, Dan. 1996. *Explaining culture: A naturalistic approach*. Oxford: Blackwell.

Sports Illustrated. 2005. How it feels . . . to be on fire. February 21. http://sportsillustrated.cnn.com/vault/article/magazine/MAG1106119/index.htm.

Stanovich, Keith, and Richard West. 2000. Individual difference in reasoning: Implications for the rationality debate? *Behavioural and Brain Sciences* 23: 645-726.

Stern, Daniel. 1977. *The first relationship: Infant and mother*. Cambridge, MA: Harvard University Press.

Stillman, Tyler F., Jon K. Maner, and Roy F. Baumeister. 2010. A thin slice of violence: Distinguishing violent from nonviolent sex offenders at a glance. *Evolution and Human Behavior* 31 (4): 298-303.

Stout, Dietrich. 2010. The evolution of cognitive control. *Topics in Cognitive Science* 2 (4): 614-630.

Strack, Fritz, Leonard Martin, and Sabine Stepper. 1988. Inhibiting and facilitating conditions of the human smile: A nonobtrusive test of the facial feedback hypothesis. *Journal of Personality and Social Psychology* 54: 768-777.

Suzuki, Shunryu. 1970. *Zen mind, beginner's mind: Informal talks on Zen meditation and practice.* New York: Weatherhill.

Syed, Matthew. 2010. *Bounce: Mozart, Federer, Picasso, Beckham, and the science of success.* New York: Harper.

Taves, Ann. 2009. *Religious experience reconsidered: A building-block approach to the study of religion and other special things.* Princeton: Princeton University Press.

Taylor, Charles. 1989. *Sources of the self: The makings of modern identity.* Cambridge, MA: Harvard University Press.

Taylor, Charles. 2007. *A secular age.* Cambridge, MA: Harvard University Press.

Thompson, Evan. 2007. *Mind in life: Biology, phenomenology, and the sciences of mind.* Cambridge, MA: Harvard University Press.

Thompson-Schill, Sharon, Michael Ramscar, and Evangelia Chrysikou. 2009. Cognition without control: When a little frontal lobe goes a long way. *Current Directions in Psychological Science* 18 (5): 259-263.

Thoreau, Henry David. 1854/1949. *Walden: An annotated edition.* Edited with foreword and notes by Walter Harding. Boston: Houghton Mifflin.

Tomasello, Michael. 2012. Why be nice? Better not to think about it. *Topics in Cognitive Science* 16 (12): 580-581.

Umiltà, Alessandra, Evelyne Kohler, Vittorio Gallese, Leonardo Fogassi, Luciano Fadiga, Christian Keysers, and Giacomo Rizzolatti. 2001. I know what you are doing: A neurophysiological study. *Neuron* 31: 155-165.

Valdesolo, Piercarlo, and David DeSteno. 2008. The duality of virtue: Deconstructing the moral hypocrite. *Journal of Experimental Social Psychology* 44: 1334-1338.

Van Norden, Bryan. 2007. *Virtue ethics and consequentialism in early Chinese philosophy.* New York: Cambridge University Press.

Van Norden, Bryan. 2008. *Mengzi: With selections from traditional commentaries.*

Cambridge, MA: Hackett.

Varela, Francisco, Evan Thompson, and Eleanor Rosch. 1991. *The embodied mind: Cognitive science and human experience.* Cambridge, MA: MIT Press.

Vrij, A., S. A. Mann, R. P. Fisher, S. Leal, R. Milne, and R. Bull. 2008. Increasing cognitive load to facilitate lie detection: The benefit of recalling an event in reverse order. *Law and Human Behavior* 32: 253-265.

Wallace, Björn, David Cesarini, Paul Lichtenstein, and Magnus Johannesson. 2007. Heritability of ultimatum game responder behavior. *Proceedings of the National Academy of Science* 104: 15631-15634.

Watson, Burton. 1968. *The complete works of Chuang Tzu.* New York: Columbia University Press.

Watson, Marcus, Allison Brennan, Alan Kingstone, and James Enns. 2010. Looking versus seeing: Strategies alter eye movements during visual search. *Psychonomic Bulletin and Review* 17 (4): 543-549.

Wegner, Daniel. 2002. *The illusion of conscious will.* Cambridge, MA: MIT Press.

Wegner, Daniel. 2009. How to think, say, or do precisely the worst thing for any occasion. *Science* 325: 48-50.

Wegner, Daniel. 2011. Setting free the bears: Escape from thought suppression. *American Psychologist* 66 (8): 671-680.

Wegner, Daniel, Matthew Ansfield, and Daniel Pilloff. 1998. The putt and the pendulum: Ironic effects on mental control of action. *Psychological Science* 9 (3): 196-199.

Wegner, Daniel, and John Bargh. 1998. Control and automaticity in social life. In *Handbook of social psychology,* edited by D. Gilbert, S. Fiske, and G. Lindzey, 446-496. Boston: McGraw-Hill.

Wheatley, Thalia, and Jonathan Haidt. 2005. Hypnotic disgust makes moral judgments more severe. *Psychological Science* 16: 780-784.

Whitehead, Alfred North. 1911. *An introduction to mathematics.* New York: Holt.

Wilson, Timothy. 2002. *Strangers to ourselves: Discovering the adaptive unconscious*. Cambridge, MA: Harvard University Press.

Wilson, Timothy, Dolores Kraft, and Dana Dunn. 1989. The disruptive effects of explaining attitudes: The moderating effect of knowledge about the attitude object. *Journal of Experimental Social Psychology* 25: 379-400.

Wilson, Timothy, Douglas Lisle, Jonathan Schooler, Sara Hodges, Kristen Klaaren, and Suzanne LaFleur. 1993. Introspecting about reasons can reduce post-choice satisfaction. *Personality and Social Psychology Bulletin* 19 (3): 331-339.

Wilson, Timothy, and Jonathan Schooler. 1991. Thinking too much: Introspection can reduce the quality of preferences and decisions. *Journal of Personality and Social Psychology* 60 (2): 181-192.

Wiltermuth, Scott, and Chip Heath. 2009. Synchrony and cooperation. *Psychological Science* 20 (1): 1-5.

Wulf, Gabriele, and Rebecca Lewthwaite. 2010. Effortless motor learning? An external focus of attention enhances movement effectiveness and efficiency. In *Effortless attention: A new perspective in attention and action*, edited by B. Bruya, 75-102. Cambridge, MA: MIT Press.

Yglesias, Matthew. 2011. *Steve Jobs and the economics of place*. ThinkProgress, November 10. http://thinkprogress.org/yglesias/2011/11/10/365937/steve-jobs-and-the-economics-of-place/.

Yong, Ed. 2012. Nobel laureate challenges psychologists to clean up their act. *Nature* 490 (7418).

Zahavi, Amotz, and Avishag Zahavi. 1997. *The handicap principle: A missing piece of Darwin's puzzle*. New York: Oxford University Press.

Zajonc, Robert. 1980. Feeling and thinking: Preferences need no inferences. *American Psychologist* 35: 151-175.

Zak, Paul, Angela Stanton, and Sheila Ahmadi. 2007. Oxytocin increases generosity in humans. *PLoS ONE* 11: e1128.

Zhong, C. B., A. Dijksterhuis, and A. D. Galinsky. 2008. The merits of unconscious thought in creativity. *Psychological Science* 19 (9): 912-918.

## 찾아보기

### 【ㄱ】

가치 몰입 303
가치 체계 99
간단한 역설 295
간소함 175
간화선 280
갈고닦기 223, 227, 321, 328, 333
감각계 165
감각운동 경험 216
감각운동계 318
감각운동 공명 203
감각 적응 165
감각 정보 244
감사 일기 344
감정이입 203
갑골 286, 335
갓난아기의 마음 180
강요된 도덕성 240
개방성 24, 242
개인적 변형 116
개인적 안녕 51
개인주의 46, 94, 101
거울 신경세포 203
거짓 웃음 305
걸익 154
결과주의 199
경 58, 80, 241, 244, 252, 256

경두개 자기자극 309
경제적 샌드백 294
계몽된 자기 이익 304
계몽주의 135
고고학 텍스트 223, 286, 295
고상한 야만인 184
고전음악 222, 241
공감 203
공감의 싹 344
공동체주의 모형 330
공리주의 199, 235
공안 178, 257
공자 63, 111, 147, 153, 175, 226, 227, 243
광고 164
교화 342
궁술 시합 249
귀텐초간 295
귀중한 전체 100
『규칙: 남자 이상형의 마음을 손에 넣기 위한 오랜 사용으로 보증된 비밀』 334
근육 기억 128
글쓰기 몰입 96
급진적 원시주의 197
기 58, 244, 246
기교 321

기능적 자기공명영상 *38, 79*
기억상실증 *70*
기저핵 *127, 318*
기저핵 기억 *128*
길레아드 *302*
꼬리감는원숭이 *205*
꾸미지 않음 *175*

【ㄴ】

남곽자기 *252*
내버려두기 *328, 345*
내성 *215*
내성의 역설 *340*
내용에 관한 지식 *69, 347*
내장적 반응 *206*
내적 초점 *344*
내측전전두엽피질 *80*
네 가지 싹 *211, 342*
네 개의 싹 *202*
노골적인 도덕성 *251*
노력하기 *31, 325*
노력하기 전략 *107*
노력하지 않기 *325*
『노자』 *61, 175, 240*
노자 *158, 169, 175, 196, 211*
노자 학파 *181, 182, 252*
노하우 *45*
논리적 모순 *269*
논리학 *236*
『논어』 *90, 111, 131, 153, 175, 182*
농업 모형 *196*

농업 은유 *202*
농업의 신 *210*
뇌섬엽피질 *343*
뇌영상 *128*
눈먼 악사 *112*
눈의 욕망 *163*
뉴에이지 *41*
느낌 *44, 216*
능동적 노력 *169*
니비슨, 데이비드 *288*

【ㄷ】

다르게 생각하기 *135*
다마지오, 안토니오 *207*
단기기억 *69*
단식 *243, 251, 257, 261*
달, 로알드 *134*
대뇌피질 *128*
대중음악 *140*
대항운동 *153*
덕 *34, 46, 202, 346*
덕의 도둑 *147*
덕의 역설 *288, 295, 335*
덕의 힘 *336*
덧없음 *169*
데카르트, 르네 *135*
데카르트의 오류 *209*
데프리모, 로렌스 *319*
도가 *240*
도가 학파 *33*
『도덕경』 *158*

도덕성 *182, 197, 205, 209*
도덕적 싹 *343*
도덕적 완벽성 *346*
도덕적 의사결정 *198*
도덕적 자력 *330*
도덕적 정서 *203*
도덕적 카리스마 *288*
도덕적 허가 *174*
도덕적 혼란 *197*
독일 낭만주의 *183*
돈오 *328*
돈오적 진영 *275*
돈오 학파 *280*
동기 *142, 201, 318, 341*
동기부여 *227*
동물적 덕 *285*
동정 *202*
뒤르켐, 에밀 *141*
디지털 *217*
디트리히, 아르네 *179*
뜨거운 과정 *206, 246*
뜨거운 인지 *68, 115, 119, 123, 142, 221, 242, 292, 297, 304, 333*
　신체화된 *265*
뜨거운 체계 *68*

### 【ㄹ】

로웬스타인, 조지 *339*
로즈몬트, 로즈몬트 *330*
리치먼, 조너선 *336*
림, 찰스 *80*

### 【ㅁ】

마을의 젠체하는 사람 *147, 171*
마음 *34, 68, 70, 123*
마음-몸 이원론 *42, 46*
마음 쓰기 *97*
마이크로블로깅 *140*
마인드볼 *23, 284*
매켄로, 존 *173*
매킨타이어, 알래스데어 *283*
『맹자』 *210*
맹자 *63, 196, 202, 211, 220*
메노 문제 *282*
명상 *178, 252, 343*
『명상록』 *135*
명예의 실추 *170*
모니터링 *77, 127*
목적이 없는 명상 *345*
몰입 *250, 333, 345*
몸 *34, 42, 70, 123*
몸 생각 *32*
몸의 지혜 *209*
몸짓 *40*
몸짓언어 *307, 317, 346*
무아경 *142*
무아의 경지 *142*
무위 *34, 46, 106, 325, 346*
무위 경험 *106*
무위의 역설 *37, 276, 279, 288, 326*
무의식 *333*
무의식적 마음 *117, 248*
무의식적 몸 *67*

무의식적 사고 38
무의식적 지식의 통합 78
묵가 학파 237
묵자 197, 227
묵조선 280
문학의 도덕적 기능 341
문혜왕 56, 90
문화 120
문화변용 130
문화적 동물 149
문화적 몰입 138
문화적 보수주의 136, 143
문화적 엄격함 138
문화적 지식 169
물리적 인상 217
미덕 34, 313, 318
미세정서 317
미켈란젤로 59

【ㅂ】

『바가바드 기따』 284, 288
바이어, 아네트 47
반사 반응 133
발산적 사고 247
발산적 창조성 246
방법에 관한 지식 69, 347
배양 실험 248
번뇌 169
보기 71
보수주의 328
복내측전전두엽피질 207

본능 145, 292
본능적 반응 133
분열된 자아 65
불가사의한 덕 331
불교 169
불면증 29, 172
브라운, 알렌 80
비계 120
비뚤어진 교화 규범 164
비신체화된 마음 42, 219
비신체화된 이성 209
비신체화된 합리성 346
비합리성 293
비행위 177

【ㅅ】

사고실험 202, 211
사기꾼 탐지기 335
사람의 정수 269
사르키시안, 하곱 330
사이먼, 칼리 27
사회심리학 125
사회적 관계 106
사회적 관습 133
사회적 위계 130
사회적 응집성 141, 332
사회적 조화 115
사회적 효율성 90
사회 전염 267, 268
삶의 성취감 115
상상력 216, 219, 342

찾아보기 433

상상적 확장 215
상호 취약성 310
새로움 136
생각 없이 생각하기 82
선불교 178, 257, 328
   일본 74, 280
   중국 74
선왕 212
성격 미덕 321
성숙한 반응 133
성 아우구스티누스 283
세속적 인본주의 102
세속주의 101
소 55, 71, 215, 241
소로, 헨리 데이비드 157, 164
소박한 즐거움 163
소비자본주의 185
소프트 파워의 기술 338
손자 190
『손자병법』 190, 334, 339
송나라 출신 사람 195
수련 196
수렴적 사고 247
수렵-채집자 46
수렵-채집 집단 289
수용 전략 334
순수한 에너지 95
『순자』 129, 144
순자 63, 129, 197, 227
순치 126
순환 고리 341

숨막힘 250
쉽볼렛 303
스즈키 순류 282
스쿨러, 조너선 162, 339
스트룹 과제 76, 291
스티브 블래스 증후군 27
시각화 연습 345, 347
『시경』 135, 147, 156
시선 접촉 312
신경과학 38, 39, 88
신경영상 연구 205, 342
신약성서 265
신체적 경험 44
신체적 본능 70
신체화된 마음 39, 125, 216, 246, 257
신체화된 모형 347
신체화된 인지 44
신체화된 자발성 197, 346
신체화된 정서 201
신호발송 300, 304
   문화적 301
   유전적 301
신흠주의자 206
실증적 지식 44
실천 215
실행 통제 77
심리적 실재론 201
심리적 윤곽 97
심리적 적응 290
심리학 38

심장-마음 124
십볼렛 303
싱어, 피터 200
싹 배양 전략 230
싹을 뽑아 올리는 사람 223

**【ㅇ】**

아날로그 217, 219, 348
아리스토텔레스 282
아무것도 하지 않기 169, 333
『아이비 앤 빈』 285
아이와 우물 202, 204, 211
안희 242, 245, 251
애리얼리, 댄 339
애쓰기 31
애쓰지 않기 34, 63
애쓰지 않기 전략 107
앨런, 우디 306
얇게 조각내기 307, 314
양 168
언어 119, 236
언어적 뒤덮기 162
에너지 142
에몬스, 로버트 344
에브라임 303
에임스, 로저 330
에크만, 폴 305
여론조작자 316
역설적 수행 250
역설적 의도 173
역설적 효과 172

역순 알리바이 309
연민의 싹 214
영적 욕망 71, 75, 244
영적 자발성 284
영혼 244
예법 129
예술적 창조 336
옛날식으로 생각하기 135
올 블랙스 141
옳고 그름의 느낌 203
완전한 몰입 24, 34
외물 117
외적 초점 344, 346
외측전전두엽피질 77, 125, 127, 244
욕망 169
운동협응능력 29
워드 점블 138
원격연상테스트 247
원기 76, 125
원대한 이해 253
원숭이 164, 261
원숭이 뇌 30
원시주의 191
원앙 113
월든 호숫가 164
윙, 데이비드 342
웨그너, 대니얼 172
『위기의 주부들』 239
윌슨, 티모시 81
윌슨, 팀 162
유교 33, 116, 139

유교의 도 *129, 154, 227, 332*
유교적 덕 *145*
유교적 예법 *133, 330*
유교 전략 *196, 251*
유도 반성 *133*
유연성 *118, 201, 328*
유전적 부하 *305*
유전적 형질 *328*
유추 *44*
육감 *70*
육체적 실행 *347*
윤리학 *222*
윤리학 모형 *199*
은유 *44, 57, 124, 161, 175, 211, 221*
음 *168*
의 *205*
의분 *142, 202*
의식 *118*
의식적 나 *67*
의식적 마음 *118, 125, 246, 304*
의식적 애씀 *175*
의식적인 명명 *162*
의식적 자각 *127*
의식적 지식 *78*
의식적 통제 *125*
의인화 *125*
이미지 *216*
이타성 *266*
이탈자 *299, 317*
인 *202*
인간 사회성 *51*

인간 협동 *46*
인공적 자발성 *115*
인위적인 덕 *335*
인지과학 *42, 117, 139, 203*
인지 기반적 동정 훈련 *343*
인지도 관리 자문위원 *337*
인지심리학 *331*
인지적 도약 *248*
인지적 부담 *173, 309*
인지적 유연성 *246*
인지적 통제 *77, 247, 310, 316*
인지적 통제 부위 *77, 125, 313*
인지적 통제 센터 *291, 308, 314*
일하기 *31*
잊기 *252*

## 【ㅈ】

자기공명영상 *276*
자기를 의식하지 않음 *61, 177, 279*
자기 수양 *139, 175, 196, 221*
자동운동 루틴 *128*
자로 *154*
자립성 *328*
자발성 *33, 37, 38, 106, 227, 279, 319, 350*
자발적인 신체화된 마음 *209*
자발적 행동 *34*
자본주의 *164*
자아 고갈 *126*
자아의 상실 *245*
자아 초월 *97*

자연  177
자연 대 양육  37
자연성  37, 117, 177
자연스러움  196
자연적 경향성  197
자연주의  149
작동기억  78, 180
잡스, 스티브  136
장식  175
『장자』  60, 65, 87, 235
장자  74, 235
장자 학파  275
장저  154
재범주화  247
재즈 즉흥연주  80
적응  165
적응 무의식  81, 244
전두대상피질  77, 125
전전두엽피질  179, 311
전통주의  197
전향성 기억상실  69
점수  328
점수적 진영  275
점수 하파  280
점화 효과  138
정나라 음악  137, 226
정서  34, 42, 139, 295
정서의 전략적 역할  293
정서적 개  207
정서적 기억  70
정서적 반응  306

정신 에너지  289
정신적 무장해제  311
정신적 비유연성  237
정신적 올가미  161
정치적 덕  339
제퍼슨, 토머스  341
조롱박  236
존경의 느낌  203
주의 능력  180
주종 관계  297
중추적 에너지  246
지각심리학  333
지적 자발성  71
직관  120
진보주의  102, 328
진실스러움  332
진정성  320
진정한 덕  336
진정한 매력  336
진정한 몰입  336
진정한 자연성  242
진정한 지식  135
진짜 웃음  306
진화생물학  203, 290
진화심리학  39
집단정신  122
집단 표지  303
집단 활동  106

【ㅊ】

차가운 과정  206

찾아보기  **437**

차가운 인지 69, 115, 123, 221, 240,
　　　242, 329
차가운 체계 68
『찰리와 초콜릿 공장』 134
창조성 135, 328
천기 67
체감 표지 207
체험 349
쳇바퀴 167, 168
초자연적인 편안함 279
『최적 경험』 183
최적 지점 94
최후통첩 게임 204
취객 이야기 87
측은 202
칙센트미하이
　미하이 93, 183, 348
　이사벨라 183

【ㅋ】

카르마 100
카르마 요가 284
카리스마적 힘 34, 90, 313
케인, 마이클 24
쾌락의 쳇바퀴 164
쾌락주의 103
크라우드소싱 122
키비타스 292

【ㅌ】

태도 139

통나무 175, 211, 223
통 속의 뇌 42
통찰력 248
특이한 용도 테스트 246

【ㅍ】

파커, 찰리 24
패턴 175
『퍼트와 추: 행동의 정신적 통제가 미
　치는 역설적 효과』 172
편애 198
편협한 이해 238, 253
포정 55, 71, 80, 89, 241, 244, 256
포템킨 마을 337
표시자 120
프랭크, 로버트 293, 306
프로이트, 지그문트 143
플라톤 282
피드백 효과 139
피카소, 파블로 336

【ㅎ】

하늘에 취하기 248
하늘에 취하는 것 89
하늘의 도 100, 113, 252, 272
하이트, 조너선 206, 219, 341
하카 141
학습 대 본능 37
합리적 꼬리 207
합리적 마음 199
합리적 사고 42

행동 *132, 318*
행동 규범 *129*
행동 단서 *307*
행하지 않기 *34*
협동 *290*
협동자 *299, 317*
혜자 *235, 256, 270*
호손, 내서니얼 *339*
호흡법 *252*
환각제 *119, 254*
황금기 *113, 183*
효율성 *38*
후기계몽주 *42*
흐름 *34, 48, 93, 157, 189, 250, 327, 348*
흐름 따르기 *24*
『흐름: 최적 경험의 심리학』 *94*
힘들이지 않는 행동 *34*
힘들이지 않은 편안함 *61, 139*
힘이 드는 의식적 행동 *127*